사회인문학총서

근대화론과
냉전 지식 체계

# Modernization Theory and
# Cold War Knowledge System in Korea

【사회인문학총서】

# 근대화론과
# 냉전 지식 체계

신주백 편

혜안

 이 책 『근대화론과 냉전 지식 체계』는 연세대학교 국학연구원 인문한국
(HK)사업단에서 2009년부터 진행하고 있는 '21세기 실학으로서의 사회인
문학'이라는 프로젝트의 성과물이다. 본 연구원은 위기에 처한 인문학의
대안적 방향으로 '사회인문학'을 제창하고 그에 필요한 이론과 학문적
실천 방향을 정립하기 위해 노력해 왔다. 사회인문학 프로젝트는 사회과
학과 인문학의 융합을 추구하는 기존의 학제적 연구를 반복하기보다,
인문학 본연의 비판정신을 되살려 문명전환과 같이 오늘날 우리가 맞고
있는 격변에 대응하는 통합적 거점의 마련을 목표로 한다. 특별히 이
책이 다루는 영역은 사회인문학의 내적 자산을 되돌아보는 학술사 분야
로, '근대화론'의 영향 속에서 냉전적 지식 체계가 구축되는 과정과 그에
대한 학문적 대응에 관한 것이다.

 학술사 연구는 '대학과 학문, 그리고 공공성'이란 리서치워킹그룹에
의해 수행되었다. 리서치워킹그룹은 학문적 전통의 의미를 물으면서
한국 근현대 인문학의 계보화를 시도함으로써 하술사의 전반적 흐름을
조명한다는 목적 아래 공동연구를 수행했다. 그렇게 한국 대학의 안과
밖에 형성된 학술 공간 내지 공론장에서 제국적 학지(學知) 및 식민적
학지가 형성된 내력을 비롯하여, 해방 이후 탈식민화를 거치면서 미국의
영향 속에서 국민적 학지가 재편되는 과정을 추적할 수 있었다. 더불어
한국학을 재구성하려 했던 비판담론을 포함하는 실천적 움직임들을
특별한 인물들을 통해 비추는 일에서도 일정한 성과를 낸 바 있다. 기왕에

출간한 두 책 『한국 근현대 인문학의 제도화: 1910~1959)』(혜안, 2014)과 『권력과 학술장: 1960년대~1980년대 초반)』(혜안, 2014)이 그것이다.

　세 번째 학술사 연구로 발간하는 이번 책은 한국사회에서 지배담론으로 자리 잡은 근대화론과 한국 인문사회과학의 관계를 짚어보았다는 의의를 갖는다. 공동연구서는 1960년대에 정착한 미국발 근대화론이 한국사회의 변화와 맞물리면서 한국의 학계에 어떤 영향을 미쳤는가를 살펴보려는 노력의 산물이다. 구체적으로는 미국의 근대화론이 한국사회의 지배담론으로 정착하는 과정, 그리고 냉전 지식의 일부로 학술장을 전유하면서 역사학, 사회학, 북한학, 여성학, 경제학, 국제정치학, 사회조사방법 등에 작용한 제반 양상을 짚어낸 것이다.

　이 책은 한국 인문사회과학의 내재적 축적과정을 비판적으로 추적하여 한국학의 생애사를 재구성하려는 취지에 동참한 여러 분야 전문가의 노력이 집성된 결과이다. 다년간 연구를 이끈 신주백 교수와 출간에 동참한 연구자들의 노고에 감사를 드린다. 아울러 힘겨운 출판현실에도 불구하고 무겁고 딱딱한 연구서를 간행하는 데 흔쾌히 도움을 준 도서출판 혜안에도 사의를 표한다.

2018년 3월
연세대학교 국학연구원장 겸 인문한국사업단장
신 형 기

# 서문
## 우리의 안을 채워 바깥으로 드러낸 냉전 지식은?

　이 책은 연세대학교 국학연구원 인문한국(HK) 사업단이 2009년부터 시작한 '21세기 실학으로서의 사회인문학' 프로젝트의 결과로 발간하고 있는 사회인문학총서의 하나이다. 사업단의 제도사팀은 제2단계 활동의 일환으로 2011년 하반기부터 한국 근현대 학술사를 연구해 왔다. 2014년 3년간의 공동연구 성과를 『한국 근현대 인문학의 제도화: 1910~1959)』(혜안), 『권력과 학술장: 1960년대~1980년대 초반)』(혜안)이란 두 권으로 갈무리하였다. 이번에 출판하는 『근대화론과 냉전 지식 체계』는 학술사 연구의 세 번째 공동 성과이다.

　세 번째 연구서는 사업단의 내부 성원인 김성보, 김영선, 김예림, 신주백과 외부에서 클러스터에 참가한 김인수, 옥창준 선생이 여러 학술회의에서 함께 발표했던 논문에 김보현, 김원 선생이 다른 기회에 이미 발표한 논문을 합한 기획서이다. 기획서의 출발은 2015년 3월 '1960~80년대 학술사 연구'라는 이름의 클러스터를 결성하면서였다. 클러스터에서는 1960년대에 정착한 미국발 근대화론이 한국의 학계에 미친 영향을 한국사회의 변화와 맞물려 살펴보면서 한국학의 다양한 측면을 짚어보는 세미나를 진행해 오고 있다. 이번 공동연구서는 그 일부로서 미국발 근대화론이 들어와 전유(專有)하며 한국사회의 지배담론으로 정착하는 과정, 그리고 냉전 지식의 일부로 학술장에 진입하여 구체적으로 어떤 영향을 미쳤는지를 짚어 보았다.

　140여 년의 한국근현대사를 지배한 담론은 문명화론, 근대화론, 세계화론이다. 한국사회는 세 담론과 만날 때마다 자본주의 경제관계를 새롭게 재구성하는 가운데 모든 영역에서 재편되었으며, 사람들의 지배적인 가치관을 포함하여 세계와 만나는 방식도 바꾸었다. 그래서 1880~90년대의 문명화론, 1960년대의 근대화론, 1990년대의 세계화론이 맹위를 떨치기 시작한 때를 가리켜 '제 1, 2, 3의 개항'이라고까지 순번을 매길 수도 있다.

근대화론(Modernization Theory)은 1950년대 말부터 미국의 지식인이 제3세계와 관련해서 개발한 사회이론으로서, 경제발전과 산업화를 통한 사회와 정치의 합리화 과정을 포괄적으로 다루는 학설이자 정책학이다. 그 중에서도 월트 W. 로스토우가 주장한 개별경제의 '도약(take-off)'을 통한 대중소비사회로의 발전 가능성은, 현지의 사정과 별개로 보편적으로 적용 가능하다는 것을 전제함으로써, 식민지에서 막 해방되어 국가 재건에 관심 있는 학자나 정치인에게 매력 있는 대안으로 다가왔다. 특히 미국발 근대화론은 소련을 중심으로 하는 공산권의 역사유물론과 격렬하게 대비되는 가운데 로스토우의 저서인 『경제발전의 제단계(*The Stages of Economic Growth: A Non-Communist Manifesto*)』(1960)라는 책의 부제이기도 한 '반공산주의 선언'으로 의미화되기도 했다.

근대화론은 냉전시대에 미국이 지식 헤게모니를 강화하며 자본주의 진영을 결속시킨 담론이었다. 특히 한국사회의 경우, 로스토우의 단계적 경제성장론과 한중일 근대화 과정에 관한 에드윈 O. 라이샤워의 일본사인식(넓게는 동양인식)이 뒤섞여 1960년대 중반에 들어서면 확실한 주류

담론으로 자리를 잡았다. 5.16 군사정권과 박정희 정부는 '조국 근대화'를 내세우며 경제성장, 특히 공업화 중심의 근대화정책을 추진하였다. 한국 사회는 이즈음부터 사회 전반에서 매우 큰 변화의 바람이 불기 시작하였고, 오늘날까지도 근대화론의 패러다임에서 자유롭지 못하다. 학문의 영역 역시 예외는 아니다.

　한국 학계는 미국발 근대화론을 전유(專有)하는 과정에서 학술제도, 지식의 원천(源泉)과 내용을 일본에서 미국으로 바꾸어 갔다. 그곳의 중심 주체도 미국 학계에서 통용되는 지식을 갖춘 연구자였다. 따라서 근대화론을 시효가 지난 냉전시대의 이데올로기로만 간주한다면, 비록 냉전체제가 현재 세계적인 차원에서 해체되었지만, 우리가 몸담고 있는 학문의 구조와 지평, 나아가 문제의식과 내용의 역사성을 식별하는 데 실패할 것이다. 반대로 전유과정에 대한 심도 있는 접근은 냉전 지식의 실체를 폭넓고 깊이 있게 추적하면 할수록 분단시대를 살아가는 우리의 내면을 주의 깊게 들여다 볼 여지를 확장할 수 있게 할 것이다.

　우리는 공동연구서를 크게 1, 2부로 구성하였다.

　제1부는 미국발 근대화론이 1960년대 한국의 사회에 유입되는 가운데 어떻게 채워 넣을지를 놓고 고민한 학계의 움직임에 주목하였다. 세 편의 논문은 근대화론을 핵심 주제어로 내세운 학술회의들에서 제기된 내용을 파악하고 의미를 분석하는데 초점을 맞추었다.

제1부의 첫 글인 신주백의 「1960년대 '근대화론'의 學界 유입과 한국사 연구」는 근대화론이 한국사회에 유입·확산되는 과정에서 한국의 학계는 어떻게 움직였으며, 그 가운데 한국사 학계는 근대화론에 대해 어떤 태도를 취하며 어떤 연구를 진행했는지 살펴보았다. 이를 위해 1962년 한국사 학계가 주도한 '제1회 동양학 심포지엄'부터 고대 아연회의, 경희대 회의, 동국대회의, 국제정치학회회의로 이어지는 일련의 움직임을 포괄적으로 정리하며, 한국사 학계의 특징적인 움직임을 살펴보았다.

　미국발 근대화론을 이식하고 전유하는 과정에서 학계는 한국적 맥락을 반영하자는 주장과 산업화 중심의 근대화를 지지하는 흐름으로 분화되어 갔다. 그렇다고 학문과 권력 사이에 대결적인 분위기가 형성되었다는 뜻은 아니다. 오히려 전문지식을 활용해 근대화에 기여한다는 사람이 늘어갔다. 한국사 학계도 제3공화국의 근대화 정책을 반대하지 않았다. 오히려 근대와 근대화를 고민하는 계기였다. 근대화 논의가 활발해지는 사회 분위기와도 맞물려 근대라는 시대와 근대화에 대한 정의를 고민하는 과정에서 식민사관문제와 시대구분문제에 대한 논의가 급속히 활성화하였다. 이 과정에서 한국사 학계에는 기계적인 시간관념과 발전사관이 뿌리를 내렸으며, 새로운 한국사상을 정립해야 한다는 과제를 설정할 수 있었다. 그리고 그러한 노력의 일환으로 한국사 개설서를 간행하였고, '국학' 대신에 주체를 내세운 '한국학'이란 개념을 등장시켜 학문간 보편적 연계를 사고하기 시작하였다.

김원의 「1960년대 냉전의 시간과 뒤틀린 주체」는 60년대 논의된 발전과 근대를 둘러싸고 1967년 개최된 『韓國史時代區分論』과 『한국근대화의 이념과 방향』에 대한 검토를 통해 내재적 발전론이 발견되었음을 분석했다. 동시에 이들 논의가 보편적 자본주의 발전을 지향하는 '잠재적 시민'과 '민족'이라는 뒤틀린 두 개의 주체를 모색하는 과정이었음을 드러냈는데, 결국 이는 '식민'이란 시간을 부정하고, 미래의 정상적 국민국가를 만들기 위한 집합적 욕망에 기초한 것이었다.

제1부의 마지막 글인 김인수의 「한국의 초기 사회학과 아연회의(1965)」는 1965년 여름 고려대학교 아세아문제연구소 주관으로 개최된 국제학술회의 '아시아에서의 근대화문제'('아연회의') 가운데 사회학세션을 사회조사론에 초점을 맞춰 분석하는 것을 목적으로 삼았다.

아연회의는 제3세계에 근대화론을 확산시키기 위한 냉전기 미국의 정책적 필요에 의해 개최된 회의이자, 당시 한국의 학계가 오랫동안 갈망했던 바 한국사회에 대한 체계적이고 과학적인 정보의 수집(data collection)을 가능하게 한 사건이었다. 아연회의 자체가 사회조사방법론의 훈련장이었으며, 한국에서 영어를 매개로 한 '전지구적 학술'의 실천의 시발점에 해당하는 장면으로 기억될 수 있다. 아연회의는 서구(/외부)로부터 주어진 질문에 응답해가면서 한국 사회에 관한 정보를 수집·가공하고, 이를 무기로 아카데미의 장에서 상징자본, 상징권력을 구축해간 1960년대 한국 사회학(/사회과학)의 역사 속에서 그 시발점이자 중요한 모멘텀으로서 기억될 필요가 있다.

제2부는 대학의 안과 밖에 형성된 학술장이란 가상의 학술공간을 중심으로 근대화론과 한국의 학술이 만났을 때의 냉전 지식을 살펴보았다. 다섯 편의 논문에는, 근대화론이란 지배담론과 만나기는 했으나 아직 학술장에 진입하기 이전까지의 모습을 다룬 옥창준, 김영선의 글이 있고, 학술장에서 학술담론을 형성하며 냉전 지식으로 작동한 경우를 연구한 김성보, 김보현, 김예림의 글이 있다.

2부의 첫 글인 옥창준의 「이용희의 지식 체계 형성과 한국 국제정치학의 재구성」은 한국 국제정치학의 태두인 동주 이용희(1917~1997)의 국제정치학 연구를 지성사의 관점에서 분석하였다. 저자는 미국의 대표적인 냉전적 지식의 형태인 '국제정치학'이 한국 국제정치학계에 일방적으로 수입된 것이 아니라, 식민지 시기의 여러 학문 체계와의 융합 속에서 등장했음을 이용희에 대한 지성사적 분석을 통해 규명했다. 이용희는 독창적인 국제정치학적 문제의식뿐만 아니라, 주변부 지식인으로서 치열한 노력을 통해 지식을 재구성하며 노력한 국제정치학자였다.

김성보의 「미국·한국의 냉전 지식 연결망과 북한연구의 학술장 진입」은 1960~70년대에 미국과 한국의 학자들이 서로 교류하며 북한을 학술연구의 대상으로 정착시켜가는 과정을 추적한 글이다. 북한연구는 미국이 주도하는 아시아 지역연구라는 냉전 지식의 자장 안에서 작동했으며, 그 이론적 토대는 소비에트화론, 근대화론, 오리엔탈리즘 3자이었다.

김예림의 「1960~1970년대의 제3세계론과 제3세계문학론」은 1960~ 1970년대 제3세계론의 전개를 살펴보고 대화적 관계 속에서 제3세계문학론의 위상을 고찰한다. 1960년대~1970년대, 기존의 동서관계에 변화가 일어나고 남북문제가 새롭게 대두하면서 국제 냉전질서는 새로운 전환기를 맞는다. 한국의 외교 능력과 국제적 존재감을 '반성적'으로 되돌아보는 움직임 역시 형성되었는데, 그 핵심에 바로 "제3세계"가 있다. "제3세계"는 국가의 실리가 달린 장이자 남북한 대결이 벌어지는 장이라는 점에서 중요한 의미를 띠게 된다. 그러나 1960~1970년대 한국에서 "제3세계"라는 실체 혹은 이념이 국가주의적 관점에서만 소모된 것은 아니었다. 이 시기가 지성사적으로 중요한 의미를 갖는다면, "제3세계"를 둘러싼 인식론적 지평에서 주목할 만한 흐름이 형성되었기 때문이다. 이는 "제3세계"를 대상화하거나 외부화하지 않고 자기화함으로써 출현할 수 있었다. 제3세계문학론의 장에는 사회과학적 기원을 지닌 "제3세계"라는 논제가 인문학으로 넘어오면서 대항지식으로 구축되어가는 양상이 또렷하게 기록되어 있다. 이 글은 신식민주의론, 네오내셔널리즘, 민족경제론, 민족문학론을 검토하면서 이들이 제3세계론 및 제3세계문학론과 맺는 관계를 규명하고 특히 백낙청의 제3세계문학론을 '책임'이라는 문제틀에서 비판적으로 고찰한다. 그리고 '민족', '민중', '제3세계'라는 의미론적 단위를 통해 표명되고 추구된 대항지식의 열정이 오늘날 어떻게 재구축되어야 할 것인지를 탐색했다.

김보현의 「민족경제론 : 매개되고 연합하며 순환한 텍스트」는 박현채의 정치경제학으로 알려진 민족경제론을 통해 박정희 정부 시기 모순적 경제발전 과정에서 전개된 저항 진영의 인식 프레임을 역사 - 비판적 지평 위에 놓고 고찰한다. 그리고 이러한 작업을 경유하여 우선 민족경제론이란 지식 체계 또는 담론이 당대 저항진영 내에서 광범위하게 순환할 수 있었던 근거(연결선들)와 형태(혼종성)를 확인하고, 현재의 관점에서 그것이 지녔던 주요 면모들을 재고·성찰한다.

　　이 논문은 독자들에게 민족경제론이 지배층의 발전주의 및 근대화론과 맺고 있던 관계(접점)들을 환기시키고자 하며, 나아가 민족경제론이 큰 영향력을 발휘하면서 실존한 구체적 양식이 공교롭게도 민족경제론에 의해 제기된 규범적 세계 인식(내부/외부가 뚜렷이 구별되는 주체성 관념)과는 배치된다는 사실을 조명한다는 점에서 기존 관련 연구들의 도덕적이고 자기 만족적 비평들과는 크게 대비를 이룬다.

　　제2부의 마지막 글인 김영선의 「1970년대 '여성' 담론의 비판적 재구성」은 1980년대에 본격적으로 시작된 여성학의 제도화 이전 시기, 한국 여성문제를 '문제화'하려는 토착적 사유체계에 대한 핵심적 발화자의 계보를 이효재와 윤후정으로 보았다. 대학 제도권 안팎의 여러 장소를 매개하여 형성된 그들의 시대인식으로부터 당대 '여성' 담론의 구성성과 위치성, 그리고 여성문제를 해결하기 위한 1970년대 여성운동과 여성주의 이론의 상호관계성을 파악하고자 했다. 나아가 그들의 비판 기획이 그

이전 시대의 문제들과 어떠한 인식론적, 방법론적 차이를 만들었는지 그리고 그 문제의식들은 현재에 어떻게 배태되어 있는지 지속과 단절의 관점에서 살펴보았다.

이 논문은 1970년대 전사기 여성학 학술운동의 기획과 목적을 재호출하여 그것이 가진 실천적 성취와 한계를 현재적 시점에서 살펴보는 방법의 하나로써 제도화된 여성학이 제도 밖의 학술 영역과 삼투함으로써 서로가 서로를 어떻게 성장시켰는지 이에 대한 입체적, 역사적 분석의 필요성을 제안하고 있다.

끝으로 토론자를 포함해 각각의 논문을 완성하는 데 도움을 주신 여러분에게 고마움을 표하고 싶다. 학술사팀의 선생님을 포함해 옥고를 주신 두 분의 선생님에게도 감사의 마음을 전한다. 그리고 어려운 출판 환경에서도 학술사팀의 세 번째 책까지 흔쾌히 출판해 주신 도서출판 혜안의 관계자분들께도 깊이 감사드린다.

2018년 1월
필자들을 대신하여 신주백 씀

# 차 례

## 제2부

제1부

# 1960년대 '근대화론'의 學界 유입과 한국사 연구
## '근대화'를 주제로 내세운 학술기획을 중심으로

신 주 백

## I. 머리말

문명화론, 근대화론, 세계화론은 140여 년의 한국 근현대사를 지배한 담론이었다. 유포된 세 담론은 한국사회의 자본주의적 경제관계를 새롭게 재구성하면서 모든 영역을 흔들었고 사람들의 지배적인 가치관을 바꾸어 놓았다. 세계와 만나는 방식 자체도 매번 바꾸어 놓았다. 그래서 1880~90년대의 문명화론, 1960년대의 근대화론, 1990년대의 세계화론이 맹위를 떨치기 시작한 때를 가리켜 제 1, 2, 3 개항이라고 순번을 매기기까지 하고 있다.

근대화론은 냉전시대에 미국이 지식 헤게모니를 강화하며 주변부 세계를 내편으로 끌어들여 공산권에 대항하는 진영을 결속시킨 담론이었다. 그래서 미국에서 근대화론이 정립되는 과정과 그것이 일본, 한국, 대만에 유입되어 미친 영향을 분석한 선행 연구들이 많았다.[1] 선행

---

* 이 글은 『사학연구』 125호(2017.3)에 수록된 논문을 대폭 수정·보완하였다.
1) 박진우, 「일본 근대화론의 이론적 검토」, 『일어일문학연구』 43, 2002 ; 박태균, 「로스토우 제3세계 근대화론과 한국」, 『역사비평』 66, 2004 ; 정일준, 「한국 사회과학 패러다임의 미국화」, 『미국학논집』 37-3, 2005 ; 김우민, 「근대화이론과 미국의 지식인들」, 『서양사학연구』 16, 2007 ; 그렉 브라진스키 지음, 나종남

연구는 근대화론이 어떻게 세계에서 유통되었으며, 동북아에 수용되었는지를 해명함으로써 미국의 지적 패권이 동북아, 그 속의 한국에까지 뿌리내렸는가를 살펴보았다. '아메리카나이제이션'이라는 말로 압축할 수 있는 미국적 가치와 질서의 헤게모니가 정책을 매개로 구체적으로 관철되는 과정에 관심을 두었다. 더 나아가 선행 연구는 정책사, 제도사, 지성사 어느 쪽에서 접근하든 동북아 또는 동아시아에서 지식의 연쇄라는 시야와 지식의 지역성에도 관심을 두었다.

한국에 유입된 근대화론에 대응하는 구체적인 움직임을 해명한 연구는 앞서 언급한 논문에서도 있었지만, 한국사회의 움직임만을 집중적으로 취급한 연구도 있었다. 박정희 정부가 정책 차원에서 적극 밀어붙인 움직임을 분석한 연구가 있는가 하면,[2] 여기에 대응하는 한국 지식인 집단의 움직임을 민족주의 또는 전통 등의 측면에서 유형화한 선행 연구도 있었다.[3] 그리고 그 과정에서 그때까지는 미약했던 비판적 지식인 집단의 형성과정을 분석한 연구도 있었다.[4] 이러한 연구를 통해 1960년대

---

옮김, 「제6장 독재정권과 지식인들」, 『대한민국 만들기, 1945-1987』, 책과함께, 2011 ; 장세진, 「라이샤워(Edwin O. Reischauer), 동아시아, '권력/지식'의 테크놀로지」, 『상허학보』 36, 2012 ; 안종철, 「주일대사 에드윈 라이샤워의 '근대화론'과 한국사 인식」, 『역사문제연구』 29, 2013 ; 정문상, 「포드재단과 동아시아 '냉전지식'」, 『아시아문화연구』 36, 2014 ; 채오병, 「냉전과 지역학 - 미국의 헤게모니 프로젝트와 그 파열, 1945~1996」, 『사회와 역사』 104, 2014 ; 임성모, 「냉전과 대중사회 담론의 외연 : 미국 근대화론의 한·일 이식」, 『한림일본학』 26, 2015 ; 백승욱, 이지원, 「1960년대 발전 담론과 사회개발 정책의 형성」, 『사회와 역사』 107, 한국사회사학회, 2015 ; 홍종욱, 「일본 지식인의 근대화론 비판과 민중의 발견 : 다케우치 요시미와 가지무라 히데키를 중심으로」, 『사학연구』 125, 2017.

2) 황병주, 「박정희 체제의 지배담론 - 근대화 담론을 중심으로」, 한양대학교 박사학위논문, 2008.

3) 홍석률, 「1960년대 한국 민족주의의 두 흐름」, 『사회와 역사』 62, 2002 ; 허은, 「1960년대 후반 '조국근대화' 이데올로기 주조와 담당 지식인의 인식」, 『史學研究』 86, 2007 ; 윤상현, 「1960년대 사상계의 경제 담론과 주체 형성 기획」, 『동국사학』 57, 동국사학회, 2014.

4) 이상록, 「1960~70년대 비판적 지식인들의 근대화 인식」, 『역사문제연구』 18, 2007.

가 이전과 달리 권력과 지식의 연합이 수립된 전환기였다는 시각이 등장하였다.[5]

학계(學界)의 학술연구와 관련해서는 미국 사회학의 사회조사방법에 관한 연구가 있었다.[6] 한국사 인식과 연관된 연구도 있었다.[7] 학계에 근대화론이 유입된 과정을 연구한 선행연구는 1965년 고려대학교 아세아문제연구소의 국제심포지엄(이하 아연회의)을 주로 분석 대상으로 삼았으며, 이밖에 동국대학 창립 60주년을 기념하는 심포지엄(이하 동국대회의)과 1967년 한국경제사학회가 주최한 '한국사 시대구분'에 관한 심포지엄(이하 시대구분회의)을 분석하는 경우가 대부분이었다. 그런데 세 심포지엄 모두 발표문과 토론문이 출판되어 있음에도 불구하고 아직까지 구체적인 내용을 분석한 경우는 찾아보기 쉽지 않다. 이런 가운데 최근 1967년 한국경제사학회가 주최한 한국사의 시대구분에 관한 학술회의를 집중 분석하여 냉전의 우산 아래 도입된 발전적 근대라는 시간 관념이 뿌리내렸다고 분석한 김원의 연구는 한국사 인식에 관한 새로운 의미를 부여한 분석이라고 말할 수 있겠다. 또한 아세아문제연구소가 주최한 국제심포지엄에서 사회조사에 관한 토론 내용을 집중적으로 분석한 김인수의 논문도 새로운 시도다.

그럼에도 불구하고 한국사회에 유입된 근대화론이 확산되는 과정에서 이들 세 회의가 어떤 위치에 있었는지 분석한 연구는 없다. 무엇보다 근대화(론)과 관련한 학술기획의 일환으로 열린 심포지엄이나 잡지의 특집이 매우 많았는데 이에 관해 제대로 된 분석이 아직 이루어지고

5) 정용욱·정일준, 「1960년대 한국 근대화와 통치양식의 전환 : 군사정권의 등장과 권력/지식 관계의 변화를 중심으로」, 노영기 외, 『1960년대 한국의 근대화와 지식인』, 선인, 2004.
6) 김인수, 「한국의 초기 사회학과 '아연회의'(1965) : 사회조사 지식의 의미를 중심으로」, 『사이間SAI』 22, 2017. 이 책에 논문이 수록되어 있다.
7) 김원, 「1960년대 냉전의 시간과 뒤틀린 주체」, 『서강인문논총』 38, 서강대학교 인문과학연구소, 2013. 이 책에 논문이 수록되어 있다.

있지 않다. 그러다보니 한국사회 또는 학계에서 이루어진 근대화에 관한 논의들이 그 시점에 어떤 의미를 갖는지 제대로 파악하기 어렵게 하고 있다. 필자가 이 글을 쓰게 된 동기도 여기에 있다.

더구나 한국사 학계에서는 '내재적 발전(론)' 또는 필자의 표현을 빌린다면 '관점과 태도로서 내재적 발전'에 입각한 접근법이 1960년대 한국사 연구동향을 대표하는 방법으로 간주해 왔는데, 과연 그런지를 재검토할 필요가 있다. 왜 이 시점에 그러한 경향이 등장했는지를 해명한 연구는 아직 풍부한 편이 아닌 상황에서, 1960년대 한국사 학계의 동향을 '내재적 발전(론)'에 입각해서만 설명하려는 태도, 아니면 '내재적 발전(론)'이 매우 지배적이었다고 전제하며 이해하려는 태도를 당연시하고 있는 풍토를 재검토할 필요가 있다. 필자가 보기에 '내재적 발전(론)' 자체도 근대화론의 유입과 확산 과정을 적극 고려할 뿐만 아니라 근대화 담론이 '내재적 발전(론)'의 연구경향을 촉진하고 정당화시켜준 측면이 있기 때문이다.

사실 한국사를 이해하는 '관점과 태도로서 내재적 발전'에 입각한 접근은 1950년대에 '태동'하여 1960년대에 '형성'되었다.[8] 그런데 선행 연구에서는 1960년대 한국사회의 최대 화두였던 근대화론이 이러한 접근법과 접근 태도에 어떤 영향을 주었는지에 대해 사실상 관심을 두지 않았다. 그러다 보니, 왜 1960년대 초반에 일제강점기를 포함해 근대에 관한 논의가 시작되었는지, 또는 그렇게 조심스러워 하다가 왜 1960년대 중반 경부터 갑작스런 열풍이라고까지 말해도 지나치지 않을 만큼 식민사관에 대한 논의가 급작스럽게 활발해지고, 그즈음부터 한국사의 시대구분에 관한 논의도 확산되고 마침내 1967년 대규모 학술회의까지 열렸는지를

---

8) 신주백, 「1950년대 한국사 연구의 새로운 경향과 동북아시아에서 지식의 內面的 交流-관점과 태도로서 '주체적·내재적 발전'의 胎動을 중심으로」, 『韓國史硏究』 160, 2013 ; 신주백, 「관점과 태도로서 내재적 발전의 형성과 1960년대 동북아시아의 지적 네트워크」, 『韓國史硏究』 164, 2014.

제대로 해명할 수 없었다. 필자가 보기에 1960년대 한국사 학계의 연구동향을 분석할 때는 기본적으로 근대화론이 미친 1차적인 파장과 지속적인 여파, 그리고 그에 따른 연쇄 반응을 내외적 요인과 연관시켜 주목할 필요가 있다. 이 글을 쓰게 된 두 번째 동기가 여기에 있다.

주지하듯이 근대화 문제는 1960년대 들어 W. W. 로스토우로 대표되는 '근대화론'이 소개되고 유통되는 한편에서, 박정희 정부가 근대화정책을 적극 밀어붙이는 과정에서 한국사회 내지는 학계의 핵심 화두로 부상되었다. 이 글에서 필자는 '근대화'를 주제로 내세운 심포지엄 등 집단적 성과를 제출한 학술기획을 중심으로 1960년대 학계의 움직임을 정리하며 근대화론이 논의되어 온 과정을 추적하겠다.[9] 필자처럼 접근하면 근대화론을 둘러싼 논의의 도달 지점, 내지는 주된 초점을 종합적으로 대강화할 수 있다는 장점이 있다.[10] 근대화문제에 관해 학계의 전반적인 흐름을 파악하면 한국사 학계, 더 넓게는 역사학계의 다수가 특정한 새로운 주제를 왜 그 시점에, 그리고 어떤 방향에서 다루려고 했는지를 연관 지어서도 설명하기가 쉬울 것이다.

필자는 연구 목적을 달성하기 위해 '근대화'문제만을 주제로 내세운 심포지엄, 잡지의 특집 기획 등 성과물을 공간한 집단적 학술기획을

---

9) 본문에서 언급하는 심포지엄은 하나하나를 직접 분석할 필요가 있다. 하지만 여러 분과학문의 논의를 모두 분석하기는 무리이다. 필자는 어려운 난점을 향후 공동연구를 통해 극복하겠으며, 이번에는 시간의 경과를 따라 전체적 동향을 정리한다는 차원에서 근대화에 관한 정의, 이렇게 수용하고 나아가야 하는가에 대한 논의에 관심을 두겠다.

첨언하자면, 필자처럼 분석하면 정부측의 정책적 움직임을 폭넓게 분석한 황병주의 연구나, 당시 지식인사회의 동향을 이해할 수 있는 홍석률, 허은, 이상록의 연구와 짝을 이룰 수 있을 것이다.

10) 그렇다고 이 글에서 언급하는 학술기획에서 나온 발언이 당시 학계의 주장을 모두 대변한다고 볼 수 없다. 오히려 그렇지 않은 곳에서 발언한 경우가 더 정권에 친화적이었을 가능성도 있다. 반대로 참여하지 않은 사람 가운데 거리두기를 한 사람도 있을 것이다. 필자는 이러한 정황을 의식하며 관련 내용을 간략하게라도 본문에서 별도로 언급하겠다.

중심으로 학계의 전반적인 움직임을 정리하겠다.[11] 본고에서 참조하려는 종합적 학술기획은 다음 〈표 1〉과 같다.

〈표 1〉 '근대화' 관련 학술기획과 심포지엄

| 주최 | 일시 | 심포지엄 주제 | 결과물과 출판 시기 | 역사학자 | 비고 |
|---|---|---|---|---|---|
| 진단학회/ 서울대학교 동아문화연 구소 | 1962.5. 8~12 | 제1회 동양학 심포지움 | 「第1回 東洋學 심 포지움 速記錄 韓國 近代化問題(其1), (其2)」, 『震檀學報』 23, 1962. 12 | 其1 : 발표(이상백)[12] 其2 : 의장(이병도) 사회(전해종) 발표(민석홍,고병 익,이보연,천관우) | *서울대에서 열린 심포지엄 때 '근대 화문제'는 11, 12일 에 발표 *동아문화연구위 원회 지원 |
| 서울대학교 동아문화연 구소 | 1965 | | 『東亞文化』 3, 1965.4 | 민석홍, 「유럽근대 화에 관한 일고찰」 | *6편 모두 '근대화' 관련 논문 *제4회 동양학 심포 지엄(65.10)-'한국 적인 것' *제5회 동양학 심포 지엄(66.11)-'한국 학의 방법론과 과 제' |
| 고려대학교 아세아문제 연구소 | 1965.6. 18.~7.3 | 고려대학교 창 립 60주년 기념 심포지엄, 아세 아에 있어서의 근대화문제 | International Conference on the Problems of Modernization in Asia, June 28~ July 7, 1965 : abstract, 1966.4 | 2분과 발표자: 전해종,이광린, 고병익,이선근 | *영문 46배판, 810쪽 *'63년 5월 고대 창 립60주년 기념 행 사의 일환으로 주 제를 확정 |
| 경희대학교 후진사회문 제연구소 | 1965, 1968 | | *『韓國近代化의 諸 問題』, 1965.10 1. 조국의 근대화와 민족의 진로 2. 한국근대화의 제 문제 *『韓國近代化에 있 어서의 後進的 要 因』, 1968 | 1부 발표자 (9개 주제) : 이선근 (문제제기, 결론) 김성균(민족) 홍이섭(사상) 조기준(경제) | *後進社會問題研 究叢書 第1, 2輯 |

---

11) 근대화문제에 관한 논의는 매우 광범위하고 활발하였으므로 자칫 대상을 모두 망라하려다 보면 오히려 분석 대상이 불명료해질 우려가 있다. 하지만 필자처럼 분석대상의 경계를 선명히 하면 1960년대 인문사회과학계의 핵심 주제어였던 '근대화'문제에 관한 학술기획을 거의 필터링할 수 있을 것이다.

| | | | | | |
|---|---|---|---|---|---|
| 동국대학교 | 1966. 11.1.~4 | 동국대학교 개교 60주년 심포지엄, 한국근대화의 방향과 이념 | 『韓國近代化의 理念과 方向』, 1967.5 | 사회: 전해종<br>발표: 민석홍, 신일철,이우성,<br>토론: 길현모, 이광린,이보연, 한우근,주종환, 조기준 | |
| 한국경제사 학회 | 심포지엄 : 1967.12. 8.~9 종합 토의 : 1968.3. 30 | 한국사의 시대 구분 문제 | 『韓國史時代區分論』, 乙酉文化社, 1970 | *발표 : 이기백,김철준, 김병하,강진철, 천관우,유원동, 이선근,조기준, 홍이섭,김재진<br>*종합토의<br>사회 : 조기준<br>보고 : 김영호<br>토론 : 강진철, 김병하,김재진, 김종현,김철준, 유원동,이기백, 이선근,이용희13), 이우성,천관우 | *종합토의는 동아일보사 회의실에서 열렸다.<br>*이때의 종합토의는 심포지엄 때의 토론과 별도로 보아야 한다. |
| 한국국제 정치학회 | 1968. 4.20 | 한국근대화에 있어서의 갈등과 조화 | 『國際政治論叢』8, 1969.1 | | |
| 숙명여자대학교 아세아여성문제연구소 | 1968. 4.25 | 숙명여자대학교 아세아여성문제연구소 창립 30주년 기념 학술 '심포지움' | 『창립제30주년기념 학술심포지움 논문집 : 한국여성근대화의 諸問題』, 1968.4.25 | | * 회장 : 이용희 |

　　필자가 고려하는 위의 심포지엄들에 한국사 연구자만 참가한 것이 아니었다. 경제사, 국문학사 전공자 이외에도 정치학자와 사회학자를 비롯해 사회과학자도 참가했다는 공통점이 있다. 심포지엄은 지금의 기준으로 보아도 큰 규모의 학술회의였으며, 토론도 상당히 집중적이고 다양한 측면에서 이루어졌다는 공통점이 있다. 따라서 주제마다의 비중에 편차는 있었지만, 근대화와 관련한 여러 생각을 한 자리에서 드러내고 같음과

---

12) 의장 : 박종홍, 발표 : 이만갑, 김성희. 두 발표자도 독립협회와 한국정당사를 발표하였다.

13) 한국국제정치학회 회장으로 재직하고 있었다.

다름 그리고 전반적인 경향을 서로 확인함으로써 이후 논의를 더욱 촉진한 종합적 성격의 학술회의들이었다고 볼 수 있다.

둘째, 심포지엄들에는 한국사 연구자도 발표 또는 토론자로 참여하였다. 필자는 그들이 발표한 내용을 소개하는 일은 다음 기회로 미루고 여기에서는 어떤 주제를 왜 발표했는지에 더 큰 관심을 두겠다. 그리고 학술지와 주요 정기간행물의 편집진에서도 한국사 관련 내용을 특별히 기획하여 집중 토론하거나 분석한 경우가 있었다. 한국사 연구의 동향을 분석할 때는 이 움직임도 주목하겠다.

셋째, 근대화와 한국사 연구의 관계를 설명할 때 1965년 한일기본조약의 체결은 하나의 전환점이었다. 한국사 연구에서 이전에 볼 수 없었던 현상, 예를 들어 식민사관에 관한 언급이 매우 활성화한 데서 알 수 있듯이, 연구 주제와 시각에서 새로운 움직임이 일어났다. 이 글에서는 한일기본조약이 체결된 때를 즈음하여 두 시기로 나누고 제Ⅱ, Ⅲ장에서 변화 과정을 추적해 보겠다.

## Ⅱ. 1960년대 전반 근대화론의 학계 유입과 한국사 연구의 새로운 모색

### 1. 로스토우와 라이샤워의 근대화론과 역사인식

근대화론에 관해 언급한 미국의 학자들은 많다. 그들이 주장한 내용의 일부는 한국에도 소개되었다. 가령 미이론 위너(Myron Weiner)가 편집한 MODERNATION : THE DYNAMICS OF GROWTH(New York: Basic Books, 1966)도 1967년에 『近代化』란 이름으로 번역 출판되었다.14) 이 책은

---

14) 마이론 위너 編著, 車基壁 金鍾云 金泳祿 譯, 『近代化』, 世界社, 1967.

근대화가 어떻게 일어나고 촉진할 수 있는지에 관해 모두 25명의 학자가 참가하여 집필하였다. 또한 번역서만 출판된 것은 아니었다. W. W. 로스토우의 주장이 한국사회에 본격적으로 유입되기 이전인 1959년 2월에『思想界』는 '韓國과 近代化'라는 주제로 특집을 기획하였다. 다섯 편의 글이 발표된 특집에서 필자들은 1648년의 베스트팔렌조약을 서양사에서 근대의 기점이라 말하거나, 후진국 근대화 과정의 세 가지 유형 가운데 한국이 제3유형인 타율적 근대화 과정을 밟았으며, 앞으로의 근대화 과정에서 사대근성을 버리고 과학의 발달과 정치적 자유 그리고 동양의 가치를 재발견하는 방향에서 이루어져야 한다고 보았다.[15] 세 사람의 주장은 성장이데올로기, 반공주의와 접목시켜 근대화를 말하지 않았다.

이후 근대화론과 관련하여 한국사회에 큰 영향을 미친 사람은 W. W. 로스토우이다. 그의 근대화론은 1960년 5월『反共産黨宣言-經濟成長의 諸段階』이란 제목의 책으로 처음 소개되었다.[16] 로스토우의 주장은 한국의 지식인들에게 센세이션을 일으켰고,[17] 이듬해 8월에『經濟成長의 諸段階』란 이름으로 다시 출판되며 꾸준한 관심을 받았다. 케네디정권에서 미국무성 정책기획위원회 의장으로 활약한 로스토우는, 사회의 발전단계를 5단계, 곧 전통사회, 과도기적 사회, 도약단계의 사회, 성숙단계의 사회, 고도의 대량소비사회로 나누었다. 그의 경제성장론은 한국에 소개된 책의 제목에서도 시사하듯이 반공산주의, 진화론, 대중동의와 동원, 그리고 친미와 반공의 테두리 내에서의 민족주의의 긍정성을 바탕에

---

15) 趙義高,「近代化의 歷史的 意味」; 趙璣濬,「韓國經濟의 近代化過程」; 黃山德,「'事大的' 카리스마와 東洋의 再發見 : 人間意識의 近代化의 問題와 關聯하여」,『思想界』 7-2, 1959. 2.

16) W. W. 로스토오 著, 李相球 譯,『反共産黨宣言-經濟成長의 諸段階』, 進明文化社, 1960 ; W. W. Rostow, 李相球 姜命圭 共譯,『經濟成長의 諸段階』, 法文社, 1961.

17) 李相球,「경제발전단계설로 이름난 W.W. 로스토우 : 케네디行政府를 이끄는 브레인 트러스트」,『思想界』 9-2, 1961. 2, 106쪽.

두었다.[18)]

　로스토우와 한 짝처럼 한국에 소개되던 또 한 사람이 일본사 전공의 에드윈 O. 라이샤워 교수다. 한국사회에 라이샤워라는 존재는 일본의 역사에 관한 영어권 연구가 소개되기 쉽지 않았던 시점인 1959년 『日本帝國 興亡史』란 이름의 책으로 출판되면서 알려졌다.[19)] 그는 미국 정부가 세계전략의 일환으로 그리고 있던 '근대화론'을 동북아시아에 처음 소개한 1960년 8월의 하코네회의에도 참가한 사람이다.[20)] 라이샤워는 이듬해부터 주일 미국대사(61. 4~66. 7)로 재직하며 한일회담의 성사에도 노력한 사람이다. '知日大使'라는 별칭에서도 시사받을 수 있듯이, 라이샤워는 일본의 각종 대중지에 직접 글을 쓰거나 대담에 참석하여 근대화론과 이를 뒷받침해주는 일본 근현대사에 관한 역사인식을 공공연하게 설파하였다. 그래서 일본의 혹자는 그의 언행을 놓고 '라이샤워공세'라고 별칭할 정도였다.[21)]

　라이샤워는 근대의 모태인 봉건제가 일본에도 있었고, 쇼와와 다이쇼 시기에 "민주주의의 초기"를 달성했기 때문에 비서구사회에서 근대화에 "큰 성공을 거둔 유일한 예"가 일본이라고 본다.[22)] 그에게 있어 1931년부

---

18) 황병주, 「박정희 체제의 지배담론 - 근대화 담론을 중심으로」, 한양대학교 박사학위논문, 2008, 79~82쪽.

19) 라이샤워 著, 康鳳植 譯, 『日本帝國 興亡史』, 陽文社, 1959. 이 책은 1963년에 제3판이 발행될 정도였으니, 나름 독자층이 있었던 것 같다.

20) 1960년 8월 30일부터 9월 1일까지 3일 동안 16명의 미국학자와 14명의 일본인 학자는 일본의 유명한 관광지인 하코네에서 만나 회의하였다.
　　하코네회의에 관한 회의록은 신주백, 「자료 소개 : 하코네회의 의사록(1960. 8. 30~9. 1) - 동아시아에 '근대화론'을 전파한 기점으로서 하코네회의」, 『한국근현대사연구』 80, 2017. 3에 수록되어 있다.

21) 그 가운데 주요한 글만 모아 주일 미국대사로 재직중인 1965년에 발행한 책이 『近代史の新しい見方』(講談社 現代新書 56, 1965)이다. 이 책은 일본의 근대(화) 역사(1부)와 근대화란 무엇인가(2부)를 설명하는 문고본이다. 한국에는 1997년에 처음 번역되었다(라이샤워 지음, 이광섭 옮김, 『일본 근대화론』, 小花, 1997).

22) 라이샤워 지음, 이광섭 옮김, 『일본 근대화론』, 95쪽, 117쪽, 174쪽. 1961년 9월과 1963년 3월에 출판된 글에서 인용하였다.

터의 15년전쟁은 예외적인 역사로 크게 문제 삼을 역사가 아니었다. 달리 말하면 라이샤워식 근대화론은 일본의 침략사를 문제 삼지 않았던 것이다. 오히려 라이샤워는 전후 일본의 역사까지를 연속으로 바라보며 일본 근현대사의 내적 맥락에 초점을 두고 일본의 성장사를 매우 긍정적이고 모범적인 사례로 간주하였다.

로스토우와 라이샤워가 근대화론을 제기할 때 드러낸 특징적인 공통 인식은 산업혁명이란 긴 과정을 획으로 전통사회와 근대사회를 대별하고, 전통사회의 문맥에 비중을 두지 않은 채 근대사회의 독자적인 발전 경향에 주목한다는데 있다.[23] 두 사람이 말하는 근대사회란 서구사회, 더 좁게 말하면 유럽의 근대사회를 가리킨다는 점을 고려할 때, 전파자의 입장에서 근대화론은 제3세계의 특수성을 부정하고 서구가 만든 보편을 밀어붙이겠다는 의미였다. 수용자의 입장에서 근대화론은 서구 중심주의 역사인식을 받아들여야 한다는 의미였다.

산업혁명을 획으로 전통과 근대를 가르는 역사인식에 따라 라이샤워는 근대화란 "기계력이나 지식의 발달에 입각한 인간력의 확대라고 하는 인식의 역사에서 일대 발전단계"를 가리키며 "산업기술의 혁신을 수반한 역사적 변화"라고 정의하였다.[24] 산업기술의 압축적 표현인 공업화는 유일하고 기본적인 요소가 아니지만 근대화의 관건이며, 결국 근대화는 기계의 형태로 우선 나타날 수밖에 없다는 것이다.

두 사람은 전통과 대별되는 근대(화)에 단절적 인식과 단계성을 부여하고, 선진국을 뒤쫓아야 하는 후진국인 한국사회에 일본을 따라잡아야 하는 방향을 제시했다고 볼 수 있다. 이들의 인식을 역사적으로 정당화시

---

23) 라이샤워의 한국사 인식은 본문에서 언급한 대로 전통과 근대를 분리하고 외부적 동력에 의해서 근대화가 가능하다는 입장이다(안종철, 「주일대사 에드윈 라이샤워의 '근대화론'과 한국사 인식」, 『역사문제연구』 29, 2013, 315쪽). 하지만 한국인의 입장에서 볼 때 그의 역사인식은 식민주의 역사학의 한국사 인식을 정당화시켜 줄 뿐이었다.

24) 라이샤워 지음, 이광섭 옮김, 『일본 근대화론』, 206쪽.

켜준 책이 제1권의 부제가 '위대한 전통'(1960년)이고, 제2권의 부제가 '근대화'(1965)인 East Asia(Boston : Houghton Mifflin)이다. 두 책은 각각 1964년과 1969년에 『東洋文化史』 상·하로 번역되었고,[25] 사학과 학생이라면 한번쯤 넘겨보았을 교재로 광범위하게 사용되었다. 1990년대까지 한국인의 '동양', '동아시아' 역사인식, 곧 일본의 성공, 중국의 실패, 중국보다 더 완벽히 실패한 한국이라는 인식구도에 막대한 영향을 미쳤다. 두 책은 오리엔탈리즘의 전형을 보여준 역사인식을 전파한 것이다.

## 2. 수용자의 근대화론 – 종합적 근대화를 꿈꾸며 近代의 起點부터 논의

『東洋文化史』의 저자인 중국사 전문가 J. K. 페어뱅크 교수는 아연회의가 처음 기획될 즈음인 1960년 6월 하버드대학 동아시아연구소 소장 자격으로 고려대학교 아세아문제연구소를 방문하였다. 이어 7월에는 라이샤워 교수가 그곳을 방문하였다. 라이샤워는 아세아문제연구소에서 「한국과 근대화」라는 주제로 강연하고,[26] 8월에 하코네회의에 참석하였다.

두 사람과 인적 네트워크가 확실한 사람이 이병도였다. 이병도는 두 사람이 『東洋文化史』를 집필할 때 한국사에 관한 서술 부분에서 "매우 세밀한 수정"을 해 준 3인 가운데 한 사람이었다.[27] 당시 이병도는 하버드대학교 옌칭연구소의 한국지부격인 동아문화연구위원회의 회장을 맡고

---

25) 에드윈 O. 라이샤워·존 K. 페어뱅크 共著, 全海宗·高柄翊 共譯, 『東洋文化史』 上·下, 乙酉文化社, 1964 ; 1969. 첨언하자면, 논지에 벗어날 우려가 있어 분석하지는 않겠지만, East Asia를 오늘날처럼 '동아시아'로 번역하지 않고 '동양'으로 번역한 당대의 지역인식도 다른 측면에서 주목할 필요가 있다는 점만 언급해 두겠다. 관련된 자세한 분석은, 신주백, 「한국에서 동아시아사 인식에 대한 비판적 검토」, 『역사화해와 동아시아형 지역만들기』, 선인, 2015, 326~337쪽 참조.

26) 「亞細亞問題研究所 沿革과 現況」, 1967. 6, 4쪽.

27) 「著者序文」, 『東洋文化史』 上, 乙酉文化社, 1964, 7쪽.

있었다. 그는 1962년의 시점에서 서울대 명예교수로 있으면서 진단학회를 이끌고 있었고, 라이샤워는 주일 미국대사로 근무중이었다. 라이샤워 대사는 1961년 9월 『中央公論』이 기획한 '일본근대화의 역사적 평가'라는 주제의 대담에서 '근대화에 크게 성공한 유일한 모델'인 일본의 근현대사를 쉽고 명확하게 설명해 냈는데, 당시 수많은 일본 지식층이 읽었다고 한다.[28]

진단학회를 이끌고 있던 이병도는 1962년 5월 동아문화연구소와 공동으로 '제1회 동양학 심포지움'을 주최하였다. 위의 〈표 1〉에서 알 수 있듯이, 심포지엄은 한국 학계에서 근대화를 주제로 열린 첫 학술회의였다. 서울대에서 열린 심포지엄은 동아문화연구위원회로부터 2만원을 지원받아 열렸다.[29] 근대화론의 수용 과정에 미국의 그림자를 확인할 수 있는 대목이다. 일련의 정황은 동아문화연구위원회가 '근대화'에 관한 학술기획을 라이샤워측으로부터 제안받았거나 능동적으로 제기했을 가능성이 높은 것이다. 다음 〈표 2〉에서 확인할 수 있듯이 근대화에 관한 첫 심포지엄이 서울대 교수 또는 서울대 출신 역사학자를 중심으로 열린 이유 가운데 하나도 이 때문이었을 것이다.

학술회의에서 발표된 한국의 근대화에 관한 원고는 진단학회의 학술지인 『震檀學報』에 게재되었다. 발표된 주제와 발표자를 정리하면 아래 〈표 2〉와 같다.

발표 논문을 읽어보면 근대화란 무엇인가를 규정하는데 공통된 관심사가 있었음을 확인할 수 있다. 발표자들은 근대화린 "봉건사회에서 자본주의사회로 이행하는 것"(이상백, 195쪽), "봉천사회의 해체과정 속에" 그 출발점이 있다거나(민석홍, 201쪽), 서양화를 의미하고 공업화와 동의어

---

28) 瀧澤秀樹, 「說林 日本에 있어서의 歷史學과 經濟史」, 『歷史教育』 33, 1983, 150쪽. 라이샤워 지음, 이광섭 옮김, 위의 책, 1997, 90~118쪽에 수록되어 있다.
29) 東亞文化研究所, 「19. 經常費 輔助」, 『業績報告書 1961~1962』, 東亞文化研究委員會, 1963, 83쪽.

<표 2> '제1회 동양학 심포지움' 발표자와 제목

| | 제목 1 | 제목 2 | 발표자 |
|---|---|---|---|
| 8일 | 춘향전의 종합적 검토 | (생략·인용자) | (생략·인용자) |
| 9일 | 중국어의 어법과 교육 | | |
| 10일 | 15세기 국어의 음운체계 | | |
| 11일 | 한국근대화문제(기1) 의장 : 박종홍 사회 : 이만갑 | '독립신문'에 나타난 가치관념 | 이만갑 |
| | | 한국 정당의 전근대성 | 김성엽 |
| | | 한국 근대화의 기본성격 | 이상백 |
| | | 토지제도와 한국의 근대화 | 최문환 |
| 12일 | 한국근대화문제(기2) 의장 : 이병도 사회 : 전해종 | 서양의 근대화 과정 | 민석홍 |
| | | 동양 근대화의 제문제 | 고병익 |
| | | 초기 한미 관계와 한국의 근대화 문제 | 이보형 |
| | | 한국 근대화의 諸문제 | 천관우 |

출전 :「서울大學校 文理科大學 附設 東亞文化研究所 紹介」,『東亞文化』1, 1963, 165~166쪽.

라고 규정하기도 했으며(고병익, 204쪽), "서양화일 뿐 아니라 일본에 의하여 번역된 서양화"(천관우, 208~209쪽)라고도 정의내렸다. 한국사의 근대 또는 근대화를 언론인이자 한국사 연구자인 천관우처럼 규정하면 근대화는 일본에 의해 타율적이고 기형적인 서양화였다는 역사인식으로 구체화하게 된다.

발표자들이 근대화에 관한 개념정의를 시도한데 이어 드러낸 관심은 한국, 중국, 유럽에서의 근대화 과정을 추적하며 근대화의 시작점을 어느 때로 규정해야 하는가 였다. 가령 이상백이 통설에 따라 1876년 강화도조약을 근대화의 시작점이라고 한 데 비해, 천관우는 강화도조약부터 을사늑약까지 기점으로 삼을 만한 역사적 사건을 소개하면서도 자신은 아직 준비가 덜 되어 있다며 결론을 유보하였다. 결국 제1회 동양학 심포지엄에서 선명하게 모아진 논의의 초점은, 한국사 연구를 대상으로 근대화문제를 논의하면서 한국근대사와 관련하여 근대화의 시작점과 근대사의 기점을 동일시하며 그 시기를 어느 때로 잡아야 하는가에 있었다. 달리 말하면, 한국사 학계 또는 역사학계에 유입된 근대화론은 근대의 시기구분에 관한 논의를 시작하도록 자극함으로써 '발전'이란 시간관념을 유포시켰다.

1962년 5월의 심포지엄을 계기로 역사학계에서는 근대화문제를 꾸준히 생각하는 연구자가 나오기 시작하였다. 프랑스사 전공자인 민석홍이 그러한 경우에 해당한다. 그는 1965년 4월에 발표한 「유럽 근대화에 관한 일고찰」에서 근대화와 서구화가 다르다고 발언한 라이샤워의 1965년 1월 주장을 지지하였다. 그는 유럽의 근대화와 아시아 아프리카의 근대화가 같을 수 없다지만 유럽 근대화의 이념인 자유와 평등의 보편성을 부정하며 "공업화를 위하여는 다른 모든 것을 희생하여도 좋다고까지 생각하는 과격론자"를 비판하였다.30) 이때까지도 민석홍은 서구와 다른 한국의 근대화, 그러면서도 보편적 가치를 부정하지 않는 근대화를 지지하였다.

서양사에서 민석홍이 한국의 근대화문제에 관심을 두었다면, 한국사 분야에서 1960년대 전반기까지 만해도 천관우(千寬宇)만큼 근대화문제에 관심을 둔 사람은 찾기 쉽지 않다. 그는 역사적인 측면과 현실, 실증연구와 사론을 구분하지 않고 발언하였다. 그 보기로 「내가 보는 한국사의 문제점들 - 사관과 고증 및 시대구분」(1963), 「근대화와 민주화의 두바퀴로 달려라」(1963), 「세계사 참여의 사적과정 - 한국근대화 시발기의 기본성격」(1964)이란 일련의 글을 들 수 있겠다.31) 글의 제목에서도 알 수 있듯이, 천관우는 민족사가 급속한 근대화를 요구하지만 "민의에 뿌리박지 않은 근대화나 번영이 따르지 못하는 민주화"가 "空疎"하다며 근대화와 민주화

---

30) 『東亞文化』 3, 137쪽. 민석홍 글은 동양학 심포지엄 때의 「서양의 근대화과정」(1962)과 동국대회의에서의 「서구적 근대화 이념과 한국」(1966)과 같은 선상에 있는 발표문이다. 이후 그는 자유와 평등을 크게 훼손한 박정희 정부의 근대화정책을 적극 옹호하는 지식인으로 변신하였다. 자세한 사항은 육영수, 「근대화의 길, 역사가의 선택 : 민석홍의 학문적 생애에 대한 몇 가지 생각」, 『韓國史學史學報』 14, 2006, '제4장' 참조.

31) 특히 「世界史 參與의 史的過程 - 韓國近代化 始發期의 基本性格」은 1962년 12월 『震檀學報』에 발표한 내용을 다시 수정 보완하여 발표한 글이다. 그가 자신의 견해를 더 정교하게 다듬어 갔던 것이다.

를 분리하여 생각하지 않았다. 또한 그는 한국근대사의 시작점에 관한 관심에서부터 생각을 확장하여 한국사의 시대구분 문제, 그리고 타율성 및 정체성에 주목하며 식민사관 문제까지도 언급하면서 한국사를 체계화해야 한다는 의견까지 제시하였다. 천관우는 민주화를 동반하는 성장이데올로기를 지지하였다. 그러면서 한국 근대화 과정을 역사적으로 해명하고자 근대의 성격과 근대사의 기점에 대해 발언한 이후에 발전적 시간관념에 입각하여 한국사를 체계화해야 하는 과제로까지 문제의식을 확장한 것이다.

민주화를 동반하는 산업화가 곧 근대화라는 인식은 라이샤워와 로스토우식의 이해와 분명히 다른 점이었다. 근대화론이 유입되어 논의가 촉발된 출발점에서부터 전파자와 수용자 사이의 격차가 있었던 것이다. 박정희 정부의 근대화 정책에 학계가 처음에는 미지근하게 반응한 이유 가운데 하나가 여기에 있었을 것이다.

학계, 특히 역사학계와 달리 박정희 정부는 근대화론을 수용하여 정책화하는데 적극적이었다. 한국중세사 전공자인 이우성이 1963년부터 1967년까지 5년 동안의 역사학계 동향을 정리한 '총설'이란 제목의 다음과 같은 글에서 이를 시사받을 수 있다.

우리는 이 5년간의 국사학의 동향 속에 두 가지 중요한 사실을 看取할 수가 있다. 하나는 민족주의 의식의 태동이고 다른 하나는 역사의 합법칙적 발전에의 摸索−시대구분논쟁의 발단이다. 종래 이 땅의 특수현상으로 '민족주체의식'론과 '근대화'론이 정치지도층에 의하여 먼저 唱導되어 왔다. 그러나 아웃사이더의 입장에 있었던 역사학자들은 끝내 그것에 관심을 표명하려 들지 않았던 것이 사실이었다. 그러던 것이 이 5년 동안에 역사학자들은 현실정치와는 직접 관계가 없이 학문적 견지에서 민족주체의식과 근대화의 문제를 도입하여 국사학의 절실한 명제로 삼기에 이르게 되었다.[32](밑줄 | 인용자)

위의 언급에서도 확인할 수 있듯이, '근대화'론은 '정치지도층'이 먼저 '창도'했다는 점이다. 사실 박정희는 한국의 근대화문제를 1962년에 들어서자마자 분명하게 제기하였다. 그는 한국 근대화의 과제로 첫째, "반봉건적 반식민지적 잔재로부터 민족을 해방시켜야 한다", 둘째 빈곤으로부터 민족을 해방시켜 경제자립을 이룩해야 한다, 셋째 "건전한 민주주의의 재건이다"고 말하였다.[33] 처음 박정희는 근대화를 산업화로 획일화하지 않고 민족주체성이란 사회문제, 빈곤탈출이란 경제문제, 그리고 민주주의 발전이란 정치문제를 포괄적으로 제기한 것이다. 더구나 1963년에 치러진 총선과 대통령 선거를 치루는 과정에서 근대화라는 말을 정치상 슬로건으로 채택하여 활동하는 후보자들이 많았다. 결국 정부에서 무엇이 근대화인지를 충분히 해명하지 않은 가운데 아젠다로 밀어붙이면서 근대화란 말은 정치판을 중심으로 "일종의 유행어처럼" 회자되어 왔다.[34] 정치적 아젠다로 한국사회에 확실히 자리매김한 것이다.

새로 출범한 제3공화국은 근대화가 아니라 '조국 근대화'를 전면에 내세우기 시작하였다. 박정희는 1963년 12월 대통령 취임식에서 "1960년대 우리 세대의 한국이 겪어야만 할 역사적 필연의 과제는 정치, 경제, 사회, 문화 모든 분야에 걸쳐 조국의 근대화를" 성공적으로 달성하기 위해 "범국민적 노력이 있어야" 한다고 말하였다. 그리고 그 일환으로 "한 개인으로부터 자주적 주체의식을 함양"하는 노력을 국민에게 요구하였다.[35] 이로써 조국의 근대화와 민족주체성을 분리시키지 않고 동시에 제기함으로써 근대화정책에 국민 개개인을 동원할 수 있는 논리적 발판이

---

32) 李佑成, 「回顧와 展望 : 總說」, 『歷史學報』 39, 1968, 2쪽.
33) 朴正熙, 「韓國의 近代化를 위하여 - 우리나라 民主革命의 課題」, 『우리民族의 나갈 길 - 社會再建의 理念』, 東亞出版社, 1962.1, 128~130쪽. 책의 '머릿말'에도 같은 내용이 있다.
34) 千寬宇, 「世界史參與의 史的過程 - 韓國近代化始發期의 基本性格」, 『思想界』 12-1, 1964. 1, 256쪽.
35) 「제5대 대통령 취임식 대통령 취임사(1963. 12. 17.)」, 『박정희대통령 연설문집 2 제5대편』, 대통령비서실, 1973, 4쪽.

마련되었다.

이 시기까지도 박정희 정부가 말하는 근대화와 1962년 5월에 열린 '제1회 동양학 심포지움', 그리고 이후 천관우 등의 근대화 주장 사이에 뚜렷한 대척점이 있었다고 지적하기는 쉽지 않았다. 더구나 정부측에서 근대화란 이런 의미라고 명료하게 정리하지 않고 있어 양자 사이의 접점찾기와 구별짓기가 더 어려웠을 것이다.

## 3. 머뭇거림 속 한국사 연구의 예열

그러다 1964년을 지나며 한국사회에서 근대화에 관한 논의가 활성화되었다. 아래 〈표 3〉을 통해 근대화를 둘러싼 한국사회의 지적 흐름을 현상적으로나마 파악할 수 있다.

〈표 3〉 제목에 '근대화'를 명시한 출판물의 추이(1955~1970)

| 연도 1 | | 61 | 62 | 63 | 64 | 65 | 66 | 67 | 68 | 69 | 70 |
|---|---|---|---|---|---|---|---|---|---|---|---|
| 건수 | | 7 | 8 | 17 | 70 | 136 | 195 | 146 | 160 | 129 | 135 |
| 연도 2 | 1955~60 | 1961~65 | | | | | 1966~70 | | | | |
| 건수 | 26 | 238 | | | | | 765 | | | | |

비고1 : 필자가 2015년 11월 1일 국회도서관 소장 자료에서 '근대화'라는 검색어로 찾았다.
비고2 : '국내학술기사' '국회회의록' '학위논문' '일반도서'가 포함된 통계이지만, '학술기사'가 대부분을 차지한다.
비고3 : 한글로 번역된 외국 서적도 통계에 포함시켰다.

이에 따른다면 1964년 한 해 근대화를 주제로 내세운 출판물의 수치가 70건으로, 그 이전까지 모두 합한 58건보다 많을 정도로 한국사회에서 근대화에 관한 언급은 1964년 들어서부터 급증하기 시작하였다.

그렇다면 어떤 반전이 있었기에 한국사회에서 근대화를 둘러싼 지적 흐름이 형성되었을까. 그 직접적인 배경에는 박정희 정부의 움직임이 있었다.

박정희는 대통령 취임 직후인 1964년 1월 10일자 '연두교서'에서 "혼돈과 침체 속의 후진의 굴레에서 결연히 벗어나, 우리의 조국을 근대화시켜야 한다는 원대한 목표를 설정하고" "경제활동에의 새로운 지표와 전진을 위한 의욕으로 경제 전반에 걸친 다각적 건설 활동을 전개케" 함으로써 "도약의 단계로 돌입"하겠다고 밝혔다.[36] 제3공화국은 모든 분야를 망라하여 분산적이기까지 했던 후진성 담론을 빈곤 탈출이라는 경제 문제로 단일화하여 재구성하고,[37] 후진성을 극복하기 위한 자립경제의 확립을 조국 근대화의 선도적이고 핵심적인 목표로 설정함으로써 확실한 의지를 드러냈다. 근대화문제를 아젠다 차원에서 확실히 벗어나게 하고 근대화는 곧 경제자립이란 방향 설정이자 목표치를 정권의 통치방향으로 설정한 것이다.

근대화에 관한 사회적 논의가 이즈음에 늘어난 또 다른 배경에는 1964년 5월 '민족적 민주주의 장례식'이 거행되는 등 한일회담 반대운동이 고조되어 갔던 사회적 분위기가 자리를 잡고 있었다. 민족과 민족문화를 수호해야 한다는 위기의식이 고조됨에 따라 민족주의 의식이 높아가는 가운데 학계에서도 민족 주체성과 근대화를 연결시켜 사고하는 경향이 강화되어 갔다.

천관우의 정리에 따른다면, 당시 한국사 학계에는 근대화와 한국사의 주체성을 해명하는 문제를 둘러싸고 크게 두 흐름이 있었다.

---

36) 「대통령 연두교서(1964. 1. 10)」, 『박정희대통령 연설문집 2 제5대편』, 25쪽, 27쪽, 31쪽.

37) 황병주, 「박정희 체제의 지배담론 - 근대화 담론을 중심으로」, 131쪽. 제3공화국이 빈곤을 발견한 것은 아니다. 1950년대 한국사회의 후진성을 해명하는 움직임에서도 자주 나오기 때문이다. 다만, 1960년대의 빈곤담론은 후진성의 원인에 대한 해명에 초점을 맞추지 않고, 달리 말하면 열등의식을 심어주는 담론에 동원되지 않고 근대화의 동력으로 끌어들임으로써 한국인의 진취적인 태도와 인식을 자극하는데 동원되었다는 점에서 1950년대와 크게 다르다. '민족주체성' 문제도 이 측면에서 빈곤담론을 긍정의 에너지로 추동하는 역할을 했다고 볼 수 있을 것이다.

하나는 한국에도 그 자체 내에 근대화의 싹이 돋고 있었다는 것을 강조하여, 서양의 작용이 없었더라도 언젠가는 근대화가 되고 말았을 것이라고까지 하는 견해가 그것이요, 또 하나는 비록 서양의 작용을 인정한다 하더라도 무비판한 일방적인 수용이 아니라 자율적 선택적으로 수용하고 재해석 혹은 모디휘케이션을 거친 것이라 하여, 亞阿 각국의 근대화와 한국의 근대화가 서로 다른 것이 그 著例라고 하는 견해가 그것이다.38)(밑줄 | 인용자)

위의 인용에 따른다면 1960년대 초반 한국사 학계에는 오늘날의 표현으로 바꾸면 내재적 발전 또는 맹아에 주목하려는 움직임과, 근대화의 주체적 수용이란 측면에서 접근하려는 움직임이 이미 동시에 공존하고 있었다. 두 흐름 모두 한국사의 주체적 발전, 한국인의 민족적 주체성에 초점을 맞추려는 움직임이라는 공통점이 있었다. 이때의 주체성이란 민족적인 주체의식을 말하는 것이지 사대도, 자만도, 배타주의도 아니었다. '민족적'이어야 과학기술도, 자유민주사상도, 실존주의도 주체적으로 자각하고 소화 섭취할 수 있다고 보았다. 결국 민족적 주체성이란 자유로운 생활 속에 인간의 존엄성을 인정하는 바탕 위에 있는 민족정기를 의미하였다.39) 개개인의 주체성과 민족적 자주의식을 구별하지 않고 하나로 본 것이다.

---

38) 千寬宇, 「世界史參與의 史的過程 - 韓國近代化始發期의 基本性格」, 『思想界』 12-1, 259쪽. 본문에서 말하는 '근대화의 싹'과 관련한 학문적 경향은 1963년 6월 한국사학회에서 주최한 학술토론대회가 대표적인 보기이자 1960년대 전반기에 사실상 유일한 사례일 것이다. 대회에서는 신분제도-崔永稀, 경제-金容燮(농촌경제), 劉敎聖(상공업), 사상 및 실학-金龍德(「북학사상과 동학」), 洪以燮(「외국관계와 천도교 신앙문제」), 具滋均(「國文學의 近世化過程巧」)이 발표하였다. 원고는 『史學硏究』 16(1963.12)에 모두 수록되었다. 이와 관련한 자세한 내용은 신주백, 「관점과 태도로서 내재적 발전의 형성과 1960년대 동북아시아의 지적 네트워크」, 『韓國史硏究』 164, 2014, '제III장 3절' 참조.

39) 朴鍾鴻, 「特輯 韓國近代化過程의 諸問題 : 主體意識의 形成過程 - 近代韓國思想의 推移」, 『思想界』 12-1, 244쪽.

한국사에서 민족적 주체성을 파악하는 학계의 두 흐름에 대해 천관우는 반박하였다. 하나는 조선후기에 자본주의적 경제와 실학이 근대화의 싹으로 어느 정도 돋아나고 있었는가라고 반문하였고, 다른 하나는 서양적 요소가 한국사회에 침투할 때 주체성을 견지하며 선택의 가부(可否)를 우리가 결정할 수 있었는가라고 반문하였다. 그의 대답은 그렇지 않다였다.[40] 1964년의 시점에서 천관우는 이후 정식화된 조선 후기의 자본주의 맹아를 부정하였고, 일본이 강요한 '타율적 근대화'를 말하였다.

그러면서 천관우는 진행중인 한국의 근대화가 전근대적 요소에 근대적 요소를 "접목"하며 "아직도 요원한 완성단계를 향하여 걸어가고 있는" 중이라며, 연속보다 "단속(斷續)"을 특징으로 한다고 보았다.[41] 그가 보기에 접목의 지점에 근대사의 기점문제가 있었다. 기점에 관해 천관우는 1962년 2월까지만 해도 결론을 미뤘지만, 2년이 지난 1964년 1월에 이르면 1876년의 강화도조약을 "근대화의 계기 혹은 근대화를 예비하는 문호개방"이었다고 보았다.[42]

근대의 기점문제를 해명하는 노력은 궁극적으로 한국사를 새롭게 체계화하기 위해서였다. 한국사를 체계화하는데 꼭 필요한 또 다른 핵심 과제가 식민사관을 규명하고 극복하는 문제였다. 이에 처음으로 분석적인 응답을 한 사람이 김용섭이었다. 그는 일제시대의 관학자들이 일본제국주의의 지배를 정당화하기 위해 타율성론과 정체성론을 본질로 하는 '일제시대의 한국사관'을 주조하였으며, 1945년 이후에도 과거의 관학자들이 일본의 조선사학계에서 여전히 "주(主)"라고 지적하였다. 그러면서 한국인 사이에서 한국사를 이해하는 두 경향, 곧 민족의 역사를 과소평가

---

40) 千寬宇, 「世界史參與의 史的過程 - 韓國近代化始發期의 基本性格」, 『思想界』 12-1, 259~261쪽.

41) 千寬宇, 「世界史參與의 史的過程 - 韓國近代化始發期의 基本性格」, 『思想界』 12-1, 261쪽. 263쪽.

42) 千寬宇, 「世界史參與의 史的過程 - 韓國近代化始發期의 基本性格」, 『思想界』 12-1, 264쪽.

하고 열등의식에 사로잡혀 있거나 지나치게 과장하여 우월성을 자랑하는 경향이 있다고 보았다. 특히 "지도층, 즉 지식층" 사이에 전자의 경향이 농후하다고 지적하였다. 그러면서 일본인 관학자들이 주조한 '한국사관'을 지양하여 우리 자신의 힘으로 정리하고 체계화함으로써 한국인 자신의 눈으로 한국사를 보아야 한다고 강조하였다.[43] 김용섭은 식민사관을 극복하며 한국사의 체계화를 주장한 것이다.

김용섭의 글은 식민사관에 관해 당시까지 가장 체계적이고 분석적으로 접근한 결과물이다. 김용섭이 필자에게 말한 바에 따르면, 애초 다른 사람이 집필하게 되어 있었는데 어렵게 되면서 자신이 갑자기 쓰게 되었다고 한다. 1963년의 시점에서도 한국 역사학의 부정적인 속살을 드러내는 데는 학문적 준비와 함께 연구자 개인의 용기도 필요했던 것이다.[44]

한국사, 특히 한국근대사를 체계화하는 데 필요한 또 다른 하나의 과제가 식민지기를 역사화하는 문제였다. 그렇지 않고는 한국사의 새로운 체계화가 제기되고 있는 현실에서 근대를 파악할 수도 없었고, 근대와 1945년 이후의 현대를 단속적(斷續的)으로 설명하기도 곤란하기 때문이다. 또한 역사와 현재를 연결하여 근대화의 역사적 방향을 말하기도 어렵기 때문이다.

일제강점기를 어떻게 볼 것인가에 관해서는 1963년경부터 여러 편의 글을 발표한 홍이섭이 가장 적극적으로 의견을 피력하였다.[45] 그는 민족

---

43) 金容燮, 「日帝官學者들의 韓國史觀 - 日本人은 韓國史를 어떻게 보아 왔는가?」, 『思想界』 11-2, 1963, 252~259쪽. 이후부터 1965년 상반기경까지 식민사관에 관한 분석 비판은 개별적이고 산발적이지만 송건호, 이기백, 홍이섭, 김용덕 등이 시도하였다.

44) 한국 역사학의 식민성에 관한 기원에 대해서는 신주백, 『한국역사학의 기원』, 휴머니스트, 2016 참조. 식민성과 함께 분절성과 분단성을 현대 한국 역사학의 또 다른 특징으로 보아야 식민성을 극복하지 못하는 이유를 이해하기 쉽다.

45) 예 : 「植民地의 亡靈 : 知性人의 傳統的 役割」(1963) ; 「韓國植民地時代史의 理解方法」(1963) 「日本侵略政策의 分析 : 韓國近代의 政治·經濟·文化」(1964) ; 「왜 日帝의

주의운동과 사회주의운동을 불문하고 "민중대중이 생각과 행동"으로 일본의 지배에 어떻게 저항했는가, 곧 민족운동사에 대한 바른 인식이 "식민지 시대사 이해의 지표"가 될 것이라고 보았다.46) 그의 관점과 태도는 식민지 치하에서의 민족의식과 역사의식을 논의할 수 있는 기초가 될 것이며, "민족의 생의 역사의 한 도정(途程)에서 한국사의 전 도정에 추출(抽出)될 민족의식의 확립"에 기여함으로써 새로운 인식주체에 의한 한국사관의 정립이 가능하다는 생각으로까지 이어졌다.47) 그래서 홍이 섭은 현대 한국사학에서 가장 긴급하게 해명해야 할 작업으로 "식민지 시대사의 인식과 그 구조화를 위한 방법", 곧 민족운동사와 그에 유기적으로 관련이 있는 사회경제를 이해할 수 있는 방법을 마련해야 한다고 보았다.48) 홍이섭이 천관우가 제기하지 못한 일제강점기의 역사화에 필요한 방법과 목표를 제시한 것이다.

이처럼 근대의 기점을 고민하는 데서 나아가 식민사관을 해명하고 식민지 시대의 역사를 한국인이란 주체를 중심으로 재구성하기 위한 시론적인 움직임은 한국사 학계가 근대화론을 나름대로 수용하여 자기 해석적인 노력을 기울이는 과정에서 촉발되었다. 한국사 학계는 민족적 주체성을 부정하는 근대화가 아니라 민족적 자주의식을 강화하는 근대화를 지향하였다. 다만, 이때까지만 해도 박정희가 말하는 민족적 자주의식과 어떤 차이가 있는지 뚜렷하지 않았으며, 학자들 사이의 갈래도 불분명하였다.

민족주의 의식을 강조하는 근대화론이 확산되는 과정에서 이전에

---

   植民地가 됐던가? : 歷史的 事實의 한 原因을 들어서」(1964) ;「韓國植民地時代 精神 史의 課題」(1964) ;「民族史學의 課題」(1965) ;「韓國史觀 定立의 可能性 : 史觀의 批判的 克服」(1966) ;「日本統治期間의 性格은? : 韓國史의 論爭點」(1966).

46) 洪以燮,「韓國植民地時代史의 理解方法」,『東方學誌』7, 1963, 12~13쪽.

47) 洪以燮,「韓國史觀 定立의 可能性 : 史觀의 批判的 克服」,『政經研究』2-3, 1966, 149쪽.

48) 洪以燮,「韓國植民地時代 精神史의 課題」,『史學研究』18, 1964, 823쪽 ;「民族史學의 課題」,『世代』27, 1965.7, 33쪽.

볼 수 없었던 인물에 대한 관점이나 주목받지 못했던 역사적 근대 인물이 부각되었다. '민중'을 내세웠던 신채호의 역사관은 "민족정기를 부르짖은 사관"으로 조명을 받았고, 안창호는 인간정신을 고려하는 근대화 과정에서 주목해야 할 인물로 지목되었으며, 김옥균은 반역적 사대주의자에서 "조국근대화의 새 기수"로 등장하였다.[49]

결국 제3세계에서처럼 한국에서도 민족적 맥락을 무시하고 서구의 보편성을 밀어붙이려는 미국의 근대화론은 그대로 수용될 수 없었다. 1960년대 전반기만 해도 한국사 학계는 성장이데올로기로서 미국식 근대화론 자체를 부정하지 않은 가운데 근대의 기점에 관한 논의로부터 시작된 데서 시사받을 수 있듯이 자기 나름대로 재해석하며 받아들이고 있었다. 1965년 한일기본조약의 체결을 고비로 종합적인 측면에서, 그리고 민족 주체성을 강화하는 방향에서, 근대화론을 재해석하며 독자적인 한국사를 구축하려는 경향은 더욱 견고해져 갔다. 이제부터 그 과정을 살펴보자.


# III. 한일기본조약 이후 학계의 '주체적 수용' 움직임과 '발전'사관의 정착

## 1. 학계에서 한국적 근대화론의 본격적 논의

근대화론이 유입되면서 한국사를 깊이 있고 새롭게 이해할 수 있는 시대적 소명과 주제적 문제의식이 제기되는 가운데 중요한 연구 과제들이

---

49) 洪以燮, 「丹齊 申采浩 : 日本의 壓政下에서 民族正氣를 부르짖은 史觀」, 『思想界』 10-4, 1962 ; 金時泰, 「近代化의 斥候兵 : 金玉均 論」, 『世代』 7, 1963 ; 지명관, 「한국의 근대화와 도산정신」, 『기러기』 5, 1964.12 ; 金時泰, 「祖國近代化의 새 旗手(古筠 金玉均論)」, 『世代』 22, 1965.5. 김시태는 소속이 '국사편찬위원회'라 쓰여 있다.

새롭게 많이 부각되었음을 부인할 수 없지만, 그렇다고 1960년대 전반기에 한국의 학계가 근대화론에 관해 주목할 만한 성과를 거두었는지 의문이다. 1960년대 전반기 근대화론과 관련하여 한국사회의 분위기를 정리한 홍이섭의 글에서 이를 시사받을 수 있다. '전환하는 60년대의 표정'이란 특집에 실린 글의 일부를 인용하면 아래와 같다

> 2. 근대화론
> …… 세대교체론의 潛迹에 따라 대두된 근대화론은 후진적인 오늘의 한국을 현대사회로 전개코자 하는데서 제시되어 수년간 논의되었으나, 한국근대화를 위한 현실적 이론의 제시와 역사적으로 근대화의 좌절·일제 식민지로의 전락에 대한 역사적인 반성이 되지 못한 채 논의되어 왔음이 사실이다. …… 쓸쓸한 것은 아직 한국근대화를 다룬 좀 아카데믹한 보고서·문헌이 하나도 없다는 것이고, 그 역사적인 반성에 있어서는 과거적인 상식론의 권내를 벗어나지 못한 학술적으로나, 사상적으로 빈곤을 면치 못하고 있는 것이다.[50](밑줄 l 인용자)

1965년 12월에 발표된 위의 글에서 알 수 있듯이, 1965년경까지 한국의 학계는 역사적 반성을 결여한 가운데 한국의 근대화에 관해 현실적 이론조차 제시하지 못하고 있었다. 홍이섭의 표현대로 '좌절된 근대화'인지는 모르겠지만, 근대국민국가를 세우지 못한데다, 이렇게 강력한 중앙집권체제와 오랜 역사문화를 갖고 있는 국가가 식민지로 선락한 경우도 세계적으로 없었는데도 불구하고, 깊이 있게 반성하고 있지 않았던 한국의 학계, 특히 역사학계의 안이함과 현실회피는 적절한 지적이라고 볼 수 있겠다.

한국사회가 여전히 학문적 깊이가 부재하고 역사적 반성이 빈곤한

---

50) 洪以燮, 「近代化와 革命의 世紀」, 『世代』 29, 1965, 111~112쪽.

데도, 박정희의 제3공화국은 1966년 들어 근대화를 더욱 적극적으로 밀어붙였다. 박정희는 1966년도 연두교서에서 "남북통일을 위한 대전제요, 중간목표인" 조국근대화를 1970년대 후반에 달성하겠다고 청사진을 제시하였다. 이어 "통일의 길이 조국근대화에 있고, 근대화의 길이 경제자립에 있는 것이라면, 자립은 통일의 첫 단계가 되는 것"이라며 통일, 근대화, 자립을 연계시키는 통치 논리를 본격적으로 제기하였다.[51] 공업화는 조국근대화 논리를 경제자립으로 단일화할 수 있게 한 핵심 아젠다였다.

1966년 1월 제3공화국이 폐간시킨 경향신문의 마지막 편집국장이었던 송건호는, 박정희 정부가 근대화를 공업화와 동의어로 쓰고 있다고 지적하며 근대화를 내셔널리즘 및 민주주의와 떼어 생각할 수 없다는 관점을 제시하였다. 그러면서 그는 '사상생활의 근대화', '정치적 근대화'란 무엇인가를 정의하며 한국의 역사적 현실에 주목할 것을 박정희 정부에 주문하였다.[52] 근대화와 민족주의, 민주주의를 연계하여 생각하는 태도는 앞서 '제II장 2절'에서 언급한 천관우의 주장에서도 확인할 수 있었다. 조국근대화의 지름길은 경제자립이고, 그것은 공업화를 우선하는 정책을 통해 가능하다는 경제 일변도의 근대화론과는 확연히 다른 주장인 것이다. 심지어 외자를 도입하며 수출주도형 경제성장 전략을 추진하자는 주장과 달리, 경제적 근대화가 진정으로 가능하려면 "혼합경제적 제도에 적합"한 제도변혁과 "내향적 또는 내포적 공업화"를 뒷받침하는 구조변혁이 동반되어야 한다는 주장도 이때 이미 제기되었다.[53] 따라서 학계의

---

51) 「대통령 연두교서(1966.1.18)」, 『박정희대통령 연설문집 2 제5대편』, 592쪽. 이 통치논리는 1970년대 들어 先 경제건설, 後 분배 또는 先 경제, 後 민주라는 지배 논리가 선명하게 정립되는 예비적 징후였다고도 말할 수 있겠다.

52) 宋建鎬, 「韓國近代化論」, 『世代』 33, 1966, 68쪽, 70쪽.

53) 林喜範, 「制度變革과 構造變革-經濟的 側面에서 본 後進國의 近代化 槪念」, 『東亞文化』 3, 1965, 65~68쪽. 1960년대 후반으로 갈수록 지식인 사회는 내포적 공업화를 강조하는 민족주의와 현실 비판을 하지 않는 민족주의로 분화되어 갔다. 홍석률, 「1960년대 한국 민족주의의 두 흐름」, 『사회와 역사』 62, 2002 참조.

관심은 근대화란 무엇인가를 정의하는 데도 있었지만, 한국적 맥락에서 근대화의 방향을 설정하는데 초점을 맞추었다. 달리 말하면 공업화를 중심으로 한 경제 성장 전략에 치우친 근대화에 동의하지 않는 사람들이 말하는 근대화론의 중심축, 곧 전통, 민족주의, 민주주의, 그리고 산업화라는 네 가지 축을 어떻게 맞출 것인가를 중심으로 방향을 설정할 수밖에 없었던 것이다.

정부가 공업화를 중심으로 근대화 전략을 강력히 추진하고, 여기에 대응하는 비판 논리도 네 가지 축을 중심으로 광범위하게 개진되면서 근대화문제에 관한 사회적 관심은 더욱 달아오를 수밖에 없었다. 앞서 언급한 〈표 3〉에서도 그러한 경향을 분명히 확인할 수 있다. 1965년에 근대화를 주제로 발표한 글이 1964년과 비교하여 두 배 가까이 급증하였고, 그때로부터 1968년까지 근대화에 관한 논의가 가장 활발하였다. 실제 이 기간에 근대화문제를 둘러싼 주목할 만한 종합적인 학술기획들이 모두 성사되었다. 그 출발선에 아연회의가 있었다. 이제부터 아연회의를 시작으로 주요 학술기획들을 살펴보자.

고려대학교는 창립 60주년을 기념하여 1965년 6월 29일~7월 3일까지 아세아문제연구소가 「아세아에 있어서 근대화」라는 주제의 국제심포지엄을 열도록 후원하였다. 아연회의는 자신의 분야에서 근대화론을 도입하는데 기여할 수 있는 전공자를 지원하는 옌칭연구소의 연구 초청 프로그램[54]에 선정되어 1년간(1958~1959) 미국을 다녀온 김준엽이 나서서 미국의 포드재단과 아시아재단의 지원을 받아 열린 회의였다.[55] 두 재단은 아시아라는 지역과 국가의 근대화가 어떤 연관이 있는가, 한국의 근대화를 어떻게 추진해야 하는가, 자유세계의 근대화 과정과 대비되는

---

54) 그렉 브라진스키 지음, 나종남 옮김, 『대한민국 만들기 1945~1987』, 책과함께, 2011, 289쪽.

55) 김준엽은 아연회의와 관련한 회고를 남겼다. 金俊燁, 「아시아에 있어서의 近代化問題 : 國際學術會議를 마치고」, 『思想界』 13-10, 1965

공산권 국가들의 본질이 무엇인가에 대해 한국과 아시아의 지식인들이 생각할 수 있는 기회를 제공하려는 취지에서 심포지엄을 지원하였다.[56]

그래서 아연회의는 학술회의의 형식적 규모[57]와 준비과정[58]이 한국을 넘어선 대규모 학술회의였다. 근대화란 주제도 즉흥적으로 결정한 것이 아니었다. 앞서도 언급했듯이, 아연회의를 처음 기획할 즈음인 1960년 6월에 하버드대학 동아시아연구소 소장으로 중국학 전문가인 J. K. 페어뱅크 교수가, 7월에 라이샤워 교수가 각각 아세아문제연구소를 방문하였다. 두 사람은 미국의 근대화론과 그에 입각한 일본사인식을 일본에 처음 소개한 하코네회의가 열리기 직전 한국에 들려 각각 「현대 중국사의 몇 가지 문제」, 「한국과 근대화」라는 주제로 강연하였다. 또한 아연회의에

---

56) 그렉 브라진스키 지음, 나종남 옮김, 『대한민국 만들기 1945~1987』, 284~287쪽.

57) 아연회의에는 국내 학자 33명과 미국, 일본, 타이완, 인도에서 온 외국 학자 30명(1명은 논문을 제출하지 않음)이 발표하였다. 그리고 논문만 제출한 외국인 학자도 1명 있었고, 옵서버로 온 외국인이 7명이었다.
아연회의는 이때까지 인문사회과학 분야의 국제심포지엄 가운데 가장 규모 있는 학술회의였다. 그때보다 크게 팽창한 오늘날의 대학에서도 이렇게 큰 국제회의를 개최하기 쉽지 않을 정도의 규모였다. 심포지엄에서는 일본인 학자가 한국에 와서 한국사회에 관해 의견을 발표하고 토론하는 매우 보기 드문 광경도 연출되었다.

58) 고려대학교 아세아문제연구소가 미국, 일본, 타이완의 학자들도 참가하는 국제심포지엄을 개최할 수 있었던 기반에 우선 주목할 필요가 있다. 아연회의가 열릴 수 있었던 큰 이유 가운데 하나는 연구소의 소장인 김준엽의 개인적인 네트워크였다. 주지하듯이 김준엽은 한국광복군 출신이다. 그는 광복군 시절에 미국전략사무국(OSS)이 지휘하는 국내진공작전에 참가하기 위한 훈련을 받은 적이 있었다. 해방 후 고려대학교에 재직하는 가운데 대만대학 유학(1951~1954)과 하버드대학 유학을 다녀왔다. 미국에 체류하는 동안 라이샤워, 페어뱅크 등과 관계를 맺기도 하였다.
미국의 유력 재단들과의 학문적 네트워크도 무시할 수 없다. 아세아문제연구소는 1961년 2월 포드재단에 3대 계획, 곧 구한국외교문서 정리간행 계획(책임 : 申奭鎬), 남한의 사회과학적 연구(책임 : 조기준), 북한공산권 연구(책임 : 김준엽)에 대한 자금지원을 정식으로 신청하여 28만5천불을 지원받았다. 사학과의 정개각은 1963년에 포드재단의 후원으로 하버드대학에 1년간 연수를 다녀오기도 하였다. 또한 아세아문제연구소는 1965년 8월 제2차 특별연구계획에 선정되어 다시 18만5천불을 지원받았다. 이상은 「亞細亞問題硏究所 沿革과 現況」, 1967. 6, 1~6쪽을 정리하였다.

참가한 외국인 중에는 마리우스 잰슨(Marius B. Jansen) 외 세 사람이 하코네회의에 참가하였다. 네 사람은 모두 발표자로 참석하여 긍정하는 입장에서 근대화론의 장단점을 소개하였다. 결국 아연회의는 겉에서 보면 미국 재단의 학술적 재정지원과 학자들의 후원이 있어 가능했지만, 안을 들여다보면 하코네회의처럼 일본을 시작으로 동북아에 근대화론을 전파하며 반공세력을 재편 강화하려는 미국의 냉전전략과 맞물린 학술기획이었다.

아연회의는 다음 〈표 4〉에서 시사받을 수 있듯이 근대화란 무엇이고, 한국에서 근대화를 추진하려 할 때 전통과는 어떻게 접목되어야 하며, 현재 직면한 정치 경제문제가 무엇이고 어떻게 풀어가야 하는가를 분석하려는 학술기획이었다. 그리고 특이하게도 사회계층 분석과 사회조사에 관한 분과도 설치하였다.[59] 이 분과에서의 논의는 이후 사회조사와 관련한 한국 사회학의 발전에 큰 자극이 되었다. 결국 한일기본조약이 조인된 6월 22일 직후에 열린 아연회의는, 박정희 정부 입장에서 근대화란 아젠다를 적극 밀어붙이고 있는 가운데 기획된 회의로서 형식적 규모와 다루는 주제의 광범위함, 그리고 오랜 준비과정과 뚜렷한 목적성이 있었으므로 학술담론으로서 근대화 담론이 한국의 인문사회과학계에 매우 폭넓게 확산되는 전환점일 수밖에 없었다.

주지하듯이 아연회의는 근대화론을 부정하는 회의가 아니라 전파시키고자 기획된 회의였다. 그럼에도 회의 참가자들이 여기에 전적으로 동조한 것도 아니었다. 케네디정권의 이데올로그이지 정책추진사인 로스토우와 라이샤워가 말하는 근대화론, 예를 들어 전통을 중시하지 않고 새로운 인텔리를 육성하여 산업화=기계화를 중심으로 근대화를 추진한다는 구상을 한국인 회의 참가자들이 그대로 받아들이지 않았기 때문이다. 한국인 참가자 가운데는 서구화가 근대화는 아니며, 전통적 가치를 보존

---

59) 이에 대해서는 김인수, 「한국의 초기 사회학과 '아연회의'(1965) : 사회조사 지식의 의미를 중심으로」, 『사이間SAI』 22, 2017 참조.

<표 4> '아연회의' 제2분과 프로그램

| 분과 및 주제 | 발표 주제 | 발표자 |
|---|---|---|
| 제1분과 근대화의 이념문제 | (생략·인용자) | (생략·인용자) |
| 제2분과 아세아 전통사회와 근대화문제 | 1. 통리아문의 설치와 발전 및 한국 근대화에 있어서의 그 의의 | 전해종, 서울대학교 교수 |
| | 2. 1860~1894년간에 걸친 중국의 근대화과정에 대한 가치 | Sung Shee, 중국 문화학원 교수 |
| | 3. 인도의 전통사회와 근대화 과정 | Sibnarayan Ray, 호주 Melbourne대학 교수 |
| | 4. 比律賓의 근대화 | George. E. Taylor, 미국 Washington대학 교수 |
| | 5. 전통적 한국사회와 근대화 | William E. Henthorn, 미국 인디아나대학 교수 |
| | 6. 이조말엽에 있어서의 외인 군사 교관의 역할 | 이광린, 서강대학교 교수 |
| | 7. 이조말엽에 한국정부가 고용한 서양인의 역할 | 고병익, 서울대학교 문리과대학 교수 |
| | 8. 일본의 전통과 근대화의 문제 | 林建太郞, 동경대학 교수 |
| | 9. 일본의 근대화를 통한 세 가지 표어 | Marius B. Jansen 미국 Princenton대학 교수 |
| | 10. 17세기에 처음으로 중국에 소개된 서양과학 | Yao, Ping Wang 중국중앙연구원 研究員補 |
| | 11. 발전의 모순 : 1905~1945년간에 걸친 일본의 경험 | James W. Moreley 미국 컬럼비아대학 교수 |
| | 12. 중앙집권화와 한국의 정치적 발전 | Gregory Henderson 미국 Haverd대학 연구원 |
| | 13. 일본의 對韓식민정책이 한국의 근대화에 얼마나 기여했는가? | 이선근, 경희대학교 문리과대학 교수 |
| 제3분과 근대화와 정치문제 | (생략·인용자) | (생략·인용자) |
| 제4분과 근대화와 경제문제 | (생략·인용자) | (생략·인용자) |
| 제5분과 근대화에 있어서 諸인 구층의 역할 | (생략·인용자) | (생략·인용자) |

출전 : 「亞細亞問題研究所 沿革과 現況」, 1967.6, 28~32쪽.

하는 가운데 근대화에 기여해야 하고, 비록 근대화 개념이 민주화에서 산업화로 바뀌어가고 있지만 민주적 정치체제를 향한 비판도 늘어나고 있다는 발표도 있었다.[60] 근대화란 무엇인가를 규정하려는 움직임은 1965년 이전과 마찬가지로 한국적 맥락에서 근대화론을 수용하려는 인식으로 동시에 나타난 것이다. 특히 전통과 근대화의 관계에 관한 논의는 이전의 논의에서 쉽게 찾아볼 수 없는 지적 흐름이었다. 이후 한국의 지식인 사회에서는 1960년대 후반으로 갈수록 근대화 과정에서 전통을 계승하느냐, 아니면 탈전통이어야 하느냐를 둘러싼 견해 차이가 아주 조금씩 드러났다.

아연회의에서는 역사학, 특히 한국사 관련 주제와 연관지여 전통과 근대화의 관계를 역사적으로 살펴보려는 움직임도 있었다. 위의 〈표 4〉에 나와 있듯이 모두 네 편의 글이 발표되었다. 그 가운데 세 편은 통리아문, 외국인 군사교관, 정부에 고용된 서양인을 통해 조선(대한제국) 정부의 문명화에 대해 실증적으로 설명한 글이다. 이에 비해 이선근은 일본의 식민통치에 대한 통계와 정책을 언급하는 가운데 한국 근대화에 일본이 기여했다는 부당한 주장을 비판하였다.[61] 이선근의 주장은 일본 근현대사에서 15년전쟁을 예외적인 이탈로 간주하고 있는 라이샤워의 역사인식과 상충된다. 한국사 연구자들이 한국적 맥락의 근대화를 주장하며 로스토우와 라이샤워식 근대화론을 수용하지 못한 이유의 하나도 여기에 있었다.

근대화론에 대한 한국사 연구자들의 태도가 더욱 선명하게 드러나는 학술기획은 경희대학교 후진사회문제연구소에서 기획한 총서 제1권이다. 책은 크게 3부로 구성되었는데 구체적인 내용은 제1, 2부에서 다루고 있다. 당시의 경제와 사회 현상을 다루고 있는 제2부와 달리 제1부에서는 민족(김성균), 사상(홍이섭), 종교(이응진), 사회(고영복), 경제(조기준),

---

60) ARC, *International Conference on the Problems of Modernization in Asia ; REPORT*, Korea University, 1966, 118쪽(김태길), 80~81쪽(최재희), 434쪽(이용희).
61) ARC, *International Conference on the Problems of Modernization in Asia ; REPORT*, 334쪽.

산업(주석균), 정치(차기벽), 문화(주요섭), 교육(조영식) 분야로 나누어 다루었고, 이선근이 문제제기와 결론을 담당하였다. 제1부 참가자 가운데 이선근, 차기벽, 조기준은 아연회의에도 참가하였다. 이선근이 내린 결론에 따르면 근대화란 사회의 과학화, 산업화, 공업화, 민주화이며, "훌륭한 전통과 고유문화를 재발현·재인식하면서 외국문화, 서구문화의 수입한계를 재검토하여 슬기롭게 조정, 수용할 수 있어야 한다"고 보았다. 그는 근대화를 향한 슬기로운 선택을 방해하는 대내적 요소로 봉건적 잔재가 있으며, 대외적으로 가장 심각한 영향을 미치고 있는 요소로 일본의 식민통치와 공산세력이란 존재를 들 수 있다고 주장하였다.[62]

한국적 맥락을 고려하며 다면적으로 근대화문제를 취급하려는 노력은 1966년 11월 동국대학교 창립 60주년을 기념하는 대규모 국내 회의에서도 확인할 수 있다. 동국대회의도 아연회의처럼 이념, 전통사상, 경제와 정치의 과제라는 네 섹션으로 구성되었다. 동국대회의의 구성안을 제2세션을 중심으로 소개하면 다음 쪽의 〈표 5〉와 같다.

〈표 5〉가 시사해 주듯이 동국대회의는 기획 방향에서 아연회의와 뚜렷이 달랐다. 동국대회의에서는 아연회의와 달리 근대화란 무엇인가를 규정하려는 미약한 시도조차 드물었고, 근대화의 필요성과 타당성을 말하지도 않았다. 그래서 일본 또는 일본역사에 관해 별도로 발표한 논문도 없었다.

오히려 동국대회의는 〈표 5〉에서 알 수 있듯이 근대화를 '비판'적으로 검토하였다. 근대화과정에서 전통을 사상의 측면, 특히나 종교의 측면에서 어떤 역할을 했는지 토속신앙 불교 천주교 천도교 유교의 측면에서 각각 검토해 보려 하였다. 토론 도중에 서구식 근대화를 지향하는 주장과 달리, 우리의 전통을 수정하고 서구의 근대화를 시정하여 받아들임으로써 "보통 말하고 있는 근대화와 다른 방향의 근대화를 이룩해 가야"한다는

---

62) 李瑄根, 「結論」, 『韓國近代化의 諸問題』, 慶熙大學校 後進社會問題研究所, 1965, 57쪽.

〈표 5〉'동국대회의' 프로그램

| 분과 및 주제 | 제목 | 발표자 | 토론자 |
|---|---|---|---|
| 1. 서구적 근대화이념에 대한 비판 | 한국근대화의 이념 | 조명기 | 토론 : 이광린 외 |
| | 서구적 근대화이념과 한국 | 민석홍 | |
| | * 이외에 네 편 논문 | | |
| 2. 한국근대화과정에 있어서의 전통사상 | 한국의 토속신앙과 근대화 | 서남동 | 사회 : 전해종 토론 : 발표자 김용구 이용범 이재창 장병길 한우근 안계현 |
| | 불교와 근대적 인간형 | 이기영 | |
| | 불교와 정치관 | 정태혁 | |
| | 천주교에서 본 근대화 문제 | 최석우 | |
| | 한국근대화과정에 있어서의 천도교의 역할 | 최동희 | |
| | 유교의 정치관과 근대적 정치이념 | 이우성 | |
| | 유교의 이념과 한국의 근대화 문제 | 이상은 | |
| 3. 한국근대화를 위한 이념과 방법론상의 諸과제(경제) | * 네 편 논문 | | |
| 4. 한국근대화를 위한 이념과 방법론상의 諸과제(정치) | * 네 편 논문 | | |

출전 :『韓國近代化의 理念과 方向』, 동국대학교, 1967, 목차

주장도 있었다.[63]

경제와 정치의 측면에서는 근대화를 달성하기 위한 방법론이 집중적으로 검토되었다. 공업과 농업, 경공업과 중공업의 병행 발전에 모두 동의하였고, 산업화와 민주화 그리고 자유와 평등이 강조되는 새로운 자유민주주의가 필요하다는 점도 모두 동의하였다. 하지만 독점자본의 형성을 인정하고 그것이 국민경제에 기여한 측면도 있다고 보려는 남덕우 등의 입장과 달리, 독점재벌이 근대화 과정에서 부정적으로 작동하고 있는 점을 개선하고 경제의 과실을 국민경제에 돌아가기도록 해야 한다는 주종환 등의 주장 사이에 논쟁이 벌어지기도 하였다.[64] 경제개발5개년계획의 성과에 대한 의견 차이가 드러난 것이다. 이렇듯 동국대회의에서는 심포지엄의 주제처럼 '한국 근대화의 이념과 방향'을 한국인 스스로 찾아야지

---

63) 『韓國近代化의 理念과 方向』, 동국대학교, 1967, 456쪽. '제2분과 한국근대화과정에 있어서의 전통사상'에 관한 토론의 사회를 맡았던 全海宗의 정리 발언이다.
64) 『韓國近代化의 理念과 方向』, 447~468쪽(남덕우). 478~479쪽(주종환).

남이 해 줄 수 있는 일이 아니라는 문제의식에 따라 토론이 활성화되었다.[65] 달리 보면 동국대회의는 '주체적 수용'을 구체적으로 검토하여 적극 모색한 회의였다.

마찬가지 움직임은 국제정치학회에서 주최한 1968년도 4월의 심포지엄에서 더 분명하게 확인된다. 주제 자체가 '한국 근대화에 있어서의 갈등과 조화'인데서 알 수 있듯이, "오늘의 한국에 집중"하려 하였다.[66] 왜냐하면 1968년의 시점에서 한국은 '이미' 근대화의 길에 나섰으므로 "민족적 과제로서의 근대화가 지금 어느 단계에서 어떤 문제점을 안고 어느 방향으로 나가고" 있는지를 검토할 필요가 있다고 보았기 때문이다.[67] 그래서 토론 주제와 보고서도 '한국근대화에 있어서의 갈등', '한국근대화에 있어서의 조화'로 나누어 근대화를 추진하는 과정에서 제기된 문제점과 해법을 모색하였다.

학술회의에서 발표된 두 보고서는 정치 경제 사상 분과로 나뉘어 토론을 거친 이후에 작성되었다. 이에 따르면 공업화를 최우선으로 하는 물량적 근대화를 추진한 결과 "국민전체의 입장에서 볼 때는 그 조화적 발전이 되기보다도 내재적 諸갈등을 심화하는 경향"이 나타나고 있다고 진단하였다. 그러면서 보고서에는 제기된 문제들을 해결하고 "한반도의 사회가 하나의 단위", 곧 "근대화의 장"인 민족국가를 형성하기 위해 "정치는 물론 경제 사회행위 사상 등의 총체적 재조정이 요청된다"고 보았다.[68]

그래서 토론문까지 그대로 수록한 동국대회의와 국제정치학회 심포지엄의 자료집을 보면, 공업화도 민주화와 더불어 근대화의 중요한 한

---

65) 趙明基, 「韓國 近代化의 理念 - 開會講演」, 『韓國近代化의 理念과 方向』, XIII쪽.
   조명기는 당시 동국대학교 총장이었다.

66) 「討論指針」, 『國際政治論叢』 8, 1969.1, 8쪽.

67) 「趣旨文」, 『國際政治論叢』 8, 7쪽.

68) 盧在鳳, 「韓國近代化에 있어서의 葛藤(報告)」 ; 禹炳奎, 「韓國近代化에 있어서의 調和(報告)」, 『國際政治論叢』 8.

부분이라는 인식을 여기저기서 확인할 수 있지만, 공업화=근대화라는 정부의 정책 추진에 선뜻 동조하는 발언을 쉽게 찾아보기 어렵다. 오히려 공업화를 가장 우선하는 정부의 근대화정책과 다른 목소리가 더 많았다. 그들은 근대화란 무엇인가를 규정하는 데 초점을 두지 않았으며, 근대화를 장기적으로 지속하기 위해 민주화가 필요하다든지, 전통적 요소 가운데서도 근대화와 접목하는 부분이 있다든지, 경제성과의 과실을 나눌 수 있는 복지가 필요하다는 주장을 제기하였다.[69] 한국적 맥락에서의 근대화를 주장한 것이다.

그럼에도 성장이데올로기 내지는 개발 중심의 근대화 자체를 조리있게 비판하는 목소리를 찾기도 쉽지 않았다. 후진국에서, 아니면 가난에서 벗어나야 한다고 모두 공유하는 방향이었기 때문이다. 더구나 당시 학계는 서구문명에 대한 비판적 재인식을 통해 비자본주의적인 길과 같은 차원을 달리하는 길을 주장하기보다 서구적인 근대를 어떻게 주체적으로 수용하느냐에 더 초점을 두고 있었다. 결국 1960년대 후반의 시점에 이르러 한국 학계에서의 근대화 논의는, 공업화가 곧 근대화라는 방향으로 갈 것인가, 아니면 전통을 계승하며 민주화와 더불어 다양한 분야의 근대화로 갈 것인가로 모아졌다.

그렇다고 박정희 정부가 어느 하나를 선택하고 나머지를 포기한 정책을 펼치지는 않았다. 박정희는 1968년 1월 15일자 기회회견에서 비경제적인 요인 내지는 사회적 요인을 근대화시켜 궁극적으로 새로운 한국적 가치를 만들어야 진정한 근대화가 달성될 수 있다며, '第2經濟'를 달성하자고 제창하였다. 박정희 정부는 제2경제가 "민족정신혁신운동" "생활합리화운동"으로서 "구습·비뚠 태도부터 시정"하는 운동이라며, 행정조직을 동원하여 하향식 범국민적 사회운동을 통해 이를 달성하려 하였다.[70]

---

69) 1960년대 후반으로 갈수록 세 주장 가운데 정부측 근대화 전략과 먼저 파열음을 일으킨 주장은 민주주의문제였다고 볼 수 있다. 이상록, 「1960~70년대 비판적 지식인들의 근대화 인식」, 『역사문제연구』 18, 2007, '제1장'.

제2경제의 사회적 추진은 근대화를 주체적으로 수용한다는 총론에 동의하는 학계 인사 가운데 일부를 끌어들이기에 충분한 정책이자 관제운동이었다. 전통의 문제, 민주주의문제, 한일관계와 관련한 민족문제를 둘러싸고 선택의 갈림길에서 자신의 학문적 견해를 피력해야 하는 학계 인사들에게 제2경제가 계속 추진되고 있는 과정은 하나의 고비점이었을 것임은 분명하다.

그럼에도 1960년대 후반 한국의 지식인들이 근대화의 기본적의 두 방향과 관련하여 고민한 문제는 성장이데올로기를 대전제하면서 공업화의 달성(또는 속도)과 민주정치 또는 민주주의적인 복지국가의 구현 사이에 모순을 어떻게 풀어갈 것인가가 기본이었다. 1970년대에 들어서면 정치적 민주화문제와 사회경제적 격차로 갈등이 심해지는 가운데 논쟁은 더욱 치열해졌다. 더구나 정부가 근대화=공업화라는 주장을 다음과 같이 논리화하면서 속도와 방향을 둘러싼 논란은 더욱 치열해질 수밖에 없었다.

모든 것이 상호 관련하여 발전하는 과정에서 경제도 발전하였으며, 경제가 발전한 결과 근대화가 촉진된 그러한 식의 발전과정이었다.

그런 점에서 금일 한국의 근대화의 특이한 성격을 볼 수가 있을 것이다. 금일 한국의 근대화가 경제발전을 주축으로 하여 전개되고 있는 데 대하여는 여러 가지 논의가 일고 있다. 경제발전에 못지않게 여타 부문의 발전이 중요한 것도 사실이고, 근대화가 모든 면에서 조화되고 균형있게 진전되지 않으면 경제발전의 효과가 저해될 뿐만 아니라, 경제발전 자체도 제약을 받게 된다는 것도 사실이다.

그러나 '한국의 근대화'가 직면한 시간적 제약과 한국경제의 긴급한 과제를 상기할 때 경제발전이 주축이 되고 있는 근대화의 불가피성을

---

70) 『京鄕新聞』 1968.1.29. ; 1968.9.28 ;『每日經濟』 1968.8.14.

이해할 수 있을 것이다. 한국의 근대화는 시행착오를 허용할 수 없는 긴급한 과제인 것이다.[71](밑줄 | 인용자)

위의 언급은, 근대화=공업화를 밀어붙이고 있던 정부측이 더욱 공세를 강화할 것임을 시사하는 주장이었다. 실제 1960년대 후반경을 지나는 와중에, 그리고 1970년대에 들어서자마자 한국 학계에서는 근대화의 방향과 속도를 둘러싸고 논란이 확대되어 갈 수밖에 없었다. 동국대회의와 국제정치학회의 심포지엄은 논란이 본격적으로 일어나기 직전에 열린 회의였던 것이다. 이후 근대화와 관련한 대규모 학술기획을 보기 어려운 이유의 하나도 여기에 있었다.

## 2. 주체적 국민만들기와 '발전'사관

근대화론의 한국적 맥락을 찾아가려는 흐름에서 한국사 학계는 어떤 움직임을 보여주었을까. 1966년의 동국대회의와 1968년의 국제정치학회 심포지엄의 주제를 1965년의 아연회의와 비교해 보면, 한국근대사와 관련한 논의는 거의 없었음을 확인할 수 있다. 국제정치학회가 주최한 심포지엄의 경우, 학술회의를 위해 조직한 사상분과에서 홍이섭이 한국의 민족주의에 관해 발언한 것이 전부였다.[72] 두 회의가 근대화의 개념, 한국의 역사적 특징을 도출하는 논의보다는 당시 진행되고 있던 근대화에 초섬을 맞추었기 때문이다. 더구나 한국사 학자들은 우리의 근대화가 현재 어떤 단계에 와 있는가에 대해 역사학보다 여러 사회과학 분야에서

---

71) 박준규, 「제10장 조국근대화와 우리의 사명감」, 『근대화 백서』, 대한민국정부, 1971, 390쪽. 이 책의 발행 주체와 발행 시점에 주목할 필요가 있다. 특히나 1960년대 근대화를 총정리하고 1970년대로 나아간다는 취지에서 기획된 서적이라는 점을 염두에 두어야 한다.

72) 홍이섭, 「主題論文 韓國民族主義의 歷史的 性格」, 『國際政治論叢』 6, 1967.

분석하고 정리해야 한다고 생각하였다.[73] 그래서 한국사를 연구하는 역사학자는 '전통'의 측면, 특히 사상의 영역에 해당하는 측면에서 접근한 경우에만 학술회의의 한 자리를 차지할 수 있었다. 1960년대 후반으로 갈수록 역사학계는 근대화론에 관한 학계의 종합적인 토론장에서 조금씩 빗겨나고 있었던 것이다.

그렇다면 1960년대 후반으로 갈수록 한국사 학계는 근대화 논의에서 아예 발을 뺐던 것인가. 그렇지 않다. 근대화론을 받아들이는 과정에서 제기된 '근대'와 주체성에 관한 논의를 더욱 확대 심화하여 한국사 전체의 시대구분문제, 식민사관에 대한 규명과 비판을 시도하는 움직임으로 이어졌다. 근대화론으로부터 촉발되어 '근대'의 기점을 논의하던 움직임은 1960년대 후반으로 갈수록 주체적 한국사상(韓國史像)을 정립하기 위한 새로운 실증연구들이 등장하고 한국사를 체계화하려는 논의들로 옮아가고 있었다. 지금부터 이에 대해 살펴보자.

1960년대 전반과 다른 한국사 학계의 분위기에 결정적인 영향을 미친 사건은 1965년 6월 22일에 조인된 한일기본조약이었다. 일본과의 국교수교를 둘러싼 반대 움직임은 1964년부터 확산되며 대중의 민족주의적 정서를 또 다시 자극하는 상황이 조성되어 갔다. 1965년 한일기본조약의 체결은 그러한 정서, 곧 민족적 위기감을 더욱 증폭시키며 역사학계를 크게 자극하였다. 앞서도 보았듯이 박정희 정권도 조약 체결을 전후하여 근대화 담론을 더 적극 밀어붙이고 있었다. 당시 한국사 학계의 분위기를 이우성은 다음과 같이 전하였다.

2차대전이 끝나고 냉전시대로 접어들면서 자유세계 대 공산세계의 양극화라는 상황 속에 이 땅의 사람들은 미국을 중심으로 한 자유세계의 일원으로 자인하여 이른바 '자유'의 수호를 유일의 구호로 삼았고 민족

---

73) 1964년의 시점에 천관우는 이미 그러한 인식을 드러냈다(千寬宇, 「世界史參與의 史的過程 - 韓國近代化始發期의 基本性格」, 『思想界』 12-1, 263쪽).

<u>그것은 망각되거나 등한시되기가 일쑤였다.</u> 그러다가 세계의 사정은 차차 강대국들의 실리주의적 입장을 노골화시켜 양극화의 상황은 다원화의 경향을 보이게 했고 '한일협정'이 체결되어 일본의 종교 내지 통속적 문물이 일본의 자본 및 상품과 표리관계를 이루어 이 땅에 도도히 흘러들어오게 되었다. '자유'의 수호만을 지상명령으로 알고 있던 이 땅의 <u>사람들은 이제 비로소 민족 또는 민족문화의 수호를 생각하게 되었고,</u> 자유세계의 일원이라는 관념만으로는 오늘의 국제사회 속에 생존할 수 없으며 <u>우리 민족 스스로의 판단과 결정으로 살길을 찾아야겠다는</u> <u>절박한 현실을 직감하게 되었다.</u>[74](밑줄 | 인용자)


역사학계는 한일기본조약이 체결되자 일본 침략의 '망령사'를 상기하며 새로운 내습에 대비해야 한다는 민족적 위기의식을 느낀 것이다.[75] 이를 넘어서기 위해 민족적 주체성을 지켜야 한다는 공감대를 정부측의 논리에 추종하지 않고 연구를 바탕으로 공공연하게 제기할 수 있었다. 근대화론의 도입으로 촉발된 새로운 연구경향은 한일기본조약을 계기로 조성된 민족적 위기감 내지는 동북아 지역의 주변에 위치한다는 존재적 두려움을 동력으로 더욱 폭을 넓혀가며 가속도를 붙여갔다.

그렇다면 한국사 학계 또는 역사학계는 한일기본조약을 체결한 즈음부터 어떻게 근대화 담론으로 촉발된 연구 흐름을 집단적으로 구체화해 갔을까. 그리고 '자기식 전유'의 과정은 어떠했을까.

먼저 1966년 6월의 시점에서 고병익의 언급을 살펴보자. 그는 "근내화라는 개념과 용어는 비교적 근년에 들어와서 나오기 시작하였고 요즘에 와서는 역사학이나 기타 학문상의 용어에 그치지 않고 실제 정치와 사회에서도 가장 널리 쓰이는 용어가 되어 있다"고 보았다.[76] 이후에도

---

74) 李佑成, 「1969~70年度 韓國 史學界의 回顧와 展望, 國史 - 總說」, 『歷史學報』 44, 1971, 1~2쪽.
75) 김용섭, 『역사의 오솔길을 가면서』, 지식산업사, 2011, 470쪽.

사회적으로 유행어처럼 근대화를 말하지만 내용을 보면 '각인 각설'이어서 근대화란 무엇인가에 대해 "一義的으로 명확하게 정의되지 못하고" 있었다.[77]

그러나 앞서도 보았듯이 근대화란 무엇인가라는 정의에 관한 이론적인 접근과 논쟁은 동국대회의 즈음인 1966년경의 시점에 이르면 철지난 이슈가 되어 버렸다. 사회과학의 영역에서는 현재 진행형인 근대화를 둘러싼 논의가 핵심이었듯이, 한국사 학계도 근대론을 수용한 이후 촉발된 한국사의 여러 과제를 구체적으로 해명하는데 관심을 두었다. 관련된 언급은 천관우가 '또 무엇이 문제인가?'라고 질문을 던지며 발언한 내용에서 확인할 수 있다.

> 우리 근대의 구조를 해명하기 위해 제기되어야 할 문제점들은 사회·경제사에서, 정치사에서, 정신·문화사에서 일일이 열거하기 어려울 만큼 많을 것이다(註).[78] 우선 이러한 문제점들은 우리 근대의 제양상과 그 특징을 그 모습대로 정리 제시하는 작업과 동시에, 우리 전근대의 제양상과는 혹은 맥락이건 혹은 단절이건 간에 어떤 연관이 있는가, 그 橋梁을 지어주는 작업을 요구한다. 또 이러한 문제점들은 우리의 근대화가 다른 모든 후진사회의 그것처럼 사실상 서구의 근대화를 '모델'로 상정한 것이라면 우리는 그 '모델'과의 비교에서 무엇이 무엇 때문에 어떻게 특수화되었는가를 가려냄으로써 우리의 근대화의 성격을 해명하게 할 수 있을 것이다. 또 후진사회의 근대화라 하지만, 각각 등에 진 전통이 다르고 변화를 실어오는 조건이 다른 이상 그것이 모두 同一型일 수는 없다. …… 우리의 근대화를 다른 후진사회의 경우와 면밀히 비교하는 데서 해답을 얻을 수 있을 것이다.[79](밑줄 | 인용자)

---

76) 高柄翊, 「近代化의 起點은 언제인가?」, 『新東亞』 24, 1966.8, 154쪽.

77) 梁秉祐, 「'近代化'의 槪念」, 『歷史學報』 33, 1967, 81쪽.

78) '註'에는 아연회의 때 논의된 5개 대주제와 소주제들이 소개되어 있다.

천관우는 동국대회의나 국제정치학회 심포지엄에서처럼 한국만의 근대화 과정에 대한 해석, 곧 전통과 연관된 한국적 맥락에 우선 주목해야 함을 제기하였다. 한국사 학계의 입장에서 특정한 개별 사실 하나하나에 주목해야 한다는 의미이기도 하지만, 특수한 과정에 주목하도록 하는 측면도 있었다.

그러면서도 천관우는 다양한 측면에서 보편성을 밀어붙이려 했던 로스토우와 라이샤워식 근대화론과 충돌할 수밖에 없는 인식으로서 특수한 근대를 해명하자고 주장하였다. 여기에 공감하는 사람이 늘어가는 가운데 그동안 제대로 된 연구논문 하나 없어 사실상 불모지였던 독립운동사에 관한 논문이 비로소 1967년에 나왔다. 박성수의 「韓國光復軍에 대하여」(『白山學報』)가 그러한 경우이다. 1969년에는 윤병석이 「參議 正義 新民府의 成立過程」(『史學研究』)이란 논문을 발표하였다. 해방된 지 20여년이 다 된 시점에서야 저항의 측면에서 일제강점기를 연구한 전문 학술논문이 나오기 시작한 것이다. 이는 홍이섭이 말한 식민지 시대사의 인식 지표로서 대중의 저항사가 조명됨으로서 새로운 인식 주체에 대한 관심이 시작되었음을 의미한다.

홍이섭 그 자신도 민족운동사 연구에 능동적으로 참여하였다. 그는 한일 청구권자금의 일부로 받은 자금을 활용하여 독립운동사 자료를 수집하고 집필하기 위해 독립운동사편찬위원회(獨立運動史編纂委員會)를 구성하는데 주도적이었다. 1969년에 발족한 위원회를 이끌기도 하였다.[80] 10년 동안 자료를 수집한 위원회는 『독립운동사자료집』 1~14권을

---

79) 千寬宇, 「또 무엇이 問題인가?」, 『新東亞』 24, 1966. 8, 209쪽.

80) 역사문제연구소 엮음, 「조동걸, 한국독립운동사와 현대사학사의 개척자」, 『학문의 길 인생의 길』, 역사비평사, 2000, 451~454쪽 ; 김효순, 「조동걸, 대학에서 근현대사 강의가 없었던 것 자체가 비극이다」, 『역사가에게 묻다』, 2011, 217~222쪽. 또 하나 언급해야 할 움직임은 1969년 3.1운동 50주년을 기념하는 큰 심포지엄이 열렸다는 점이다. 『三一運動50周年紀念論集』, 東亞日報社, 1969 ; 『3.1運動主要資料集 : 3.1運動50週年紀念』, 中央日報社, 1969.

간행하였다.

이보다 더 주목해야 할 움직임은, 1963년 한국사학회의 심포지엄에서 알 수 있듯이 조선후기 사회경제를 연구하는 새로운 한국사 연구가 공개적으로 등장하고, 근대의 한국적 구조를 해명해야 한다는 주장이 꾸준히 제기되는 가운데 보다 근원적이고 폭넓은 문제의식을 드러내는 연구가 시작되었다는 사실이다. 한국사 학계는 1960년대 중반을 지나며 시대구분문제와 식민사관문제에 관한 연구를 급속히 확장하며 한국사회 전체의 시선을 끌어 모았다. 그리고 일부 신진 연구자를 중심으로 새로운 학문적 분위기를 조직적으로 담아내고자 1967년 한국사연구회가 창립되었다.

1966년 6월 역사학계는 '역사이론과 역사서술'이란 주제로 제9회 전국 역사대회를 열었다. 대회에서 김용섭은 「일본·한국에 있어서의 한국사서술」에서 식민사관을 비판하였고, 강진철은 「韓國史의 時代區分問題」라는 글에서 고대노예제적, 중세봉건제적, 근대자본제적 사회구성이 존재한다며 한국사를 설명하였다.[81] 역사학계가 식민사관문제와 시대구분문제를 공식 제기한 것이다. 새로운 분위기는 월간지 『新東亞』와 『亞細亞』라는 담론 공간과 한국경제사학회의 시대구분에 관한 심포지엄을 매개로 더욱 세분화하며 확산되어 갔다.

『新東亞』의 '特輯 韓國史의 論爭點'이란 기획에는 고대부터 근대의 기점에 관한 논의까지 20명의 필자가 참가하였다. 20개의 주제들은 「任那日本府는 實在했는가?」(李弘稙), 「奴隷制社會와 封建制社會는 있었는가?」(河炫綱), 「資本主義成立過程은 어떠했는가?」(金泳鎬)처럼 식민사관을 비판적으로 극복하고 구체적인 대안을 제시하려고 시도한 글과 「近代化의 起點은

---

81) 두 발표문 모두 『歷史學報』 31(1966. 8)에 수록되었다. 김용섭의 글은 일본의 조선사연구회 회지인 『朝鮮史研究會會報』 17(1967. 8)에도 번역되었다. 강진철은 「韓國史의 時代區分에 對한 一試論」, 『震檀學報』 29(1966. 12)에서 시대구분 문제를 재론하였다.

언제인가?」(高柄翊)처럼 시기구분에 관한 글이 많았다. 오늘날의 기준으로 보아도 보기 드물게 매우 큰 기획이었다. 기획의 주제들을 보면 1966년의 시점에서 한국사 연구가 풀어야할 논점이 무엇인가를 한 눈에 볼 수 있는 기획이었다.

1967년 『月刊 亞細亞』의 3월호에서는 '特輯 : 새로운 韓國史像의 摸索'이란 주제 아래 『新東亞』에서와 달리 '타율성론' '사대주의론'처럼 史論의 측면에서 식민사관을 집중 분석하였다. 이즈음부터 식민사관에 관한 논의는 후진성의 원인을 규명하는데 초점이 있지 않았다. 1950년대 '水'이론에 입각한 동양적 특수성을 부각시키며 한국사의 후진성을 분석한 논의와 달리,[82] '식민사관'이란 사론을 비판적으로 분석하고, 자본주의적 맹아에 주목하며 '민족사관'을 확립하려는 방향에 논의의 초점이 맞추어져 있었다. 그러한 연구 방향은 한국사의 시대구분에 관한 논의를 적극 전개하게 만든 이유이기도 하였다.

한국사의 시기구분문제는 1967년 12월 8, 9일 한국경제사학회에서 주최한 「韓國史의 時代區分問題」에 관한 종합 학술회의와,[83] 1968년 3월 30일 『新東亞』측의 제안으로 동아일보사 회의실에서 열린 종합토론회 때 집중적으로 다루어졌다.[84] 김영호는 종합토론에서 학술회의가 열린

---

82) 동양적 특수성론에 입각한 한국사 인식에 관해서는 신주백, 『한국 역사학의 기원』, 348~394쪽 참조.

83) 한국경제사학회의 시대구분문제에 관한 학술회의는 김영호의 영향이 컸을 것이다. 그는 회의 이전에 안식년으로 일본에 체류하며 조선사 연구자들과 교류하였다. 1966, 67년의 시점에 일본의 조선사 학계는 북한에서 활발하게 이루어지고 있던 조선후기 사회경제에 관한 새로운 연구와 고대부터 근대까지 시대구분에 관한 다양한 논의가 소개되어 있었다. 그가 이러한 연구동향을 몰랐을리 없다. 이에 대한 시사는 신주백, 「관점과 태도로서 내재적 발전의 형성과 1960년대 동북아시아의 지적 네트워크」, 『韓國史研究』 164, '제Ⅲ장 2절' 참조.

84) 신동아 측이 제안한 종합토론회는 애초 기획단계에서는 상정되지 않았던 토론이었는데, 학술회의 때 개별 논문들에 대한 토론이 길어져 논의할 시간이 없었으므로 다시 한 번 종합적인 토론 기회를 만들어야 한다는 지배적인 의견을 반영한 결과였다. 한국경제사학회는 1970년 두 회의의 내용을 모아 『韓國史時代區分論』(乙酉文化社)을 발행하였다.

경위로 두 가지를 들었다. "한국사를 주체적, 발전적으로 재구성하고자 하는 각도에서 연구가 진행됨에 따라 새로운 시대구분론이 불가피하게 요청"되었고, 현재 한국에서 "전례없는 역사의 대전환기", 곧 근대화의 추진으로 큰 변화가 일어나고 있는 시점에 "거기에 대한 주체적 대응책이 모색됨에 따라 현재의 위치를, 향방을 그리고 앞날에 대한 조명을 역사를 향하여 묻고 또 기대하고 있다는 상황을 의식했든, 의식하지 않았든 간에 한국사의 시대구분론을 제기하게 된 현실적 배경이 되었다"고 밝혔다.[85] 시대구분에 관한 논의도 결국은 근대화론의 도입으로 촉발되고, 근대화 정책이 강력히 추진되는 한편에서 한국사 연구도 지속적으로 확대 심화되는 과정에서 기획했음을 밝힌 것이다.

1967년의 시점에 여러 시대의 전공자들이 참여한 가운데 시대구분문제를 집중적으로 논의했다는 사실은, 논쟁이 도달한 수준을 말하기에 앞서 한국사 인식에서 기계적 시간관념과 발전사관이 민족적이고 합법칙적인 인식이라는 이름으로 시민권을 얻었음을 의미한다. 시대구분논쟁은 식민사관에 대한 분석과 맞물려 특정한 시대로 한정하지 않고 한국사 전시기에 걸쳐 매우 다양한 논점을 제기함으로써 한국사 연구의 새로운 관점과 방향을 제시하고 더욱 풍부하게 해석할 수 있는 전환점을 제공하였다.

가령 근대사의 기점에 관한 논란은 시대구분문제를 토론한 1968년 3월의 회의 때도 크게 있었지만, 결국은 1876년 강화도조약의 체결과 개항에 근대사의 시작점을 두는 의견이 다수를 점해 갔다. 2017년 현재까지 중고교 역사교과서에도 그대로 적용되고 있는 '근대화운동'이란 용어가 개항 이후의 주체적인 문명화 움직임을 설명하는 개념으로 동원되기 시작한 것도 이때부터였다. 국정의 『국사』(중 1973, 고 1974) 교과서에서는 일본을 비롯한 열강의 경제적 진출에 대응하여 일어난 회사 설립과

---

85) 「討論 韓國史의 時代區分」, 『新東亞』47, 1968.7, 347~348쪽. 토론회에는 사회자를 포함해 모두 13명이 참가하였다. 참가자들은 발표회 때 참가한 사람이지만, 발표회 때의 발표자와 토론자가 모두 참가한 것은 아니었다.

같은 움직임을 '경제구국운동'이란 단어를 동원하여 설명하였다. 1979년에 발행된 고등학교『세계사』교과서에서도 19세기 후반~20세기 전반기까지 동남아시아 국가들의 움직임을 설명할 때도 마찬가지 관점을 적용하였다.[86]

그렇다면 근대화론이 학계에서 확산되고 토론이 활성화한 시점에 식민사관에 관한 비판적 규명과 더불어 한국사의 시대구분문제가 집중적이고 규모 있게 논의된 의미는 무엇일까.

『新東亞』측이 1966년의 시점에 '한국사의 논쟁점'을 기획한 이유는 "상자를 열어 설혹 괴로움과 쓰라림이 퍼져 나오더라도" 그것을 국민이 보도록 함으로써 "내가 국민으로서 행동할 중요한 밑바닥의 하나"를 확인할 수 있게 하기 위해서였다.[87] 국민만들기를 위해 필요했다는 시각을 명확히 한 것이다. 이렇듯 한국적 맥락에서 근대화론의 내용을 채워가려는 한국사 학계의 움직임은, 민족주체성을 확립하고자 식민사관을 비판적으로 규명하고 한국사의 시대를 구분하여 전 역사과정에 대한 인식, 곧 새로운 한국사상(韓國史像)을 제시함으로써 한국의 현재를 설명하고 미래를 말해 주려하였다. 주체적 국민으로 설 수 있는 새로운 정체성 문제는 네이션빌딩의 문제였던 것이다.

민족 주체적 정체성을 공유하는 하나의 한국인을 만들어야 한다는 시각, 곧 국민국가의 형성과 근대화 담론을 연계시킨 상상은 미래의 한국, 곧 '통일'을 말하고자 한 기획으로도 뻗어 나갔다. 국제정치학회의 심포지엄은 근대화문제를 통일과 연관시켜 말한 첫 학술기획이었다. 노재봉은 발제에서 근대화가 "전개될 장 즉 前提的 基盤을 필요로 한다. 이는 근대화를 위한 능력이 발휘될 수 있는 주체성의 확립이 요구된다는 것인데 우리에게 이것은 민족국가의 형성을 뜻한다. …… 그런데 민족국가

---

86) 보완된 제3차 교육과정에 명시되어 있다(http://ncic.re.kr/mobile.kri.org4.inventoryList.do).

87) 『新東亞』 24, 83쪽.

형성을 위한 통일에의 열망은 한국사회의 내재적 요구일 뿐 아니라 本然的인 指向이기도 하다"고 밝혔다.[88] 그에게 있어 분단국가는 미완의 민족국가이며, 통일은 민족국가가 형성되는 과정이자 공간이며, 근대화에 도달할 수 있는 과정이자 가상공간이었다. 달리 말하면 근대화를 실현하는 과정은 주체로서의 국민 만들기—민족국가 형성—통일로 이어지는 정책을 추진하는 과정이라고도 말할 수 있다. 근대화 담론을 한국적 맥락에서 구체화하려 했던 1960년대 학술기획이 도달한 지점은 바로 여기였다. 첨언하자면 1970년대 들어 한국사 학계에서는 자본주의적 근대화 자체를 부정하지 않는 사람 사이에서 그러한 추진과정을 구체화하는 방법과 우선 순위를 놓고 갈등이 일어났다.

## IV. 맺음말

이상에서 케네디정권이 밀었던 근대화론이 한국사회에 들어와 확산되는 과정에서 한국의 학계는 어떻게 움직였으며, 그 속에서 한국사 학계 또는 역사학계는 근대화론에 대해 어떤 태도를 취하며 어떤 연구를 진행했는지 살펴보았다.

근대화론은 근대의 기점문제로부터 논쟁을 일으켜 전통과 근대의 관계, 주체적 민족의식과 식민사관의 문제, 그리고 한국사 시대구분문제로까지 논의가 확산되도록 자극하였다. 여기에 한일기본조약의 체결과 공업화를 최우선한 제3공화국의 근대화정책에까지 영향을 받은 한국사 학계는, 연구주제를 더욱 속도감 있고 폭넓게 확대해 갔다.

근대화론을 둘러싼 학계의 논의가 확대되는 과정에서 한국적 맥락을 반영하여 근대화를 추진해야 한다는 의견이 학계에서 지지를 얻어갔다.

---

88) 盧在鳳, 「韓國近代化에 있어서의 葛藤(報告)」, 『國際政治論叢』 8, 27쪽.

한국적 맥락의 근대화론은 1960년대 중반경부터 전통, 민주화, 산업화, 민족주의 사이의 종합적인 연관성을 고려하는 방향으로 근대화 논의가 진행됨에 따라 강조될 수밖에 없었다. 하지만 제3공화국은 산업화, 특히 공업화를 전면에 내세운 근대화정책을 밀어붙이고 있었다. 그렇다고 박정희 정부와 학계 사이의 관계, 달리 말하면 권력과 학문의 관계가 대결적 분위기이었다고 말하기 어려웠다. 오히려 권력에의 유착, 내지는 자신의 전문 지식을 국가 정책에 활용한다는 생각에서 협력적인 사람이 늘어나는 시기였다고 할 수 있겠다. 박정희 입장에서 보면 지식인 집단을 적극 활용하며 통치 방향을 설정하고 목표를 향한 정책을 개발해 간 한국에서의 첫 권력이었다고 볼 수 있다.

두 움직임 사이에 괴리가 커갈수록 학계 내부에서 분화되어갈 여지는 內蓄되어 갈 수밖에 없었다. 역사학계에서도 그것은 마찬가지였지만, 현재의 문제보다는 과거의 문제를 다루는 역사학의 특성상 다른 분과학문에 앞서 분화현상이 나타나지 않았다. 오히려 1960년대 후반경으로 갈수록 한국적 맥락을 강조하는 분위기에서 한국사 연구는 그동안 학문권력에 억눌리고 반공이념에 압도적으로 포박당하여 거의 논의하지도 못했던 식민사관문제와 시대구분문제를 집중적으로 거론하며 새로운 방향을 찾기 시작하였다.

한국사 연구를 새롭게 모색하는 과정은 한국사 인식에 기계적 시간관념과 발전사관이 민족적이고 합법칙적 인식이란 이름으로 침투한 과정이었다. 동시에 주체적이고 내면적인 역사이해가 강조되어 가는 과정이었다.[89] '관점과 태도로서 내재적 발전'이란 이와 같은 일련의 침투 과정을 압축적으로 표현한 말이다. 그리고 1960년대까지의 도달지점에 *The History of Korea*(손보기, 김철준, 홍이섭, 유네스코한국위원회, 1970)이란 텍스트가 있다. 또한 한국사 연구를 새롭게 모색하는 과정은 한국을

---

89) 辛珠柏, 「관점과 태도로서 '內在的 發展'의 形成과 1960년대 동북아시아의 知的 네트워크」, 『韓國史研究』 164, 53쪽.

대상으로 하는 여타 학문과 함께 '한국학'이란 이름으로 보편적 연계를 꾀하는 과정이었다. 그 도달지점에 *Korean Studies Today*(서울대 동아문화연구소, 1970 ; 한글판 : 현암사, 1972)라는 '국학' 아닌 '한국학'이 있었다.[90]

  1960년대 한국사 학계는 당시의 현실 또는 근대화론에 대한 태도에서 내면적인 차이가 있었겠지만, 개발을 통한 성장이란 근대화 이데올로기를 기본적으로 수용하고 있어 학술담론이나 시대인식 수준에서 경향적 분화가 일어날 정도는 아니었다. 오히려 앞으로 무엇을 채워야할지를 제시한 시기였다고 말할 수 있다.[91] 1970년대의 한국사 연구는 그것을 구체적으로 채우는 과정에서 민중을 재인식하고 분단을 발견한 사람들이 나타나서 뚜렷한 분화가 진행되었다.[92] 그 핵심은 국민국가의 완성과 관련해 어떤 네이션빌딩을 할 것인가였다. 식민사관의 비판과 한국사의 통사체계 수립이란 과제는 그것을 또 다른 측면에서 압축한 말이다. 따라서 1960년대는 근대화론의 유입으로 촉발된 새로운 한국사 연구가 한국적 맥락에서 국민만들기 프로젝트에 자각적으로 대응한 시기였다고도 말할 수 있겠다.

---

90) 두 출판된 직접적인 동기는 하타다 다카시의 『朝鮮史』와 스에마쓰 야스카즈의 『朝鮮史のしるべ』가 英譯된 일과도 연관이 있었다.
91) 예를 들어 문교부의 의뢰로 이우성, 김용섭, 한우근, 이기백이 만나 국사교육을 강화하기 위한 기본방안을 제출한 경우가 그 보기일 것이다. 「中高等學校 國史敎育 改善을 위한 基本方向」, 1969, 4쪽.
92) 자세한 내용은 신주백, 「관점과 태도로서의 내재적 발전의 분화와 민중적 민족주의 역사학의 등장 - 민중의 재인식과 분단의 발견을 중심으로」, 『東方學誌』 165, 2014 참조.

# 참고문헌

## 〈사료〉

『思想界』, 『月刊 亞細亞』, 『新東亞』
「討論 韓國史의 時代區分」, 『新東亞』 47, 1968.
「中高等學校 國史教育改善을 위한 基本方向」, 1969.

고려대학교 아세아문제연구소, 「亞細亞問題研究所 沿革과 現況」, 1967. 6.
高柄翊, 「近代化의 起點은 언제인가?」, 『新東亞』 24, 1966.
김용섭, 『역사의 오솔길을 가면서』, 지식산업사, 2011.
盧在鳳, 「韓國近代化에 있어서의 葛藤(報告)」 ; 禹炳奎, 「韓國近代化에 있어서의 調和
　　　(報告)」, 『국제정치논총』 8.
東亞文化研究所, 「19. 經常費 輔助」, 『業績報告書 1961~1962』, 東亞文化研究委員會,
　　　1963.
마이론 위너 編著, 車基壁 金鍾云 金泳祿 譯, 『近代化』, 世界社, 1967.
朴正熙, 「韓國의 近代化를 위하여 - 우리나라 民主革命의 課題」, 『우리民族의 나갈길 -
　　　社會再建의 理念』, 東邦出版社, 1962.
朴正熙, 『박정희대통령 연설문집 2 제5대편』, 대통령비서실, 1973.
박준규, 「제10장 조국근대화와 우리의 사명감」, 『근대화 백서』, 대한민국정부, 1971.
朴喜範, 「制度變革과 構造變革 - 經濟的 側面에서 본 後進國의 近代化 概念」, 『東亞文
　　　化』 3, 1965.
서울대학교, 「서울大學校 文理科大學 附設 東亞文化研究所制 紹介」, 『東亞文化』 1,
　　　1963.
신주백, 「자료 소개 : 하코네회의 의사록(1960. 8. 30~9. 1) - 동아시아에 '근대화론'을
　　　선파한 기점으로서 하코네회의」, 『한국근현대사연구』 80, 2017.
李瑄根, 「結論」, 『韓國近代化의 諸問題』, 慶熙大學校 後進社會問題研究所, 1965, 57쪽..
　　　『韓國近代化의 理念과 方向』, 동국대학교, 1967.
李佑成, 「回顧와 展望 : 總說」, 『歷史學報』 39, 1968.
千寬宇, 「또 무엇이 問題인가?」, 『新東亞』 24, 1966.
千寬宇, 「世界史參與의 史的過程 - 韓國近代化始發期의 基本性格」, 『思想界』 12-1,
　　　1964.
한국경제사학회, 『韓國史時代區分論』, 乙酉文化社, 1970.
洪以燮, 「近代化와 革命의 世紀」, 『世代』 3-29, 1965.

洪以燮,「韓國史觀 定立의 可能性 : 史觀의 批判的 克服」,『政經研究』2-3, 1966.
洪以燮,「韓國植民地時代 精神史의 課題」,『史學研究』18, 1964.

에드윈 O. 라이샤워 著, 康鳳植 譯,『日本帝國 興亡史』, 陽文社, 1959.
에드윈 O. 라이샤워·존 K. 페어뱅크 共著, 全海宗·高柄翊 共譯,『東洋文化史』上·下,
          乙酉文化社, 1964 ; 1969.
에드윈 O. 라이샤워 지음, 이광섭 옮김,『일본 근대화론』, 小花, 1997.
ARC, International Conference on the Problems of Modernization in Asia ; REPORT,
          Korea University, 1966.
W. W. 로스토오 著, 李相球 譯,『反共産黨宣言 - 經濟成長의 諸段階』, 進明文化社,
          1960.
W. W. Rostow, 李相球 姜命圭 共譯,『經濟成長의 諸段階』, 法文社, 1961.

〈논저〉
金容燮,「日帝官學者들의 韓國史觀 - 日本人은 韓國史를 어떻게 보아 왔는가?」,『思想
          界』11-2, 1963.
김우민,「근대화이론과 미국의 지식인들」,『서양사학연구』16, 2007.
김  원,「1960년대 냉전의 시간과 뒤틀린 주체」,『서강인문논총』38, 서강대학교
          인문과학연구소, 2013.
김인수,「한국의 초기 사회학과 '아연회의'(1965) : 사회조사 지식의 의미를 중심으
          로」,『사이間SAI』22, 2017.
그렉 브라진스키 지음, 나종남 옮김,『대한민국 만들기 1945~1987』, 책과함께, 2011.
신주백,「1950년대 한국사 연구의 새로운 경향과 동북아시아에서 지식의 내면적
          교류 - 관점과 태도로서 '주체적·내재적 발전'의 태동을 중심으로」,『韓國史研
          究』160, 2013.
신주백,「관점과 태도로서 내재적 발전의 형성과 1960년대 동북아시아의 지적 네트워
          크」,『韓國史研究』164, 2014.
신주백,「관점과 태도로서의 내재적 발전의 분화와 민중적 민족주의 역사학의 등장 -
          민중의 재인식과 분단의 발견을 중심으로」,『東方學誌』165, 2014.
신주백,「한국에서 동아시아사 인식에 대한 비판적 검토」,『역사화해와 동아시아형
          지역만들기』, 선인, 2015.
신주백,『한국역사학의 기원』, 휴머니스트, 2016.
안종철,「주일대사 에드윈 라이샤워의 '근대화론'과 한국사 인식」,『역사문제연구』
          29, 2013.
육영수,「근대화의 길, 역사가의 선택 : 민석홍의 학문적 생애에 대한 몇 가지 생각」,
          『韓國史學史學報』14, 2006.
이상록,「1960~70년대 비판적 지식인들의 근대화 인식」,『역사문제연구』18, 2007.

정용욱·정일준, 「1960년대 한국 근대화와 통치양식의 전환: 군사정권의 등장과 권력/
　　지식 관계의 변화를 중심으로」, 노영기 외, 『1960년대 한국의 근대화와 지식인』,
　　선인, 2004.

정일준, 「한국 사회과학 패러다임의 미국화」, 『미국학논집』 37-3, 2005.

채오병, 「냉전과 지역학 - 미국의 헤게모니 프로젝트와 그 파열, 1945-1996」, 『사회와
　　역사』 104, 2014.

허　은, 「1960년대 후반 '조국근대화' 이데올로기 주조와 담당 지식인의 인식」, 『史學
　　研究』 86, 2007.

홍석률, 「1960년대 한국 민족주의의 두 흐름」, 『사회와 역사』 62, 2002.

홍종욱, 「일본 지식인의 근대화론 비판과 민중의 발견 : 다케우치 요시미와 가지무라
　　히데키를 중심으로」, 『사학연구』 125, 2017.

황병주, 「박정희 체제의 지배담론 - 근대화 담론을 중심으로」, 한양대학교 박사학위논
　　문, 2008.

# 1960년대 냉전의 시간과 뒤틀린 주체 : 시민의 시간과 민족의 시간

김 원

## Ⅰ. 냉전의 시간과 발전

본 연구에서는 60년대 초반부터 시작되었던 발전과 근대를 둘러싼 논의 가운데 1967년 개최된 두 개의 심포지엄인 『韓國史時代區分論』과 『한국근대화의 이념과 방향』에 대한 검토를 통해 내재적 발전론(이하 내발론)적 태도—당대 사용하던 표현을 빌자면 자본주의 맹아론(이하 맹아론)—가 발견되었음을 분석하고자 한다. 1장 「1960년대 '근대화론'의 학계 유입과 한국사 연구」에서 논의된 바와 같이, 근대화에 대한 한국 학계의 논의는 1962년 즈음부터 시작됐다. 특히 본 연구는 두 개의 심포지엄이 보편적 자본주의 발전을 지향하는 '잠재적 시민'과 '민족'이라는 뒤틀린 두 개의 주체를 모색하는 과정이었음을 밝히고자 한다. 결국 이러한 시도는 '식민이란 시간'—역사인식에서 정체성론(停滯性論)—을 부정하고, 미래의 정상적 국민국가를 만들기 위한 집합적 욕망에 기초한 것이었다.

* 이 논문은 『서강인문논총』 38집, 서강대학교 인문과학연구소, 2013, 119~157쪽에 실린 것을 수정, 보완한 것이다. 중요한 토론을 해주신 윤해동 선생님(한양대학교) 께 감사드린다.

1960년대는 식민사학을 극복하고 자생적 근대의 맹아를 조선후기 자본주의 사회경제적 분화와 발전에서 찾으려는 흐름이 가시화됐다. 한국사에 대한 내재적 방법론과 발전(지향)을 향한 흐름이 결합된 것이었다. 60년대 들어서 새로운 학문적 흐름으로 "발전부재의 역사관에서 발전개념을 도입하여 발전으로서의 역사를 다루고 한국인 부재의 한국사에서 한국인을 중심으로 한 주체적인 역사를 연구하는 경향"이 가시화됐던 것이다.[1] 넓은 의미에서 내발론은 식민사학에 대한 반비판으로 타율/정체가 아닌 내적 능력과 발전을 내용으로 '한국사의 과학적 체계화'를 목표로 했다. 좁은 의미의 내발론은 조선 후기 이래 사회경제적 내적 변화로부터 자생적 근대화의 가능성을 전망하는 흐름을 지칭한다.[2] 또한 당시 맹아론은 식민지 시기 역사학방법론 중 순수실증주의 역사학을 넘어선 반식민지 사학으로 민족주의 사학, 사회경제 사학적 방법론을 계승하되, 정체후진성론, 타율성론에 반대해 임란(壬亂) 이후 농업, 상공업, 대외무역 등 경제 각 부분에서 일정한 발전의 경향이 있었음을 논증하고자 했다.[3]

최근 내발론에 대한 경험적·이론적 비판도 여러 갈래로 제기되고 있지만, 60년대 내내 논의되어온 한국의 역사상을 새롭게 구축하는 학술운동에 대한 검토보다 주요 논자들이 주장했던 주장의 적실성, 한계 등에 초점이 맞춰져 온 것으로 보인다. 단적인 예로 발전의 계기를 내부에서만 찾았기 때문에 지정학 요인, 국제관계의 간과, 보편성에 대한 과도한 강조,[4] 일국적이고 국민국가 형성의 역사상에 대한 집착[5] 등 문제점들이 제기되어 왔다.

1) 김영호, 「韓國史停滯性論의 克服의 方向 : 새로운 韓國史像의 摸索」, 『亞細亞』 1, 2, 1969, 84쪽.
2) 이영호, 「'내재적 발전론' 역사인식의 궤적과 전망」, 『한국사연구』 152, 한국사연구회, 2011, 240쪽.
3) 강만길, 『역사가의 시간 : 강만길 자서전』, 창비, 2010, 172, 174쪽.
4) 이헌창, 「한국사파악에서 내재적발전론의 문제점」, 『한국사시민강좌』 40호, 일조각, 2007, 11~12쪽.

특히 내발론을 체계화했던 역사학자 김용섭이 구성했던 이론에 대해서도 역사상으로 하나의 이론/해석으로 통합된 것이 아닌 근대화론적 경향과 사회구성사적 경향이란 이중적 면이 혼재되어 있다고 평가하거나, 조선 후기를 봉건제의 해체로 보는 단절설이자 개혁시대로 보는 발전이론이자 근대화론이라는 평가도 제기되고 있다.[6]

본 연구는 1967년 2개의 심포지엄에서 논의된 근대 기준, 시기, 근대 주체를 둘러싼 토론과 좌담, 이 시기 맹아론을 주도했던 역사학자들의 자서전, 회고를 '실마리'로 해서 후진으로부터 발전의 의미를 지니는 근대, 진화적/기계적 시간관 그리고 최종적 귀결로서 정상적 근대/민족국가 발전 가능성을 이들이 어떻게 모색했는지 분석하고자 한다. 더불어 이런 모색 속에서 과거(가까운 과거로서 식민지 시기)를 부정하고 결핍된 현실(분단으로 인해 결핍된 민족국가/외세에 종속된 사회현실)을 민족이란 과거/현재의 주체와 시민이라는 미래의 주체를 통해 극복하려는 60년대 집합적인 욕망을 재해석하고자 한다.

본 연구에서 '냉전의 시간'이란 용어를 사용한 이유는 60년대 '근대-발전'에 대한 이해가 일국적 차원에서 충분히 이뤄질 수 없으며 한국을 포함한 동아시아 근대/발전의 범위는 냉전으로부터 벗어나서는 사유하기 어렵기 때문이다. 60년대 맹아론, 시대구분론은 하나로 수렴되지 않았으며 체계화된 것은 아니었다. 하지만 적어도 근대의 시간에 대한 이해는 거의 유사했다. 그것은 '근대=사회경제적 진보'이며 근대를 특정한 '요소'를 중심으로 이해했고 시간이 지남에 따라 후진사회에서 근대적 요소가 다수 충족될수록 근대화된 사회로 진화된다는 것이었다. 60년대 논의에서 근대는 '서구=자본주의'를 지칭하는 것이 지배적이었다. 이러한 표준적

---

5) 윤해동, 「숨은 神을 비판할 수 있는가? : 金容燮의 '內在的 發展論'」, 『韓國史學史學報』 13, 한국사학사학회, 2006, 105~134쪽.

6) 이세영, 「현대한국사학의 동향과 과제」, 『80년대 한국인문사회과학의 현 단계와 전망』, 역사비평사, 1988, 75~98쪽 ; 정승진, 「金容燮의 原蓄論과 社會經濟史學의 전개」, 『한국사연구』 147, 한국사연구회, 2009, 335~356쪽.

근대 이해-50년대 이후 일반화된 이해라고 볼 수 있는-는 민족주의와 사회경제사학(혹은 마르크스주의 역사학)을 막론하고 통상적으로 사용됐고 선진/후진이란 상이한 사회가 '서로 다른 시간대'를 지녔다고 전제한 것이었다. 더 나아가 후진 지역의 인간은 과거의 사람처럼 생각되었고, 현실의 지정학적 세계를 연대기적 선후관계로 배치해서 '미래의 선진'이란 종착점을 상정했던 것이었다. 이처럼 후진/저발전의 시간으로부터 선진/발전의 시간으로 '따라잡기'란 집단적 욕망을 1960년대 탈식민 사회 엘리트들에서도 어렵지 않게 발견할 수 있다. 이는 민족주의 역사학자들도 크게 다르지 않았다. 역사학자들의 민족공동체/민족국가를 만들고자 했던 욕망의 이면에는 1965년 한일국교정상화 이후 식민화/재식민화의 위협을 내발론 혹은 맹아론이라는 논리구조를 통해 체계적으로 대응하고자 했던 것, 즉 주권과 주권을 온전하게 지탱하는 공동체의 역사를 구성하고자 했던 것이다.

다른 한편 냉전은 미소간의 진영론적 대립을 의미하기도 하지만, 시간이란 차원에서 발전-진화의 모델인 미국/서구의 근대를 비서구와 제3세계에 확산, 이식시키려는 것이었다. 특히 60년대 동아시아는 1949년 중국혁명 이후 냉전이 각국에 내재화되고 위로부터 동원에 기초한 국민국가 형성, 비동맹운동의 고양에 따른 위기 속에서 미국의 동아시아 전략의 수정(평화부대 창설, 제3세계 근대화론, 군사조약-외국 군사기지 건설 등), 미국주도의 일본 전후 부흥과 일본 중심의 지역적 분업구조가 형성된 시점이었다. 냉전의 시간이란 미국의 헤게모니가 동아시아라는 지역적 차원에서 관철되는 시간인 동시에, 중국 - 북한 - 소련으로 이어지는 공산주의에 맞서 냉전의 발전모델-근대화를 성공시킨 유일하고 예외적인 발전 사례인 일본을 모델로 하는-을 전시하는 '냉전의 쇼윈도'란 지역적 발전 전략이 개별 국가에게 '하나의 경계'로 강제했다. 이런 맥락에서 60년대를 일국적으로만 보면 미국/동아시아 그리고 개별 국민국가에 관철되는 냉전의 시간이 지니는 의미를 파악하기 쉽지 않다.[7]

하지만 1960년대 적지 않은 글들 속에서 '냉전=외인(外因)'으로 파악하는 사고는 냉전이라는 위계적 시간/공간을 거의 인식하지 않은 채, 과거로부터 현재의 결핍을 보충하려는 방식으로 이루어졌다. 역사학계는 냉전, 동아시아 혹은 세계체제가 일국 내 관철되는 방식(외세의 국내적 내화)은 거의 인지되지 않고 발전의 기본적인 단위로서 '일국사적 시각'에서 역사를 해석하려는 경향이 강했다. 물론 당시 『세대』, 『청맥』 등 주요 잡지에는 서구, 미국 그리고 제3세계에 대한 여러 가지 정보가 소개됐지만, 역사학계에서는 한국이란 민족국가를 둘러싼 냉전이란 요소에 대한 천착이 드러나진 않았다. 이러한 맥락에서 제Ⅱ장에서는 60년대 냉전이 어떤 의미로 받아들여졌는지, 특히 '발전'이란 관점에서 다룰 것이다. 제Ⅲ장에서는 60년대 진행된 근대-발전에 대한 몇 가지 자료들을 재해석 하고자 한다. 그간 내발론—특히 김용섭의 논리와 이론—에 대해서는 역사학계에서 논의가 되어 왔기에, 그 입론을 자세히 다루지는 않을 것이다. 대신 60년대 주요 역사학자들—한국사학을 전공으로 한 학자 이외에도 이 논의에 참여한 경제사학자도 동시에 다룰 것이다—이 생각한 발전, 민족국가 그리고 근대라는 시간을 파악한 시각들을 좌담, 자서전 등을 통해 '재해석'할 것이다.

본 연구가 1967년 한국사회경제학회 심포지엄과 동국대학교 주최 『한국 근대화의 이념과 방향』을 주요 자료로 선택한 이유는 아직 논지와 근거가 한국사를 과학적으로 체계화시킬 정도로 잘 정리되어 있지는 않지만, 이들의 글과 좌담에서 이뤄졌던 대화를 통해 60년대 중후반 사고됐던 근대와 발전의 상을 포착할 수 있는 단서들이 잘 드러나 있기 때문이다. 이를 통해 1930년대를 전후해 출생한 해방세대 역사학자들이 60년대 사고했던—물론 사후적으로 해석한 경우도 존재한다—집합적 욕망의 실마리를 찾아보고자 한다. 끝으로 제Ⅳ장에서는 『한국 근대화의 이념과 방향』(1967년) 심포지엄과 비교하며, 60년대 후반 근대/발전을 향한 주체의 형상을 미래에

---

7) 백승욱, 『(세계체제 분석으로 본 자본주의의 기원과 미래) 자본주의 역사 강의』. 그린비, 2006, 416~456쪽.

다가올 '시민의 시간'과 과거를 통해 복원해 나아가고자 했던 '민족의 시간'으로 정리하고자 한다.

## Ⅱ. 냉전과 발전 − 미국과 동아시아

냉전은 제2차대전 이후 형성된 미소 간의 이념, 진영론에 기초한 전세계적인 대립을 지칭하는 용어이다. 하지만 냉전의 시간이 전 세계적으로 동일한/균질적 의미로 다가온 것으로 보이진 않는다. 표면적으로 남한에서 냉전의 시간은 경제성장/발전을 위한 진보의 시간대를 의미했다. 일국사라는 시각에서 냉전 시기 남한의 시간은 문명/진보/발전을 향해 영토와 인구 그리고 표준을 작성하려는 위/아래로부터 욕망이 겹쳐진 것으로도 보인다.

동아시아 냉전이 본격화된 지 20년이 지난 60년대에 일본 도쿄올림픽(64년), 중국 원폭 실험 성공(64년), 북한은 중국 사회주의 노선에 반발하고 자주노선-자력갱생 노선을 공식적으로 천명하며 제3세계 국가의 발전 모델을 제시(64, 66년), 미국의 북베트남 공습의 개시 및 전면적 전쟁 개입 가시화(64~65년), 중국에서 문화혁명 가시화와 홍위병 등장으로 상징되는 극좌적 대중노선 전개(66년) 등 사건이 전개됐다. 본격적인 사회주의권의 분화와 북한의 자주노선/김일성 유일체제의 맹아가 가시화되는 동시에 전후 재건을 기반으로 미국의 동아시아 전략에 기초해 일본이 동아시아에서 중심적 역할을 담당하게 되었다.

1965년 한일국교정상화를 전후로 미국의 동아시아 정책은 '정치 우위적 논리'가 지배적이었다. 동아시아 공산주의 삼각동맹에 맞서는 일본 중심의 반공블럭과 경제적 분업, 하청구조의 창출을 위한 출발점이 한일국교정상화였다. 한일국교정상화는 냉전의 지정학과 분업, 위계질서와 연관되어 추진된 셈이었다. 이는 지식생산에서도 크게 다르지 않았다. 미국

지역연구자들이 활용한 근대화론은 한국사회에 대한 해석, 분석, 사회변동 이해 방식 자체를 변화시켰다. 단적인 예로 주한미공보원은 한국대학에 로스토우, 막스 밀리컨, 에드워드 메이슨 등의 근대화론자의 저작을 번역, 보급했으며, 1965년 12월부터 한국의 근대화를 주제로 한 25분짜리 뉴스프로그램 제작, 아시아재단과 포드 재단의 연구비 지원 등이 다양한 형태로 이뤄졌다.[8]

반면 한일국교정상화를 전후로 한 시기에 학계에서 맹아론을 논의했던 배경은 간단하지 않다. 특히 세계체제 혹은 지역체제 수준에서 더욱 복잡해진다. 그럼에도 지적할 수 있는 점은 먼저 '신식민주의'라고 표현될 수 있는 국교정상화 즈음의 정황에 대한 대응의 필요성이었다. 『청맥』(1965년 5월호)에서는 「특집 - 일본이 다시 온다」, 「빚더미 위의 고도성장」이란 문제의식 하에 일본에 대한 한국경제 의존도 심화에 대한 경계 등 지식사회 내 흐름은 재식민화, 주변화의 공포와 이에 대응하기 위한 민족적 자긍심을 위한 지식 체계 구축을 강조했다. 다른 한편 50년대까지만 해도 반대의 대상이었던 일본이 아닌, 미국의 냉전 전략 하에서 동맹국으로서 일본에 대한 각종 정보가 확산되던 시점이 1960년대 중반이었다.

동시에 맹아론의 대두는 한국내의 상황에서만 비롯된 것이 아니었다. 1차로 북한 학계가, 2차로 중국에서 그리고 일본 조선사학회를 경유해서 한국에 도달한 것이다. 신주백은 이를 "내면적인 지적 교류" "지배담론(=식민사학)에 맞서는 결합하는 공공성"이라고 규정하고 있다.[9]

이는 동아시아 역사 재구성에 대한 미국의 태도에서도 확인할 수 있다. 라이샤워 등 미국의 동아시아사 연구자들은 '일본의 근대화=서구화=보편사'로 진입과 대조적인 사례로 중국, 한국 등을 지적하며, 일본이

---

8) 정일준, 「한국 사회과학 패러다임의 미국화 - 미국 근대화론의 한국전파와 한국에서의 수용을 중심으로 : 한국 사회과학 패러다임의 미국화」, 『美國學論集』 37, 미국사학회, 2005, 69쪽 ; 81~88쪽.
9) 신주백, 「1950년대 한국사 연구의 새로운 경향과 동북아시아에서 지식의 內面的 交流」, 『한국사연구』 160, 한국사연구회, 2013, 259쪽.

근대화가 가능했던 원인으로 서구의 충격이란 '외적인 요인'을 강조했다. 시민혁명이 부재했지만 일본은 서구와 같은 근대화에 성공한 모델로 미국의 정책 프레임 안에 위치했다.[10] 이런 맥락에서 이른바 미국이 구축한 동아시아학은 냉전이란 현실을 염두에 두며 형성된 동시에, 전전시기 오리엔탈리즘이라는 유산을 받아 안은 채 시작됐다.[11]

이런 배경을 고려한다면 자본주의 맹아론과 한국사의 체계화가 역사학계 내부에서 제기되었던 원인은 '한국사는 보편사에서 예외가 아니며', '내부적인 부정적인 요소를 제거', 다시 말해서 발전적 요소를 강조함으로써 오히려 '외인'(제국주의의 침탈)이 없었다면 조선사회는 '근대=선진' 국가/민족으로 발전할 수 있었다는 사고에 기반했던 것으로 보인다.

여기서 논쟁적인 지점은 한국에서 한국사의 체계화가 미국발 근대화론과 구분되는 '주체적인 자국사' 구축의 시도였는지를 둘러싼 문제다. 라이샤워 등이 제기했던 근대화론이 일본 동아시아 역사상에 개입되는 배경은, 강좌파(講座派)가 제기한 '봉건제 유제 해체-민주변혁'이라는 마르크스주의에 대항하기 위한 면도 존재했다.[12] 하지만 한국의 경우 60년대 중후반을 전후로 전개된 '새로운 역사운동'이 근대화론과 분명한 대립선을 긋고 있었는가는 논쟁적인 문제이다.

정리하면 60년대 역사학계는 한일국교정상화 이후 동아시아와 일국사 차원에서 냉전이 내재화되는 과정에서 식민사학-식민지라는 역사적 시간과

---

10) 정일준, 앞의 글, 79쪽 ; 정진아, 「한일협정 후 한국 지식인의 일본 인식」, 『東北亞歷史論叢』 33, 동북아역사재단, 2011, 103쪽.

11) 장세진, 「라이샤워(Edwin O. Reischauer), 동아시아, '권력/ 지식'의 테크놀로지」, 『상허학보』 36, 상허학회, 2012, 91쪽.

12) 강좌파는 일본 자본주의 논쟁에서 노농파(勞農派)에 맞서 일본 자본주의를 반(半)봉건적인 성격으로 파악하고 향후 변혁의 방향을 천황제를 타도하는 민주주의 혁명으로 파악한 2단계 혁명론을 상정했다. 이와나미 서점의 『일본자본주의 발달사 강좌』 그룹이 주도해서 강좌파라고 불렸다. 안종철, 「주일대사 에드윈 라이샤워의 '근대화론'과 한국사 인식」, 『역사문제연구』 29, 역사문제연구소, 2013, 305쪽.

단절을 추구했다. 하지만 한국 역사학계가 '후진/선진'의 시간적 구분, '결핍/왜곡된 근대성을 시간의 누적적 진화를 통해 바로잡아 완성'할 수 있다는 인식—이른바 근대에 대한 요소론적 접근인 근대화론과 유사한—, 세계체제 혹은 동아시아내 미국이 지향했던 근대화라는 위계적 시간관을 어느 정도 인식했는지에 대해서는 별도의 접근이 필요하다. 뿐만 아니라 한국에서 맹아론이 형성되기 시작했던 한일국교정상화라는 냉전 지역구도와 미국이 요구하는 발전-근대화론에 따른 국가발전 전략—이에 따라 일본이 동맹국으로 새롭게 인식되어야 하는—에 대한 인식론적 전환이 충분히 논의되거나 이뤄지진 못했던 것으로 보인다.13)

## Ⅲ. 한국사 시기구분과 발전―『한국사시대구분론』

그간 내재적 발전론이나 자본주의 맹아론에 대한 비판적 논의가 여러 방향으로 진행됐다. 대표적인 비판은 '국민국가 형성의 서사'라는 비판이다.14) 쉽게 말해서 박정희 정부의 국가주도 국가주의 산업화/근대화 전략과 역사학계의 근대논의가 '공명'(共鳴) 또는 '공유'하는 점이 있다는 주장이다. 내발론이나 맹아론이 일국사적 관점에서 국민 만들기/국민국가 만들기의 지식으로 이해될 수 있다는 것이다. 대표적인 비판을 살펴보면, 역사학의 문제 틀을 일국사적인 전개로 협소화시키고, 반체제적이고 저항적 민족주의론이 분단문제를 통해 국민형성을 촉진했다는 논리였다는 주장을 들 수 있다.15)

이러한 비판이 추상수준이 높은 차원에서는 어느 정도 설득력이 존재하

---

13) 정진아, 앞의 글, 93쪽.
14) 윤해동, 앞의 글, 105~130쪽.
15) 윤해동, 「에피고넨의 시대, "내재적 발전론"을 다시 묻는다」, 『民族文化論叢』 47, 영남대민족문화연구소, 2011, 49~50쪽.

지만 60년대라는 시점에 왜 이런 사유가 등장했는지에 대해서는 진전된 논의가 필요하다.16) 동시에 본 연구가 분석 대상으로 삼는 60년대에는 아직 '내재적인 발전'이란 용어도 사용되지 않았을 뿐더러-대부분 자본주의 맹아, 근대 맹아 식의 용어를 사용했다-근대/자본주의를 향한 주체적/내재적 계기에 흔쾌히 동의한 것으로 보이지도 않는다. 오히려 70년대 들어서 각각의 입론이 구체화/테제화되는 과정에서 확산되는 것이 아닌가 싶다.

이런 점에서 1967년 한국사회경제학회 심포지엄은 60년대 초반 이래 제기된 한국사의 체계화, 맹아론 등 논의를 전체적으로 집약한 논의였다. 역사학에서 시대를 구분하는 이유는 각 시대의 총체적 사회구조의 내적 존재 법칙을 해명해서 각 사회 내부의 모순 구조와 해당 사회가 상호 구분되는 질적 차이를 밝히고, 그 모순이 어떻게 해결되어 다음 시대로 이행하는지 운동 법칙을 밝히기 위한 것이다. 1967년 심포지엄을 통해 한국사의 발전적 시각으로 논의가 점차 수렴되어 갔으며, 근대의 기점, 기준 그리고 주체 등의 중요한 문제들이 논점으로 제기됐다. 이 심포지엄은 맹아론의 역사/학설사에서 빼놓지 않고 등장하지만 적극적인 의의보다는 "의견수렴이 이뤄지지 않음" "한국사의 체계화에 기여"17)했다거나 혹은 "실증적 기초가 없었기에 학계내 잠정적 합의가 불가능", "큰 성과라기보다 체계로 논의가 모아지지 않음"18) 등으로 평가되어 왔다.

하지만 본 연구는 1967년 제기된 주장들이 단일한 시대구분 기준과 시기로 수렴/체계화되지 않았다고 평가하기보다, 보다 적극적인 재해석이 필요하다고 본다. 그 내용은 60년대 역사학자들이 한국의 역사발전을 체계화하려는 집단적 시도/운동으로서, (1) 1967년에는 선진/후진으로

---

16) 윤해동은 내발론이 르쌍티망(불안한 현재 위치를 외부 압력에 의한 것으로 간주해 위안을 얻음)이나 민족주의 역사학의 자기위안으로 위치 지워질 수 있는 위험성을 안고 있는 것으로 해석한 바 있다(윤해동, 앞의 글, 125~6쪽).
17) 이영호, 앞의 글, 247쪽.
18) 김인걸, 앞의 글, 113~150쪽.

동시대의 시간대를 구분하는 발전의 시간으로서 근대가 명시화되었고, (2) 정지된 근대의 시간, 결핍된 민족국가를 복원하려는 역사학자들의 집합적인 욕망이 여러 방식으로 표출되었다는 것이다. 이는 60년대를 내발론, 한국사의 과학화/체계화 시기(형성기)로 상정하는 자료들을 통해 확인 가능하다.[19] 예를 들어 김용섭이 자서전에서 사용했던, "1960년대 문화학술운동"이란 지칭은 당시 시국과 연관되어 글을 쓰고 공감을 했으며 한일국교정상화 이후 "일제가 다시 돌아오는 상황에 대한 대책으로 문화학술운동을 전개"했다는 주장을 들 수 있다.[20] 맹아론이나 내발론은 한일국교정상화 이후 재식민화 위기감이 내습하는 조건 속에서 자국사에 대한 인식론적 전환 시도 가운데 하나였다. 특히 60년대 중후반이란 시점은 식민지 시기 지식, 문화, 체계에 대한 "청산"(淸算)의 요구가 집단적으로 분출됐던 시점이었다.

1967년 심포지엄을 살펴보기 전에 그 이전에 이뤄진 한국사의 체계화 과정 가운데 일부를 살펴보면 우선, 1953년 천관우는 실학을 근대의식/근대지향의식과 민족의식을 척도로 해서 재구성된 조선 후기 유학사상의 개신적 사상 그리고 상업, 국제무역 육성, 신분제 개혁, 화이관 극복 등 측면에서 실학의 근대지향성을 강조했으나, 매우 예외적인 것으로 규정했다.[21] 근대맹아의 가능성 모색은 50년대에 명시적인 논의가 제기되지 않다가 60년대 접어들면서 구체적인 문제들이 논의되기 시작했다.[22]

1961년 『한국사신론』 편찬 당시 역사학자 이기백은 해방 15년이 지났지만 식민주의 사관에 대한 비판 부재, 민족독립을 주장했으나 역사적인

---

19) 신주백, 앞의 글, 220쪽.
20) 김용섭, 『역사의 오솔길을 가면서 : 해방세대 학자의 역사연구 역사강의』, 지식산업사, 2011, 465~467쪽.
21) 천관우, 「나의 韓國史 硏究」, 『韓國史市民講座』 2, 일조각, 1988, 140쪽.
22) 1950년대에 대한 자세한 내용은 신주백, 앞의 글, 219~272쪽, 60년대 근대화 관련 심포지엄 내용의 개괄은 이 책의 1장 신주백의 글을 참조.

근거의 부재와 과거 한국사에 대한 자조적 심리가 횡행했음을 비판하며, 이 모든 것이 식민사학에서 기원했다고 주장했다. 더 나아가 민족사를 인류 보편성을 토대로 이해하되, 이는 일원성이 아닌 다원적 법칙에 근거한 것이라고 주장했다.[23] 다음으로 1958년 창간된 한국사학회도 1963년『조선후기에 있어서 사회적 변동』(『사학연구』제16호, 1963년)이란 학술토론회를 통해 조선 사회 내부에서 일어났던 발전양상을 포착했다. 뿐만 아니라 1963년『세대』지에서 개최한「한국사관은 가능한가」란 좌담(괄호 안은 발언자 이름)에서 참석자들은 이전 시기 왕조 교체사 중심의 역사서술을 "사관의 빈곤"(조지훈), "역사 속에서 전체를 뚫어서 보는 일관적인 것, 이 두 가지(다른 한 가지는 객관성과 과학성 지칭-인용자)가 양립되어야 하겠는데 그런 면에서 우리는 지금 객관적인 연구에 치중한 나머지 전체를 통찰하는 일에 소홀"(천관우)했다는 등 새로운 역사관 구축을 촉구한 바 있다.[24]

1967년 한국사회경제학회 심포지엄에서 근대를 하나의 시기로 구분했던 이유는 실증적 역사학에서 유럽의 시기 구분을 고대, 중세, 근대라는 큰 틀로 사용하는 용례가 많기 때문이었다. 역사학파의 경제발전단계설과 마르크스의 역사단계발전설 등을 인용하며 유럽에서도 시대구분론은 역사의 진보와 목표에 대한 신뢰를 기초로 한 적극적인 역사의식 차원에서 등장했다.[25] 1967년에 제기된 시대구분론은 기존 왕조사라는 기준이 아닌, 세계사 속에서 한국사의 개성적인 발전 논리의 규명과 새로운 주체적인 역사관/현실관에 바탕을 둔 시대구분론의 필요성이란 당시 요구가 반영된 것이었다.[26] 이들 논의가 반영되어 1969년 이우성은 동아

23) 이기백,『研史隨隙錄』, 一潮閣, 1994, 245~253쪽.
24) 천관우, 한우근, 홍이섭, 최문환, 조지훈,「한국사관은 가능한가」,『세대』11월, 세대사, 1963, 262~263쪽.
25) 김영호,「綜合討議 報告 - 經過·論文要約 및 問題點」, 한국경제사학회 편,『韓國史時代區分論』, 乙酉文化社, 1970, 307쪽.
26) 김영호, 위의 글, 316쪽.

시아내 자본주의 맹아론을 국내 논의로 확산시킬 것을 제안하였고 이런 문제의식은『19세기 한국사회 연구』(성균관대 대동문화연구, 1972년) 발간으로 이어졌다.

이는 가까운 일본의 시대구분논쟁에서도 확인 가능하다. 전후 일본 역사학계 연구의 최대 관심사는 전후 일본 민주주의 변혁을 역사적으로 파악하는 것이었고, 이는 봉건제의 극복과 근대화로 집약됐다. 이렇게 연구 방향이 세계사 기본법칙으로 집약된 이유 가운데 하나는 과학으로서 역사학의 정립이란 지향성을 내포하고 있었기 때문이었다.[27]

1967년 심포지엄도 실증주의, 정체사관과 단절로서 '과학으로서 역사학' '한국사의 체계화' '근대맹아론'을 위한 준비 단계로서 의미를 지니고 있었다. 같은해 11월에 조직된 한국사연구회가 만들어진 경위역시 과학적 방법으로 한국사의 체계를 수립해 세계사적인 보편성을 구현하기 위한 것이었다. 더불어 국사학 대신 서양문화사를 교양역사 강좌로 채택하려는 흐름을 바로잡고, 한국사 연구자 부족 등 현실을 타개하고자 서울대, 연세대, 고려대, 서강대, 성균관대 교수들이 서울대 문리대에 모여 국사필수화, 국사학과 정원 증가 및 독자적인 한국사연구회 조직을 결의했다.[28]

본 연구에서 분석하는 주된 텍스트는『韓國史時代區分論』(한국경제사학회 편, 을유문화사, 1970) 근대에 해당하는 부분이다. 여기서는 유원동(숙명여대),[29] 조기준,[30] 이선근[31] 3명의 역사학자와 경제사학자가 참여

---

27) 신주백, 앞의 글, 235~236쪽.

28) 한국사연구회 편(좌담자 차문섭, 권태억, 윤병석, 조이현, 김용섭, 손보기, 강만길, 한영우, 이재룡, 한긍희, 이창혁, 정창렬),「韓國史研究會 創立 25週年 記念 座談會」,『한국사연구』79, 1992, 132쪽.

29) 유원동(1924~1994)은 성남 사천 출신으로 1954년 서울대학교에서 문학석사학위를 받았고, 1970년 숙명여자대학교에서 문학박사학위를 받았다. 1976년에는 프랑스 파리대학교 박사과정을 이수한 뒤, 같은 대학교에서 문학박사학위를 받았다. 1952년부터 1954년까지 동아대학교와 육군사관학교 강사를 지냈다. 1955~1966년 충남대학교 문리과대학 사학과 교수, 1967년부터 1989년까지 숙명

했고 토론에는 이용희(정치학),[32] 천관우(역사학),[33] 이우성(역사학),[34] 김병하(역사학), 김영호(경제사, 사회자)[35] 등이 참여했다. 이들은 한편

여자대학교에서 사학과 교수로 재직했다.

30) 조기준(1917~2001)은 함남 이안 출신으로 1942년 일본 조치대학 상학부를 졸업했으며, 1955년 고려대학교에서 경제학 박사학위를 받았다. 1945년 독일 베를린대학교 객원교수, 1956년 미국 하버드대학교 초빙교수를 거쳐, 1957년 한국경제사학회 회장, 1959·1975년 고려대학교 정경대학 학장, 1970~82년 국사편찬위원, 1982~91년 한양대학교 대우교수를 역임했다.

31) 이선근(1905~1983)은 경기 개풍 출신으로 1929년 일본 와세다대학 사학과를 졸업한 후 조선일보사 정치부장·편집국장을 지냈으며, 1932년 고려시보사(高麗時報社) 주간, 1946년 반탁학생총연맹 고문, 한성일보사 주필을 지냈고, 1947년 서울대학교 문리과대학 정치학과 교수와 학생처장을 지냈다. 1950년 2월 국방부 정훈국장이 되었다가 1952년 준장으로 예편해서 서울대학교 문리과대학 정치학과 교수로 복직했고, 1954년 문교부장관, 1956년 동아대학교 교수, 1957년 성균관대학교 총장, 사립대학연합회 회장 등을 지냈다. 1962년 경희대학교 교수·대학원장, 1969년 대한민국 문화재위원장, 1969년 영남대학교 총장, 1972년 문화재보호협회장, 1974년 동국대학교 총장, 1978년 한국정신문화연구원 초대 원장을 지냈다.

32) 이용희(1917~1997)는 서울 출신으로 1940년 연희전문학교 문과를 졸업하고 1948년부터 서울대학교 문리과대학 강사로 강단에 서기 시작했다. 그는 동·서양의 질서가 공존하는 국제정치이론에 천착해, '권역이론'·'전파이론'으로 불리는 학문적 성과를 남겼다. 한국국제정치학회장(1956~59, 1965~69), 서울대 행정대학원장(1960~62)을 지냈으며 1976년 통일원 장관에 발탁되면서 청와대 정치담당 특별보좌관(1975)을 맡기도 했다.

33) 천관우(1925~1991)는 충북 제천 출신으로 1949년 서울대학교 문리과대학 사학과를 졸업했다. 1951년 대한통신 기자로 언론계에 입문하여 한국일보 논설위원, 조선일보 논설위원·편집국장 등을 지냈다. 1963~71년 동아일보 편집국장·주필·이사를 역임했다. 제3공화국 시절 3선개헌 직전에 '신동아필화사건'으로 퇴사했다가 상임이사로 복직했으나 유신정권이 들어설 무렵 국가비상사태 선언에 반대해서 다시 동아일보사를 그만두었다. 1972년부터 10여 년 간 재야에 있으면서 저술에 몰두해 고대사를 주로 연구했다.

34) 이우성(1925~2017)은 경남 밀양 출신으로 1954년 성균관대학교 문과대학을 졸업하고, 동아대학교 전임강사가 되었다. 1961년부터 성균관대 교수로 재직했다. 1963년에는 강진철·김성준·이기백 등과 함께 고려사연구회를 조직했다. 1971~75년 성균관대 대동문화연구원 원장을 역임하고, 성균관대 교수로 재직 중이던 1980년 신군부를 비판하는 '361교수성명'을 주도하여 해직되었다. 1984년에 복직되고, 1988년에는 성균관대 대학원장을 지냈다.

35) 김영호(1940~ )는 경남 합천 출생으로 일본 오사카시립대 대학원에서 경제학 박사를 받고 경북대 경제학과 교수, 유한대 학장, 산업자원부 장관 등을 역임했다.

으로 중세에서 근대로 넘어가는 이행과정에서 이미 개항 전에 자본주의 맹아, 자력적인 근대화 움직임의 존재를 인정하고 이를 이론/실증으로 심화하려는 데는 큰 흐름이 형성됐음을 논의했다.[36]


## 1. 민족의 역사와 근대적 발전

첫 번째로 1967년 심포지엄에서 정체론, 반도성론 등으로 이뤄진 식민지 역사학의 반정립으로서 '발전으로 근대'가 논의됐다. 근대는 진보인 동시에 혁신으로 규정되었는데, 경제학자 조기준은, "근대 개념은 …… 항상 인간이 보다 나은 생활을 하기 위하여 불합리한 권력과 특권을 제거하면서 인민을 위하고 인민에 의하고 또 인민 자신의 정치, 경제, 사회, 문화를 수립하려는 혁신운동"이며 근대화는 "오늘에 있어서도 지상 과제"라고 주장했다.[37]

발표자 가운데 외세에 대한 주체적 대응을 강조했던 이선근을 제외하고 유원동과 조기준은 18세기 후반을 근대의 기점으로 삼고, 근대 자본주의 사회로 이행하는 경제현상으로 신흥상공업자의 상인적 진출, 도시화 그리고 시민사회와 산업자본의 확립을 지적했다. 이들은 조선 후기 사회는, "완만하지만 발전해왔던 것이며 특히 그 후기에 이르러서는 근대지향적인 발전의 양상이 뚜렷이 나타났"던 동시에 18세기 후반 이후를 근대의 맹아기 혹은 부분적인 시민층의 대두 시기, 동학과 실학의 반독점적 사상으로서의 성격 등을 강조했다.[38]

조선 후기 안정론/정체론에 대한 반정립으로서 '발전'에 대한 강조는

---

36) 김영호, 앞의 글, 315쪽.
37) 조기준, 「韓國史에 있어서의 근대의 性格」, 한국경제사학회 편, 『韓國史時代區分論』, 乙酉文化社, 1970, 186쪽.
38) 조기준, 앞의 글, 190쪽 ; 김영호, 앞의 글, 312, 359쪽.

이른바 "해방세대"-김용섭의 표현으로 추정된다-역사학자들의 성장 시점과 연관시켜 생각해 볼 수 있다. 정체론의 반정립인 발전은 이들의 식민지 시기 체험에서 상당한 영향을 받았다. 이우성은 동아시아 차원의 맹아론 논의를 회고하는 글에서 식민지 시기 일제가 조선이 후진국에 머물렀다고 주장했던 논리 가운데 하나는 토지공유/국유론이며 식민사관에 정면 도전과 극복이 없이 민족의 역사가 성립불가할 것이라고 당시 생각했다고 회고했다.[39] 이우성과 부산에서 학문적 교류를 했던 역사학자 강진철도 한국사 이해의 가장 중요한 기본 과제는 외세에서 유래하는 수동적 요인의 탐구가 아닌, 한국 사회 내부에 자생하는 내재적 요인의 규명이라고 자각했고, 이런 문제의식 변화에 기초해 한국전쟁 직후 일본 역사학연구회에서 출간한 시대구분론, 경제적 사회구성의 단계로 설정된 '정식'을 둘러싼 논쟁 등을 받아들였다고 한다.[40] 이처럼 역사학자들은 식민 체험을 통해 경제적 자립이 없는 정치적 독립은 언제든지 붕괴될 수 있다고 생각했고 한국사의 내재적 발전 요소를 발굴해 새로운 역사상을 구축하려는 공감대를 지니고 있었다.

이런 역사학자 간의 발전에 대한 공감대는 1960년대 후반 한국사연구회를 중심으로 사회경제사 연구에 집중하게 만든 것으로 보인다. 김용섭이 「일본, 한국에 있어서의 한국사 서술」(1966)에서 사용하기 시작했던 "사회경제사"란 용어는 해방 공간 학계에서 생산된 마르크스주의의 연장선 혹은 이를 그 연원으로 봤던 것으로 보이며 이후 과학적 역사 방법의 한 지류로 정착됐다.[41] 하지만 1967년 사회경제학회에서 사용된 '사회경

---

39) 이우성, 「문사철을 겸비한 실천적 지식인」, 『학문의 길 인생의 길』, 역사비평사, 2000, 31쪽.

40) 강진철, 「學窓時節과 硏究生活을 되돌아보며」, 『韓國史市民講座』 3, 일조각, 1988, 153~155쪽. 강진철(1917~1991)은 경남 함안(咸安) 출신으로 경성제일공립고등보통학교, 게이오의숙대학(慶應義塾大學) 문학부를 1941년에 졸업했다. 1948년 서울대학교 문리과대학, 1954년 동아대학교, 숙명여자대학과 고려대학교 사학과에서 연구를 했다. 60년대 이후 토지문제, 특히 고려시대의 토지지배관계의 해명을 통해 내재적 발전을 규명하고자 했다.

제사=마르크스주의 역사학'으로 등치시킬 수 없었다.[42] 1967년 시대구분론에 참여했던 대다수는 마르크스주의적 역사발전 단계론과는 거리가 있는 연구자였다.

그렇다면 왜 발전/법칙에 대해 강조했을까? 70년대 이르러 내발론을 체계화한 김용섭은 자서전에서 자신을 "해방세대"라고 지칭한다. 그는 이들 세대 집단을 태평양전쟁으로 학업을 중단했다가 1945년 해방이후 대학에 다시 편입해 학업을 마친 학자군이라고 불렀다.[43] 이들은 해방이후 식민사학과 연계된 구세대 학자군과 갈등을 감수하면서 1967년 한국사연구회를 조직, 독자적인 사회경제사를 중심으로 조선후기 역사상을 구축했다 이들의 「창립취지문」(1967년 12월 7일, 김용섭 초안 작성)을 보면, "한국사를 과학적으로 연구", "한국사로 하여금 세계사의 일환으로 그 정당한 위치를 차지", "오늘날 제 외국 학자들이 높은 수준의 방법론으로써 한국에 관한 역사적인 연구에 종사하고 또 활기를 띠고 있음을 생각하면 더욱 그러한 바가 있다" 등을 기술하고 있다. 여기서 '과학적'이란 의미는 사회경제사학적 지향을, 해외 한국사 연구의 흐름은 일본에서 1965년 『조선사연구회논문집』 제1집 발간, 1965년 1월 『조선사입문』 발간 등을 지칭한다.[44] 일본에서 출간된 이 책은 한국, 북한, 일본에서 조선사 연구 성과를 정리했고 자본주의 맹아라는 용어로 조선 후기 사회경제적 변화를 설명했다.[45] 한영우의 회고에 따르면 학회 조직에서 총체적으로 큰 자극을 준 것은 1966년 『조선사연구입문』이었다고 한다.[46]

---

41) 김용섭, 「일본·한국에 있어서의 한국사서술」, 『역사학보』 31, 역사학회, 1966, 128~147쪽.
42) 강만길, 앞의 책, 168~169쪽.
43) 김용섭, 앞의 책, 24쪽.
44) 朝鮮史硏究會, 旗田巍 編, 『朝鮮史入門』, 東京 : 太平出版社, 1965.
45) 신주백, 앞의 글, 229쪽.
46) 한국사연구회 편, 앞의 글, 137쪽.

물론 1967년 심포지엄에 기초한 『한국사시대구분론』에 대해서 "설익은 이론, 실증적 기초 결핍" "유물사관에 맞추자는 도식론도 아니고 세계사의 일반적 발전과정이 한국이란 구체적 장에서 실재 어떻게 나타났는가를 주체적·과학적으로 검토하여 한국사의 체계적 재구성이 필요" 등 반론이 제기되었다.47) 그러나 식민주의 역사학을 무비판적으로 수용해온 기존 역사학자의 '자세'에 대한 비판과 '내재성'의 강조는 중요한 지적이었다. 이러한 흐름은 식민지 시기 이래 지배적이었던 실증주의/문헌고증학에 머무르는 것이 아닌 '사회과학적' 이론적 기반에 대한 고민을 반영한 것이었다. "역사를 발전으로 파악하고 주체적으로 보아야 한다는 것은 상식의 문제이요," 다시 김영호를 인용하면, "한국은 세계사의 일반적 발전이론이 적용되지 않는 특수사회라는 비논리를 추방하는 논리의 문제 …… 그것은 미래의 진보 가능성을 믿고 또 그것을 향해 전진하려는 자세의 문제"라는 주장처럼,48) 발전법칙의 수용을 통해 한국사가 정체된 것은 아니지만, 근대화에 실패한 것을 인정하고 그 바탕 위에서 내재적 발전의 가능성을 18~19세기에 찾으려는 집단적 시도가 시작됐다.

　그렇다면 1967년 『한국사시대구분론』의 지향은 어디였나? 『한국사시대구분론』은 일종의 '발전단계'론에 대한 논의로, 그간 발전을 부정해왔던 혹은 한국민족이 민족발전사에서 사상된 역사상을 구축하기 위한 것이었다. 세계사라는 보편성 속에서 한국사의 개성적 발전 논리를 시대구분의 기준, 시기, 주체, 징표 등을 통해 추출하려는 시도였다. 냉전기 근대화 이론에서 근대는 비서구 사회가 따라 가야할 서구 사회의 모델, 진보의 길처럼 여겨졌지만 실제 근대는 그 자체로 위계적이다. 다시 말해서 근대는 선진과 후진으로 범주화될 수 있는 대상이 아니며 식민성의 반대말로 근대를 상정하는 것은 불가능한 설정이다. 근대는 식민주의와

---

47) 김영호, 「韓國史停滯性論의 克服의 方向 : 새로운 韓國史像의 摸索」, 『亞細亞』 1, 2(1969.3), 89쪽.
48) 김영호, 앞의 글, 91쪽.

92　제1부

상호재생산 관계를 맺은 동시에, 서구와 비서구 근대성을 보편/특수로 위계화시키는 것 역시 타당하지 않다.[49] 하지만 60년대라는 시기에 역사학자들은 근대를 선진/후진으로 위계화된 것으로 파악하고 식민의 반정립으로 근대를 내세웠다.

이처럼 1960년대 비서구 국가의 냉전의 시간은 서구가 상정한 발전모델의 범위 안에서 이뤄졌다. 이는 한편 근대화론의 수용으로 가시화되기도 했지만 이 시기 모든 논의가 근대화론과 동일한 맥락에서 전개됐다고 할 수는 없다. 예를 들어 역사학자 가운데 서구 근대를 상대화하는 경우나, 근대화론과 정체성론을 연결시키는 경우도 적지 않았는데, 예를 들어, 정체성이론에 대한 비판 논설에서 김영호는, "후진국사관에 사로잡혀 스스로 후진국의식에 사로잡혀 있는 것도 정체성이론의 영향이라는 점과 무관한 것이 아님 …… 오늘날 크게 강조되고 있는 근대화론 속에도 그 발상의 근저에는 정체성 사관의 영향이 미치지 않고 있는지 의문"이란 지적도 공존했다.[50]

하지만 근대적인 시간은 '지표'가 존재하며 지표/표준은 이에 도달한 것과 그렇지 못한 것 사이의 시간차를 상정한다. 이는 1967년 심포지엄에서 제기됐던 서구의 시간대를 미리 상정한 논의들 속에서 확인할 수 있다. 예를 들어 "근대라는 것은 동양의 대부분의 경우가 유럽화"[51]라든지 경영형 부농의 성격을 논하면서 "영국의 요맨리처럼 자본가적 발전을 한 것이 아니라",[52] 유럽 봉건사회 길드적 특권 부여와 동질의 것[53]

---

49) 윤해동, 앞의 글. 52쪽.
50) 김영호, 앞의 글, 87쪽.
51) 「綜合討議」(천관우 발언), 한국경제사학회 편, 『韓國史時代區分論』, 乙酉文化社, 1970, 345쪽.
52) 「綜合討議」(김영호 발언), 한국경제사학회 편, 『韓國史時代區分論』, 乙酉文化社, 1970, 358쪽.
53) 유원동, 「韓國史에 있어서의 近代의 起點」, 한국경제사학회 편, 『韓國史時代區分論』, 乙酉文化社, 1970, 144쪽.

등은 '서구=선진/보편'이란 표준을 전제했다. 아예 근대의 선진/후진은 엄연히 존재하는 것이란 주장도 제기됐는데, "동양 대 서양이라는 관계에서 양쪽 세력이 부딪힌 그 순간 …… 어느 쪽이 후진이었느냐, 우리가 후진적이었다는 것을 인정안하고 지나갈 수 있느냐" 등이 그 사례였다.[54]

이런 무의식/의식적인 언급들은 60년대는 식민지 이래 재생산된 발전 부재의 역사관을 독자적이고 개성적인 발전논리 위에 위치시키기 위한 것이 당대 과제라는 인식의 자장 안에 위치했다. 그렇다면 60년대 시기에 발전은 어디를 향했던 것인가? 참석자들이 모두 같은 지반에 있던 것은 아니었지만, 유럽을 기준으로 한 모델을 암묵적으로 상정했던 것으로 보인다. 예를 들어 근대를 자본주의, 시민사회 및 시민계급이란 서구의 모델로 상정한 경우도 존재했다. 물론 다소 독특하게 천관우 같이 "오늘 현재 우리가 살고 있는 상황과 본질적으로 비슷한 시기" "근대는 현재 우리가 살고 있는 세상이 무엇을 바탕으로 하고 있고 무엇을 목표로 하는가"라는 "현대성과 유사성"을 강조한 경우도 존재했다.[55] 표면적으로 토론 과정에서 서구 근대나 여기서 파생된 사회경제적 기준을 절대화해서는 안된다는 주장도 공존했다. 예를 들어, "사회경제사적 입장만을 유일한 기준으로 생각해서는 않습니다. …… 아울러 국가형태의 변화, 인간유형의 변화가 동시에 고려되어야 한 시대의 지배적인 특징을 유형적으로 파악"[56] 등이 그러했다.

하지만 이미 '서구-보편' 혹은 서구라는 실체가 있고 이에 대항하는 한민족의 대응이라는 방식의 비서구의 사유, 이른바 지배-피지배가 발생한다는 사유는 서구의 헤게모니 속에서 작동하는 것이었다. 70년대 분단

---

54) 「綜合討議」(천관우 발언), 한국경제사학회 편, 『韓國史時代區分論』, 乙酉文化社, 1970, 346쪽.

55) 「綜合討議」, 한국경제사학회 편, 『韓國史時代區分論』, 乙酉文化社, 1970, 344~345쪽.

56) 「綜合討議」(김종현 발언), 한국경제사학회 편, 『韓國史時代區分論』, 乙酉文化社, 1970, 355쪽.

시대의 역사학을 통해 완결적인 통일민족국가를 주장했던 강만길은 자서전에서 60년대 형성되기 시작한 사회경제사의 의의에 대해 자평하며, "조선 후기 역사를 정체후진성론으로 규정한데 반대하며 이 시기 우리 역사를 발전론적 시각에서 보려는 역사인식의 결과"라고 회고했다.[57] 즉 논리적으로 따져볼 때 '정체 vs 발전' '후진 vs 선진'이라는 구도 하에서 조선 후기 사회경제적 발전상을 부각시키고자 했던 것이다. 이런 사유는 이미 서구와 그 역사를 특권적 형상이자 지향해야 할 시간대로 자격을 부여한 셈이고, 비서구는 이를 목표로 나아가야 한다는 '당위'가 남게 된다.

## 2. 자본주의 맹아론과 근대 이행

1967년 심포지엄 논의에서 핵심은 조선 후기 근대 이행의 기준 및 시기에 대한 논쟁이었다. 토론에 참가한 연구자들은 대부분 신흥자본, 화폐제도 등을 봉건제 해체와 근대이행에서 중심적 기준으로 파악했다. 봉건제 해체설을 주장한 논자들은 그 기준으로 서민의 상공업층으로 급진적 진출로 인한 상공업질서의 변화와 자본축적상의 변동,[58] 양반층의 몰락과 서민층의 매관매직과 사회진출, 토지제도와 화폐제도의 개혁을 제시했다.[59] 즉 기존 봉건 사회질서를 파괴한 새로운 요소가 발생한 사실을 대부분 강조했다. 당시 이런 내재적 요인의 강조는 봉건제에서 근대로 나아가는 '요소론적 접근'의 전형적 사례였다.

물론 유럽/서구에 대한 민족의 집단적이고 자각적 대처를 기준으로

---

57) 강만길, 앞의 책, 170쪽.
58) 「綜合討議」, 한국경제사학회 편, 『韓國史時代區分論』, 乙酉文化社, 1970, 347쪽.
59) 「綜合討議」, 한국경제사학회 편, 『韓國史時代區分論』, 乙酉文化社, 1970, 351쪽 ; 유원동, 앞의 글, 143쪽.

근대를 파악하는 이선근이나 이용희 같은 주장도 공존했다. 단적인 예로 이선근은 유럽근대문명의 도전에 대한 한국의 대응형태 속에서 자주적인 면, 평등적인 면, 합리적인 면, 특히 인권사상을 최초로 제기한 최수운 동학의 근대사상적 측면―구체적으로 "민주공화제 사상"―을 강조하며 시대구분에서 민족의 주체의식을 강조했다.[60]

　이처럼 그 기준에서 차이가 있었지만, 60년대 후반 역사학자들은 영정조 시기에 근대의 '내재적 요소'를 발견하고 이 시기를 근대의 기점으로 상정함으로써 상실된 민족주체성이나 자긍심을 과거 역사라는 창을 통해 '재전위'시키려고 했다.

　이렇게 당시 역사학자들이 이후에 다소 과도하다는 비판이 제기될 정도로 내재적 발전 요인을 강조했던 이유는 '발전적 민족표준 서사'를 통해 상실된 근대를 전유해 오기 위한 것이었다. 맹아론을 주창했고 실학과 맹아론을 결합시켰던 벽사 이우성은 아시아 차원에서 자본주의 맹아가 자생적으로 존재했다는 내재적 역사발전 법칙이란 학문적 차원뿐 아니라, 아시아 각 민족의 주체적 자각과 정신적 차원의 대응이었다고 당시 연구를 회고하고 있다.[61] 강만길도 (일부 연구의 | 인용자) "'과장' 때문에 조선 후기 사회경제적 발전상이 최초로 입증된 업적이 상쇄될 수는 없고, '맹아'였기에 근대사회로 역사진행 상의 변화의 싹은 작지만 중요하다"고 주장했다. 이런 60년대 이후 일련의 흐름은 구체적인 역사학 운동의 형태로 식민지 시기 훼손된 민족적 자존심을 되살리기 위해 한국사를 독립과목화하고, 식민사학에 대한 부정을 통해 민족주체적

---

60) 김영호, 「綜合討議 報告 ─ 經過·論文要約 및 問題點」, 한국경제사학회 편, 『韓國史時代 區分論』, 乙酉文化社, 1970, 312~313쪽 ; 「綜合討議」, 한국경제사학회 편, 『韓國史時 代區分論』, 乙酉文化社, 1970, 338~340, 355쪽. 흥미로운 점은 1950년대 김용섭의 초기 연구들도 조선 후기 사회경제적 변화 속에서 제국주의에 대항하는 요인으로 동학을 내재적 발전 요인으로 간주했다는 점이다. 식민사학으로부터 벗어나는 발전적 역사상의 준거로 동학을 지목했던 것이다(김용섭, 「全琫準供草의 分析 ─ 東 學亂의 性格一斑」, 『사학연구』 2, 한국사학회, 1958, 1~49쪽).

61) 이우성, 「동아시아 지역과 자본주의 맹아론」, 『實是學舍散藁』, 창비, 2010, 453쪽.

역사인식을 수립하고자 하는 길로 나아갔다.[62]

그렇다면 60년대 역사학자들이 내재적 발전을 논리/실증적으로 규명해서 이루고자 했던 것은 무엇이었는가? 이들은 이를 개인적 연구 차원뿐만 아니라, 식민사학을 부정하는 '새로운 역사학 운동'으로 생각했다. 맹아론은 조선 후기라는 '과거의 발전'을 강조함으로써 식민지 이후 현재의 결핍을 설명하고자 했다. 다시 말해서 제국주의에 의해 결핍된 민족국가/왜곡된 근대라는 1960년대 현실을 조선후기 발전의 요소를 규명함으로써 극복하고자 했다. 다만 이런 접근은 확실히 '과거'가 현실을 지배하는 논리 구조였다.[63] 근대/서구를 향한 역사학자들의 지향은 지속적으로 자기증식을 해 나아갔던 욕망이었다. 동시에 '만들어진 표준으로서 서구'는 하나의 발전과 진보의 전범으로 설정된 모델이었고, 이에 따라 동양/비서구는 정해진 기준/표준에 따라 규율되어야할 대상, 즉 표준에 근접했는지 늘 비교되어야 하는 대상이었다. 결국 이는 '결핍의 무한대'를 이루게 된다.

영정조 시대 서민층과 상인계급, 즉 신흥자본가가 진출하여 이들의 사회적 지위가 향상됨에 따라 봉건적인 질서가 파괴되기 시작한다고

---

62) 강만길, 앞의 책, 170~175쪽. 맹아론-내발론과 연관된 주요 역사학자들의 체험을 보면, 1968년 일본에서 돌아와 동아문화연구회를 통해 동아시아 맹아론의 도입을 통해 한국사 내부에 이미 자본주의적 맹아가 존재했음을 논증해야 한다고 주장했던 이우성은 강진철 등과 만남을 통해 청년시절에 유물변증법과 토지 사적소유론에 관심을 가지기 시작했고 사회경제사에 심취했다고 회고했다(이우성, 「문사철을 겸비한 실천적 지식인」, 『학문의 길 인생의 길』, 역사비평사, 2000, 13, 44쪽).

63) 60년대 논의는 아니지만, 김용섭은 개항 이후 지주적 농업개혁론과 농민적 농업개혁론이 대립한 결과로, 반봉건적 지주제가 온존하게 되었고 이는 결국 한국전쟁이란 내전으로까지 이어졌으며(윤해동, 「숨은 神을 비판할 수 있는가? : 金容燮의 '內在的 發展論'」, 『韓國史學史學報』 13, 한국사학사학회, 2006, 115~116쪽), 농업사 구성과정에서 한국전쟁을, "한말 일제 이래 계급 사회모순의 집약" "두 체제가 총체적으로 결집, 대결하고 있는 남북전쟁(내전)"이자 냉전체제 국가가 참전한 국제전으로 사고했다(김용섭, 앞의 책, 93쪽). 정리하자면 조선 후기 근대로 내재적 발전의 길이 식민지 이후 왜곡되어 비정상적이고 불완전한 분단국가로 귀결되었다는 것이다.

논했듯이,[64] 60년대 한일국교정상화를 즈음한 시기부터 전후 냉전 시기 유지되어오던 기존 계급, 민족적 위계질서가 내적으로 격변하고, 그 변화에 대한 불안감은 과거 역사 속에서 근대적 요소를 발견해서 따라잡기(catch-up)의 가능성을 모색하는 방식으로 나타났다. 이를 1967년 사회경제사학회 심포지엄에서 유원동의 다음의 발언을 통해 확인할 수 있는데, "…… 18세기 후반에 있어서 서울을 위시한 지방도시의 신흥상공인에 의한 상업 활동과 자본축적은 종전의 강제적 성격을 지닌 여러 특권적 공동체의 해체와 더불어 직접적인 생산자의 독립적 지위를 촉진 …… 종전의 봉건적 경제체제와 본질적으로 다른 근대자본주의적 경제내용으로 이행하고 있었다고 보아야 할 것이며, 따라서 이 시기를 근대로서의 기점이 될 것을 긍정해주는 근거를 부여하는 것이다. ……"[65] 다시 말해서 표준/진보로서 근대자본주의의 경제적 내용(=요소)를 조선 후기 사회는 충족시키고 있었으며, 만약 제국주의 침탈이 없었다면 근대의 중심부로 진입할 수 있었다는 발상에 다름이 아니었다.

민족주의 역사서사에서 자주 등장하는 이러한 경향은 민족의 우수성, 정상성 등의 강조를 통해 민족적 자부심을 강화시키는 것, 역사적 기원의 공유를 통한 '국민 만들기'라는 혐의로부터 자유로울 수 없다. 이처럼 60년대 시기구분 논의 속에서는 선진/후진이란 시간차로서 근대를 인정하고 이는 발전을 지향하는 자국사에 대한 욕망이란 형태로 나타났다. 60년대 학문적 성과를 기반으로 식민사관을 불식시키고 자국사를 구축하겠다는 것이었다. 하지만 식민사학의 청산은 말 그대로 사상의 문제이자 선학의 학문을 비판하는 문제인 동시에 학계의 세대교체와 관련된 문제였다.[66] 따라서 사학사의 재구성, 새로운 사관, 민족주의와 방법론의 도입은

64) 「綜合討議」(유원동 발언), 한국경제사학회 편, 『韓國史時代區分論』, 乙酉文化社, 1970, 347쪽.
65) 유원동, 앞의 글, 151쪽.
66) 김용섭, 앞의 책, 470~471쪽.

식민지 역사학에 기초한 개인/집단과 갈등을 야기할 수밖에 없었다.[67]

이들은 식민지배/식민사학으로 빼앗겼다가 되찾은 민족정체성이 한일회담-일본의 재식민화 속에서 다시 상실될지도 모른다는 위기의식을 지녔을 것이다. 뿐만 아니라 이들은 민족공동체의 삶을 개선하고 국민국가를 정상화하기 위해서는 과거와 '급진적 단절'이 필요하다고 판단하고, 1967~1969년 즈음에 사학사의 재평가를 통해 한국사의 표준화와 이에 수반되는 국사교육의 체계화에 나섰다. 1969년 역사학계 중진인 김철준과 홍이섭의 대담에서도 일제 시기 비과학적 역사에 대한 질타, 국민을 이끌어가는 힘이 결여된 정신적 공백의 초래 등을 지적하며 국사인식체계 확립과 개인 학설의 무분별한 채용과 식민지적 한국사의 침투를 경계하면서 지도이념으로 국사교육을 강조했다.[68] 이는 60년대 자국의 표준사 구축을 둘러싼 욕구가 몇몇 개인의 문제의식이 아니었음을 드러내 준다.

표준적 통사의 요구는 앞서 논의한 "새로운 내습(來襲)"[69]에 대비하는 위기의식 아래 한국사학과 교과과정, 한국사학과 독립, 근현대사에 대한 연구 개방 등 문화학술운동, 교육운동 차원에서 진행됐다. 이는 북한의 『조선통사』(1956년 상권 출간)도 의식하지 않을 수 없었다.[70] 여기서 김용섭, 강만길 등이 참여했던 '한국사연구회' 및 식민주의 역사학 청산 운동 그리고 국가를 대표하는 표준적 통사로서 제1차 『한국사』(1971년 이후, 국사편찬위원회)도 포함된다. 김용섭은 회고록에서 이런 일련의 과정을, "구역사학 극복, 신역사학의 건설운동"이라고 표현한 바 있다.[71] 그 밖에 국사편찬위원회가 간행하는 논문집이었지만 60년대 『사학연구』(初出 1958년)에 해방 후 제2세대 연구자들이 중심이 되어 사회경제사적

---

67) 식민사관은 현실이자 아카데미아 내부의 권력관계였다. 자세한 서울대 국사학과 내부에서 문제는 김용섭, 앞의 책, "후기 : 학교생활에서 회상되는 일들" 참조.

68) 홍이섭, 김철준, 「권두대담 : 전통」, 『세대』 1969. 11월호, 60쪽.

69) 김용섭, 앞의 책, 470쪽.

70) 김용섭, 앞의 책, 37쪽.

71) 김용섭, 앞의 책, 39쪽.

시각에서 씌어진 논문이 실리기 시작한 사실,[72] 민족사의 논리를 바탕으로 해방 직후 국가건설의 문제를 탐구했던 백남운의 조선학술원 조직에 대한 강조[73]는 60년대 해방세대 학자들이 형성하고자 했던 새로운 역사구축 운동을 1945년 해방 직후 신국가건설운동과 비유했던 것이 아닌가 한다.

이들은 조선 후기 발전의 요소들을 적출하고, 제국주의가 부재했다면 자생적/정상적 근대가 가능했을 것이라고 전제했다. 여기서 흥미로운 사실은 이들의 식민지 시기에 대한 분석과 인식이다. 1967년 사회경제사학회 심포지엄의 식민지 시기 발표자는 홍이섭과 이재진이었는데, 대부분 이른바 '수탈론'에 기반한 입장이었다. 대표적인 예를 들면 "외관상 도약현상이 있었으나 내면적으로는 민족적 수탈에 불과",[74] "지대, 이자 및 이윤 형태로 착취를 강요당하여 민족궁핍화가 계속"[75] 등이었다. 그리고 식민지 시기는 조선 후기에 비해 토론도 매우 짧았다. 뿐만 아니라 60년대는 아니지만 내발론자들을 중심으로 『창작과 비평』에 주요 역사학 논문을 대중화시켜 발표한 바 있다. 하지만 조선 후기 역사와 실학에 관한 연구는 많이 공간되었으나 유독 식민지 시기에 대한 연구는 많이 부족했다. 「민족의 역사, 그 반성과 전망」(『창작과 비평』 1976년 가을) 좌담에서 시대별 연구 현황을 검토할 때 식민지 시기는 논의 주제가 되지 않았다.[76] 이처럼 식민지 시기는 맹아론/내발론의 딜레마를 드러내는 '지점'이었다. 60~70년대까지 여전히 식민지 시기는 부정하거나 지워져야 하는 '시간대'

---

72) 강만길, 앞의 책, 167쪽.

73) 김용섭, 앞의 책, 754쪽.

74) 김영호, 「綜合討議 報告 - 經過·論文要約 및 問題點」, 한국경제사학회 편, 『韓國史時代區分論』, 乙酉文化社, 1970, 313쪽.

75) 김영호, 앞의 글, 313쪽.

76) 白樂晴, 朴泰洵, 姜萬吉, 李佑成, 宋建鎬, 鄭昌烈, 「좌담 - 民族의 歷史, 그 反省과 展望」, 『창작과비평』 11(3), 1976. 9, 4~52쪽. 창작과 비평의 역사담론은 김현주, 「『창작과비평』의 근대사 담론 - 후발자본주의 사회의 역사적 사회과학」, 『상허학보』 36, 상허학회, 2012, 474쪽 참조.

였다. 그러나 식민지/식민지근대는 민족사에서 지워질 수 없는 시간이었다. 이들이 '식민지 근대'를 민족사의 내러티브에서 지워버리거나, 왜곡/결핍의 시간으로 설정해야 했던 딜레마는 어디에서 찾아야 할까?

## Ⅳ. 뒤틀린 주체 — 시민의 시간과 민족의 시간

이상에서 살펴본 바와 같이 1960년대 역사학자들의 맹아론과 한국사 체계화 논의는 한일국교정상화 이후 재식민화, 민족공동체의 공동화/해체의 위험을 감지했던 지식인들의 집단적 대응의 일환이었다. 이들은 4.19이후 식민사학에 대한 반정립이란 차원에서 민족주의를 선택했다. 구체적으로, 1) 자국사의 체계화(표준적 통사 구축)와 이를 위한 '역사 구부리기'(한국사의 발전적 요소의 적출), 2) 식민사학, 식민지 시기 전전 세대 역사학과 다른 과학적 방법(사회경제사학)의 수용, 3) 정상적 근대의 주체로 잠재적 시민의 발견 등이 그것이었다.

앞서 언급한 바와 같이 1967년 시대구분론 논의는 일본과 중국 그리고 북한 학계의 영향을 받은 동시에, 과학적 방법으로 해방세대의 역사학을 구축하고자 한 '신역사운동'의 일환이었다. 60년대 형성된 한국사의 체계화와 맹아론 등장은 표면적으로 반식민사학을 향한 지식사회 운동의 모습이었지만, 그 내면에는 결핍된 민족국가의 내용을 채우고자 했던 지식인들의 집단적 욕망이 자리 잡고 있다.

1967년 시대구분론에서 제기됐던 근대화의 주체는 두 가지 흐름으로 구분된다. 통일적이진 않지만 18세기 이후 서민, 상공업자, 신흥자본가의 진출을 근대를 향한 '새로운 주체'로 사고하는 흐름이 존재했다. 비록 봉건왕조에 대한 '반체제 의식의 성장'이라고 평가하긴 어렵지만,[77] 이들

---

77) 조기준, 「韓國史에 있어서의 근대의 性格」, 한국경제사학회 편, 『韓國史時代區分論』, 乙酉文化社, 1970, 186, 190, 209~210쪽.

에 의해 봉건사회의 내부변혁과 봉건 특권층과 대립이 명시화됐다는 것이다. 이는 동학농민전쟁을 "반제반봉건" 혁명으로 바라보는 시각과 일맥 상통한다. 동시에 이러한 새로운 반봉건, 반특권적 사회집단을 근대화 주체로 사고하는 것은 '결핍된 부르주아/시민혁명'과 '시민계급'이란 현실을 지양(止揚)하려는 '시민계급에 대한 희구'를 드러내는 것이기도 했다.[78] 반면 이선근 등 일부 학자는 "외세에 맞선 민족의 추체적 대응"에 초점을 맞추며 근대화의 주체로 민족을 상정했다.[79] 정리하자면 1967년 시대구분론에서 적출된 근대화의 주체는 시민과 민족이었다. 1969년 백낙청의 「시민문학론」(『창작과 비평』)에서 동학 - 3.1운동 - 4.19로 이어지는 민족사란 맥락에서 '이상적 시민주체'를 강조한 사실을 고려하면 이 시기 논의는 나름대로 일정한 방향으로 수렴되는 듯하다.

다른 한편 1967년 역사학계 이외 근대화 주체에 대한 논의 흐름과 '비교'를 통해 시민과 민족이란 주체에 대한 1967년 당시 생각을 구체화시킬 필요가 있다. 역사학계의 보편적 발전의 잠재적 주체인 시민(미래의 시간/주체로서 시민)과 외부의 힘에 맞서는 후진국 민족 주체의 대응(과거/현재의 시간/주체로서 민족)이란 문제 설정이 '뒤틀려' 있는 상황이었기 때문이다. 이를 위해 1967년 동국대에서 열린 『한국근대화의 이념과 방향』(동국대학교 개교60주년 학술심포지엄 자료집, 1967)을 살펴보고자 한다. 역사학, 정치학, 경제학 등 각 분야의 논의를 망라한 이 학술대회는 총 50여명에 걸친 발표와 토론자가 참석했고 근대화에서 서구이념, 전통 그리고 경제/정치적 측면에서 근대화의 방향에 대해 모색한 대규모 학술대회였다. 전체 제목에서 확인할 수 있듯이 1967년 박정희 재선을 즈음한 시기 경제성장의 성과가 막 가시화되기 시작했던 시점에 근대화를 어느 방향으로 진행시켜 나아갈 것인가 논의가 화두였을 것이다.

---

78) 조기준, 앞의 글, 203쪽.

79) 「綜合討議」(이선근 발언), 한국경제사학회 편, 『韓國史時代區分論』, 乙酉文化社, 1970, 339-340쪽.

서론에서 말했지만 60년대는 개발연대의 시대이자, 케네디 행정부 이후 동아시아내 구조적 변동이 이뤄졌던 시기였다. 미일, 한미 그리고 한일관계가 군사, 경제 그리고 사회문화적으로 연계망이 제도화되던 시기였다. 그 가운데 이미 '전후의 종결'을 선언하며 전후 경제부흥에 성공한 일본을 중심으로, 한국은 미국이 정해준 범위 안에서 근대의 시간을 향해 나아가야 하는 것을 당연하게 여겼다. 그간 60년대 지성사 연구를 보더라도『청맥』,『한양』등 일부 민족주의 흐름이 발견되지만, 근대화 자체를 부정하지는 않았던 것으로 여겨진다.『한국근대화의 이념과 방향』심포지엄도 주로 어떻게 선진근대화 모델을 통해 근대(화)에 접근할 것인가, 후진국의 근대화에서 특수사정은 무엇인가 그리고 한국 근대화의 미래라는 3가지 주제로 발표와 논의는 모아졌다.[80] 나흘 동안 개별 주제에 대한 발표, 토론이 진행됐다. 첫날인 제1부는 역사학, 철학 등 분야에서 서구이념과 근대화를, 2부는 전통사상과 관계를 다루었기에 쉽게 4가지 차원을 동일하게 다루기는 어렵지만, 발전의 주체는 새로운 엘리트에 기초한 강한 국가/민족주의를 한편으로 하고, 다른 한편으로는 이를 경계하는 다양한 반론이 논의됐다.

먼저 새로운 엘리트를 근대화 주체로 상정하는 주장은 역사학자 민석홍, 정치학자 차기벽 그리고 경제학자 박희범 등에 의해 제기되었다. 첫 번째, 이들은 근대화(공업화)가 필연적이며, "새로운 지식층"[81] "민주적 리더쉽을 지닌 지식계급"[82]의 출현을 강조했다. 60년대 민족주의 고양과 정치계급의 미발달 속에서 강하고 능률적인 국가조직이 필요하

80) IV. 韓國近代化를 위한 理念과 方法論上의 諸課題(政治) 분야 토론(발언 : 민병태), 『한국근대화의 이념과 방향』(동국대학교 개교60주년 학술심포지엄 자료집, 1967, 509쪽). 4부의 사회자는 白尙健(中大)이었고 토론 참석자 명단은 아래와 같다. 李廷植(東大) 車基璧(成大) 閔丙岐(高大) 鄭範謨(서울師大) 具範謨(서울文理大) 金圭澤(成大) 金雲泰(서울行政大) 閔丙合(서울文理大) 朴東緖(서울行政大) 朴奉植(서울文理大) 尹謹植(成大) 李羲均(東大) 柳炯鎭(建大).

81) 민석홍, 「西歐的 近代化理念과 韓國」, 앞의 책, 17쪽.

82) 차기벽, 「政治體制의 改革과 理念問題」, 앞의 책, 337~338쪽.

며,[83] "후진국 발전에서 경제외적 요인"이 필수적임을 강조했다.[84] 심지어 박희범의 경우, 혼합경제라는 맥락에서 레지멘테이션(regimentation)처럼 파시즘 안에서 본받을 수 있는 요소가 존재한다고 주장하기도 했다.[85]

두 번째로 미국식 근대화론과 구조기능주의 논의를 경계하며 산업화를 추진하되 자립경제를 추구하고, 사회개혁이 국민통일로 이어져야 함을 강조했다.[86] 모든 발표자가 유사하진 않았지만 한국 근대화와 민주주의가 정착하지 못한 원인으로 "민족주체성의 결핍"을 지적하기도 했다.[87] 즉 이들은 근대화를 '서구화' '미국화'와 등치시켰다기 보다, '반서구화'의 가능성이 동시에 공존했다고 파악했던 것으로 보인다. 서구식 근대화를 그대로 따랐던 라틴아메리카에서 반복된 군사 쿠데타처럼 서구의 미달이 후진국이란 식의 생각은 잘못된 것이라는 주장이었다.[88]

세 번째로 이들은 후진국 근대화/발전은 정치적 독립과 사회구조적

---

83) 차기벽, 같은 글, 335쪽.
84) 박희범(1922~1981)은 경북 김천 출생으로 대구상업학교, 서울대학교 경제학과를 거쳐 서울대에서 경제학박사학위를 받았다. 경북대학교 법정대학과 서울대학교 상과대학 교수를 거쳐 1960년대에는 경향신문 논설위원, 국가재건최고회의 의장 자문위원, 외자도입촉진위원회 위원 그리고 문교부차관, 충남대학교 총장을 역임했다. 학문적으로 사회주의적 입장은 아니지만 민족주의/국가주의적 태도에서 경제계획을 지지하였고 경제발전이론을 한국경제학계에 처음으로 도입했다. 황성모(1926~1992)는 경남 사천 출생으로 서울대학교 문리과대학 사회학과, 뮌스터대학에서 철학박사학위를 받았다. 이후 이화여자대학교, 서울대 사회학과, 충남대, 한국정신문화연구원 교수를 역임했다. 주로 한국 근대화를 중심으로 한국사회학의 정립, 민족주의, 민족통일문제 등을 다루었다. 1968년 '민족주의비교연구회사건(민비연 사건)'으로 투옥되기도 했다.
85) III. 韓國近代化를 위한 理念과 方法論上의 諸課題(經濟) 토론(발언자 : 박희범), 앞의 책, 500쪽. 3부의 사회자는 黃炳晥(서울商大)이었고 토론 참석자는 아래와 같다. 金俊輔(高大) 張源宗(東大) 朱宗桓(東大) 朴喜範(서울商大) 金相謙(延大) 南惠祐(西江大) 吳德永(東大) 趙璣濬(高大) 朴根晶(中大).
86) 차기벽, 앞의 글, 329쪽.
87) 차기벽, 앞의 글, 341쪽 ; IV. 韓國近代化를 위한 理念과 方法論上의 諸課題(政治) 분야(발언자 : 정범모), 앞의 책, 539쪽.
88) 차기벽, 앞의 글, 344쪽.

변혁을 동반하는 것이라고 생각했다.[89]. 여기서 사회구조적 변혁의 내용은 론자마다 달랐다. 한편 자본 간의 자유로운 경쟁의 결과인 "생산력 발전" 혹은 "근대적 자본축적 양식"[90]을 내용으로 하기도 했다. 다른 한편 자립경제에서 중요한 문제는 "자본배분"이라거나 "독점자본만의 자유"[91]를 제어하는 "자본제적 협업"의 방향[92]이나 국유화와 농업협업 등을 통한 재분배의 문제를 지적하기도 했다.[93]

반면 지식엘리트 중심의 강한 정부에 기초한 근대화/민족주의에 대한 비판도 격렬했다. 강한 엘리트주의는 독재와 과두제의 가능성이 높으며, 개인주의를 침식하거나 합의된 통제를 넘어선 국가 개입 등의 문제가 발생할 수 있다는 반론도 제기됐다.[94] 뿐만 아니라 근대화는 공업화가 아닌, 과학화와 민주화를 의미하며[95] 정치제도와 선거제도 등 근대화가 더 중요하다는 주장도 존재했다. 특히 제1부 민석홍의 서구형과 동구형 근대화 유형 및 엘리트 주체론,[96] 제3부 박희범의 경제민족주의[97] 그리고 제4부에서는 차기벽[98]의 민족주의에 대한 비판과 반론이 뜨거웠다. 경제

---

89) Ⅰ. 西歐的 近代化理念에 대한 批判 토론(발언자 : 황성모), 앞의 책, 399쪽. 1부의 사회자는 梁好民(朝鮮日報)이었으며, 토론 참석자는 閔錫泓(서울文理大) 黃性模(서울文理大) 申一澈(高大) 金泰吉(서울文理大) 吳炳憲(高大) 吉玄模(西江大) 金奎榮(東大) 金桂淑(서울師大) 文相熙(延大) 朴東雲(한국일보) 李光麟(西江大) 李克燦(延大) 李普珩(西江大) 李泰永(東大) 張庚鶴(東大)이었다.

90) Ⅲ. 韓國近代化를 위한 理念과 方法論上의 諸課題(經濟) 토론(발언자 : 주종환, 박희범), 앞의 책, 484쪽, 489쪽.

91) Ⅲ. 韓國近代化를 위한 理念과 方法論上의 諸課題(經濟) 토론(발언자 : 주종환), 앞의 책, 479쪽.

92) 같은 글(발언자 : 박희범), 484쪽.

93) 차기벽, 앞의 글, 335쪽.

94) Ⅳ. 韓國近代化를 위한 理念과 方法論上의 諸課題(政治) 토론(발언자 : 정범모), 앞의 책, 542~543쪽.

95) Ⅲ. 韓國近代化를 위한 理念과 方法論上의 諸課題(經濟) 토론(발언자 : 박근창), 앞의 책, 498쪽.

96) 민석홍, 앞의 글, 5~6쪽.

97) 박희범, 「工業化를 위한 選擇的 經濟體制의 問題」, 앞의 책, 287~309쪽.

98) 차기벽, 앞의 글, 327~343쪽.

민족주의는 군국주의로 이어질 수 있다는 비판[99]을 포함해서, 민족주의는 열등의식에 기초한 정서적이고 비합리적인 동시에 감정적인 집단주의이기에 경계해야 한다는 여러 가지 비판이 제기됐다.

같은 해인 1967년 진행됐던 『한국사시대구분론』 심포지엄에서 발전이 부재했다고 여겨졌던 과거 역사를 비판했고, 근대/발전에서 한국인/민족의 주체적인 성격이 강조되면서 '발전' 그 자체는 대세였다. 시대구분론에서 "세계사 속에서 한국사의 개성적 발전 논리"는 외세 개입이 없었다면 자발적 근대가 충분히 가능했다는 민족적 자긍심에 기초한 것이었다.[100] 하지만 그 지향이 반외세반독점이건 반봉건이건 '잠재화된 시민'을 한국 사회를 정상적인 방향으로 이끌 주체로 본 점은 분명했다. 다른 한편 동국대에서 개최된 『근대화의 이념과 방향』에서도 한국 근대화가 서구의 모델 그 자체라는 의견에 대해서는 비판적 견해가 많았지만 동시에, 강한 정부와 민족주의 엘리트가 강조됐다. 하지만 이때 민족은 4.19 직후 제기된 반외세 민족주의와도 같다고 말하기 어렵고 5.16군사쿠데타 세력의 민족적 민주주의와 동질도 아니었다. 생산력 발전에 기초한 공업화가 강한 국가와 내셔널리즘에 의해 이뤄지길 희구했지만,[101] 권위주의, 독점자본만의 자유, 군국주의(외향적 민족주의)에 대한 경계도 적지 않았다.[102] 특히 비합리적이고 정서적인 민족주의의 위험성을 반복적으로 경고했다.

잠재화된 시민과 민족이란 뒤틀린 주체의 대두는 어쩌면 60년대 발전/근대화에서 예견되던 문제였을 것이다. 미국 중심의 냉전 하에서 체결된

---

99) Ⅲ. 韓國近代化를 위한 理念과 方法論上의 諸課題(經濟) 토론(발언자 : 김상겸), 앞의 책, 503쪽.

100) 「綜合討議」, 한국경제사학회 편, 『韓國史時代區分論』, 乙酉文化社, 1970, 186, 190, 361쪽.

101) Ⅲ. 韓國近代化를 위한 理念과 方法論上의 諸課題(經濟) 토론(발언자 : 박희범), 앞의 책, 478쪽.

102) Ⅳ. 韓國近代化를 위한 理念과 方法論上의 諸課題(政治) 토론(발언자 : 박동서), 앞의 책, 532~533쪽.

106    제1부

한일국교정상화는 재식민화와 민족공동체를 수호하려는 민족주의 엘리트들의 위기의식을 가중시켰을 것이다. 이들은 이런 상황이 지속된다면 민족국가의 결핍이 재생산될 것이라고 판단하고, 1) 과거－조선 후기 근대/발전의 맹아의 발견, 2) 현재－반식민사학에 기초한 대안적 민족문화운동으로 과학적 역사학의 정초와 자국사 표준의 구축, 3) 미래－지체된 민족국가의 정상화를 위한 발전/선진 등을 추진했고 이는 70년대 내재적 발전론으로 체계화됐다.

민족주의 역사학자들은 냉전의 시간 속에서 '근대와 전근대의 공존'을 고통스럽게 응시하며 식민지 근대성이나 그 유산을 '근대결핍'이나 '정상근대'로부터의 이탈로 간주했다. 이러한 맥락에서 1967년 『한국사시대구분론』 논의는 체계적이진 않았지만 자국사의 과학적/표준적 구축을 통해 결핍된 민족사의 정상화라는 욕망을 드러냈고 이후 내발론으로 이어졌다. 이들은 60년대 개시된 박정희 정부의 정부주도 경제성장 전략 자체를 명시적으로 지지한 것은 아니었으나, 결핍을 메꿀 발전-차별적 시간으로 근대를 향한 욕망은 분명히 존재했다. 60년대 이후 민족주의 역사학자들의 실천은 과학적/사회경제사 역사학 구축, 한국사의 체계화/표준통사화, 국사의 독립과 연구 인력의 확충 등 이른바 '새로운 역사 운동'으로 나타났다. 비록 특정한 방향의 발전/시간축을 경계로 동아시아에 근대를 이식하려던 냉전의 시간으로부터 자유롭지 못했지만 1967년 두 개의 심포지엄은 주체라는 측면에서 보편적 자본주의 발전을 지향하는 '잠재적 시민'(미래의 시간)과 '민족'(과거/현재익 시간)이라는 뒤틀린 두 개의 수체를 중심으로 한 역사상으로 모색했던 중요한 계기로서 충분한 의미가 있다고 본다.

# 참고문헌

강만길·김용섭·손보기·윤병석·이재룡·차문섭·한영우·정창렬, 「韓國史研究會 創立 25週年 記念 座談會」, 『한국사연구』 79, 1992.

강만길, 『역사가의 시간 : 강만길 자서전』, 창비, 2010.

강진철, 「學窓時節과 硏究生活을 되돌아보며」, 『韓國史市民講座』 3, 일조각, 1988.

김영호, 「韓國史停滯性論의 克服의 方向 : 새로운 韓國史像의 摸索」, 『亞細亞』 1,2, 1969.

김영호, 「綜合討議 報告 - 經過·論文要約 및 問題點」, 한국경제사학회 편, 『韓國史時代 區分論』, 乙酉文化社, 1970.

김용섭, 「全琫準供草의 分析 - 東學亂의 性格一斑」, 『사학연구』 2, 한국사학회, 1958.

김용섭, 「일본·한국에 있어서의 한국사서술」, 『역사학보』 31, 역사학회, 1966.

김용섭, 「일제 관학자들의 한국사관 - 일본인은 한국사를 어떻게 보아 왔는가?」, 『사 상계』 1963, 2월호.

김용섭, 『역사의 오솔길을 가면서 : 해방세대 학자의 역사연구 역사강의』, 지식산업 사, 2011.

김용섭 외, 『19세기의 한국사회』, 성균관대학교대동문화연구원, 1972.

김  원, 「박현채, 소년 빨치산과 노예의 언어」, 『박정희 시대의 유령들』, 현실문화, 2011.

김인걸, 「1960·70년대 '내재적발전론'과 한국사학」, 『한국사인식과 역사이론』(김용 섭교수정년기념논총1), 지식산업사, 1997.

김현주, 「『창작과비평』의 근대사 담론 - 후발자본주의 사회의 역사적 사회과학」, 『상 허학보』 36, 상허학회, 2012.

白樂晴, 朴泰洵, 姜萬吉, 李佑成, 宋建鎬, 鄭昌烈, 「좌담 - 民族의 歷史, 그 反省과 展望」, 『창작과비평』 11(3), 1976. 9.

민석홍 외, 『한국근대화의 이념과 방향』, 동국대학교 개교60주년 학술심포지엄 자료 집, 1967.

민석홍, 「西歐的 近代化理念과 韓國」, 『한국근대화의 이념과 방향』, 동국대학교 개교 60주년 학술심포지엄 자료집, 1967.

박희범, 「工業化를 위한 選擇的 經濟體制의 問題」, 『한국근대화의 이념과 방향』, 동국 대학교 개교60주년 학술심포지엄 자료집, 1967.

백승욱, 『(세계체계 분석으로 본 자본주의의 기원과 미래) 자본주의 역사 강의』, 그린비, 2006.

신주백, 「1950년대 한국사 연구의 새로운 경향과 동북아시아에서 지식의 內面的
　　交流」, 『한국사연구』 160, 한국사연구회, 2013.
안종철, 「주일대사 에드윈 라이샤워의 '근대화론'과 한국사 인식」, 『역사문제연구』,
　　29, 역사문제연구소, 2013.
유원동, 「한국근세사에의 새로운 조명 - 시민계층의 대두와 전통사회의 변질과정」,
　　『세대』 1969. 11.
유원동, 「韓國史에 있어서의 近代의 起點」, 한국경제사학회 편, 『韓國史時代區分論』,
　　乙酉文化社, 1970.
윤해동, 「'숨은 神'을 비판할 수 있는가? : 金容燮의 '內在的 發展論'」, 『韓國史學史學報』
　　13, 한국사학사학회, 2006.
윤해동, 「에피고넨의 시대, "내재적 발전론"을 다시 묻는다」, 『民族文化論叢』 47,
　　영남대민족문화연구소, 2011.
이기백, 『硏史隨隧錄』, 一潮閣, 1994.
이세영, 「현대한국사학의 동향과 과제」, 『80년대 한국인문사회과학의 현 단계와 전
　　망』, 역사비평사, 1988.
이영호, 「'내재적 발전론' 역사인식의 궤적과 전망」, 『한국사연구』 152, 한국사연구회,
　　2011.
이우성, 「동아시아지역과 자본주의 맹아론」, 『實是學舍散藁』, 창작과비평사, 1995.
이우성, 「문사철을 겸비한 실천적 지식인」, 『학문의 길 인생의 길』, 역사비평사,
　　2000.
이헌창, 「한국사파악에서 내재적발전론의 문제점」, 『한국사시민강좌』 40호, 일조각,
　　2007.
장세진, 「라이샤워(Edwin O. Reischauer), 동아시아, '권력/ 지식'의 테크놀로지」,
　　『상허학보』 36, 상허학회, 2012.
정승진, 「金容燮의 原蓄論과 社會經濟史學의 전개」, 『한국사연구』, 147, 한국사연구회,
　　2009.
정일준, 「한국 사회과학 패러다임의 미국화 - 미국 근대화론의 한국전파와 한국에서
　　의 수용을 중심으로 : 한국 사회과학 패러다임의 미국화」, 『美國學論集』 37,
　　미국사학회, 2005.
정진아, 「한일협정 후 한국 지식인의 일본 인식」, 『東北亞歷史論叢』 33, 동북아역사재
　　단, 2011.
조기준, 「韓國史에 있어서의 근대의 性格」, 한국경제사학회 편, 『韓國史時代區分論』,
　　乙酉文化社, 1970.
朝鮮史研究會, 旗田巍 編, 『朝鮮史入門』, 東京 : 太平出版社, 1965.
차기벽, 「政治體制의 改革과 理念問題」, 『한국근대화의 이념과 방향』(동국대학교 개교
　　60주년 학술심포지엄 자료집), 1967.
천관우, 「나의 韓國史 研究」, 『韓國史市民講座』 2, 일조각, 1988.

천관우·한우근·홍이섭·최문환·조지훈, 「한국사관은 가능한가」, 『세대』 11월, 세대사, 1963.

한국사연구회 편, 『한국사연구입문』, 지식산업사, 1981.

한국사연구회 편(좌담자 차문섭, 권태억, 윤병석, 조이현, 김용섭, 손보기, 강만길, 한영우, 이재룡, 한긍희, 이창혁, 정창렬), 「韓國史硏究會 創立 25週年 記念 座談會」, 『한국사연구』 79, 1992.

한국경제사학회 편, 『韓國史時代區分論』, 乙酉文化社, 1970.

홍이섭·김철준, 「권두대담 : 전통」, 『세대』 1969. 11월호.

# 한국의 초기 사회학과 '아연회의'(1965)
## 사회조사 지식의 의미를 중심으로

김 인 수

## I. 들어가며

1965년 초여름, 그러니까 6월 28일부터 7월 3일까지 장장 6일에 걸쳐 서울의 워커힐에서는 그간 한국에서 유례를 찾아보기 힘든 대규모 국제회의가 열렸다. 27일 저녁의 만찬으로 시작된 일정은 다음날부터의 회의를 거쳐, 7월 4~7일의 나흘간 관광 및 답사 일정까지를 포함하는 것이어서, 이를 모두 합하면 공식일정만 열흘이 넘는 회의였다. 총 9개국에서 66명이 ─국적 상으로, 중국(5), 독일(2), 홍콩(1), 인도(3), 일본(4), 한국(35), 필리핀(1), 영국(1), 미국(14)─정식으로 초청을 받아 왔고 7명의 옵저버가 있었으니 참여인원은 모두 73명에 달했다. 이 가운데 62명의 발표가 있었다. 회의에서 사용된 언어는 영어였고, 토론의 경우 군데군데 한국어-영어의 통역이 있었다. 이 회의의 명칭은 "아시아의 근대화문제에 관한 국제회의"(*International Conference on the Problems of Modernization in Asia*. 본고에서는 이를 아연회의(1965)로 부르기로 한다. 또, 이 자료의 활용할 때의 인용명칭은 ICPMA로 약칭하기로 한다. 참고로, 이 자료집은 회의

---

\* 이 글은 『사이間SAI』 제22호(2017년 5월)에 동명의 제목으로 게재된 논문을 수정·보완한 것이다.

〈그림 1〉 "아세아의 근대화문제"의 국제회의 참가자 일동
(1965년 6월)

당시의 발표문은 물론 토론 내용을 녹취한 자료를 포함하여 1966년에 간행·배포되었다)였고, 그 개최를 주관한 기관은 고려대학교 아세아문제연구소였다.[1]

이 회의는, 유진오 고려대학교 총장의 모두 연설에서처럼, "한국이 1905년의 러일전쟁의 포화 속에서 자주적 개혁이 좌절되고 국권이 침탈되는 속에서 이용익이 서구의 과학기술을 한국에 수용하기 위해 설립한 보성전문(고려대학교의 전신)이 탄생한 지 60주년이 되는 시점을 기념하기 위해 3년 전부터 미리 준비해온 결과"[2]로 마련된 자리였다. 유진오 총장의 이 모두발언은 회의의 기획취지에 관한 변으로서는 충분하지만, 회의의 실질적인 조직과정에 대해서는 별다른 정보를 제공하지 못한다. 예를 들어, 회의에 필요한 재정은 학교나 연구소 수준에서 자체적으로 충당할 수는 없었고, 당시의 각종 회의들이나 연구들이 그러했듯이 외원기관(外援機關), 다시 말해 아시아재단(The Asia Foundation), 뉴욕의 사회과학연구협회(The Social Science Research Council)의 지원을 받았으며, 한국정부,[3] 영국정부, 독일정부, 동아일보 등으로부터 몇몇 비용과 연구자의 여행 상의 편의를 제공받았다.

통상의 연구프로젝트가 연구를 발주하고 재정을 지원한 측의 이해관심

---

1) *ICPMA*, 805쪽.

2) *ICPMA*, 31쪽.

3) 당시 아세아문제연구소의 소장을 맡아 이 회의를 총괄했던 이상은 교수는, "개회식에 박(정희) 대통령이 참석예정이었다가 부득이한 사정으로 출석치 못한 것은 유감이었으나, 후에 고대 총장을 통해 금일봉을 전달하여 참가학자들을 고무케 해주신데 대해 우리는 그 후의를 고맙게 생각하는 바"라고 적고 있다(이상은, 「국제학술회의를 마치고」, 『동아일보』 1965.7.10.).

과 기획취지를 반영하게 마련이라는 점을 감안하면, '아시아의 근대화문제'라는 대주제의 기획에서부터 참가 학자들의 구성과 조직에 이르기까지 모종의 가려진 힘이 있지 않았을까, 생각해보는 것은 충분히 가능한 일일 것이다. 여하튼 어떤 학자가 어떤 경로로 누구의 추천과 재정지원을 받아 1965년 초여름의 서울에 와서 발표를 했는지는 현재로서는 정확히 알 수 있는 방법이 없다. 물론 이 *ICPMA*의 서두에 조직위원회[4]와 편집위원회[5]의 명단이 제시되어 있고, 아세아문제연구소에서 자체적으로 펴낸 회지 안에 그 내용이 상세히 소개되어 있기는 하다.

고려대학교 아세아문제연구소의 『아세아문제연구소 연혁과 현황』(1967.6)에 따르면, 연구소는 1962년 8월 포드재단(The Ford Foundation)으로부터 (1) 구한국외교문서 정리간행사업 (2) 남한의 사회과학적 연구 (3) 북한 및 공산권 연구의 3대 과제를 수행할 목적으로 $285,000의 원조자금을 받았고, 1965년 11월에 $185,000을 추가로 수령한 것으로 되어 있다. 아연회의(1965.6~7.)는 그 사이에 존재하는데, 이런 점에서 이 회의는 1차 연구비 지원에 대한 보고이자 2차 연구비 지원을 확약받는 데에 중요한 근거가 되었다고 할 수 있다. 아연회의의 개최를 위한 발표진의 섭외와 관련해서, 아세아문제연구소의 이 '공식기록'은 그 과정을 매우 상세하게 기재하고 있다. 연표 형식으로 관련된 일정을 간략히 소개하면 다음과 같다.[6]

**1963년 1월**    이싱은 소장, 싱가폴대학 초청방문. 귀국 도중 홍콩, 대만, 일본의 각 대학과 연구기관을 방문.

---

4) 이상은, 조기준, 김준엽, 차낙훈, 김하룡, 홍승직, 송갑호, 김태진이다. 김태진은 아세아문제연구소 소속으로 학위사항이나 직위의 표기 없이 'Mr'로만 표기되어 있는데, 당시 실무를 맡은 아연의 조교로 보인다.
5) 이상은, 서남원, 홍승직, 조가경, 이승훈, 송갑호, 이호재, 김태진이다.
6) 고려대학교 아세아문제연구소, 『아세아문제연구소 연혁과 현황』, 1967.6, 4~9쪽에서 재구성.

**1963년 3월**   이상은 소장, 미국 필라델피아에서 개최된 미국아세아학회 (AAS) 제15회 연차대회 초청방문. 미국 각 대학 동아(東亞) 연구기관 시찰.

**1963년 5월**   이상은 소장, 유진오 총장과 상의하여 '아세아의 근대화문제' 를 테마로 한 국제회의를 개최하는 것으로 고려대학교 창립 60주년 기념행사를 기획.

**1963년 9월**   국제학술회의준비위원회를 5개 학술분과로 편성. 철학(이 상은), 역사(김준엽), 정치(윤천주), 경제(조기준), 사회(홍승직). 서울 주재 아세아재단(The Asia Foundation)에 경비원조에 대한 교섭을 진행.

**1964년 7월**   국내참가예정자 36명을 초청하여 고려대 교수회관에서 분 과제로 회의준비 내용에 대해 구체적으로 토의.

**1964년 8월**   이상은 소장, 홍콩대학 주최 아세아역사학대회에 초청받아 출석하고 귀로에 타이페이에 들러 중앙연구원, 중국문화학원, 중앙도 서관을 방문.

**1964년 10월**  국제학술회의 취지서를 국내외 연구단체 및 개인학자 약 70명에게 발송. 참가신청을 받음.

**1965년 1월**   부소장 김준엽 교수, 제1차 특별연구에 관한 경과보고 및 제2차 연구계획의 내용을 설명하기 위해 포드재단을 방문. 고려대 60주년 기념 국제학술대회에 참가할 영국 및 독일 학자와의 협의차 유럽을 거쳐 2월에 귀국.

**1965년 4월**   미국에서 참가할 국제학술대회 회원 11명에 대한 여비원조 를 미국사회과학연구위원회(SSRC)에 교섭하여 승인을 얻음.

**1965년 6월**   국제학술대회 '아세아에 있어서의 근대화문제' 개최. 미국의 아세아재단, SSRC, 영국·독일정부로부터 참가학자의 여비 등 재정원조 를 받음.

**1966년 5월**   국제학술회의 소집 당초부터 많은 협조와 수고를 아끼지 않은 서울주재 아세아재단 대표 스타인버크 씨에게 소장이 감사장 수여와 기념품을 증정.

아연회의(1965)의 경우, 포드재단의 일반적인 경상비(經常費) 원조와는 별개로, 아시아재단과 미국 사회과학연구협회로부터 직접적으로 재정을 지원받은 것으로 되어 있는데, 한국에서의 아시아재단의 50년 역사를 다룬 *Partner for Change*(2005)에 따르면 그 역할은 단순한 재정적 지원 이상의 것으로 보인다. 특히, 위의 아연 자료에서는 아시아재단 서울대표 스타인버크가 감사장을 받는 풍경이 나오는데, 이것은 학술회의 조직과정에서 그의 인맥, 조직력이 빛을 발한 결과로 보아도 무리가 없어 보인다. *Partner for Change*(2005)에는 이러한 해석의 신빙성을 지지해주는 다소의 근거가 담겨 있다.

데이비드 스타인버크(David I. Steinberg)는 1963~68년 동안 아시아재단 서울지부의 대표를 맡았는데, 그는 전임자였던 윌리엄 아일러스 (William Eilers)가 재단활동을 정치적, 외교적 차원의 활동에 주력했던 것과는 대조적으로 교육과 학술의 차원을 강화하는 방향으로 활동을 벌여갔다. 스타인버크는 그 자신이 하버드대학에서 아시아학으로 석사학위를 마쳤고, 인문사회과학과 아시아학에 대해 전반적으로 조예가 깊었다. 그는 재임 기간 중에 이러한 취지에 맞는 아카데미즘의 연구, 워크숍, 세미나, 문화연구, 기관 및 개인을 지원하는 프로그램을 강화했다.[7] 이런 측면을 감안하면, 아연회의(1965)의 기획과 준비 과정에 아시아재단은 단순한 재정적 지원 이상의 역할, 다시 말해 초청발표 학자군의 선정과 그 조직화를 담당했거나 많은 도움을 주었을 것으로 추측해볼 수 있다.

이상에서 살펴본 바와 같이, 이들 외국학자들이 어떤 경로로 아연회의

---

7) Cho, Tong-jae and Tae-jin Park (Meredith Sumpter ed.), *Partner for Change : 50 Years of the Asia Foundation in Korea, 1954~2004*, The Asia Foundation, 2005, 65~66쪽.

에 참가했는지는 앞으로도 좀 더 추적을 요하는 과제인데, 임성모(2015)의
분석은 부분적이나마 하나의 단서를 제공한다. 임성모는 아연회의에서
특별히 주목해야 할 인물로 패신(Herbert Passin)을 꼽고 있는데, 그는
당시 문화자유회의(The Congress for Cultural Freedom)의 극동지역 특파
원이었다. 문화자유회의는 1950년 서독에서 창설된 반공주의 문화단체로
서, 미국 중앙정보부(CIA)와 포드재단으로부터 재정지원을 받고 있었던
것으로 확인된 바 있다. 문화자유회의 한국지부의 창립과정에는, 이
아연회의를 준비해간 중심인물인 김준엽이 관여하고 있었다고 하는데,[8]
이 점은 아연회의와 문화자유회의 간의 인적 연계성을 시사한다.

그동안 이 아연회의(1965)에 대해서는 고려대학교 아세아문제연구소
의 궤적과 활동을 설명하는 몇몇 글에서 간단히 언급된 바 있다.[9] 한국의
형성기 인문사회과학계에 연구비를 지원한 아시아재단,[10] 포드재단,[11]
록펠러재단[12] 등 미국의 각종 '민간재단'의 실체와 지원규모에 대한 연구

---

8) 임성모, 「냉전과 대중사회 담론의 외연 : 미국 근대화론의 한·일 이식」, 『한림일본
   학』 26, 2015.5, 254~256쪽.
9) 정일준, 「한국 사회과학 패러다임의 미국화 : 미국 근대화론의 한국전파와 한국
   에서의 수용을 중심으로」, 한국아메리카학회, 『미국학논집』 37 : 3, 2005 ; 정문
   상, 「포드재단(Ford Foundation)과 동아시아 '냉전지식'」, 가천대학교 아시아문화
   연구소, 『아시아문화연구』 36, 2014 ; 임성모, 「냉전과 대중사회 담론의 외연 : 미
   국 근대화론의 한·일 이식」, 한림대학교 일본학연구소, 『한림일본학』 26, 2015.
10) 현재 인하대학교 한국학연구소의 공동연구팀(연구책임자 : 정종현)에서 아시아
   재단 한국지부의 자료를 미국 후버연구소 등지에서 수집하여 분석하고 있는
   중이다. 연구사업의 개괄적인 소개로는 정종현, 「아시아재단의 "Korean Research
   Center(KRC)" 지원 연구」, 인하대학교 한국학연구소, 『한국학연구』 40, 2016이
   있고, 이 『한국학연구』를 통해 아시아재단의 활동을 다룬 여러 논문들이 근래
   발표되고 있다. 이외에, 홍콩에서의 아시아재단의 활동을 분석한 논문이 제출된
   바 있는데, 향후의 동아시아 비교연구의 가능성을 시사한다는 점에서 이채를
   띤다. 오병수, 「아시아재단과 홍콩의 냉전(1952~1961) : 냉전시기 미국의 문화정
   책」, 동북아역사재단, 『동북아역사논총』 48, 2015.
11) 정문상, 위의 논문(2014). 고려대학교 아세아문제연구소, 특히 공산권 연구에
   대한 포드재단의 지원에 관해서는, 장세진, 「원한, 노스탤지어, 과학 : 월남
   지식인들과 1960년대 북한학지의 성립사정」, 『사이/間/SAI』 제17호, 2014.11을
   참고할 것.

도 최근 들어 급속히 진행되고 있다. 그리고 이러한 학술행위가 한국의 인문사회과학계에 미친 영향을 '학술의 미국화'나 '냉전학술' 등의 개념으로 비판적·포괄적 견지에서 해명해 보고자 하는 연구들도 제출되고 있다.[13] 아울러, 최근에는 아연회의(1965)와 유사한 주제로 1960년대에 열렸던 학술회의에 대한 심층적 분석도 진행되었다.[14]

그런데 이들 연구는 첫째, 전문적인 역사, 사회 지식을 포함하는 일련의 담론의 생산과정을 외부적 투입요소에 관해서만 분석하고 그치고 있어서, 본격적인 지식 내적인 담론연구를 요청한다. 예를 들어, 어떤 재단을 통해 어느 정도의 재정지원을 받았는지, 또는 학문분과나 학회의 구성원들이 재단의 지원을 통해 미국의 유수한 대학에 어느 정도 유학을 다녀왔는지에 대한 기초사실을 발굴하기는 하지만, 그 지식의 내적 형성과정과 그 산출물의 성격에 대한 세부적인 분석을 거치지 않고 이를 곧장 '미국화' 또는 '식민화' 등으로 개념화하는 연구들이다. 문제제기의 비판성, 참신함에 걸맞게 지식 내적인 체계적인 논증이 필요한 대목이다. 본고는 지식생산의 내부과정을 응시함으로써 실제적으로 학술교류와 이를 통한 전문적 학술의 형성에서

---

12) 록펠러재단은 인구협회(Population Council)를 통해 1960~70년대 한국의 가족계획사업과 관련된 연구와 조사 사업에 많은 연구비를 제공했다. 서울대학교 예방의학교실(당시 소장은 권이혁 교수)과 연세대학교의 예방의학교실(당시 소장은 양재모 교수), 서울대학교 사회발전연구소(당시 소장은 이해영 교수. 당시 명칭은 인구연구소/인구및발전문제연구소)에 대한 연구비 지원이 대표적이다. 이에 관한 소개로는, 김인수, 『서울대학교 사회발전연구소 50년사, 1965~2015』, 한울아카데미, 2015 ; 조은주, 「인구와 통치 : 한국의 가족계획 사업」, 연세대학교 박사학위논문, 2012 ; 한국인구학회, 『인구대사전』, 통계청, 2006 ; 배은경, 「한국사회 출산조절의 역사적 과정과 젠더 : 1970년대까지의 경험을 중심으로」, 서울대학교 박사학위논문, 2004를 참고할 것.

13) 정일준, 위의 논문(2005)과 학술단체협의회, 『우리 학문 속의 미국 : 미국적 학문 패러다임 이식에 대한 비판적 성찰』, 한울, 2003에 실린 여러 논문들이 대표적이다.

14) 김원, 「1960년대 냉전의 시간과 뒤틀린 주체 : 시민의 시간과 민족의 시간」, 『서강인문논총』 38, 2013.12. 김원은 이 글에서 1967년의 『한국근대화의 이념과 방향』(동국대학교회의)를 통해 한국 학계에서 당시 자본주의맹아론으로 불린 '내재적 발전론적 태도'가 등장했다는 점을 밀도 있게 분석했다.

어떤 흥미로운 장면이 목격되는지를 소개해보고자 한다.

둘째, 이들 연구는 주로 역사, 철학, 문학 등 포괄적인 의미에서 '인문학'에 관련된 부분에 집중되어 있다. 1960년대까지 외원기관들의 초기 지원이 한국사회의 역사와 문화에 관한 기초지식 분야에 치중되어 있었던 사정도 있지만, 초기에는 부분적이었지만 1960년대 후반부터는 오히려 전면적이 된 사회과학 분야에 대한 연구지원을 다룬 분석이 부족한데에는, 어쩌면 현재 이 문제를 접근하는 연구자층의 편중현상에 기인한 것이 아닐까 한다. 특히, 사회과학 분야 중에서도 외원기관의 재정지원이 집중되었던 사회조사 분야의 지식생산, 연구소 설립이 갖는 의미는 아직 체계적인 분석대상이 되지 못하고 있는 실정이다. 본고는 '탈식민-냉전체제' 속에서의 '사회정보(social information)의 생산과정으로서의 사회조사'라는 관점에서 아연회의(1965)의 의미를 조명해보고자 한다.

셋째, 본고는 '한국사회과학사'의 차원에서 아연회의(1965)가 가진 정치적 의미를 음미해보고자 한다. 다시 말해 아연회의(1965)가 한국의 사회과학학술장에 미친 효과이자 또 그 결과로서 성립된, '사회조사방법론' '과학성' '영어'를 매개로 한 지식권위의 창출과정을 '상징권력'(P. Bourdieu)의 차원에서 조망하고 그 의미에 관해 간단히 언급해 보고자 한다. 현재에 이르기까지 오랜 시간 동안 한국사회학계 안에서 운위된 '지식생산의 외래성/과학성 vs. 토착성/역사성'이라는 팽팽한 갈등/대립이 예고된 문제장, 그 기원적 풍경(origin)이 바로 이 아연회의(1965)에서 발견되고 있음을 드러내보고자 한다. 나아가, 한국적인 의미를 담아내는 경험적 사회조사의 상이 사회학자들의 실천 속에서 어떻게 의식되고 또 현실화되고 있었는지, 그 일단(一端)의 모습을 사례를 통해 제시해보고자 한다.

# II. 아연회의의 형태적 특성과 참가자 현황

## 1. 아연회의 전후에 열린 여러 회의들과의 비교

시계열적 차원에서 보면, 이 아연회의(1965)는 1960년대에 이루어진 여러 '근대화 회의들' 가운데 하나이다. 예를 들어 진단학회(1962),[15] 경희대학교 후진사회문제연구소(1965),[16] 동국대학교(1967),[17] 숙명여자대학교,[18] 국제정치학회(1969)[19]에서 주관해 이루어진 여러 '토론회'

---

15) 진단학회에서 펴낸『진단학보』제23집(1962)에는 '동양학 심포지움 속기록'이라는 명칭으로, 「한국의 근대화문제(1) : 박종홍, 이만갑, 김성희, 이상백」과 「한국의 근대화문제(2) : 이병도, 전해종, 민석홍, 고병익, 이보행, 천관우」라는 좌담회 녹취록이 실렸다.

16) 경희대 후진사회문제연구소에서 펴낸『후진사회문제연구총서 제1집 : 한국근대화의 諸문제』(1965)에는 근대화와 관련된 기초개념을 설명하고 한국의 근대화의 실상을 다룬 이선근, 김성균, 홍이섭, 이응진, 고영복, 조기준, 주석균, 차기벽, 주요섭, 조영식, 이우현, 변시민, 김민채, 서남원, 한태수, 이원설의 글이 실려있다.

17) 동국대학교에서 펴낸『한국근대화의 이념과 방향(동국대학교 개교60주년기념 학술심포지움 논문집)』(1967)에는 조기준, 민석홍, 황성모, 신일철, 김태길, 오병헌, 서남동, 이기영, 정태혁, 최석우, 최동희, 이우성, 이상은, 김준보, 장원종, 주종환, 박희범, 이연식, 차기벽, 민병기, 정범모가 발표한 논문들이 실렸다. 또, 이들을 포함하여 양호민, 길현모, 김규영, 김계숙, 문명희, 박동운, 이광린, 이극찬, 이보행, 이태영, 장병학, 전해종, 김용구, 이용범, 이재창, 장병길, 한우근, 안계현, 황병준, 남덕우, 김상겸, 오덕영, 박근창, 백상건, 이건식, 구범모, 김규택, 김운태, 민병태, 박동서, 박봉식, 윤근식, 이희균, 유형진이 함께 토론을 벌인 내용도 실렸다.

18) 숙명여자대학교 아세아여성문제연구소에서 펴낸『창립제30주년기념 학술심포지움 논문집 : 한국여성근대화의 諸문제』(1968)에는 「여성과 정치」(정요섭 발표, 김영두, 김옥렬 토론), 「한국 여성의 법률상의 지위」(이희봉 발표, 이항녕, 표경조 토론), 「여성과 경제」(황병준 발표, 임인영, 김병국 토론), 「여성과 교육」(정원식 발표, 박준희, 심치선 토론), 「여성과 문학」(김윤식 발표, 조지훈, 이어령 토론)의 논문이 실렸다.

19) 한국국제정치학회에서 펴낸『국제정치논총』제8집(1969)은 이 회의의 결과물을 모은 특집기획으로, 「한국근대화의 기본문제」(이용희), 「韓國近代化에 있어서의 葛藤(報告)」(노재봉), 「韓國近代化에 있어서의 調和(報告)」(우형규)의 논문을 실었고, 이에 대한 토론문을 함께 실었다. 토론에 참여한 인물로는, 朴奉植, 李用熙, 申一澈, 廬在鳳, 高泳復, 車基璧, 張源宗, 林鐘哲(이상 '갈등'), 朴奉植, 禹炳奎, 河璟根,

'좌담회' 성격의 회의들의 연장선상에 자리한다. 이들 회의에 참석한 이들의 명단을 쭉 살펴보면 한 인물이 아연회의(1965)만이 아니라, 숙명여대회의(1968)처럼 조금 예외적인 부분이 있기는 하지만, 당시 '근대화'를 핵심어로 삼는 각종 회의들에도 함께 병행하여 참가하고 있었음을 확인할 수 있다.[20]

여기서 한 가지 독특한 점은 근대화를 다룬 각 회의들이 대체로 역사, 문학, 언어, 정치, 경제와 관련된 영역을 다룬 발표들이 많았던 데 비해, 아연회의(1965)의 경우 이들 전공을 두루 포괄하는 동시에 사회학, 그 가운데에서도 유독 경험적 사회조사(empirical social research)와 관련된

---

車基璧, 李用熙, 林鐘哲, 張源宗, 高永復, 金永俊, 文昌周, 孫製錫(이상 '조화') 등이 이름을 올렸다.

20) 아연회의(1965)에 참가자 명단은 다음과 같다.
　　－제1섹션(근대화의 개념문제) 안호상, 장카슨(Carsun Chang, 張君勱), 조가경, 최명관, 최재희, 로널드 도어(Ronald Dore), 하기락, 이타가키 요이치(板垣與一), 김태길, 뤼시앙 파이(Lucian W. Pye), 이기영, 샤 A.B.(Shah A.B.), 탕준이(唐君毅).
　　－제2섹션(전통아시아 사회와 근대화) 전해종, 하야시 겐타로(林健太郎), 그레고리 핸더슨(Gregory Handerson), 윌리엄 헨손(William E. Henthorn), 마리우스 잰슨(Marius B. Jansen), 고병익, 이광린, 이선근, 제임스 몰리(James W. Morley), 시브나라얀 레이(Sibnarayan Ray), 이승훈, 성쉬(宋晞), 조지 테일러(George E. Taylor), 야오핑왕(Yao Ping Wang).
　　－제3섹션(근대화와 정치문제) 차기벽, 듀트 V.P.(Vidya Prakash Dutt), 함병춘, 하인리히 헤르파르트(Heinrich Herrfahrdt), 김하룡, 이문영, 이용희, 이호재, 류페이웨이(Liu Peiwei S.), 글렌 페이지(Glenn D. Paige), 프레드 리그스(Fred W. Riggs), 로버트 스칼라피노(Robert A. Scalapino), 브루노 시델(Bruno Seidel), 손재석, 우에다 토시오(植田捷雄).
　　－제4섹션(근대화와 경제문제) 추안한성(全漢昇), 한기춘, 홍승유, 윌리엄 호스킨(William R. Hoskins), 김병국, 오스틴 킨타나(Agustin Kintanar), 이창렬, 남덕우, 백영훈, 서남원, 조기준.
　　－제5섹션(근대화과정에서의 여러 인구층의 역할) 배용광, 스튜어트 도드(Stuart C. Dodd), 홍승직, 황성모, 김경동, 김규환, 이해영, 이만갑, 마리온 레비(Marion J. Levy. Jr.), 펠리스 무스(Felix Moos), 오카다 유즈루(岡田謙), 허버트 패신(Herbert Passin), 노창섭.
　　－옵저버 : 프랑크 볼드윈(Frank P. Baldwin), 클라우드 부스(Claude A. Buss), 정경조, 미야하라 토이치(宮原兎一), 휴버트 레이놀즈(Hubert Reynolds), 서두수 등.

발표들이 제출되고 있다는 점을 들 수 있다('제5섹션'). 진단학회회의 (1962)에 이만갑이 참여하고 있지만, 그는 거기에서 「독립신문」에 나타난 가치관념」을 발표하고 있다. 또, 경희대회의(1965)에는 사회학자로서 고영복이 참여하고 있지만 '사회'의 개념에 관한 기초적 설명을 싣고 있는 정도이다. 이와 함께, 변시민이 인구문제연구소장의 자격으로 「한국 사회의 후진성」이라는 글을 쓰고 있지만, 경험적 사회조사의 직접적인 결과물을 통해 논의를 이끌어간 것이 아니라, 각종 정부통계를 추려서 원용하는 형태로 글을 작성하고 있다. 동국대회의(1967)의 경우도 사정은 마찬가지였다. 아연회의(1965) 제5섹션에 참가했던 황성모가 사회학자 로서는 유일하게 참가하여 「프로테스탄티즘과 한국」을 발표하기는 했지만, 막스 베버의 연구를 원용하여 이를 한국사회에 적용해보는 이론적 연구에 가깝다.

다음으로, 공간적 차원에서 비교해볼 수 있는 회의를 찾아 살펴보면, 1960년에 일본의 휴양지 하코네에서 열린 이른바 '하코네회의'(1960)를 들 수 있다.[21] 하코네회의에서 발표된 논문의 목록은 다음과 같다.

① Hall, John W., "Japan within the Concept of Modernization"

② Levy, Marion J. Jr., "On the Social Structures of Modernized Society"

③ Schwartz, Benjamin, "Modernization and Its Ambiguities"

---

21) 하코네회의(1960)의 자료(『箱根會議議事錄』, 1961)는 홍종욱 선생님이 제공해주
셨다. 감사드린다. 이 자료는 논문집이 아니라 토론내용을 녹취한 뒤 이를
요약하여 작성한 것으로, 일본어로 되어 있고 전체 80페이지 정도의 분량이다.
참고로, 이 하코네회의에서 발표된 논문들은 Jansen, Marius B. ed., *Changing
Japanese Attitudes Toward Modernization*, Princeton University Press, 1965라는 영문단
행본으로 편집되어 간행되었다. 이 책은 국내에도 일부 부분번역의 형태로
소개된 바 있다. 마리우스 B. 잰슨 외, 정명환 편역, 『日本의 近代化와 知識人』,
서울 : 교학연구사, 1981이 그것이다. 하코네회의의 진행과정과 그 의미에 대한
연구로서는 金原左門, 『日本近代化論の歷史像』, 中央大學出版部, 1968이 대표적이
고, 국내연구 가운데 이를 개괄적으로 분석한 글로는 임성모, 앞의 논문(2015)이
있다.

④ Reischauer, Edwin O., "An Approach to the Study of Modernization"

⑤ Dore, Ronald P., "Questions"

⑥ Jansen, Marius B., "Modernization in Japan : Some Problems"

⑦ Crawcour, E. S., "Modernization and Economic Change"

⑧ 堀江保藏, "Modernization in Japan"

⑨ 大內力, "On the Problem of Growth in Japanese Agriculture"

⑩ 大來佐武郎, "日本の近代化についてのメモ"

⑪ 坂田吉雄, "'日本の近代化'研究のための覺え書"

⑫ 高坂正顯, "日本の近代化に關する三つの觀点"

⑬ 川島武宜, "On Definition of Modernization"

⑭ 遠山茂樹, "'近代化'という槪念に關する覺書"

⑮ 猪木正道, "近代化に關する覺書"


이 글들은 주로 역사론과 정치론에 해당하는 글들이 다수였다. 특히, 이 회의의 결과물 가운데, 동양학자이며 주일미국대사를 지낸 라이샤워(Reischauer, Edwin O.)의 글이 이후 단행본으로 만들어져 일본에서도 많이 읽혔는데,[22] '근대화' 개념의 지위와 역사론에 치중되어 있다. 그의 주장은 유럽의 봉건제와 일본의 에도시대의 사회형태의 공통점, 중국과 일본의 전통적 사회시스템 및 권력구조의 차이를 부각하는 것이었다. 요컨대, 라이샤워는 일본의 역사 속에서 '근대의 모태로서의 봉건제'의 실체를 찾아내고자 했던 것이다. 그리고 뒤에도 언급하겠지만, 하코네회의(1960)에 참석했던 인물 가운데 일부가 아연회의(1965), 특히 제5섹션에도 참석하는데, 최종편집에서 글이 누락되어 형체를 확인할 수 없는 상황이거나(레비와 도어의 글), 경험적 사회조사와는 무관하게 "일본의 지식인 문제"(패신)를 다룬 것에 불과했다.[23]

---

22) Reischauer, Edwin O., 『日本近代の新しい見方』, 講談社, 1965.

23) 일본의 하코네회의(1960)의 배경과 쟁점에 관한 개괄적인 소개로는, 홍종욱,

결론적으로, 역사적·사회적 차원에서의 비교를 통해 발견되는 아연회의(1965)의 독특성은 제5섹션에 사회학, 특히 경험적 사회조사의 결과물이 집중 배치된 점에 있다고 할 수 있다. 그건 왜였을까? 또 이것은 회의에 참여한 각자에게, 그리고 회의를 기획했던 어떤 주체에게 각각 어떤 의미를 담고 있었던 것일까?

참고를 위해 아연회의(1965) 제5섹션의 발표주제를 제시하면 다음과 같다.

Section Ⅴ. The Role of Various Population Strata in Modernization

① Marion J. Levy, J. Jr., "Rapid Social Change and Some Special Implications for Modernization"

② Lee Man Gap, "Rural People and Their Modernization"

③ Kim, Kyu-whan, "The Role of Intellectuals in the Process of Modernization through Mass Communication Activities"

④ Okada, Yuzuru, "The Role of Intellectuals in Japan's Modernization"

⑤ Lee, Haeyong, "Modernization of Korean Family Structure in an Urban Setting : With Special Reference to Marriage Relation"

⑥ Dodd, Stuart C., "Two Consensus-forming Experiments : Demonstrating Transactional Models for Modernization"

⑦ Roh, Chang Shub, "The Role of Civil Servants in the Modernization Process"

⑧ Moos, Felix, "Some Aspects of Korean Acculturation and Value Orientation since 1950"

⑨ Bae, Yong-kwang, "The role of Entrepreneurs in the Modrnization

---

「일본 지식인의 근대화론 비판과 민중의 발견 : 다케우치 요시미와 가지무라 히데키를 중심으로」, 한국사학회, 『사학연구』 125, 2017, 98~102쪽을 참고할 것.

Process of Korea"

⑩ Huang, Sumg-mo, "The Role of Industrial Labours in the Modernization of Korea"

⑪ Passin, Herbert, "Towards a Comparative Sociology of Far Eastern Traditional Institutions"

⑫ Hong, Sung-chick, "Values of Korean Farmers, Business Men, and Professor"


## 2. 각 학자들의 이력과 특이점

### (1) 외국에서 온 학자들의 현황

아연회의(1965)가 이를 앞뒤로 한국에서 열린 각종 '근대화 회의'들과 다른 점 중 하나는 외국에 온 다양한 분야의 전문적 연구자들의 참여가 있었다는 점이다. 제5섹션에서 외국에서 온 학자들로는 미국 국적 4명, 일본 국적 1명, 영국 국적 1명이 있었다. 섹션회의 인원의 절반이 외국인 학자로 충원된 셈이다.

제5섹션에 참여한 외국학자의 특성을 보면 첫째, 이들 가운데 한국에 관한 전문가는 없었다. 다른 섹션의 회의에서는, 현재 해외의 한국학(Korean Studies)의 건립자로 추앙받는 몇몇 중심적인 인물들이 참석하기는 했다. 예를 들어, 한국공산주의 연구의 대가 로버트 스칼라피노(Robert A. Scalapino, 1919~2011)는 "제3섹션 근대화와 정치문제"에서 발표했고, 한국정치 및 사회사에 조예가 깊었던 그레고리 핸더슨(Gregory Henderson)이 "제2섹션 전통아시아 사회와 근대화"에서 각각 발표하고 있다.

둘째, 자세한 내용은 후술하는 개인의 이력 부분에서 다시 언급하겠지만, 이들은 대체로 아시아연구, 특히 일본에 관한 전문적인 연구를 수행해 왔다는 공통점을 가지고 있었다. 일부는 중국연구에서 출발한 이도 있어서, 중국과 일본 간의 비교연구에도 능숙한 이들이 있었다. 미국의 지역학의 초기 성립과정에 제2차 세계대전 시기와 한국전쟁 시기 대학과 학계에서 수행된 적(敵)에 대한 심리전과 선전전 프로젝트가 직접적으로 관계되어 있다는 점은 이미 너무도 잘 알려져 있는데,[24) 아연회의 참가자 가운데 당시 직접 군인으로 참전하여 아시아 지역에 대한 생생한 체험을 가졌던 몇몇 인사들의 이력도 그런 차원에서 좀 더 생각해봐야 할 필요가 있다. 회의에 참여한 외국학자들의 아시아 언어의 숙달과 연구영역(field)의 형성이 이 전쟁 시기를 통해 이루어졌다는 점은 대단히 인상적이다. 이들이 한국전문가는 아니었지만 아시아전문가이기는 했다는 점이 하나의 특성이라면 특성일 텐데, 이것은 한국에 대한 비대칭적 비교의 가능성이 그들 자신의 이력 속에 이미 내포되어 있음을 시사한다. 참고로, 아연회의(1965)에는 1960년에 일본에서 개최된 하코네회의(箱根會議)에 참석했던 인물도 일부 참석했는데, 마리우스 잰슨(Marius B. Jansen), 마리온 레비, 허버트 패신, 로널드 도어 등이 그들이다. 이 가운데 레비, 패신, 도어가 바로 이 제5섹션에 참가하고 있다.

셋째, 이들은 사회학이나 인류학 등 필드를 통해 이루어지는 경험적 사회조사를 중시하는 그룹들이었고, '과학적 방법론'의 엄밀성에 치중했

---

24) 제2차 세계대전은 참전한 국가들 모두, 특히 미국에게 두 가지 의미에서 '사회과학적 전쟁으로서의 총력전'이었다. 첫째, 식민지제국의 총력전은 사회의 동원에 관한 관심을 고양시켰다. 사회의 모든 생산력이 파악되어야 했고 소통능력이 고양되어야 했으며, 국민통합의 이데올로기가 필요했다. 그 결과 산출된 것이 '종합정책'을 구성할 수 있게 해줄 사회과학이었다. 둘째, 적의 전쟁동원을 막기 위해 적의 생산력기반을 해체해야 했고 이와 동시에 이데올로기적 기반을 해체해야 했는데, 후자는 사회과학을 통해 구축되었다. 다시 말해, 적국 사회의 분석과 국민성(national character) 연구를 기초로 대적선전전과 '심리전'을 수행했던 것이다(道場親信, 『占領と平和 :〈戰後〉という經驗』, 東京 : 靑土社, 2005, 56~58쪽 ; Robin, Ron, *The Making of the Cold War Enemy : Culture and Politics in the Military- Intellectual Complex*, Princeton University Press, 2003).

다. 제2차 세계대전 이후 미국에서 활성화된 사회조사, 통계방법론에 기초하여 사회를 이해하는 이른바 '양적 방법론'에 익숙한 이들로서, 특히 한국 학자들의 발표에 대한 토론과정에서 방법론에 관한 질문들을 쏟아내었다. 자세한 내용은 후술하기로 한다.

　결론적으로, 중국과 일본에 대해서는 대단히 전문적인 지식을 소유했지만 한국에 대해서는 거의 아는 바가 없는 이들로 이 제5섹션의 외국인 학자들이 채워진 것인데, 물론 다른 섹션에서도 사정은 마찬가지였을 것으로 보인다. 당시 한국이 국제사회에서 가졌던 위상, 해외 한국학의 수준 등을 감안할 때, 이것은 어쩌면 필연에 가까운 일이었을지도 모른다. 여하튼 이렇듯 한·중·일 사회에 대한 비대칭적인 지식구조 위에서, 이들은 자신들이 어느 정도 소상히 알고 있는 중국과 일본이라는 거울을 통해 한국을 들여다보고 가늠하는 식으로 비교작업을 수행하고 있었던 것이다.

　그러면 이제 이들의 이력을 개인별로 조금 더 구체적으로 살펴보도록 하자. 우선, 마리온 레비(Levy, Marion J. Jr., 1918~2002)는 미국 텍사스주에서 태어나 하버드대학과 텍사스대학에서 각각 경제학 학사와 석사를 마친 뒤, 박사는 사회학으로 전환하여 하버드대학에서 학위를 마쳤다. 이후 프린스턴대학에 취직하여 정년을 맞고 명예교수를 지냈다. 레비는 구조기능주의 사회학의 시조로 불리는 탈코트 파슨스(Talcott Parsons)의 지도로 박사학위를 마쳤고, 평생을 구조기능주의에 대한 지지자이자 비판자로서 살았다. 제2차 세계대전 당시 레비는 미해군(U.S. navy)의 장교로서 복무했는데, 그의 특기는 일본어 교육과 통역이었다. 그가 근무한 곳은 중국전선으로 이 군대이력은 그의 학자인생에서 대단히 결정적인 의미를 갖는다. 이때 조사한 중국가족에 대한 필드워크를 기초로 박사학위논문을 썼던 것이다.[25] 레비의 관심은 중국 전통가족구조의

---

25) 학위논문을 단행본으로 펴낸 것이 Levy, Marion J. Jr., *The Family Revolution in Modern China*, Cambridge : Harvard University Press, 1949이다.

역사적 변화였고, 근대화에 성공한 일본과의 비교를 통해 그 성격을 분명히 하는 연구전략을 채택했다. 레비는 1960년대에는 근대화이론으로 유명해졌다. 2권으로 편성된 *Modernization and the Structure of Societies* (1966)[26]를 펴낸 것도 이때다. 이 책에서 레비는 세계의 여러 사회를 '상대적으로 근대화된 곳과 그렇지 않은 곳'으로 나누고, 두 사회가 이행/전환(transition)의 과정에서 어떤 차이를 보이는가를 밝혔다. 후술하겠지만, 이 점은 아연회의(1965)에서의 그의 발표에서도 관철되고 있는 주장이다. 그는 포드재단(the Ford Foundation)과 국가과학기금(the National Science Foundation)으로부터 여러 종류의 연구비를 지원받았다.[27]

다음으로, 스튜어트 도드(Dodd, Stuart C., 1900~1975)는 중동연구와 수리사회학(mathematical sociology), 그리고 투표연구에서 저명한 사회학자였다. 그는 터키 태생으로 부친이 의료선교사로 그곳에 파견되었을 때 출생했다. 프린스턴대학에서 심리학을 전공하고 1926년에 졸업했다. 그는 사회학자이자 베이루트(Beirut)에 있는 아메리칸대학의 사회과학연구부문의 디렉터로서 학술이력을 시작했다. 제2차 세계대전 당시 도드는 시실리와 근동지역에서 연합군(Allied Expeditionary Forces)의 일원으로 여론조사를 이끌었다. 그는 1947년에 워싱턴대학 사회학과 교수로 임용되었고, 새롭게 창설된 여론연구소(Public Opinion Laboratory)의 소장을 맡아 1961년까지 조직을 이끌었다. 그는 국가연구위원회(the National Research Council)와 록펠러재단(the Rockefeller Foundation)으로부터 펠로쉽을 받았다.[28]

다음으로, 펠릭스 무스(Moos, Felix)는 한국전쟁에 참전하여 38개월 동안 한국에 체재한 경력을 가진 인물이다. 이후 일본 도쿄대학에서

---

26) Levy, Marion J. Jr., *Modernization and the Structure of Societies*, Princeton University Press, 1966.

27) https://www.princeton.edu/main/news/archive/S01/20/73Q80/index.xml. Marilyn Marks가 쓴 Levy에 대한 부고기사이다.

28) https://en.wikipedia.org/wiki/Stuart_C._Dodd

3년 간(1957~1960) 연구와 교육을 수행했다. 그가 캔자스대학에 자리를 잡게 된 계기는 조금 흥미로운데, 캔자스대학의 조지 베크만(George Beckman)이 1950년대 후반에 포드재단으로부터 100만 달러에 이르는 거액의 연구비를 받아 아시아 연구에 전념하면서 아시아 지역을 순회하던 도중, 당시 도쿄의 한 대학에서 강의 중이던 무스를 발탁하여 교수로 채용했다고 한다. 박사학위는 워싱턴대학에서 받았고(1963), 연구분야는 응용인류학, 문화변용과 발전, 가치체계 비교연구, 아시아태평양 지역연구이다.[29]

다음으로, 허버트 패신(Passin, Herbert, 1916~2003)은 일본학에서 두각을 나타낸 학자로, 컬럼비아대학의 사회학과에 재직하면서 동아시아연구소에서 가르쳤다. 그는 미일관계에도 정통하여 여러 미일관계 재단에 관여했고, 나카소네 야스히로, 다케시다 노보루 등 일본 총리들에게 외교적 조언을 하기도 했다. 그는 일리노이대학에서 학사를 마치고, 노스웨스턴대학에서 다시 인류학으로 학사, 석사(1941)를 마쳤다. 제2차 세계대전 당시에는 육군언어학교에서 전후 일본점령을 염두에 두고 설계된 일본어교육프로그램을 이수했다. 그는 1945년 12월에 도쿄에 도착해서 맥아더의 미군정(GHQ)에서 공공여론 및 사회학연구분과(the Public Opinion and Sociological Research Division)의 책임자로 일했다. 여기서 토지개혁과 노동정책을 다뤘다. 이후, 캘리포니아대학, 사회과학연구협회 일본지부, 오하이오주립대학에서 학계 경력을 쌓아갔다. 1959~62년 사이에는 워싱턴대학에서 재직했고, 이후 컬럼비아대학으로 옮겨 정년을 맞았다. 일본에 관해 다수의 저작을 남겼다.[30]

---

29) http://www.kuonlinedirectory.org/endacott/data/OralHistoryTranscripts/MoosFelix.pdf.

30) 대표적인 저작으로, *The United States and Japan*, Prentice-Hall, 1966 ; *Japanese and the Japanese : Japanese Culture Seen Through the Japanese Language*, Kinseido, 1980 ; *Encounter with Japan*, Kodansha International, 1982 등이 있다. 이상의 내용은 다음의 부고기사를 참고하였다. http://www.nytimes.com/2003/03/09 /us/herb

다음으로, 오카다 유즈루(岡田謙, 1906~1969)는 도쿄 출신의 사회학자이다. 도쿄제국대학을 졸업하고 1930년에 타이페이제국대학 강사로 대만에 건너가 가르치면서, 대만의 선주민족(先住民族)을 연구했다. 이후 도쿄고등사범학교 교수, 도쿄교육대학 교수를 역임했다. 1947년에 「미개사회의 가족(未開社會に於ける家族)」으로 도쿄대학에서 박사를 받았고, 1951년에는 뉴욕대학에 건너가 연수했다.[31]

마지막으로, 이 섹션의 발표자는 아니지만 토론에 참여했던 인물로 로널드 도어(Ronald P. Dore)가 있었다. 도어는 영국의 사회학자로 일본경제와 사회에 대한 자본주의 비교연구가 전공이었다. 그는 런던경제스쿨(the London School of Economics)에서 일했고, 영국아카데미와 일본아카데미, 그리고 미국인문과학아카데미의 회원이었다. 제2차 세계대전 당시 일본어를 배웠고 런던대학을 일본어 전공으로 졸업했다(1947). 캐나다의 브리티시컬럼비아대학에서 일했고, 서섹스대학의 발전연구소(the Institute of Development Studies), 델리의 경제성장연구소(the Institute for Economic Growth), 런던왕립대학, 하버드대학, 메사추세츠공과대학 등에서 연구했다.[32]

## (2) 국내 학자들의 현황

이 섹션에 참가한 한국 학자들은 이만갑, 이해영, 김경동, 노창섭, 홍승직, 김규환, 배용광, 황성모 교수였다. 이 가운데 이만갑, 이해영, 김경동, 노창섭, 홍승직은 한국사회학의 역사에서 초기 사회조사의 이론, 방법론을 제시하고 각종 사회조사 사업을 통해 사회조사방법론을 적용, 실천해간 인물들로 기록되어 있다. 특히, 이만갑 교수는 초기 사회조사방

---

ert-passin-86-japan-scholar-and-writer.html
31) https://ja.wikipedia.org/wiki/%E5%B2%A1%E7%94%B0%E8%B0%99
32) https://en.wikipedia.org/wiki/Ronald_P._Dore

법론의 이식과 교육에 힘쓴 대표적인 인물로 알려져 있다. 또, 이해영 교수는 전문적인 사회조사 기관으로 성장한 서울대학교 사회발전연구소 (1965. 인구연구소 ; 1968. 인구및발전문제연구소)와 서울대학교 사회과학연구원(1976. 사회과학연구소)을 각각 창설하여 초대소장을 맡아 기관과 조직을 일군 인물로 유명하다. 참고로, 홍승직(미국), 김규환(일본), 황성모(독일) 교수가 당시 박사학위를 가지고 있었고, 다른 이들은 박사학위 없이 교수직에 재직하고 있었던 상황이다. 국내 학자들의 경우, 회의의 명단에서 박사학위가 있었던 이들은 미국에서 온 교수들과 함께 'Dr.'로 표기된 데 반해, 박사학위가 없었던 다른 이들은 모두 'Prof.'로 표기되어 있다. 이들의 이력을 간단히 소개하면 다음과 같다.

우선, 이만갑 교수(1921~2010)는 1944년 9월에 도쿄제국대학(東京帝國大學)을 졸업하고 1948년 3월 서울대학교 문리과대학 교수로 취임했으며, 1951년 2월부터 1955년 8월까지 공군장교로 복무하다가 1955년 1학기부터 다시 강단에 섰다. 1955년 9월부터 1년 간 록펠러재단의 지원으로 코넬대학교 방문교수로 연수를 떠났고, 거기에서 사회조사방법론을 숙달하여 귀국한 이래 한국에서 본격적인 사회조사의 시대를 연 인물로 기억되고 있다. 1958년에 경기도 광주군과 용인군에서 농촌조사를 실시하여 『한국 농촌의 사회구조 : 경기도 6개 촌락의 사회학적 연구』(1960)를 펴냈고, 동년(同年)에 고황경, 이효재, 이해영과 함께 아시아재단의 지원으로 한국 농촌가족의 조사를 수행하여 『한국 농촌가족의 연구』(1963)을 펴낸 바 있다. 또, 1963년에는 서울대학교 사회학과 대학원생들과 함께 공동작업으로 『사회조사방법론』을 펴내기도 했다.[33]

다음으로, 이해영 교수(1925~1979)는 1943년 경기중학교를 졸업하고 1946년 서울대학교 예과 2년을 수료한 후, 1949년 7월에 서울대학교 문리과대학 사회학과를 졸업했다. 1952년부터 서울대학교 사회학과에서

---

33) 김봉석, 「이만갑의 사회학」, 『한국사회학』 50 : 2, 2016.4, 46~49쪽 ; 이만갑, 『삶의 뒤안길에서』, 세계일보사, 2004.

교편을 잡았고 1958년 11월에 전임강사가 되었다. 이만갑 교수와 더불어 1955년부터 1년 간 록펠러재단의 지원으로 미국 노스캐롤라이나대학에 유학했고, 1962년부터 1년 간은 펜실베이니아대학에서 연구했다. 그는 일찍이 1954년에 하버드대학교 옌칭연구소의 조성금으로 서남해도서탐구반 조사활동(국립박물관 주관)에 참가한 바 있었고, 앞서 언급한 바와 같이 이만갑 교수 등과 함께 『한국 농촌가족의 연구』(1963)를 펴내기도 했다. 펜실베이니아대학에서 교유한 빈센트 휘트니(Vincent H. Whitney) 교수의 도움으로 1964년 9월에 서울대학교 문리대 안에 인구통계실을 설치하였고, 1965년 3월에 미국 인구협회(Population Council)의 연구비 지원으로 경기도 이천지역의 출산력조사를 실시하였다. 이후 이 연구소는 서울대학교 인구연구소(1965.8)와 인구및발전문제연구소(1968)를 거쳐 1995년부터 다시 사회발전연구소로 명칭을 바꿔 현재에 이르고 있는데, 이 연구소는 한국의 대표적인 사회조사 기관으로 유명하다.[34] 이와 함께, 이해영 교수는 1976년에 창설된 또 다른 사회조사 기관인 서울대학교 사회과학연구소(현재는 사회과학연구원)의 창립을 주도했고 그 초대 소장을 역임했다.

다음으로, 김경동 교수는 1950년대 중반에 서울대학교 사회학과에 진학하여 1961년 미국 미시건대학에 유학해 1년 만에 석사학위를 마치고 귀국했다. 유학시절 조사방법론과 사회통계를 수강한 경험을 토대로 1962년 11월 한국사회학회에서 "최근 사회조사방법의 문제점"이라는 제목의 발표를 하여 당시 유행하고 있었던 사회조사방법론의 맹목적 수용과 적용을 반성하고 그 문제점을 지적한 바 있다. 1964년에는 태도척도에 의한 유교적 가치관 측정을 진행하기도 했다. 김경동 교수는 1969년 다시 유학을 떠나 1972년에는 코넬대학에서 박사학위를 받았다. 이후 노스캐롤라이나 주립대학에서 가르치고 1977년에 서울대학교 사회학과

---

34) 김인수, 「농석 이해영의 사회학」, 『한국사회학』 50 : 4, 2016.8, 33~38쪽.

교수로 귀환했다.[35] 아연회의(1965)를 전후한 시점에서의 활동으로서 주목되는 것으로는, 농경제학자들과 함께 공동연구사업으로서 「사회조사 및 통계방법론 워크숍」(*Proceedings of Sociological Research Methods Workshop*, 1967.7.24~8.19)을 주도적으로 진행한 것을 들 수 있다. 이 워크숍은 사회조사방법론 및 사회통계의 체계적인 학습장이었다. 이와 관련된 내용은 후술하기로 한다(Ⅲ-4. "사회정보의 수집과 표준화의 열망" 부분).

다음으로, 홍승직 교수(1929~2014)는 한국전쟁에 참전한 뒤 미국에 건너가 워싱턴대학교 사회학과에서 석·박사 학위를 받았으며, 1960년 고려대학교에 사회학과를 개설했다. 그는 사회조사방법론을 통해 실증주의 사회학을 국내 학계에 소개한 인물로 정평이 나 있다. 아연회의(1965)에서는 제5섹션의 조직책임을 맡아 주도적인 역할을 수행했다. 대표저서로서, 『사회개발의 기본조건』『지식인의 가치관 연구』 등이 있다.[36]

다음으로, 김규환 교수(1929~1985)는 1950년 서울대학교 정치학과를 수료하고 1954년 일본의 도쿄대학(東京大學)을 졸업하고 1959년에 동대학원에서 사회학 박사학위를 취득했다. 귀국이후 동양통신 편집국장을 지냈고, 1963년 서울대학교에 신문연구소가 창립되면서 서울대 교수가 되었다. 1967년에는 제2대 신문연구소장에 취임했다.[37] 종래의 일본이나 독일에 편향된 규범적이고 가치지향적인 초기의 신문지학(新聞紙學)의 연구경향에서 탈피하여 사회적 전달현상을 사회과학적 틀 속에서 경험적으로 연구하는 커뮤니케이션학으로의 전환을 추구하였다. 저서로는 『매스컴의 이론』, 『한국의 매스커뮤니케이션』, 『일제하의 대한(對韓) 언론과 선전정책』 등이 있다.[38]

---

35) 정수복, 「김경동의 사회학」, 『한국사회학』 50 : 4, 2016.8, 69쪽.
36) 「한국 사회학 선구자 홍승직 교수 별세」, 『중앙일보』 2014.8.5.
37) 서울대학교언론정보연구소50년사편찬위원회, 『서울대학교 언론정보연구소 50년사, 1963~2013』, 한길사, 2013 ; 최명, 『술의 노래』, 도서출판 선, 2014.
38) 『한국민족문화대백과사전』 '김규환'(하종원 집필).

다음으로, 배용광 교수(1921~2010)는 경성제국대학에서 정치학과 사회학을 전공했고, 1946년부터 대학에서 교육과 연구활동에 매진했다. 1954년에 경북대학교 사회학과의 창설을 주도했고, 1957년에는 한국사회학회 창설에도 참여했다. 1964년에는 한국사회학회 회장으로 학회지 『한국사회학』을 창간했다. 그는 이상백, 최문환의 사회사상사 위주의 역사적 연구와 이만갑의 사회조사방법론 위주의 경험적 사회조사의 두 경향을 종합하는 입장에 서 있었던 것으로 평가받는다.[39]

다음으로, 황성모 교수(1926~1992)는 1949년에 서울대학교 문리과대학 사회학과를, 1954년에는 동대학원 석사과정을 졸업하였다. 1957년에 독일에 유학했고, 뮌헨·함부르크·뮌스터대학에서 사회학을 전공한 뒤, 1960년에 뮌스터대학에서 철학박사학위를 받았다. 1954년부터 서울대학교 문리과대학 강사로 재직했고 이후 이화여자대학교 사회학과 교수, 서울대학교 문리과대학 교수(1962~1969), 한국사회학회 회장, 중앙일보 부설 동서문제연구소 소장, 충남대학교 사회학과 교수(1976~1980), 한국정신문화연구원 교수·대학원장·부원장(1981~1991), 인제대학교 교수(1991~1992) 등을 역임했다. 초기에는 문화사회학과 사회계급론 등 구미사회학의 연구와 소개에 힘썼고, 독일 유학에서 돌아온 이후로는 근대화 문제연구를 중심으로 한국사회학의 정립과 '사회학의 토착화'의 문제의식에 서서 학계에 기여하였다. 1968년에는 '민족주의비교연구회사건'(民族主義比較研究會事件)에 연루되어 한동안 옥고를 치르기도 했다.[40]

마지막으로, 노창섭 교수는 당시 이화여자대학교에 재직하면서 「신촌지역의 사회학적 고찰」, 「한국 도시지역사회의 연구」, 「서울주택지역의 연구」 등의 조사보고서를 1963년과 1964년에 계속해서 발표한 바 있다.

39) 이동진, 「한국사회학의 제도화와 배용광」, 『동방학지』 168, 2014, 241~242쪽.
40) 『한국민족문화대백과사전』 '황성모'(김채윤 집필).

# III. 아연회의의 실제

## 1. 회의의 취지와 '근대화' 및 '전통'에 대한 인식

김원에 따르면, 1967년 무렵의 회의에 가서야 학계 안에서 내재적 발전론적 태도가 '발견'되고 있다. 신주백에 따르면, 한국, 일본, 북한의 역사론-네트워크에서 '내재적 발전'의 태도가 나오기 시작한 것은 1960년대 초반으로 학계 안에서 소수에 불과했지만, 60년대 후반이 되면 일정 정도 정식화가 이루어졌다.[41] 황병주는 정부와 학계에서 제출된 통치언어이자 비판언어로서의 '근대화 담론'의 궤적을 살피고 있는데, 그에 따르면 '근대화' 개념과 관련하여 '전통' 개념이 부정적·대조적 뉘앙스에서 긍정적·연속적 뉘앙스로 전환된 것이 마침 1960년대 중반의 일이었다.[42]

이 점은 1960년대 중반을 거치면서 이른바 '전통'의 의미에 대한 재해석과 적극적인 발굴이 진행되었다는 것을 의미하는데, 그 시점은 한일국교 정상화(1965) 이후이자 제1차 경제개발계획(1962~1966)의 완료시점과 맞물려 있다. 근대화를 가로막는 걸림돌이자 정체성(停滯性) 일변도로 묘사되어 온 한국의 전통 속에서 오히려 근대화로의 계기를 찾아낼 수 있지 않겠는가라는 인식이 점점 목소리를 얻어가고 있었던 것이다. 물론 아연회의(1965)는 그 한복판에 있었고, 지극히 당연한 말이겠지만 그곳에서 발표된 글들에는 그러한 전환에 관한 인식이 아직 체화되거나 의식되지는 못한 상태였다. 제5섹션의 주제가 "한국 근대화에서의 여러 사회층의 역할"이었던 점은 '전통의 긍정적 역할'에 대한 기대를 품게 하지만, 거기서도 한국의 전통은 대체로 마치 늪과도 같은 정체성(停滯性)

---

41) 신주백, 「관점과 태도로서 '內在的 發展'의 形成과 1960년대 동북아시아의 知的 네트워크」, 『한국사연구』 164, 2014.3.

42) 황병주, 「박정희 체제의 지배담론 : 근대화 담론을 중심으로」, 한양대학교 박사학위논문, 2008, 제3장.

으로 재현되고 있었다.[43] 계속 살아남아 지속되는 전통의 요소가 근대화를 가로막거나 왜곡하는 부정적 요소라는 데에 공감대가 형성되어 있었던 것이다. 전통과 근대를 극명하게 대비시키는 구조기능주의의 세례를 받은 이들이 이 회의에 다수 참가한 것도 이러한 인식을 더욱 심화시킨 요인이었다고 할 수 있다.

앞에서 언급한 한국의 시대적 배경과 관련이 깊겠지만, 아연회의(1965)에서 제출된 '전통' 개념은 부정적인 것이자 몰가치적인 것이었다. 하코네회의(1960)에서 일본의 전통, 다시 말해 '봉건'에 대한 전면적인 재평가가 이루어진 점, '권력의 분산을 매개로 근대로의 길을 예비한 것으로서의 봉건'의 의미가 강조되었던 점에 비하면, 아연회의(1965)에서는 그와 같은 측면은 거의 다루어지지 않았다. 패전 이후 10년(1955)의 시점에 한국전쟁특수 등으로 대다수의 경제지표를 세계대전 이전의 수준으로 끌어올리고 번영을 구가했던 일본에서는 전통 속에서 근대화의 성공요인을 찾아내려는 인식관심이 지배적이었지만, 한국의 1960년대는 여전히 절대빈곤과 후진성의 나락 속에서 허덕이는 상황이었으니 이 점을 아예 이해 못할 바도 아니다. 이런 배경 속에서 아연회의(1965)의 문제의식은 역사론에 집중하기보다는 현실적 과제에 실용적인 지침을 제공하는 형태를 띠었다. 상황을 같이하는 아시아 국가들에서 몇몇 학자들이 초청되어 온 것도 이러한 경향을 더 강화하였다.

---

43) 이만갑의 발표문은 글의 도입부에서부터 해방 이전의 농촌사회를 '정체사회'(the stagnant society)라고 불렀다. 한국의 근대화는 저개발국가의 일반적 상황처럼 외부로부터의 자극에 의해 진행되었다는 논지를 개진했다. 조선은 왕의 카리스마적 권위 하에서 학자관료인 양반들에 의해 지배되는 농업국가이자, 고도로 집중화된 관료제의 국가였다는 것이 전통 한국사회에 대한 이만갑의 평가였다. 서양에서 목격되는 봉건영주와 유사한 것은 조선에는 없었다고 이만갑은 적었다. 이러한 일련의 언급은 이만갑이 하코네회의에서 제출된 민감한 쟁점을 충분히 숙지한 상태에서 논의에 참여하고 있음을 확인시켜준다. 이만갑이 이 부분에 대해 말하면서 인용하는 자료는 Reischauer, Edwin O., "Special Features in the History of Japan", *Japan-America Forum*, 1964.11과 T. Hatada(旗田巍), *Korean History*, 1953이었다(ICPMA, 665쪽).

이상은 의장은 모두 연설에서, 근대화의 과제가 결국은 아시아가 풀어야할 공통과제임을 언급하면서, 아시아 각 사회의 차이에도 불구하고 그 사회구조 안에는 동일한 속성을 내포되어 있다고 말했다. 그는 "경제적으로 자본과 과학기술의 부족, 경영의 비합리성이 산업의 낙오와 낮은 생활수준을 야기"했고, "정치적으로 민주주의 경험의 부재와 비효율적 행정이 정치적 불안정을 낳았다"고 하여, 아시아 사회가 자리한 현실(이자 전통)이 근대화를 저해하고 있다는 입장에 섰다.[44]

한편, 아연회의(1965)에서는 근대화가 갖는 양가성(ambivalence)이 예리하게 언급되기도 했다. 기조발제를 맡은 인도출신 학자 시브나라얀 레이(Sibnarayan Ray)[45]의 연설에서 이 점은 두드러졌다. 그는 아시아에서 이제까지 근대화가 서구화(Westernization)와 등치되기 일쑤였고 두 가지 요소로서 민주주의와 과학이 제시되어 왔지만 그것은 지극히 선택적이고 제한적인 인식이라고 보았다. 오히려 산업혁명 이후로 이 세계에 어떤 일들이 벌어지고 있는지를 묻는 질문에서 출발해야 한다고 말했다. 그는 독일의 나치즘, 이탈리아의 파시즘, 또 당시 스페인과 포르투갈, 나아가 소련에서 벌어지고 있는 일들을 소재로 들면서 "근대화란 개인의 자유와 개인이 성장할 수 있는 기회를 확대하는 것이며 민주적 과정을 강화하는 것인 동시에, 오히려 반대로 전체주의시스템을 통해 인간을 국가에 종속시키는 과정"이기도 했다고 주장했다. 특히, 공산주의는 닫힌 사고체계라는 점에서 전통적 종교와도 같은 것으로, 그것은 이데올로기이며 과학의 정반대 위치에 자리하고 있다고 보았다. 종전에 이슬람교, 기독교, 힌두교, 불교가 지역적 경계 속에 제한된 것과 달리, 이 공산주의는 50년의 짧은 역사 속에서도 세계 곳곳의 인민들에게 영향을 미치고

---

44) *ICPMA*, 29~30쪽.
45) 당시 그의 직함은 인도 봄베이대학 교수, 호주 멜버른대학의 인도연구과(Department of Indian Studies) 학과장이었다. 이외의 상세한 이력은 다음에서 확인할 수 있다. https://en.wikipedia.org/wiki/Sibnarayan_Ray

있다는 점을 우려했다.[46] 여기에는 근대화에 대한 놀라운 비판적 사유가 돋보이는 동시에, 아시아냉전의 인식지형이 고스란히 묻어 있다. 그는 또, 아시아가 불투명한 개념이기는 하지만 역시 아시아가 응시되어야 하는 이유로서, (1) 공산주의 중국이나 민주적인 인도, 일본이 고대로부터의 전통을 여전히 공유하고 있고 (2) 빈곤문제가 심화되고 있으며 (3) 정치적 불안정을 해소할 수 있는 방법이 아시아 국가의 공통과제라는 점을 제시했다.

## 2. 타자에의 무심함과 비대칭적 비교

### (1) 사회공학으로의 길

제5섹션의 첫 발표를 맡은 레비는 사회변화의 속도에 대한 기존 인식의 전환을 촉구하고, 선진국과 후발주자(latecomer) 사이에는 사회변화 양태가 크게 차이를 보일 수밖에 없다는 점을 강조했다. 그는 19세기 말이래 중국의 산업화과정에서 전통가족 바깥에서 생활의 자원을 찾는 새로운 흐름이 생겨났고, 이로 인해 전통적인 가족구조가 해체되는 동시에 거기에 근거하고 있었던 통치구조도 일거에 무너져 내렸다고 주장했다.[47] 통상 오랜 시간 동안에 걸쳐 천천히 변할 것으로 생각되는 가족구조, 정부구조, 종교구조 등이 후발국가에서는 오히려 급속히 변화되기 쉬우며, 따라서 급속한 변화(fast-change)와 완만한 변화(slow-change)를 고정된 상으로 설정하여 구분한다는 것이 무용하다는 것이었다. 레비는 이 가족구조의 변화를 핵심변화(keystone change)라고 불렀다.[48]

---

46) *ICPMA*, 36~38쪽.

47) 이 주장의 근거는 자신의 저서, *The family revolution in modern China*(1949)였다.

48) *ICPMA*, 656~659쪽.

토론의 과정에서 이 점에 대해 이의를 제기한 것은 도어였다. 그는 "일본에서 전통가족의 해체, 즉 가족을 생산의 부수적 단위로 격하시키고 새롭게 생산단위를 만들어낸 것은 경제적 변화였고, 이것에 의해 가족구조가 바뀐 것"이라고 하면서 가족구조의 변화를 결정적 요인으로 보았던 레비를 비판했다. 그는 "중국 역시 농업의 번영이 가족의 번영과 일체화되었던 것이 해체되면서 가족의 변화가 가속화된 것"이지 그 역은 아니라는 논리를 폈다.[49]

이 점은 생각 이상으로 중요한 지점인데, 예를 들어 미국의 근대화론자들은 제3세계 빈곤의 원인을 과잉인구로 설정하고 가족계획사업을 통해 인구를 조절·통제하는 것을 어떤 사회정책보다도 앞서 이루어져야 할 정책으로 설정했다. 1960년대까지 한국에서도 이 논리는 크게 공감을 얻고 있었다. 그러던 것이 인구학자들을 중심으로 새롭게 인구의 질이라는 문제가 주목되고 그것은 경제성장을 전제로 하지 않으면 성취되기 어려운 과제라는 점이 적극적으로 의식된 것이 1974년 루마니아의 수도 부쿠레슈티에서 열린 '세계인구회의'에서였다. 유엔이 정한 '세계인구의 해'인 1974년 8월에 열린 이 회의는 인구정책을 좁은 의미의 가족계획으로 한정하는 종전의 시각을 비판하고 인구변동의 사회경제적 조건을 깊이 고려해야 한다는 선언으로 주목받았다. 이것은 사회발전 없이는 인구문제의 해결도 있을 수 없다는, 제3세계의 실질적 고민을 반영한 선언이었다.[50] 결국 사회변화에서 가족구조에서의 변화를 우선시하는 레비의 입론은 당시 가족계획 일변도의 인구정책을 오히려 가속화하는 논리였던 것이고, 그 논리적 맹점을 도어가 비판한 셈이 된다.

---

49) *ICPMA*, 661~662쪽.

50) 이해영·권태환 편,『한국사회 인구와 발전』(제1권), 서울대학교 인구및발전문제연구소, 1978, 서문. 참고로 이해영은 중국과 일본에 관한 레비의 논의에 대해 두 건의 소개글을 쓰기도 했다.「레비의 일본사회관」(『이상백교수화갑기념논문집』, 을유문화사, 1964)과「레비의 중국사회관」(『민병태박사화갑기념논총』, 서울대학교출판부, 1973)이 그것이다.

이와 함께, 레비는 선진국과 후발주자 간에는 사회변화의 속도만이 아니라 그 형태에서도 큰 차이가 있다고 주장했다. 그는 카리스마론을 제기하여 서구와 제3세계의 사회변화의 길이 크게 다른 것임을 설파했다.[51] 레비에 따르면, 카리스마는 행위기준의 급격한 전환을 체현한 것으로, 초월적인 무엇을 경험적인 것으로 바꿔주는 역할을 한다. 그는 그 예로서 '독일제국의 위대한 영광'이라는 추상적인 가치를 단숨에 구체적 행위의 의미로 전환시킨 히틀러를 들고 있다. 레비는 카리스마적 인격을 후발주자(latecomers)의 근대화에서 거의 필연적으로 등장하는 것으로 보았는데, 후발주자는 근대화 과정에서 조정과 통제에서의 극단적 난점에 봉착하며 이 속에서 근본주의적 반응과 좌절이 거대한 폭으로 부침하기 때문에 카리스마 지도자가 발달하게 된다는 것이다. 여기서 일종의 후발주자판 사회공학(social engineering)이 나온다는 것인데, 다시 말해 사회배치의 급격한 변동이 낳는 혼돈을 최소화하면서 사회변화의 가능성을 높일 수 있는 대안으로 레비가 꼽는 것은 다름 아닌 군대였다.[52] 1965년, 후발주자인 한국의 서울 한복판에서 나온 이 주장은 당시의 사람들에게 과연 어떻게 받아들여지고 있었을까?

## (2) 놀라울 정도의 윤리적 무심함(negligence)

캔자스대학 인류학과 교수인 무스는 1950년 이후 한국의 문화변용(acculturation)에 관한 발표를 했다. 그 자신이 한국전쟁 당시 파병된 미군의 일원이기도 했던 무스는 조금 이색적인 연구주제를 들고 왔다. 미군주둔지에서 벌어지는 미군과 한국인 간의 문화의 교류와 변용에 관한 주제였다. 그는 'special entertainers'('양공주'를 지칭)야말로 문화변

---

51) 레비는 이 논지를 더 발전시켜 *Modernization : Latecomers and Survivors*, Basic Books, 1972를 펴냈다.
52) *ICPMA*, 658~660쪽.

용의 전형적 사례로 볼 수 있으며, 이 "가장 빠르게 근대화되는 집단"의 연구를 통해 한국사회 근대화의 방향과 동학을 확인할 수 있다고 말한다. 무스가 조사한 사례의 수는 108개였다. 그에 따르면, 이들과 미군의 데이트양식은 우정과 섹스의 혼합이며, 6개월 이상의 동거커플의 경우 성적인 관심사와 함께 정서적 보살핌의 감정이 병행하고 있었다. 무스는 이러한 감정의 교류를 한국사회에서 일고 있는 '근대화되고 낭만적인 사랑'의 한 전형으로 의미화했다.[53]

토론에서 한국 학자 측으로부터 조금 감정적인 비평이 나왔다. 비록 무스가 처음부터 '강제적 문화변용'(forced acculturation)이라고 변명처럼 개념을 만들기는 했지만, 아무래도 소재의 특수성이나 해석의 문제에서 이견이 없을 수 없었다.

**황성모**　당신이 말하는 '문화변용'(acculturation)은 어떤 의미입니까?

**Moos**　발신측과 수신측의 문화가 변용에 이르는 강렬한 접촉을 말합니다.

**황성모**　그러나 문화변용은 상호성에 입각한 것이 아닙니까? 문화의 상호변화 ……

**Moos**　꼭 그런 것만은 아닙니다. 한국의 경우 한쪽방향으로의 문화변용이 더 일반적입니다.

**황성모**　그렇다면 미국(/미군) 쪽에서 보면 문화변용이라는 것이 타자에게 영향을 미치는 것이 되지만, 한국 쪽에서 보면 자신이 이전에 가지고 있던 무엇을 잃어가는 과정이 되는 것은 아닌가요?

**Moos**　맞습니다. 둘 다 모두 문화변용입니다.

**황성모**　그렇다면 당신과 더 이상 할 말이 없군요.[54]

---

53) *ICPMA*, 744~750쪽.

54) *ICPMA*, 751쪽.

한편, 패신은 무스가 말하는 'special entertainers'가 실은 가족의 생계를 짊어지고 있는 이들로서, 무스의 말처럼 근대적인 가치를 뿜어내는 존재가 아니라 전통적인 효(孝)에 충실한 이들일 뿐이라고 비판했다. 단지 이제는 서양인을 상대한다는 점에서 다를 뿐이지, 예전에 전통 한국사회에 존재했던 기생(gisaeng)과 동일한 존재일 뿐이라고 말했다.[55]

이와 함께, 무스는 이 '번화가'(boomtown) 인근에 세탁업을 포함한 각종의 서비스업이 번성한다는 점도 언급했는데, 여기에 대해서도 논란은 지속되었다. 도어는 그것이 한국의 내적인 경제발전에 얼마나 도움이 될지, 비관적으로 평가할 수밖에 없다고 잘라 말했다. 이에 대해, 무스는 "일본에서도 물장사(水商賣. みずしょうばい) 업종의 사람들이 주식을 사기도 한다"면서 군색한 변명을 늘어놓았다. 레비는 말을 가로채서 아래와 같이 언급했고, 그것으로 토론은 마무리되었다.

제가 좀 끼어들겠습니다. 나도 경제학자는 아니지만 당신이 들고 있는 사례를 경제적으로 너무도 나이브하다고 말할 수밖에 없네요. …… 기회를 찾아다니는 일련의 사람들을 발견할 수 있습니다. 미군을 통해 얻을 수 있는 거대한 규모의 상대적 이득은 서비스재화 쪽입니다. 나는 그걸 착취니 뭐니 불러도 크게 개의치 않을 겁니다. 여하튼 그것은 경제를 확장하는 효과를 갖습니다. 문제는 당신이 그것을 좋은 것인지 아닌 것인지를 따지는 것이 아닙니다. 일단 그것이 작동하기 시작하면 당신은 당신이 원하는 바를 가장 많이 가져다 줄 수 있는 효율성을 갖추도록 그것을 통제하고 정향(定向)하는 일을 할 수 있습니다. 거듭 말하지만 문제는 당신이 그것을 근절할 수 있는지 여부가 아닙니다.[56]

이 얼마나 놀라운 '실용주의'인가! 한국 학자쪽에서의 반론이나 토론은

---

55) *ICPMA*, 752쪽.
56) *ICPMA*, 753쪽.

더 이상 없었다.

## (3) 비대칭적 비교

다음으로 아연회의(1965) 제5섹션은 한국의 역사와 사회에 대한 외국 학자들의 무지를 고스란히 드러내는 자리이기도 했다. 이것은 중국이나 일본에 관한 그네들의 풍부한 지식과는 사뭇 대조되는 사례여서 주목된다.

한국 농촌사회의 구조와 그 전환을 소재로 그 자신이 수행했던 각종 농촌조사 자료에 근거하여 발표를 마친 이만갑에 대해, 도드는 대뜸 "양반은 누구인가? 지주(land-owner)인가?"라고 묻는다. 그리고는 양반의 지위를 결정하는 요소가 무엇인지를 줄기차게 질문해간다. 이만갑은 토지가 왕의 소유여서 지주는 아니고, 시험에 합격해야 했으며, 어떤 이들은 임진왜란 이후 그 수가 전 인구의 20%를 상회한다고 추정하기도 한다는 내용을 소개했다. 도어는 양반이 중국의 관료(mandarin)와 비슷한 것인가를 묻고, 오카다는 그것이 성취지위인지 여부를 물었다. 패신은 조선시대 상인계급이나 장인(artisan)의 위상과 역할에 관해 물었고 이만갑은 상업은 별로 발달하지 않았고 기껏해야 보부상이라는 집단이 있었다는 점을 언급했다. 이만갑은 "(조선시대에는) 일본의 쇼쿠닌(職人)이나 유럽의 길드시스템 같은 것은 없었다"고 짤막하게 덧붙였다. 이에 패신은 그래도 의문이 해결되지 않은 듯, "관직을 갖지 않은 양반 가족의 구성원들은 무슨 일을 해서 뭘 먹고 살았나? 공직에 있던 양반의 수입의 원천은 예를 들어 샐러리(salary)였나?" 등을 캐물었다. 이에 대한 이만갑의 대답은 샐러리라는 것이 존재할 수 없었고 양반의 수입은 모두 토지에서 나왔으며 임진왜란 이후 그 시스템이 잘 작동하지 않게 되었다는, 이전까지의 대답과도 별반 다르지 않은 것이었다.[57] 외국 학자들의 궁금증을

---

57) *ICPMA*, 675~676쪽.

해결하기에는 양반 등 전통사회 한국의 신분, 계급구조에 관한 연구가 드물었다는 점에 원인이 있기도 했겠지만, 외국 학자들은 어느 정도 연구가 축적되고 또 그 자신들 역시 어느 정도까지는 직접 연구를 통해 잘 알고 있었던 중국, 일본의 몇몇 신분집단(만다린, 사무라이, 쇼쿠닌 등) 및 계급구조에 관한 지식을 거기에 덧대어 가늠해보는 식의 비교를 통해 겨우겨우 이해를 해보려 하는 풍경이 거기에 펼쳐져 있었다. 그것은 질문이라기보다는 탐문에 가까웠다.

이어, 레비는 무척 의아하다는 듯 다음과 같이 논평에 가까운 질문을 했다.

> 저는 한국에 대해서는 잘 알지 못하지만 중국에 대해 연구를 해왔습니다. 저는 한국은 통상 중국으로부터 큰 영향을 받아왔다고만 생각해왔습니다. 양반이 있다면 그것은 일정 수 이상의 숙련된 장인(craftsmen)과 상인이 존재해야 합니다. 양반 자신이 그 스스로 상인이 되지 않은 이상, 이것은 필연적으로 그래야 합니다. 나로서는 왜 이 장인이나 상인이라는 요소가 무시될 수 있었는지가 궁금합니다. 그리고 또 하나는 황 교수가 말한 것인데, 양반지위를 살 수 있었다는 것, 이것도 대단히 흥미로운 일입니다. 양반지위를 산다는 것은 하나의 전환(transition)을 의미합니다. 중국이나 일본의 경우, 직공이나 상인이 되어 비합법적인 수단을 통해 많은 돈을 축적하게 되면 신분상승의 기회가 열려 있었습니다.[58]

이어 몇몇 문답이 오간 뒤, 레비는 "만약 직공이나 상인이 예를 들어 전 인구층의 1%에 해당할 정도로 적고 의미가 없는 범주라면 어떻게 시장을 형성할 수 있겠는가?"라고 답답한 듯 질문했고, "직인과 장인들은

---

58) *ICPMA*, 676~677쪽.

왕실과 양반들과만 연계되어 그 수나 역할이 미미했고 민중의 가옥구조도 단순해서 전문적 직공은 필요 없었다"는 이만갑의 대답만 들을 수 있었다. 토론을 통해 의문을 해소하는 데에 별다른 소득이 없었던지 도어는 다시 원래의 주제, 그러니까 농촌사회의 변화과정에 관한 논의로 돌아가자고 제안했고 논의는 그렇게 마무리가 되었다.[59]

참고로, 이만갑은 이 토론을 통해 제출된 질문과 문제의식, 다시 말해 전통 한국사회 안에서 어느 신분집단이 근대화에 주도적 역할을 했는지에 관해 지속적인 검토 작업을 수행했으며, 그 성과는 "Sociological Implications of Modernization in Korea"(1967. 시카고대학에서의 AAS Conference)라는 발표와 「韓國社會の構造的変化」(1977)[60]라는 논문으로 남았다. 사회변혁의 주도세력은 지배계급 바로 아래에 위치해 있는 주변집단(marginal group)이라는 가설을 제시하고 이를 입증해가는 형태를 취했다.[61]

다음으로, 근대화과정에서 지식인의 역할을 주제로 발표한 김규환의 논문에 대한 토론의 풍경을 소개해보고자 한다. 여기에서도 비대칭적 비교의 행태가 반복되고 있었다. 우선, 레비는 지식인들이 보통 도시출신이라고 하면서, 다만 농촌출신들은 주로 군대를 통해 사회적 계층이동(지위상승)이나 지식인화의 과정을 거쳤다는 점을 일본육군의 사례를 들어 설명했다. 그는 한국에서는 그런 사례가 없는지 궁금해 했고, 이에 대해 김경동은 자신이 예전에 실시했던 조사를 언급하면서 한국에서 농촌출신들은 고등학교 이상의 학력을 가진 이가 드물기 때문에 그 주장은 그리 성립의 여지가 없다고 대답했다. 이에 대해, 패신은 컬럼비아대학에서

---

59) *ICPMA*, 677쪽.

60) 해당 논문은 일본의 국제기독교대학에서 펴낸 『アジア文化研究』 제9호(1977.12)에 실렸다. "한국의 전통과 근대사회의 형성(韓國の伝統と近代社會の形成)"이라는 특집의 한 논문으로 참여한 것이었다.

61) 김봉석, 앞의 논문(2016), 53~54쪽. 이만갑이 말한 이 '주변집단'을 김경동은 '2선의 엘리트'라고 표현하기도 했다. 이만갑 교수 자신도 이러한 문제의식의 진행과정에 대해 직접 언급한 바 있다(이만갑, 「사회학과 나」, 『한국사회학회 사회학대회 논문집』, 2003, 189~190쪽).

만난 한 한국인 대학원생의 논문주제가 1945년 이후 한국의 내각을 구성했던 이들의 출자(origins)였다는 점을 언급하면서, 그의 주장에 따르면 1961년 (쿠데타) 이후로는 이전의 도시와 대학교육에 기초한 지식인 충원에서 지방과 농촌에 배경을 둔 이들로의 큰 전환, 단절이 목격된다는 것이었다고 논지를 소개했다. 그리고는 1965년 발표 당시의 내각은 반지성적이고 반도시적(anti-intellectual, anti-urban)이라고 덧붙였다.[62] 여기에 레비는 다시 패전 이전의 일본육군의 사례를 들먹이면서, 그들이 농촌출신이어서 농촌의 사정에 해박했고 "반도시적이고 반재벌적인 사상"을 가졌으며, "재벌의 도구가 되기보다는 재벌과 재벌의 이해관계를 옹호하던 관료를 암살"하기까지 했다는 점을 상기시켰다.[63] 마르크스주의 이상으로 일본의 군대는 혁신적이고 체제비판적이었으며, 이러한 경향은 후발주자의 근대화과정에서 매우 일반적으로 발견되는 현상이라고 그는 말했다.

사실 이러한 토론의 진행과정은 김규환의 논문주제, 발표와는 별다른 관련이 없는 엉뚱한 논의에 불과했다. 애초 김규환의 논문주제는 한국의 언론인 집단의 역할, 미디어/매체의 분포, 대중으로의 지식의 확산에 관한 것이었다. 그래서 더 깊이 생각해봐야 할 것이 외국 학자들의 관심이 어디에 있었는가이다. 그들의 눈은 한국의 군대라는 집단에 쏠려 있었고, 특히 그들이 전쟁 중의 연구와 점령정치를 통해 어느 정도 잘 알고 있었던 일본의 군대와 그 성격을 비교하는 형태로 논의가 진전되고 있었던 것이다.

외국 학자들의 질문들에서는 한국에 관한 지식의 흔적을 거의 찾아볼 수 없고, 오히려 그들이 한국의 역사, 사회에 관해 아무런 정보 없이 단지 그 자리에 앉아 있었다는 점이 논의를 통해 더 드러나는 형국이었다. 그들은 그나마 어느 정도의 지식과 정보를 구비하고 있었던 중국이나

---

62) *ICPMA*, 689~690쪽.

63) *ICPMA*, 690쪽.

일본을 기준으로 삼아, 한국이 서 있는 위치와 거리를 측정하고 탐문하는 데에 그쳤던 것이다. 물론, 이것이 단순히 그들만의 책임이거나 게으름의 소치는 아니었던 것이, 당시 서구에서 축적된 중국학 및 일본학의 수준과 한국학의 수준은 엄연히 큰 격차를 보이는 것이었고 이 토론에서의 풍경은 단지 그런 사태의 반영에 불과했다고 할 수 있다.

## 3. '사회과학장'에서의 공방

| 발표자 | 사회조사 및 활용자료의 명칭 | 비고 |
|---|---|---|
| 이만갑 | 한국농촌가족 조사<br>→『한국농촌가족의 연구』(서울대학교출판부, 1963) | 주관 : 고황경, 이만갑, 이해영, 이효재의 공동조사(아시아재단 기금 지원). |
| | 한국농촌조사<br>→『韓國 農村의 社會構造 : 京畿道 六個村落의 社會學的 硏究』(한국연구도서관, 1960) | 대상지역 : 경기도 광주, 용인. |
| 김규환[64] | 한국 언론인 조사 | 주관 : 서울대학교 신문연구소 |
| 이해영 | 서울 신흥교외지역의 가족생활에 관한 조사 | 대상지역 : 서울 불광동<br>조사기간 : 1965.2.1~28. |
| 노창섭 | 공무원 의식 조사 | 주관 : 공보처<br>표본 : 2,822<br>조사기간 : 1962.12.11~17. |
| 황성모 | *Sociological Study of Korean Labor*(1964) | 대상지역 : 창성석탄, 제일가구공장(대구), 럭키화학(부산), 대한중공업(인천)<br>조사기간 : 1961~62 |
| 홍승직 | 농민, 기업가, 교수의 가치관 조사 | 조사기간 : 1964. 9~10 |

　다음으로, 한국인 학자들의 발표에 대한 토론의 풍경 몇몇을 좀 더 살펴보도록 하자. 본격적인 논의에 앞서 미리 한 가지 언급해둘 것은 학술의 '상징권력'(symbolic power, P. Bourdieu)에서 구미의 학자들과 한국인 학자들 사이에는 건널 수 없는 깊은 심연과도 같은 차이가 있었다

---

64) 김규환의 발표는 이후 다음의 글로 지면화되었다. 김규환, 「매스콤 활동을 통한 근대화 과정에 있어서 지식인의 역할」, 『언론정보연구』 제3호, 1966, 3~10쪽.

는 점이다. 망가진 대학제도 위에서 학문적 숙련의 불가능성은 이미 그 안에 참여한 한국인 주체들 스스로도 절감하고 있는 바였다. 게다가 회의의 공식언어가 영어로 되어 있어서, 한국의 사례(case)에 대한 발표이기는 하지만 활발한 토론과 최종적인 판정은 종종 구미 학자들의 몫이었다. 토론내용을 녹취해 만든 회의록에서 구미 학자들 전체와 당시 박사학위를 가지고 있었던 일부 한국 학자들은 박사(Dr.)로, 박사학위가 없었던 한국 학자들 대부분은 교수(Prof.)로 표기되어 있는데, 이 점은 학술자본의 격차를 가시적으로 드러내는 징표였다. 이 시기에 한국에서 소위 '구제박사'(舊制博士) 제도가 여전히 남아있었다는 점을 감안하면 이것은 더딘 제도화의 흔적일 수도 있겠지만 말이다.

한국 학자들의 발표는 대체로 당시 한국에서 실시한 사회조사의 결과물을 소개하거나 식민지 시대 이래 축적되어온 통계자료를 논지에 맞게 원용하는 형태를 띠었다.

이들 발표에 대해 구미 학자 측의 방법론적 비평이 쏟아졌다. 우선, 김규환의 발표에 대해서는,

**Dodd** 저는 신문이나 매스미디어의 리더들이 내셔널리즘, 문화, 국가정책 등에 대해 어떻게 다루는지 그 경향이 궁금합니다. 우리는 서아시아에 국가지도자, 공무원, 매스미디어 종사자, 민족지도자의 거의 100%가 도시에서 나고 자란 사람이라는 점을 확인한 바 있습니다. 그들은 밭을 가는 농부나 농촌사람, 그리고 그들이 처해 있는 문제에 대해 완전히 무지합니다. 그들이 내셔널리즘, 독립, 자유에 대해 말하는 경우 도시사람들이 이해하는 바의 모습 그대로 너무 아름답고 낙관적입니다. 시골사람들은 1년에 한 가족이 100불을 가지고 삽니다. 한국에서 언론의 지도사는 이들 시골에 사는 이들의 복지에 관해 부적절한 감상을 가지고 있지는 않은지요?

**김규환** 한국에서 그 갭이 크다는 점을 유감스럽게 생각합니다. 지식인과

농민 사이에 …….[65]

이것은 도시출신의 조사자가 농촌에 가서 실질적인 조사를 할 수 있는가라는 근본적인 질문이었다. 지극히 규범적인 문제제기이기는 하지만, 사회조사의 과정이 조사주체와 대상 간의 상호작용이라는 점을 의식하면 일면적·한시적 사회조사의 한계는 너무도 명확한 것이었다. 도드는 그 문제를 제기한 것이다. 물론 도드 역시 사회경제적 조건을 무시한 무매개적인 비교를 하는 모습도 보였는데, 예를 들어 농업기술학교를 졸업한 인재들이 다시 농촌으로 돌아가지 않는 한국의 현실에 의아해하면서 다음과 같이 묻고 있다.

**Dodd** 아시아국가 가운데 학교를 졸업하고 다시 그 (힘든) 농업으로 100% 돌아가는 나라가 있을까요?

**Passin** 이스라엘.

**Dodd** 맞아요. 땅을 갈아 작물을 키우는 데에 대한 종교적 열정이 있죠. 도시에서 태어나 자란 여성들이 농촌에 와서 결혼을 하고 정착을 합니다. 그게 그들의 이상입니다.

**김규환** 그러나 그쪽은 생활이 보호되고 있죠 …….[66]

다음으로, 질문(Questionnaire)의 구성에 대한 논평도 이어졌다.

**황성모** 이전에 이런 연구가 있었습니다. 질문이 "만약 당신이 돈이 많이 있다면 자녀는 얼마나 많았으면 좋겠나?" 답이 "많을수록 좋다." 이런 것을 어떻게 설명해야 할까요?

**Dore** 그건 미국에서도 마찬가지입니다.

---

65) *ICPMA*, 687~688쪽.
66) *ICPMA*, 689쪽.

Lev　　　그렇지 않습니다. 당신이 사람들에게 그들이 무엇을 생각하는지 묻는다면 그들은 이런 질문에 대해서 유토피아적으로 대답할 겁니다.[67]

이것은 소위 KAP(Knowledge, Attitudes, Practice) 조사의 맹점, 예를 들어 한국의 보건사회부에서 1970년대 말까지 종종 실시한 조사로서 기혼여성의 가족계획에 대한 지식, 태도, 실천을 묻는 조사가 실질적으로는 큰 의미가 없었음을 보여주는 실례이다.[68] 응답과 실제적 현실 사이에 격차가 있는 것이다. 또, 이상자녀수를 추상적으로, 무매개적으로 묻는 질문방법보다는 현재 상태의 아들, 딸의 수효를 논의의 전제로 삼은 위에서 추가로 몇 명의 자녀를 더 둘 계획인지를 묻는 것이 보다 현실적이라는 점도 논의되었다.

한편, 연구자가 수행한 범주화가 적절한지를 캐묻는 질문과, 당시 한국 학계에서 통용되는 통계기법상의 한계를 지적하는 대목도 눈에 띈다. 공무원의 의식조사 결과를 소개한 노창섭의 논문에 대해 패신은 "당신이 말하는 공무원(civil servants)은 과연 어떤 범주입니까? 공공행정의 담당자들 가운데 누가 포함되고 누가 배제되나요?"라는 질문으로 토론을 시작했다. 패신은 우편집배원, 학교교사, 철도원 등을 하나하나 예로 들면서 이들이 '공무원'의 범주에 드는지 아닌지를 집요하게 따져 물었다. 노창섭은 패신의 질문에 응답해가면서 최종적으로는 패신의 분류방법에 동의하였다.[69] 이어, 토론은 논문의 방법론에 대한 세부적인 검토로 이어졌는데,

노창섭　　어떤 사람의 자질을 안다는 것은 참으로 어려운 일입니다. 여러 척도가 있을 수 있고, 그 중 하나가 교육입니다. 나는 교육을 척도로

---

67) *ICPMA*, 711쪽.
68) 김인수, 앞의 책(2015), 103쪽.
69) *ICPMA*, 739~740쪽.

삼았는데 그게 매우 중요하기 때문입니다. 다른 나라들에서는 20% 정도의 공무원들이 고등학교 이상의 학력을 갖춘다는 것이 높다고 생각할지 모르겠습니다. 그러나 한국의 농촌에서는 농민들은 (자신들을 지도하려면) 대학 정도는 나온 지도자를 원한다고 누차 이야기하고 있습니다.

**Moos** 당신은 교육과 특정 직업에 필요한 자질 간의 관계를 분석해야 합니다. 나는 당신과 당신의 발표에서 이것들 간의 관계가 아니라 주관적인 자질(subjective qualities)에 더 관심을 기울인다는 느낌을 받습니다.[70]

노창섭의 발표는 1960년대 한국농촌사회의 현실, 다시 말해 "오랫동안 행정업무에 종사하면서 관련 지식을 숙지해온 55세의 공무원과 이제 갓 대학을 졸업하고 온 20대의 젊은 공무원 중에서 후자를 더 신뢰하는, 말하자면 교육에 대한 맹신, 일종의 반지성주의적 행태를 보이는 농촌사회의 현실 위에서, 간략히 빈도수를 내어 그 '전근대적 모습'을 드러내는 데에 치중한 것이었는데, 무스는 교육이력과 실무능력 간의 관계를 측정, 분석하라고 종용하고 있는 것이다. 물론, 여기에는 사회현실의 격차는 물론, 통계 등을 포함한 기법 상의 한계도 작용했을 것으로 판단된다.

마지막으로, 구미 학자들의 방법론에 관한 조언은 마지막 발표인 홍승직의 글에 대한 논평에서 극점에 달했다. 그것은 흡사 논문심사장을 방불했다.

**Passin** 조사대상자들로 하여금 직접 기입하게 했습니까?

**홍승직** 아닙니다. 면접원들이 기입했습니다.

**Passin** 자유문항이었습니까, 아니면 사전에 구조화된(pre-coded) 설문지였습니까?

**홍승직** 세 곳에서 사전조사를 해본 이후 구조화된 설문지를 작성하여

---

70) *ICPMA*, 742쪽.

조사했습니다.

**Passin** 농민들에게 묻고 답을 얻어내는 과정에서 어려움이 있지 않았나요?

**홍승직** 네, 매우 그런 편이었습니다. 그래서 우리는 농민들을 대상으로 하는 질문지를 따로 만들었습니다.

**Moos** Passin 박사가 질문한 내용이 정말 좋다고 생각합니다. 이 질문 가운데 몇몇은 정말이지 대답하기 어려운 것들입니다. 그래서 이 데이터의 해석에 보다 주의를 기울여야 한다고 생각합니다.

**홍승직** 이미 매우 주의를 기울였습니다. 저는 이 질문항목을 만들 때 미국에서의 조사기법의 발전에 기초하여 이념형적 모델(ideal-typical model)을 채택했다는 점을 말씀드리고 싶습니다.

**Passin** 그건 매우 흥미로운 지점입니다. 당신은 여기서 일종의 단선적인 이념형 구조(unilinear ideal-type structure)를 채택했습니다. 당신은 무엇이 한국사회의 일반적 속성인지를 고려하면서 이를 이상적인 미국형 사회로 나아가는 연속성 위에 위치시켰습니다. 미국사회를 위해 고안된 이념형 역시 맞는 것은 아니기 때문에 이러한 설정은 몇 가지 문제를 야기할 수 있습니다.[71]

조사과정에 대한 전반적인 확인인 셈이다. 응답자의 속성을 측정하기 위해 고안된 질문들이 적절한지 따져 묻는 모습을 보였고, 이에 대해 홍승직은 하나하나 열심히 대응하여 설명하고 있다. 다만, 미국에서 사용되는 최신의 사회조사모델을 가져와 활용했다는 한국 학자의 자부심은 미국에서 사용되는 모델 역시 완전하지 않다는 비판 앞에 속절없는 신세가 된다. 다음으로, 홍승직은 농민, 기업가, 교수 집단을 대상으로 사회적 차별(social differentiation)에 대한 태도를 측정했는데, 그가 선택

---

71) *ICPMA*, 799~800쪽.

한 질문은 "야간열차에 계급별(class)로 자리가 구분되어 있습니다. 1등칸, 2등칸, 3등칸. 당신은 그런 구분이 필요하다고 생각합니까?"였다. 그리고 그는 농부 57.77%, 기업인 83.14%, 교수 88.01%가 동의했다는 결과를 소개했다.[72] 이에 대해 패신은 다음과 같이 질문했다.

**Passin**  어떤 곳에서는 질문문항을 만드는 것이 조금 기술적인 문제입니다. 당신의 질문을 사람들이 어떻게 이해하는가 하는 것은 유동적인 듯합니다. 한글로 된 것에서, 지금 내가 영어로 된 번역에서 느낀 일종의 애매모호함이 있지 않을까 싶은데, 좀 의문이 듭니다. 예를 들어, 당신은 사람들에게 사회적 차별에 대해 질문했습니다. 당신은 기발하게 질문을 했지만, 응답하는 사람들은 두 가지의 전혀 다른 의미로 이 문항에 대답했을 수도 있습니다. 하나는 순전히 계급(class)의 측면입니다. 다른 하나는 (기차의 1등칸, 2등칸, 3등칸처럼) 보다 싼 운임을 지불한다는 가능성입니다. 모든 근대사회에 계급시스템이 존재합니다. 그리고 class라는 말에는 1등칸이라는 식의 의미도 있습니다. 요즘엔 누구도 이 class를 사회계층의 의미로 말하지 않습니다. 오히려 economy석이라는 의미가 더 강합니다. 상류층은 퍼스트클래스, 중류 이하는 이코노미클래스 ……. 편의성 위주로 생각한다는 것이지요. 그래서 만약 당신이 응답자들에게 이 개념을 가지고 접근하게 되면 그들은 이걸 그냥 순수하게 경제적 측면에서만 응답할 겁니다.

**홍승직**  그게 내가 의도한 바입니다.

**Passin**  그렇지만 그렇게 된다면, 어떤 사람들은 계급층화(class-stratification)의 측면에서 응답을 합니다. 돌출적인 응답의 문제는 테스트가 필요합니다. …… 그들이 질문을 혼동할 우려가 있다면 응답이 갖는 중요성은 전혀 무의미한 것이 될지도 모릅니다.

---

72) *ICPMA*, 796쪽.

Dodd    홍승직 교수가 진행하는 방식에는 재정의를 필요로 하는 사항이 있어 보입니다. 몇 개의 변수를 더 나눠야 할 것 같습니다. 그런데 오랜 한국의 전통을 포함하여 단선적인 모델을 취하는 것이 과연 적절한지 의문이 있습니다. 미국형 사회를 대안으로 생각하면서 말이지요. 저 같으면 그렇게 하지 않을 것 같은데, 이것도 홍 교수의 의도인가요?

홍승직 : 아닙니다.

Passin    그러나 당신은 좀 전에 미국을 종착점(end)이라고 말했잖아요?

**홍승직**    그러나 단선적인 것은 아닙니다.

Passin    좋습니다. '단선적'이라는 말을 빼야겠군요.

Dodd    당신(홍승직)은 두 개의 대안 중에 하나는 바람직한 미국형이라고 말하지 않았나요?

**홍승직**    아닙니다. 내가 내 모델을 이야기할 때는 미국의 것을 기초로 이념형적으로 구성을 한 것입니다. 나는 결코 그것을 한국인에게 바람직한, 미국의 현재조건을 의미한다고 하지는 않았습니다.

Passin    내 생각에는, 이 질문 자체가 응답하기 힘들게 되어 있고 또 응답에 대한 분석도 애매모호합니다.[73]

사회조사에서 응답자의 속성과 생각을 정확한 질문을 통해 표현해내는 것은 가장 기본적이면서도 어려운 일이다. 정확하면서도 이해하기 쉬운 질문을 만들고 측정에 일관성을 갖출 수 있도록 척도를 잘 구성하는 일은 모든 사회조사의 출발점이자 종착점이 된다. 이 회의에서의 풍경은 그 과정이 오류를 잡아내어 교정하려는 혹독한 심문이자, 학술장에서의 상징자본의 진가가 눈앞에서 펼쳐지는 장이었으며, 따라서 그 자체로 훌륭한 교육의 자리가 될 수 있었던 것으로 생각된다.

---

73) *ICPMA*, 800쪽.

## 4. 사회정보의 수집과 표준화의 열망

이렇듯, 제5섹션의 사회조사방법론에 대한 구미학자들의 첨예한 비판과 소소한 조언을 지켜보면서, 사회조사방법론에 대한 이토록 뜨거운 열정은 과연 어디에서 나오는가, 사뭇 궁금증은 더해진다. 지구의 반 바퀴를 돌아 잘 알지도 못하는 한국땅에 와서 한국인들이 발표하는 것을 듣고 열정적으로 코멘트를 하는 저 태도, 그리고 소소하거나 심지어는 주변적인 것처럼 보이는 논평에 대해서도 기를 쓰고 달려들어 대답을 내놓으려 하는 한국학자들의 열정, 이러한 행태의 의미는 과연 어떻게 이해하고 또 해석해야 하는 것일까? 이 점은 '탈식민 냉전기'의 지식생산의 특수성을 고려하지 않고는 답을 얻을 수 없는 질문이 아닐까, 생각된다.

앞의 토론과정에서도 부분적으로 드러났지만, 구미 학자들의 토론은 실제로는 한국현실에 대한 무지에서 오는 오해가 다수 발견되는데, 이때 그것은 정곡을 찌르는 질문이라기보다는 일종의 탐문에 가깝다. 거기에는 한국에 대한 앎의 의지, 다시 말해 한국에 대한 체계적이고 정련된 지식, 아카데미즘을 통과한 신뢰할 만한 지식의 축적에 대한 열망이 묻어 있다. 어쩌면 그것이야말로 아연회의(1965)의 가장 핵심적인 지점이 아닐까?

식민지로부터 독립된 상태에서 구축된 '냉전기 학술'의 한 특징은 지식 생산이 '주문자생산방식'(Original Equipment Manufacturing. OEM)을 통해 이루어진다는 점이다. 이를 이전의 식민지 조선에서의 통치지식의 확보과정, 조선총독부에 의해 실시된 각종 조사들의 과정과 비교를 해보면, 냉전기 지식생산의 특이성은 현지인(원주민 정보제공자, native informants)의 교육·훈련과 그들에 의한 직접적인 지식생산을 지향했다는 점에 있다. 미국의 냉전정치 속에서 제3세계에 대한 정련되고 공인된 (authorized) 사회정보의 수집과 활용은 지극히 필수불가결한 전제였다.

제2차 세계대전과 미군정기를 거치면서 미국은 한국에 대한 민사정보

(civil intelligence)를 군대와 경찰의 사찰, 스파이전과 첩보전을 통해 수집한 바 있다.[74] 그러나 궁극적으로 제3세계 사회의 불투명성은 냉전 첩보기구의 일방적인 관찰이나 기록, 기입과 등록만으로는 해소될 수 없다. 거기에는 단순히 지식의 생산만이 아니라 '진실의 생산'이 요청되기 때문이기도 하다. 이때 진실의 생산이란, 제3세계 사회의 문제 혹은 그 내부적 갈등관계가 적대적, 경쟁적 주체들의 상호작용(interaction)을 통해 '간-주관적으로' 재현/표상(representation)됨으로써 가시화된다는 것을 의미한다. 바깥으로부터, 위로부터 강제적으로 부여된 지식이 아니라, 현지 지식인과의 쌍방적 교섭과 이들의 적극적이고 자발적인 참여를 통해 구성된 지식이라는 점은 '지식의 진실성'을 한층 더 강화하는 것으로 받아들여지는 것이다. 나아가, 제3세계의 사회에 관한 지식은 언제든 접근하기 쉬운 형태를 띠어야 할 것이다. 사회를 사회조사를 통해 수량화(enumeration)한, 영어로 쓰여진 보고서야말로 가장 적합한 것이 될 것이며, 이 지식은 지속적인 신뢰성, 타당성의 검증에 노출되어야 하는 것이다.

아연회의(1965)에서 벌어진 일련의 사건들을 이런 관점에서 해석하는 것은 혹시 무리한 과잉해석, 음모론적인 것은 아닐까? 아연회의(1965)를 전후한 시점에 한국의 사회조사, 사회통계 분야에서 발생했던 몇몇 사건들은 좋은 참고가 될 것이다.

우선, 1958년부터 1963년까지 한국에서 활동한 주한통계고문단(Statistical dversary Group)은 미국 통계학자 스튜어트 라이스(Stuart A. Rice)가 은퇴 이후에 세운 서-베이스·리써취 회사와 계약을 맺고 한국 국가통계의 미비점을 손질하는 작업에 돌입했다. 이 회사의 자문으로 『한국통계개선책 : 대한민국 정부에 대한 건의서』(1960.11), 『한국 통계간행물의 정비책 : 대한민국 정부에 대한 건의서』(1961.7), 『통계용어집』(1962), 『한국

---

74) 장영민, 「미군정기 미국의 대한선전정책」, 한국근현대사학회, 『한국근현대사연구』 16, 2001 ; 고바야시 소메이(小林聰明), 「미군정기 통신검열체제의 성립과 전개」, 서울대학교 규장각한국학연구원, 『한국문화』 39, 2007.

의 표본조사 기관 : 대한민국 정부에 대한 건의서』(1962.2) 등은 모두 이 회사의 손을 거친 것이다.[75] 이런 일련의 사건들을 볼 때, "대한민국이라는 신생국에 대한 지식이 서방의 여러 나라들, 특히 미국에 가독성 있게 전달되는 문제는 통계라는 지식 및 제도, 실천의 성격에 중요한 것"[76]이라는 결론은 크게 위화감 없이 수용할 수 있을 것이다.

다음으로, 아연회의(1965)를 전후로 진행된 행사, 사건으로서 「사회조사 및 통계방법론 워크숍」(*Proceedings of Sociological Research Methods Workshop*, 1967.7.24~8.19)을 들 수 있다. 서울대학교 농과대학이 자리하고 있는 수원캠퍼스에서 한 달 가까이 진행된 이 방법론 워크숍은 한국 사회학계(특히, 사회조사그룹)와 농경제학계의 유력 학자들이 모두 참여한 대규모 행사였다. 미국에서 온 교수들이 강사로 참여하고 아시아재단과 농업발전협회(Agricultural Development Council)가 재정을 지원한 이 행사를 통해, 한국의 학자들은 (1) 사회적 상호작용의 관찰과 기록 (2) 조사설계와 표본추출 (3) 척도 (4) 질문지 구성과 데이터처리 (5) 통계 (6) 데이터분석 등 전체 사회조사 '공정'을 두루 체험하며 훈련하는 기회를 가졌다.[77]

이후, 이 「사회조사 및 통계방법론 워크숍」에 참가했던 사회학자 그룹, 특히 서울대학교 인구및발전문제연구소는 "한국 정부의 조사통계 자료에 대한 방법론적 비평" 사업을 직접 실천해 나갔다. 두 차례의 회의를 통해 정부통계자료의 신뢰성을 높일 수 있는 다양한 방법들에 대한 비평, 논평이 이어졌다.[78]

---

75) 조은주, 「1960년대 한국의 통계발전과 지식형성의 실천」, 『한국과학사학회지』 38 : 1, 2016.4., 221쪽.

76) 조은주, 위의 논문, 234쪽.

77) 김인수, 앞의 책(2015), 61~62쪽.

78) 제1차 회의는 1971년 2월 26~27일 간 열렸고 그 결과는 『한국정부통계자료의 현황과 문제점 : 제1편 인구 및 경제통계』(1971)로 편찬되었다. 제2차 회의는 1971년 12월 17~18일 간 열렸고 그 결과는 『한국정부통계자료의 현황과 문제점 : 제2편 지방행정, 문교, 노동, 보건사회통계, 가족계획 및 출산력조사자료』(1972)

요컨대, 아연회의(1965), 특히 제5섹션을 둘러싼 그 치열한 분위기는 냉전하 한국에 대한 지식의 확보라는 문제와 무관하지 않은 것이었다. 물론, 이러한 구미 지식인에 의한 한국 지식인의 '강제적 문화변용'(forced acculturation, Moos)은 비단 '수량화된 영어'로 외부로 흘러나갈 지식으로서만이 아니라, 이른바 해방 이후 한국사회에서 그토록 절실했던 자료수집(data collection)의 기법을 습득하고 또 실천해갈 수 있는 좋은 기회가 되기도 했음을 기억해야 할 것이다. 냉전기 지식생산에서 'OEM 공정과 품질관리'(Quality Control)라는 비유는 이런 점에서 서구와 한국의 학계 모두에서 각자 나름의 의미를 갖는 것이었으리라.

## IV. 맺으며

한국의 초기 사회학 및 사회과학에 아연회의(1965)가 미친 영향은 아직까지 잘 알려져 있지 않다. 본고에서는 사회조사가 중심이 되었던 제5섹션의 발표와 토론 과정을 분석하여 그 실태를 살펴보았다.

냉전기 미국 등 서구의 관점에서 볼 때, 아연회의(1965)는 제3세계로서의 한국에 근대화(modernization)의 의미를 확산시킬 정책적 필요성과 긴밀히 연계되어 있었던 것으로 보인다. 이와 함께, 한국에 대한 정밀한 이해의 자원, 다시 말해 '사회정보'의 확보도 중요한 계기가 되었던 것을 확인할 수 있다. 물론 이 회의의 진행과 그 후과(aftermath)는 비단 미국 등 서구의 필요에만 따른 깃은 아니고, 한국사회에 대한 체계적이고 과학적인 정보의 수집(data collection)에 목말라하던 한국의 학계에 여러 측면에서 자극과 빛을 던져준 것이기도 했다. 국내 학자들의 입장에서는, 아연회의(1965) 자체가 사회조사방법론의 훈련장이었던 동시에, 한국에

---

로 간행되었다.

서 영어를 매개로 한 '전지구적 학술'의 실천의 시발점에 해당하는 장면으로 기억될 수 있을 듯하다. 아연회의(1965)에 참여했던 국내 학자들의 이후 학문적 행로도 흥미로운 대목인데, 이들 가운데 상당수―대표적으로, 이만갑, 이해영, 홍승직―는 아연회의를 전후로 사회조사방법론의 활용과 단련, 사회조사 기관의 창설로 나아갔다.[79] 아연회의가 포드재단, 아시아재단, 미국 사회과학연구협회의 지원으로 이루어진 회의라는 점에서 볼 때, 이후 사회조사에 필요한 연구비의 확보과정에도, 크든 작든 이 회의에서의 인연이 작용했을 가능성도 없지 않다. 아연회의(1965)에서의 만남은 양쪽에 모두 의미가 있는 사건이었던 셈이다.

그렇다면 오늘의 우리는 이 지식실천의 성격, 나아가 이러한 과정을 통해 생산, 축적된 지식 그 자체의 성격을 어떻게 바라봐야 하는 것일까? 다시 말해, 외원기관의 학술원조를 통해 구축된 "사회조사방법론, 과학성, 영어로 구현된 지식"의 의미를 어떻게 규정해야 하는 것일까? 전지구적 지식구조와의 접합이자 냉전기 미국의 세계정책에 연루된 지식생산, 그럼에도 불구하고 바로 그렇기 때문에 한국사회 내적인 지식자원의 결핍을 보충하고 벌충할 수 있었던 그 지식생산은, 당시에 그리고 지금, 어떤 의미를 가지는 것일까? 1960년대로부터 시작된 한국 사회학의 본격적인 제도화 과정, 예를 들어 사회조사방법론을 매개로 한 아카데미즘의 구성과 이에 대한 아카데미즘 안팎에서의 비판, 다시 말해 아카데미즘의 내적 구성과 지분의 확보를 위한 '상징투쟁'의 장 속에서 이 아연회의(1965)는 과연 어떤 의미를 가지는 것일까? 자기 안에서 모색된 질문이

---

79) 물론 그 중 일부는 조금 다른 길을 걷기도 했다. 황성모는 막스 베버(Max Weber)의 '사회과학에서의 객관성' 논의를 적극적으로 수용하여, 외국의존적인 '실증적 방법론' 일변도 경향의 문제성을 고발하는 자세를 취했다. 그는 사회라는 것이 공장제품처럼 일률적인 것은 아니기 때문에 방법론을 일률적으로 적용하는 것에는 문제가 많다고 지적했고, '학문의 토착화' 명제를 제기하였다(황성모·임희섭 대담, 「《특집 : 현대 사회과학의 구조적 반성》 대담 : 사회과학이론 및 방법의 한국적 수용」, 한국인문사회과학회, 『현상과 인식』 1 : 1, 1977.4).

아니라 서구(/외부)로부터 주어진 질문에 응답하면서 또 그로부터의 평가의 시선을 늘 의식해가면서 한국 사회에 관한 정보를 수집·가공하고, 이를 무기로 아카데미의 장에서 상징자본, 상징권력을 획득해간 이 지식 실천 전반의 의미는 어떻게 평가되어야 하는 것일까?[80] 1970년대를 풍미한 '사회과학의 토착성' 논의, 1980년대를 풍미한 '사회과학의 당파성' 논의, 그리고 다시 현재까지도 이어지고 있는 사회과학 장(場) 안에서의 '상징투쟁'은, 본고에서 분석한 이 아연회의(1965)를 통해 가시화된 1960년대 사회과학 지식생산의 독특한 속성, 그리고 그에 대한 날선 비판들과

---

[80] 다만, 여기서 한 가지 언급해둘 것은 한국의 사회조사 전문가들이 성취해낸 일련의 성과와 그들 안에서 추동된 문제의식에 대한 평가도 필요하다는 점이다. 한국의 사회조사의 역사에서 이만갑, 이해영 교수에 이어 2세대에 해당하는 권태환 교수는 한 인터뷰에서 다음과 같이 증언한 바 있다. "1974년 세계출산력조사(World Fertility Survey, WFS)가 다케시타-Dr. Yuzuru Takeshita. 미시건대학에 재직했고 WFS 스텝으로서 한국(과 필리핀) 담당이었다. 1976년 중반에 한국을 방문해서 Country Report No.1 초고(앞부분의 두 챕터)의 교열을 보았다-라고 DC에서 파견된 외국인 교수가 있었는데, 일본인인데, 그 양반이 한국을 스터디하다가 1965년 경기도 이천 출산력조사자료의 퀘스처네어(Questionnaire)가 굉장히 좋다는 것을 알고 그걸 중심으로 해서 질문표를 개발을 했어. 세계적인 input이 이루어졌다고 해도 과언이 아니지. 그 당시에 WFS에서는 굉장히 의욕적으로 했어. 기본 코어 퀘스처네어(Core Questionnaire)가 있고 온 나라가 다 채택해야 하는 것이 있고, 그 다음에 두 번째는 모듈(Module)이 있어, 그 나라에 사정에 따라서 관심에 따라서 경제적인 모듈, 문화적인 모듈, 심리학적인 모듈. 1974년에 실시를 했고. 그 배후에는 잘 알려지지는 않았지만, (서울대학교) 인구및발전문제연구소의 (이천) 조사가 많은 영향을 주었지. 왜냐하면 다케시타가 나랑 친해서 맨날 와서 여기서 직접 이야기를 한 것이니까"(김인수, 앞의 책(2015), 103쪽). 또, "(외원기관의 과제를 많이 따왔지만) 그러면서도 굉장히 힘이 든 게 많았어. 외국에서 각 국제지원센터들이 우리(서울대학교 인구및발전문제연구소)한테 관심을 높이 가졌다고. 어떤 잡음까지 생기냐면 록펠러재단, 포드재단에서 연락이 오는 거야. '너희 왜 이번에 지원 안 하느냐, 자기들 기분 나쁘다'고. 내가 뭐라고 편지를 썼느냐면, '우리는 너희들 것 싫다, 너희들 것 심사를 받으려면 아주 정교한 통계기법을 써야 하고 그걸 못 해내면 그건 아주 모자란 연구, 열등한 연구처럼 생각하는데, 그건 우리에게는 맞지 않다. 현재 우리의 지식이 상태에서 가장 적합한 것을 생각하고 가장 적합한 연구방법을 생각하고 그러는데, 그건 너희들 기준에 맞지 않는다.' 왜냐하면 프로포잘이라도 처음에 기준이 오거든. '그러니까 우리는 너희들에게 관심이 없다. 우리에게 중요한 것에 대해 하겠다.' 이렇게 (편지를) 썼어."(김인수, 위의 책(2015), 283쪽)

는 과연 어떤 관계를 맺고 있는 것일까?

글을 마치면서 무언가 결론을 얻어내었다기보다는 오히려 추후의 과제로 삼아야 마땅할 복잡한 질문들을 제기하고만 셈이 되었지만, 쉽게 긍정만 할 수도 마냥 부정만 할 수도, 찬사만을 보내고 그칠 수도 비판만 하고 마칠 수도 없는 어떤 딜레마적 상황에, 당시나 오늘이나, 사회과학 연구자로서의 '우리'는 여전히 노출되어 있다. 한국사회의 내부로부터 울려나오는 진지한 질문을 찾아내고 이에 응답하려는 문제의식, 사회현상을 설명하고 사회문제를 해결해가기 위해 요구되는 방법론적 기초, 이 둘 간의 긴밀한 결합과 협업이 너무도 절실해진 지금, 그리고 보다 성찰적이고 근본적인 질문과 문제제기로 새롭게 사회과학을 혁신하고 그리하여 한국의 사회과학이 현재의 우리 사회현실에 맞도록 그 적실성을 보다 더 높여가야 하는 지금, 아연회의(1965)는 이러한 진지한 고민의 출발지점으로서, 기념비적 기원이자 비루한 시작으로서, 그리고 오늘날의 사회과학 지식생산을 비춰 되돌아볼 거울로서, 우리 앞에 다시 등장해야 하는 것은 아닐까?

# 참고문헌

경희대학교 후진사회문제연구소, 『후진사회문제연구총서 제1집 : 한국근대화의 諸
  문제』, 경희대학교 후진사회문제연구소, 1965.

고려대학교 아세아문제연구소, 『아세아문제연구소 연혁과 현황』, 고려대학교 아세아
  문제연구소, 1967.

고바야시 소메이(小林聰明), 「미군정기 통신검열체제의 성립과 전개」, 서울대학교
  규장각한국학연구원, 『한국문화』 39, 2007.

김규환, 「매스콤 활동을 통한 근대화 과정에 있어서 지식인의 역할」, 『언론정보연구』
  제3호, 1966.

김봉석, 「이만갑의 사회학」, 『한국사회학』 50 : 2, 2016.

김 원, 「1960년대 냉전의 시간과 뒤틀린 주체 : 시민의 시간과 민족의 시간」, 『서강인
  문논총』 38, 2013.

김인수, 「농석 이해영의 사회학」, 『한국사회학』 50 : 4, 2016.

김인수, 『서울대학교 사회발전연구소 50년사, 1965~2015』, 한울아카데미, 2015.

노재봉, 「韓國近代化에 있어서의 葛藤(報告)」, 한국국제정치학회, 『국제정치논총』
  제8집, 1969.

동국대학교, 『한국근대화의 이념과 방향(동국대학교 개교60주년기념 학술심포지움
  논문집)』, 동국대학교, 1967.

마리우스 B. 잰슨 외, 정명환 편역, 『日本의 近代化와 知識人』, 서울 : 교학연구사,
  1981.

배은경, 「한국사회 출산조절의 역사적 과정과 젠더 : 1970년대까지의 경험을 중심으
  로」, 서울대학교 박사학위논문, 2004.

숙명여자대학교 아세아여성문제연구소, 『창립제30주년기념 학술심포지움 논문집 :
  한국여성근대회의 諸문제』, 숙명여자대학교 아세아여성문제연구소, 1968.

신주백, 「관점과 태도로서 '內在的 發展'의 形成과 1960년대 동북아시아의 知的 네트워
  크」, 『한국사연구』 164, 2014.

오병수, 「아시아재단과 홍콩의 냉전(1952~1961) : 냉전시기 미국의 문화정책」, 동북
  아역사재단, 『동북아역사논총』 48, 2015.

우형규, 「韓國近代化에 있어서의 調和(報告)」, 한국국제정치학회, 『국제정치논총』
  제8집, 1969.

이동진, 「한국사회학의 제도화와 배용광」, 『동방학지』 168, 2014.

이만갑, 「사회학과 나」, 『한국사회학회 사회학대회 논문집』, 2003.

이만갑, 『삶의 뒤안길에서』, 세계일보사, 2004.

이용희, 「한국근대화의 기본문제」, 한국국제정치학회, 『국제정치논총』 제8집, 1969.

이해영, 「레비의 일본사회관」, 『이상백교수화갑기념논문집』, 을유문화사, 1964.

이해영, 「레비의 중국사회관」, 『민병태박사화갑기념논총』, 서울대학교출판부, 1973.

이해영·권태환 편, 『한국사회 인구와 발전』(제1권), 서울대학교 인구및발전문제연구소, 1978.

임성모, 「냉전과 대중사회 담론의 외연 : 미국 근대화론의 한·일 이식」, 한림대학교 일본학연구소, 『한림일본학』 26, 2015.

장세진, 「원한, 노스탤지어, 과학 : 월남 지식인들과 1960년대 북한학지의 성립사정」, 『사이/間/SAI』 제17호, 2014.

장영민, 「미군정기 미국의 대한선전정책」, 한국근현대사학회, 『한국근현대사연구』 16, 2001.

정문상, 「포드재단(Ford Foundation)과 동아시아 '냉전지식'」, 가천대학교 아시아문화연구소, 『아시아문화연구』 36, 2014.

정일준, 「한국 사회과학 패러다임의 미국화 : 미국 근대화론의 한국전파와 한국에서의 수용을 중심으로」, 한국아메리카학회, 『미국학논집』 37 : 3, 2005.

정종현, 「아시아재단의 "Korean Research Center(KRC)" 지원 연구」, 인하대학교 한국학연구소, 『한국학연구』 40, 2016.

조은주, 「인구와 통치 : 한국의 가족계획 사업」, 연세대학교 박사학위논문, 2012.

조은주, 「1960년대 한국의 통계발전과 지식형성의 실천」, 『한국과학사학회지』 38 : 1, 2016.

진단학회, 「한국의 근대화문제(1) : 박종홍, 이만갑, 김성희, 이상백」, 『진단학보』 제23집, 1962.

진단학회, 「한국의 근대화문제(2) : 이병도, 전해종, 민석홍, 고병익, 이보행, 천관우」, 『진단학보』 제23집, 1962.

최 명, 『술의 노래』, 도서출판 선, 2014.

학술단체협의회, 『우리 학문 속의 미국 : 미국적 학문 패러다임 이식에 대한 비판적 성찰』, 한울, 2003.

서울대학교언론정보연구소50년사편찬위원회, 『서울대학교 언론정보연구소 50년사, 1963~2013』, 한길사, 2013.

한국인구학회, 『인구대사전』, 통계청, 2006.

황병주, 「박정희 체제의 지배담론 : 근대화 담론을 중심으로」, 한양대학교 박사학위논문, 2008.

황성모·임희섭 대담, 「'특집 : 현대 사회과학의 구조적 반성' 대담 : 사회과학이론 및 방법의 한국적 수용」, 한국인문사회과학회, 『현상과 인식』 1:1, 1977.

홍종욱, 「일본 지식인의 근대화론 비판과 민중의 발견 : 다케우치 요시미와 가지무라 히데키를 중심으로」, 한국사학회, 『사학연구』 125, 2017.

金原左門, 『'日本近代化'論の歷史像』, 中央大學出版部, 1968.

道場親信, 『占領と平和 : 〈戰後〉という經驗』, 東京 : 靑土社, 2005.

Hall, John W., 金井圓, 田邊龍郎 共編, 『箱根會議議事錄』, 1961.


Asiatic Research Center (Korea University), *International Conference on the Problems of Modernization in Asia, June 28~July 7*, 1965, Asiatic Research Center, 1966. (*Report)

Cho, Tong-jae and Tae-jin Park (Meredith Sumpter ed.), *Partner for Change : 50 Years of the Asia Foundation in Korea, 1954~2004*, The Asia Foundation, 2005.

Levy, Marion J. Jr., *The Family Revolution in Modern China*, Cambridge : Harvard University Press, 1949.

Levy, Marion J. Jr., *Modernization and the Structure of Societies*, Princeton University Press, 1966.

Levy, Marion J. Jr., *Modernization : Latecomers and Survivors*, Basic Books, 1972.

Jansen, Marius B. ed., *Changing Japanese Attitudes Toward Modernization*, Princeton University Press, 1965.

Reischauer, Edwin O., 『日本近代の新しい見方』, 講談社, 1965.

Robin, Ron, *The Making of the Cold War Enemy : Culture and Politics in the Military-Intellectual Complex*, Princeton University Press, 2003.

## 제2부

# 이용희의 지식 체계 형성과
# 한국 국제정치학의 재구성

옥 창 준

**노재봉** "그렇게 사회과학에 대한 관심이 커질 무렵, 그런 가운데에서 스승으로서 이 선생님께 강렬한 영향을 준 사람이라도 있었습니까?"

**이용희** "그게 내 약점이야. 내가 가진 학문이나 사상에서 '이 분을 따랐다'고 할 수 있는 사람은 없어요. 내 약점이지요. 거대한 사상가들이 다 스승일진대 특히 한 사람에 감복은 되지 않았어요."[1]

## Ⅰ. 머리말

한국 사회과학의 역사를 다루고자 한다면 학문의 기원과 형성에 지대한 영향을 준 미국이라는 존재와 반드시 맞닥뜨리게 된다. 그렇기에 그간 한국 사회과학사를 다루는 연구는 미국 사회과학의 전파·수용사에 그치는 경우가 많았다. 수용사를 넘어 발달사를 다루는 일부 연구도 미국화라

---

* 이 논문은 「이용희의 지식 체계 형성과 한국 국제정치학의 재구성」, 국제한국문학문화학회, 『사이間SAI』 22호(2017년 5월)에 수록된 글을 수정, 보완한 것이다.
1) 「학문·사상·현실 : 독서연대기로 돌아보는 젊은 정신의 회억(이하 '학문·사상·현실')」, 『이용희 저작집 1』, 민음사, 1987, 501쪽. 이는 이용희와 노재봉의 대담으로서 본래의 대담은 1974년 1월 『서울평론』(10·17·24일)에 연속 연재된 것이다. 본 연구에서는 『이용희 저작집 1』의 쪽수를 따른다.

이용희의 지식 체계 형성과 한국 국제정치학의 재구성  167

는 대전제를 부정하지 않은 채, 미국화에 적극적이었던 다수의 '수입상'과 상대적으로 소극적이었던 소수의 '고물상' 사회과학자의 투쟁으로 한국 사회과학사를 서술했다.

문제는 한국의 사회과학사가 '한국적 사회과학사'여야 한다는 후대의 당위가 개입되면서 소수의 고물상의 업적이 사후적으로 강조된다는 점이다. 이와 같이 추존(追尊)의 방식으로 한국 사회과학사가 서술될 때 다음 두 가지 문제가 발생한다. 먼저 실제 한국 사회과학의 절대 다수를 차지하고 있던 수입상의 업적을 제대로 평가할 수 없게 된다는 점이다. 많은 수입상의 궁극적인 목표는 수입 그 자체가 아니라 '토착화'였다는 점을 고려할 필요가 있다. 이들은 미국 사회과학을 수용한 주체이기도 했지만, 동시에 이를 적극적으로 전유(專有)하고자 했다.[2] 따라서 한국 사회과학과 완전히 대비되는 존재로 미국 사회과학을 정의할수록 미국 사회과학을 통해 한국의 문제를 해결하고자 했던 여러 학자의 논의를 사상시켜 버리게 된다. 한국적 사회과학이 아니라 '한국' 사회과학사 그 자체를 있는 그대로 접근하는 용기가 필요한 시점이다. 또 다른 문제는 이와 같은 연구사 서술 방식이 고물상의 업적을 추존하는 데 치중하여 이들의 업적을 필요 이상으로 신격화한다는 점이다. 그렇기에 반복되듯이 범람하는 한국적 사회과학의 구호에 비해, 이들의 독창적인 문제의식이 등장할 수 있었던 배경과 여건과 관련된 학술사 차원의 논의는 매우 부족한 실정이다. 더불어 이는 한국적 사회과학이 제대로 계승되지 못하는 악순환의 조건으로 기능하고 있다.

이에 대한 대안으로서 본 연구는 주체적인 학문을 한 학자의 '학문하기'

---

2) 최근에는 '냉전 사회과학'이라는 관점 하에 미국의 지식 네트워크(정부·군학 복합체·심리전 기구·민간 재단 등)가 한국 사회과학의 형성에 어떻게 영향력을 행사해왔는지 재조명되기 시작했다. 이와 같은 연구를 토대로 미국 사회과학의 전파 그 자체를 넘어서, 개별 학자의 연구 과정에서 미국 학문의 영향력이 실제 어떻게 행사되었는지, 또 한국 학자 집단이 미국 사회과학을 어떻게 이해·활용했는지를 세밀하게 규명해나갈 필요가 있다.

를 분석의 대상에 포함시키고자 한다. 학문 활동과 이와 관련된 이면의 활동을 통해 학문적 자아가 어떻게 형성되는지를 함께 고려함으로써, 독창적인 작업이 가능할 수 있었던 내외적 조건을 심층적으로 분석할 것이다. 이를 위해 본 연구는 이용희(李用熙, 1917~1997)라는 한 개인의 지식 체계 형성과정에 주목한다.[3]

이용희를 통해 분석하고자 하는 사회과학 학문 분과는 국제정치학이다. 지금까지도 한국에서 국제정치학이라는 학문은 1945년 해방 이후 탄생했다는 것이 정설이다. 미국식 교육 과정이 소개되면서 정치학의 하부 분과로서 국제정치학을 강의하기 시작했다는 것이다. 그러나 미국식 분과 학문 체제가 일방적으로 이식된 것처럼 보이지만, 당대의 대학 학과제는 분과 학문보다는 강좌제 교수 채용 방식으로 모집된 '○○학' 교수를 모아둔 집합체에 가까웠다는 점을 염두에 둘 필요가 있다.[4] 이런 상황을 고려한다면 국제정치 교육을 실제 담당했던 교수진 개인의 특성이야말로 중요한 연구 주제가 되어야 한다. 이용희를 포함한 이들 중 대다수는 미국 국제정치학을 체계적으로 공부한 적이 없었다. 이들은 주로 외교사나 국제법, 지정학과 같은 유럽 국제정치학을 거쳐왔거나 이와 같은 지식 체계의 총아였다.[5] 특히 같은 국제정치학 분과 내에서도 자율적 지식 축적의 정도가 높은 분야에는 미국식 학문이 강한 영향력을

---

3) 지면의 한계로 이용희와 동시대 다른 국제정치학자의 작업을 상세하게 비교하지 못했다. 이는 추후 연구를 통해 보완해나가려고 한다. 최근 이용희의 지적 유산이 김용구, 하영선의 개념사 연구로 계승되는 과정을 지식사회학적 관점에서 추적한 논문이 제출된 바 있다. 강동국, 「한국 국제정치학과 개념사 : 매개항 '문명'의 방법론적 재구축」, 『개념과 소통』 13권, 2014.

4) 정준영, 「학과제의 도입과 대학사회」, 신주백 엮음, 『한국 근현대 인문학의 제도화 : 1910-1959』, 혜안, 2014, 215~216쪽.

5) 국제정치학을 좀 더 넓게 정의해본다면 일본 학술장의 영향도 상당히 중요하다. 일본 학술장 내에서 진행된 외교사 연구는 일부 조선인 연구자를 중심으로 상당한 수준에 도달했다. 이는 해방 후 외교사 연구의 토양이 된다. 일본 학술장을 통해 소개된 정치지리학(지정학)과 국제법이 해방 이후 국제정치학계에 어떤 영향을 주었는지도 흥미로운 탐구대상이다.

미칠 수 없었다.

즉 한국 국제정치학사를 본격적으로 다루려면 미국 국제정치학이
전파되는 과정 위주의 서술을 지양하고, 초창기 한국 국제정치학자가
기존 지식 체계를 어떻게 활용하여 '냉전적 학문'인 국제정치학이라는
신식 학문 분과에 적응해 나갔는지로 논의를 시작해볼 필요가 있다.[6]
다시 말해 미국 국제정치학이 아니라 당대 국제정치학자를 주인공으로
한국 국제정치학사를 접근해야 하는 것이다. 이와 같은 접근을 통해
초기 한국 국제정치학과 미국 국제정치학의 거리를 있는 그대로 해석할
수 있다. 초기 한국 국제정치학은 미국 국제정치학의 한국판이 아니라,
당대 한반도가 직면한 국제정치 현실을 진단하고 탈식민 독립국가로서
한국의 진로를 설정하는 데 적극적으로 활용되었다. 즉 초기 한국 국제정
치학은 보편적으로 경험되는 국제정치라는 객관적 현상을 분석하는
학문인 동시에, 국제정치 행위자로서 민족국가를 의식하게 하는 학문이었
다. 이 거리의 의미를 해석하기 위해서는 국제정치학을 하나의 완결된
형태로서 접근하는 것을 지양하고, 어떤 문제의식 하에 다양한 방법론과
이론적 자원의 일환으로서 국제정치학이 필요했는지로 질문의 방향을
바꿀 필요가 있다.

『국제정치원론』, 『일반국제정치학(상)』으로 대표되는 이용희의 국제
정치학 연구는 미국 국제정치학과 구분되는 이용희의 독창적인 접근법을
잘 보여준다. 당대 유럽·미국의 서구 국제정치학은 근대국가를 주된
행위자로 하여 근대국가 간의 관계, 특히 전쟁과 평화의 문제를 기술적인
연구 대상으로 다루었다. 반면 이용희는 국제정치를 나라와 나라 사이의
관계에만 한정하지 않았다. 오히려 그는 서구 국제정치학자들이 이미

---

6) 이른바 미국과 소련의 대결에 입각한 '냉전적 학문'으로서 국제정치학이 한국
  학술장에 본격적으로 소개되기 시작하는 것은 미국 유학파가 본격적으로 귀국하
  는 1960년대 중후반의 일이다. 본 연구는 '냉전적 학문'으로서 국제정치학을
  다루기보다는, 현실로 존재하는 냉전을 민감하게 의식할 수밖에 없는 학문으로서
  국제정치학에 주목했다.

대전제로 상정하고 있는 근대 민족국가의 기원과 정당성을 근원적으로 캐물었다.[7] 이를 살펴보기 위해 그는 구체적으로 ① 근대 국제체제 출현 이전 전근대 국제사회의 형성과 유지 방식, ② 유럽 국제사회의 등장과 팽창의 동인, ③ 제2차 세계대전 이후 미국과 소련을 중심으로 한 국제사회의 건설 가능성에 관심이 있었다.[8] 또 그에게 정치는 항상 지배와 피지배의 길항 작용이었는데, 이러한 접근법은 국제정치를 분석하는 과정에서도 유효했다. 이용희는 지배적인 국제정치 양식이 피지배자에게 관철되는 과정과, 이를 통해 성립된 국제사회의 유지 기제를 규명하는 데 관심을 두었다. 이는 이용희 자신이 이른바 '장소(場所)의 논리'로 명명한 것으로, 그 당대의 지배적인 국제정치 양식이 된 서구의 근대국가·근대국제정치라는 일반 유형이 개별 지역으로 전파될 때 과연 어떤 변이를 일으키는지, 또 이와 같은 일반 유형이 전파된 지역에서 어떻게 권위를 획득하는지를 분석하는 작업이었다.[9]

즉 일찍이 이용희는 미국식 정치학(Political Science)이 '선진' 학문으로서 도입되는 시기에 정치학이 '정치적' 학문('political' science)이라는 점을 간파했다.[10] 본 연구는 이와 같은 관찰이 어떤 배경과 맥락에서

---

7) 이용희, 『일반국제정치학(상)』, 박영사, 1962, 24쪽.

8) 첫 번째와 두 번째 문제의식은 훗날 각각 '권역 이론'과 '전파 이론'으로 발전한다. '권역 이론'이란 19세기 초까지 유럽 국제정치권과 유럽 국제정치권과 정립(鼎立)을 이루던 유교 국제정치권과 이슬람 국제정치권의 작동방식을 설명하는 일반 이론이다. 문제는 현재의 국제정치가 유럽 국제정치권에서 발전한 '국제정치(inter-national politics)'라는 점이다. 이와 같은 현실로서 존재하는 유럽 국제정치의 팽창을 설명하는 이론이 '전파 이론'이다. 특히 두 번째 문제의식은 유럽식 근대국가의 유형을 군사국가·경제국가·식민지국가로 정치(精緻)하게 정리한 『일반국제정치학(상)』으로 집대성된다. 유럽식 근대국제정치가 현대국제정치 속에서 변모하는 과정을 다루는 세 번째 문제의식은 『일반국제정치학(하)』로 이어지지 못했고, 훗날 유럽통합의 역사를 다루는 『미래의 세계정치』라는 책으로 일부 계승된다.

9) 이동주, 『국제정치원론』, 장왕사, 1955, 서문 2쪽.

10) 박상섭은 한국 정치학이 학문 그 자체의 필요성보다는 서구식 대학 설립에 따른 정치학과의 설립과 함께 시작되었다고 주장했다. 박상섭, 「한국 정치학, 자아준거적

가능할 수 있었는가를 지성사 차원에서 해명하고자 한다. 본 연구는 이를 이용희 개인의 박학다식함과 천재성으로 설명하기보다는 이용희가 식민지 시기 독자적으로 축적한 방대한 지식 체계와의 밀접한 관련이 있다는 점에 주목할 것이다.

## II. 이용희의 지식 세계

### 1. 조선학의 영향과 비교언어학이라는 방법론

이용희는 1917년 연당(研堂) 이갑성의 장남으로 태어났다. 부친 이갑성은 1919년 3.1 운동을 이끈 민족지도자 33인 중 한 명으로 잘 알려져 있다. 그러나 부친의 독립 운동 경력으로 인해 이용희의 유년 시절은 순탄하지 못했다. 이후 이용희는 줄곧 공립 교육이 아닌 사학(私學)의 세계에 머무를 수밖에 없었다. 하지만 이는 결과적으로 그가 일본 중심의 관학 아카데미즘에 객관적으로 거리를 둘 수 있는 능력을 기르는 기회가 되기도 했다.[11] '제도로서의 학문'으로 나아가는 길에서 일찍이 배제된 소년 이용희는 '운동으로서의 학문'의 강한 자장 아래 놓였다.[12] 당시 식민지 조선에서는 1926년 6.10 만세 운동을 분기점으로 하여 민족주의 지향의 독서회가 활발하게 운영되고 있었다. 소년 이용희는 보통학교

---

정치학은 영원한 숙제인가」, 권영민 외, 『한국 인문·사회과학 연구, 이대로 좋은가』, 푸른역사, 2013, 172쪽. 이와 같은 입장이 주류인 가운데 최근 들어 일본 식민시기 '정치학'의 가능성을 탐색하는 연구가 등장하고 있다. 전상숙, 「식민지시기 정치와 정치학 : '조선인' 정치 참여 부재의 정치학」, 『사회와 역사』 110권, 2016. 미국식 제도 하에 정치학과가 탄생한 사실을 인정하더라도 해방 이후 '정치학'에 대한 폭발적인 관심의 기원과 배경을 좀 더 분석할 필요가 있다.

11) 「학문·사상·현실」, 474쪽.

12) '제도로서의 학문'과 '운동으로서의 학문'은 백영서의 표현을 참조한 것이다. 백영서, 『사회인문학의 길 : 제도로서의 학문, 운동으로서의 학문』, 창비, 2014.

재학 시부터 독서회에 열심히 참여했고, 중앙고등보통학교 시절(1929~1934)에는 교사로 부임한 권덕규와 이윤재의 강의를 들으며 한글 운동과 재야의 조선사 연구에 관심을 보였다.[13] 권덕규와 이윤재는 당시 조선어학회의 중진으로서 한글 맞춤법 통일안(1933)을 제정하는 등 활발한 사회 참여를 하고 있었다.

이 두 선생님과 더불어 이용희의 세계관을 형성하는 데 있어 큰 영향을 준 것은 최남선의 조선학이었다. 『동명』에 인기리에 연재되던 「조선역사 통속강화」(1922~1923)를 위시하여 3.1 운동 이후 당대 조선학을 선도하던 육당 최남선은 『불함문화론』(1925)을 통해 '붉'을 숭상하던 고대의 독자 문화권으로서 조선을 부각시키고자 했다.[14] 중심과 주변을 상정하고, 이를 통해 역사의 계보를 새롭게 구축하려는 최남선의 작업은 이용희에게 상당한 영향을 준다. 기실 『불함문화론』으로 대표되는 단군의 문제는 조선사의 특수성을 세계사적 보편성과 연결시키는 문제와 긴밀하게 연결되어 있었다.[15] 이용희 역시 조선의 특수한 민족사를 보편사로서의 세계사의 관점에서 해석하는 문제를 평생 깊이 고민한다. 이처럼 1930년 대 말까지 이용희는 조선학의 영향 아래, 조선학의 방법론을 끊임없이 고민하며 나름의 답을 찾기 위해 분투하게 된다. 이용희는 최남선의 애국적 정신에는 공감을 표했지만 최남선의 방법론이 취약하다는 사실을 일찍부터 의식하고 있었다. 최남선의 『아시조선』(1927)과 같은 작업의 역사적·언어학적 근거는 지나치게 소박했던 것이다.[16]

---

13) 「학문·사상·현실」, 475쪽.
14) 최남선의 조선학에 대한 분석은 류시현, 『최남선 연구 : 제국의 근대와 식민지의 문화』, 역사비평사, 2009, 제3부가 자세하다.
15) 이에 대해서는 정종현, 「단군, 조선학 그리고 과학」, 『한국학연구』 28권, 2012.
16) 이용희는 줄곧 '민족'(nation)과 "민족을 최고의 가치로 보고, 이를 통해 정치·문화 의 체계를 재편"하려는 '민족주의'(nationalism)를 분별해서 인식했다. 이용희, 「민족주의의 개념」, 노재봉 엮음, 『한국민족주의와 국제정치』, 민음사, 1982, 213쪽. 이용희가 보기에 최남선의 조선학은 민족주의 지향성이 너무 강해서 민족사를 민족주의 내러티브로 지나치게 '스토리라이즈'하고 있었다. 「학문·사상

아버지 세대뻘인 최남선이 서구 근대 지식을 계몽적으로 소개하다가 1920년대부터 조선학으로 선회하는 과정을 거쳤다면, 이용희는 조선학에 대한 관심에서 출발하여 서구 지식의 추구로 노선을 변경하게 된다. 이는 최남선의 조선학을 거부한 것이라기보다는 조선학의 학적 근거를 보완하고자 하는 것에 가까웠다.[17] 이용희는 언어 분석을 제대로 하려면 다양한 외국어를 알아야 한다는 판단 하에 외국어와 비교언어학 공부에 열을 올렸다.[18] 이미 고보 시절 그는 일본어를 포함하여 영어·프랑스어·독일어 독해를 능숙하게 할 수 있었으며 초보적인 수준의 그리스어·라틴어 독해가 가능할 정도였다.

서구 지식을 향한 이용희의 왕성한 섭취는 1934년부터 1936년의 시기에 집중적으로 이루어진다. 이 시기는 부친 이갑성이 상하이로 망명을 떠나 집안 사정이 매우 어려운 시기였기에 이용희는 상급학교로 진학을 하지 못하고 기약 없는 방황의 시기를 보내게 된다. 약 2년에 이르는 표랑(漂浪)의 시기에 이용희는 독서에 열중한다. 특히 그는 경성제국대학에 서구 서적을 공급하던 마루젠(丸善) 서점을 즐겨 찾았다. 마루젠 서점은 일본 지식 문화권인 조선에서 해외문화와 교류하는 '바늘구멍 같은 출구'였다.[19] 이곳에서 그는 레클람(Reclams Universal, 독일 발간) 문고나 에브리맨즈 라이브러리(Everyman's Library, 영국 발간) 같은 문고판 도서뿐만 아니라 문학·언어학 관련 도서를 읽었고, 총독부 도서관에서는 일본어로 번역된 그리스어·라틴어 고전을 읽으면서 언어 해석력을 익혔다.[20]

---

·현실」, 476쪽.

17) 최남선은 「조선역사통속강화」에서 앞으로 조선학을 연구하기 위해 필요한 학문으로 고고학·인류학·인종학·토속학·종교학·언어학·금석학·고천학(古泉學)·문장학·지질학·지리학·해부학·생물학 등을 제시했다. 류시현, 「민속학을 적용한 최남선의 '조선학' 연구 : 1910-20년대 단군 논의를 중심으로」, 「역사민속학」 48호, 2015, 73쪽. 이용희는 특히 언어학을 중심으로 자신의 공부를 이어나갔다고 할 수 있다.

18) 「학문·사상·현실」, 477쪽.

19) 「학문·사상·현실」, 480쪽.

1936년 이용희는 경주 이씨 종중의 도움으로 가까스로 연희전문학교 문과에 진학했다. 연희전문을 통해 그는 당대 조선의 최고급 지식인과의 지적인 네트워크를 형성할 수 있었다.[21] 문과를 개설한 대부분의 사립전문학교가 미션 스쿨 계통이었기에 종교 관련 일꾼을 양성하는 것을 지향하고 있었지만, 연희전문은 자유 학예를 통한 기독교적 교양의 함양을 목표로 하고 있었기 때문에 이용희의 학문적 지향과 어울렸다. 하지만 연희전문에서 이용희는 지적 갈등을 겪게 된다.

이 시기 이용희의 내적 갈등을 잘 보여주는 것이 바로 이용희의 문학 동인 활동이다. 연희전문 입학 당시 이용희는 문학 쪽의 진로도 잠깐 고민했던 것으로 보인다. 신입생 시절 그는 『삼사문학』을 위시로 하는 문학 그룹에서 활동했다. 이는 그가 독보적인 외국어 실력과 더불어 이미 영국의 모더니스트 운동, 프랑스의 초현실주의를 포함한 당대의 시작(詩作) 운동에 정통한 해외문학파였기에 가능했다.[22] 하지만 동인 활동을 하면서 이용희는 고독을 겪기 시작했다. 입으로는 모더니즘을 논했지만 막상 문학 작품을 쓰다 보니 토착적 시상에서 벗어날 수 없는 어려움에 직면하게 된 것이었다.[23] 이는 청년 이용희가 맞이한 최초의 지적 위기였다. 이는 선진적인 서구의 모더니즘과 비교하여 토착적인 시상이 후진적일 수밖에 없다는 문제와 밀접히 연결되어 있었으며, 오랫

---

20) 「학문·사상·현실」, 478~479쪽.

21) 이용희는 연전시절 정인보, 최현배, 백낙준, 이묘묵, 하경덕, 백남운의 지도를 받았다고 회상했다(『학문·사상·현실』, 400쪽). 이용희의 연전 학업성적표(연세대학교 기록관 소장)와 『연희전문학교 보고서』를 통해 재구성해보면 정인보에게는 한문·한문학, 최현배에게는 조선어·조선문학·논리학·수신을, 백낙준과 이묘묵에게는 서양사, 하경덕에게는 사회학·심리학·영문학을 수강했을 것으로 보인다. 이외에도 1936년 4월부터 1년간 연전에서 강의를 진행한 이선근의 수업을 들었으며, 손진태의 동양사·조선사, 조의설의 서양사 강의를 수강했다.

22) 이용희는 김광균·이성범·오장환·서정주와 어울리며 『시인부락』의 발간에도 참여했다. 「학문·사상·현실」, 482쪽. 이 시기 이용희는 '상해'(象海)라는 필명으로 「현대시의 주지(主知)와 주정(主情)」을 발표하기도 했다.

23) 「학문·사상·현실」, 483쪽.

동안 서구 원전을 읽어온 식민지 출신의 지식인인 이용희가 맞닥뜨린 난제이기도 했다.

이용희는 빌헬름 보링거(Wilhelm Worringer)의 미론을 통해 이 위기를 돌파해낸다.[24] 보링거는 지역에 따라 그 문화가 다를 수 있다고 주장한 독일 미학자였다. 보링거는 서양 세계가 익숙한 개체 중심의 예술 비평을 지양하고, 개체 초월적인 예술(고대 이집트의 추상 예술, 비잔티움 예술 등)에도 미적인 가치와 위상을 부여했다. 감정이입의 예술(서양)과 추상의 예술(동양)은 모두 각 지역의 '예술의욕'(Kunst-wollen)을 반영하는 것이지, 어느 하나가 더 우위에 있는 것이 아니었다.[25] 보링거의 주장은 서구 학문을 광범위하게 섭취하면서 조선적인 것에 선입견과 묘한 열등감을 지니고 있던 이용희의 고민을 해결해주었다. 아름다움이란 게마인진(Gemeinsinn, common sense)에 기초한 게마인샤프트리흐(Gemeinschaftlich), 즉 사회적 문맥에서 형성되는 것이었다.[26] 한 사회의 미를 이해하기 위해서는 역설적으로 작가의 예술의욕과 작품을 낳은 시대를 알아야만 했고, 따라서 예술은 해당 시대의 정치라는 사슬과 함께 서술되어야 했다.

"비평가·감상가는 우선 시대의 사상을 대표한다. 시대의 사조를 미리 탐지하는 수도 있고 늦게까지 고집하는 수도 있지만 시대사상의 대변인데는 큰 차이가 없다. 플라톤도 당시의 권위 있는 비평가였다는 것을 우리는 깨달아야 될 것이다. 근대 초까지 고도의 문학작품이 그 정치적·

---

24) 훗날에도 이용희는 가장 아끼는 책으로 보링거의 『추상과 감정이입』을 언급했다. 「내가 아끼는 책 : 『추상과 감정이입』(이용희 교수)」, 『경향신문』1965.2.17.

25) 보링거의 영향력에 대해서는 이동주, 「미술사와 미술사학」, 『우리나라의 옛 그림』, 학고재, 1995, 13~15쪽. 동주(東洲)는 여행을 많이 할 상이라며 오세창이 지어준 이용희의 호이기도 하다. 이 글의 원본은 「미술사와 미술사학 : 나의 한국 전통회화 연구와 관련하여」, 『미술사학보』1, 1988.

26) 이동주, 「미술사와 미술사학」, 46쪽.

사회적·종교적 효능으로서 비평되었다는 것도 이들 전문가의 판단인데 그 배경에는 지배적인 정치사상의 영향이 있다. …… 프랑스혁명과 산업혁명 이후에 유럽을 휩쓴 자유주의 정치사상을 도외시하면 대체 저 근세의 낭만주의·인상주의·상징주의·순수시파·다다이즘·입체파·초현실파·현대시파 등등의 현란한 시초(詩草)의 동산이 제대로 보일까? 제각기 개성적 표현을 하며 동시에 현대의 상품과 같이 보편적 미를 창조하려는 시인의 군상을 개인주의·유럽자유주의를 두고 헤아려 내는 도리가 없다. 또 다시 생각하건대 자유주의의 완전 부정에 서 있는 전 독일·이탈리아와 현재의 공산권에서 다시 사회적·정치적 효용과 규격 속에서 시문이 이루어지는 것은 정치적 환경과 사조의 변화라고 하지 않고 이해할 수 있을까. 그 감상가·비평가는 결국 이러한 정치 사조의 대변을 그 직능으로 하고 있다. 옳든지 그르든지 간에 또 어떠한 야릇한 기교로써 가치의 체계를 꾸미든 간에 정치라는 굵은 사슬에 발목을 잡혀 있는 것은 부인할 수 없다."[27]

즉 시인의 영감은 시인 자신만의 표현이 아니라, 시인이 놓여 있는 특정한 가치체계에서만 오롯이 독해될 수 있는 것이었다. 그런 의미에서 시에 대한 탐구는 자연스레 시 바깥의 세계에 대한 관심으로 확장되었다. 문학 활동을 통해 체득한 이와 같은 교훈은 훗날 이용희가 독서를 할 때에도 책의 내용 그 자체뿐만 아니라 작가의 시대와 의욕을 이해하고, 작가가 대변하는 전반적인 시대정신에 대한 지식사회학적 감각을 기르는 계기가 된다.

이 사건 이후 이용희는 고보시절과 마찬가지로 언어학·인류학 이론과 같은 시구 학문을 체계적으로 흡수해 그 관점에서 조선에서 진행되고 있는 조선학과 민족주의를 평가해야겠다는 결론을 내리게 된다. 조선학

---

27) 이용희, 「시와 정치」, 『정치와 정치사상』, 일조각, 1958, 366~367쪽. 이 글은 본래 『문리대학보』, 1954년 9월호에 게재된 글이다.

연구를 평가할 수 있는 합당한 이론적 틀을 찾기 위해 이용희는 연희전문 도서관에 설치된 좌옹 윤치호 문고를 이용했고, 독일·영국·프랑스의 철학서·사회과학서를 통해 최대한 세계적 수준에 걸맞은 독서를 이어나가고자 분투했다.[28]

특히 이용희의 당대 언어학에 대한 독서는 놀라운 수준이었다. 이용희의 언어학 독서는 주로 비교언어학과 관련되어 있었다. 첫 출발은 아우구스트 슐라이허(August Schleicher)의 『인도게르만어 비교문법 일람』(*Compendium der vergleichenden Grammatik der indogermanischen Sprachen*)이었다. 슐라이허는 인도게르만어가 공통조어에서 출발했지만 시간의 흐름에 따라 여러 언어로 분화되는 양상을 비교언어학을 통해 규명하고자 했다. 계통수(系統樹, Stammbaum) 이론으로 불리는 슐라이허의 이론은 분리된 나뭇가지보다는 나뭇가지의 원형이 되는 인도게르만어라는 '줄기'에 초점을 맞춘 것이었다. 현존하는 언어의 특징을 비교함으로써, 그 기원이 되는 공통조어를 찾아가는 슐라이허의 비교 재구(comparative reconstruction) 연구 방식은 이용희가 구체적인 역사 현실을 하나의 유형으로 추상화하고 이를 비교적 시각으로 검토하는 시각을 갖는 데 도움을 주었다. 이 맥락에서 이용희는 페르디낭 드 소쉬르의 『일반언어학 강의』, 개별 언어를 세밀하게 분류하는 기준으로서 언어형(linguistic pattern)에 주목한 미국 구조주의 언어학의 에드워드 사피어(Edward Sapir)와 레오너드 블룸필드(Leonard Bloomfield) 저작을 읽었다.[29]

---

28) 연세대학교 운영보고서에 따르면, 좌옹 문고(Cha-Ong Collection)은 약 1000권의 동서양 서적으로 구성되어 있었다. 「Chosen Christian College Bulletin, 1937-1938」, 연세대학교 박물관 엮음, 『연희전문학교 운영보고서(上)』, 선인, 2013, 349쪽.

29) 일반 언어학의 계보에는 소쉬르의 『일반언어학 강의』가 포함되었다. 이 책은 당시 경성제대 언어학 강사 고바야시 히데오(小林英夫)에 의해 『언어학원론』으로 1928년에 일본어로 번역되었다. 이용희는 일역 『언어학원론』을 보았다고 증언했다. 「학문·사상·현실」, 488쪽. 또 이용희가 독파한 앙리 프레(Henri Frei)의 『일반문법론』(*La Grammaire des Fautes*)의 일역본, 안톤 마르티(Anton Marty)의 『일반문법과 언어철학의 기초연구』(*Untersuchungen zur Grundlegung der allgemeinen*

동시에 이용희는 언어가 분화되는 역사적 과정에 대한 독서도 열심이었다. 헤르만 파울(Herman Paul)의 『언어사 원리』(*Prinzipien der Sprachgeschite*)가 그 대표적 예이다.[30] 파울은 역사주의의 입장에서 언어를 이해하기 위해서는 언어의 토대가 되는 역사를 공부해야 할 것을 강조했다. 슐라이허가 비교 재구를 통해서 역사적으로 확인할 수 없는 공통조어를 복원하고자 노력했다면, 파울은 역사적 문헌을 토대로 확인 가능한 공통조어를 찾고, 이 공통조어를 기점으로 언어사가 어떻게 전개되었는지를 살펴보고자 했다.[31] 파울은 일반 언어법칙도 중시했지만 이 법칙이 특정 언어에서는 달리 나타날 수 있다는 사실도 섬세하게 고려했다. 이처럼 연희전문 시기 언어학 독서를 통해 획득한 비교적 시각과 일반 원리에 대한 이용희의 관심은 그의 지식 체계의 토대를 형성한다.[32]

하지만 제 아무리 피나는 노력을 한다 해도 식민지 조선은 국제문화를 수용하고 자기화하기에는 제도적으로 너무나 열악한 상황이었다. 이용희

---

*Grammatik und Sprachphilosophie*)도 일반 언어학의 계보에 속했다.

30) 헤르만 파울의 『언어사 원리』는 유응호(1911~?, 훗날 서울대학교 문리과대학 언어학과 교수, 김일성종합대학 어문학부 교수)에 의해 1936년 『정음』지에 1장 내용이 번역되어 소개되기도 했다. 유응호, 「언어발달의 본질에 관한 개관」, 『정음』 15호, 1936. 유응호가 해방 후 『학풍』 2권 3호(1949)에 발표한 「현대언어학의 발달」은 당대 한국인의 유럽 언어학 수용·이해 수준의 성취를 잘 보여준다.

31) 이용희는 슐라이어와 파울의 작업을 통해 유럽 언어학이 언어사를 가능한 한 최대한도로 재구성하는 것과 음운체계의 역사적 변화를 탐구하는 학문임을 깨달았다고 말했다. 「학문·사상·현실」, 488쪽. 특히 당대의 비교언어학은 단순히 한 민족의 언어를 민족주의적 관점에서 탐구하는 것만이 아니라, 여러 언어를 역사적 관점에서 하나의 어족(語族)으로 통합하려는 목표를 지녔다. 이와 같은 비교언어학의 관점은 이용희에게 큰 영향을 미치게 된다.

32) 언어학뿐만 아니라 이용희는 인류학 도서를 상당수 독파한 상태였다. 이용희는 말리노프스키, 보아스, 로위, 리버스, 미드, 레드클리프 브라운, 뒤르켐, 레비 브륄, 투른발트 등을 읽었다고 회고했다. 「학문·사상·현실」, 490~491쪽. 이 시기 인류학은 주로 정부 조직이 존재하지 않는 원시 사회에서 권력과 권위가 어떻게 작동하는가를 탐구하는 학문이었다. 인류학은 세계정부가 부재한 상황에서 나름의 질서가 작동하는 상황을 연구하는 국제정치학과 연구대상 측면에서 일정 부분 상통하는 측면이 있었다.

자신의 표현을 빌리자면 '식민지 조선은 구미 문화권에 들어가 있는 일본 문화권의 지방판'에 불과했다.[33] 식민지 조선에서 구미 문화를 접근한다는 것은 구미에서 일본으로 들어갈 때 이미 한 번 왜곡되어 일그러진 것을 다시 한 번 우리의 시각으로 좁혀서 이해하는 것에 불과했다. 이런 상황에서 나오는 결과물은 기본적으로 절름발이일 수밖에 없었다.

연희전문 스승인 외솔 최현배의 작업에 대한 이용희의 평가는 당대 조선학(국학)을 바라보는 그의 시각을 잘 보여준다. 이용희는 외솔 최현배의 『우리말본』(1937)이 규범주의 문법관에 기초를 두고 있으며 이 책이 당대 유럽과 미국에서 진행된 기술 문법의 성과를 전혀 반영하지 않았다는 점에서 비판적이었다.[34] 당대 식민지 제도권 학술 기관이라고 볼 수 있는 경성제대의 언어학 연구가 사실과 가치를 분리하고 과학적 언어방법론을 강조했다면, 연희전문의 언어학 연구는 민족주의라는 가치를 강하게 지향하고 있었다. 이 둘 사이에서 이용희는 민족주의를 지향하는 언어 연구의 정신을 인정하되, 조선학이 '학'(學)으로서 이를 최대한 과학적으로 규명해야 한다는 입장을 취했다고 할 수 있다. 이용희에게 그 과학의 기준은 (일본을 경유하지 않은) 서구의 선진 학문이었다.

문제는 식민지 조선에는 그 일그러진 것을 제대로 볼 수 있도록 해주는 제도권 하의 학문 시설이 부재했다는 점이었다.[35] 그 결과 서구 언어학 공부를 이어나가려고 해도 연희전문에서 당대 최신 언어학 관계 도서를 계속적으로 공급받기란 사실상 불가능했다. 그나마 최신 학술 도서가 소장된 경성제대 도서관은 이용희가 접근하기 쉽지 않았다.[36] 모든 것은 연속선상에서 축적되지 않았고, 중도에 포기되는 난독(亂讀)과 난독(難讀)의 계속이었다. 결국 이용희는 서적의 가격이 그다지 비싸지 않은 국학

---

33) 「학문·사상·현실」, 490쪽.
34) 「학문·사상·현실」, 488쪽.
35) 「학문·사상·현실」, 492쪽.
36) 「학문·사상·현실」, 490쪽.

관계와 중국 서책을 위주로 다시 한 번 지적 선회를 하게 된다.

이용희는 서구 비교언어학과 인류학을 본격적으로 공부하고자 했으나, 식민지 조선에서 그의 지식욕을 뒷받침해줄 수 있는 제도가 부재했다. 이는 이용희가 줄곧 어느 한 학문에 진득하게 머무르지 못하고 지적인 방황을 계속하게 되는 계기가 된다.[37] 결국 그는 텍스트를 지나치게 민족주의적 관점에서 독해하는 작금의 세태를 비판하고, 자신의 비교언어학 지식을 활용하여 좀 더 객관적인 텍스트 연구를 하는 편이 낫지 않을지 고민한 것으로 보인다. 이는 보편 기준을 상정하고 이에 부합하는 조선의 사례를 열거하는 방식이 아니라, 조선의 사례를 보편 기준에 부합하는 정밀한 연구 방법론을 통해 접근하는 것에 가까웠다. 이는 결실을 맺지는 못했지만 구체적인 연구 주제로 발전하기도 했다. 이용희는 『삼국사기』와 『삼국유사』의 지명·인명·관직의 어사연구를 계획했고, 고대·중세 한국어 연구와 이들 언어의 자매어로서 여진어(만주어)·거란어·몽고어·고대 일본어 등에 관심을 갖기 시작했다.[38] 이는 서구 비교언어학에서 직접적으로 다루어지는 주제가 아니었기에 이용희가 한국과 동양에 대한 시공간적 감각을 기르는 출발점이 된다.

이 시기 이용희의 지식 세계를 간단하게 요약해보자. 자신의 가정환경에 대한 성찰에서 시작된 민족에 대한 고민은 자연스레 1920년대 최남선의 조선학에 대한 관심으로 이어졌다. 이용희는 사립학교와 연희전문에서 줄곧 민족주의적인 국학(조선학) 교육을 받았지만, 그 논리를 무비판적으로 수용하지 않았다. 오히려 그는 민족주의적 입장이 아니라 민속을 보편 학문의 맥락에서 상대화하여 탐구하는 자세를 취했다.[39] 이 과정은

---

37) 「학문·사상·현실」, 492쪽.

38) 「학문·사상·현실」, 488쪽. 이용희는 한국어의 '자매어'인 이들 언어를 연구함으로써 한국어의 기원을 탐사하고자 했다. 고전 한국어에 대한 이용희의 관심은 줄곧 이어졌다. 이용희가 개인 소장한 고려시대 이두 문서에 대한 연구가 진행되기도 했다. 허흥식, 「1349년 청주목관의 이두문서」, 『한국학보』 11권 1호, 1985.

39) 이와 같은 민족주의에 대한 '중립적' 입장은 33인 집안의 아들로서 줄곧 일본

어떤 의미를 지녔을까. 훗날 이용희는 국학(조선학) 운동의 국수주의 역사관을 통해서 '알게 모르게' 유럽적인 근대 민족주의가 완전히 우리 것으로 수용되었다는 점을 지적했다.[40] 이는 이용희 자신에게도 해당되는 말일 것이다. 그는 전통적·국수적으로 보였던 국학(조선학) 운동을 통해 유럽의 근대 민족주의가 무엇인지를 명확하게 터득할 수 있었다. 그러나 이용희는 민족주의의 눈으로 현상을 해석하는 것이 아니라, 민족주의 그 자체를 역사적·비교적 문맥 속에서 파악하고자 했다는 점에서 한 발 더 나아갔다.[41] 이는 이용희가 조선학(국학) 운동의 영향을 받았지만, 식민지 현실의 타개보다는 조선어의 역사를 비교언어학적으로 규명하는데 관심을 두었기에 가능했다.

## 2. 만주국의 체험과 정치에 대한 감각

1940년 3월 연희전문을 졸업한 이용희는 만주국의 수도 신경(지금의 장춘)의 만주국 협화회(協和會) 사무원으로 취직하여 생활공간을 만주로 옮겼다.[42] 학문의 뜻을 둔 많은 연희전문 졸업자들이 미국이나 일본

---

경찰의 감시와 검열의 대상이 되었던 그의 사정에서 기인하는 것이 아닐까 추측해본다.

40) 이용희, 「한국 인식의 방법론」, 『한국민족주의』, 서문당, 1977, 115~117쪽. 이 글은 『지성』 2권 3호, 1972에 발표되었다.

41) 이는 이용희가 연희전문의 분위기에 대해 자의반 타의반 떨어질 수 있었기에 가능한 일이었다. 국학 지향성이 컸던 연희전문의 분위기는 수양동우회·경제연구회 사건으로 위축되었고 이용희가 영향을 받은 백낙준, 백남운이 1937년에, 1938년에는 최현배, 이윤재가 학교를 떠났으며, 정인보도 1938년부터 휴직을 하게 된다.

42) 이 기록은 「연희전문학교 졸업생 명부」, 연세대학교 국학연구원 엮음, 『근현대 한국의 지성과 연세』, 혜안, 2016, 101쪽. 이 명부는 연희전문학교 동문회, 『회원명부』, 1940, 73쪽에 기재된 내용을 정리한 것이다. 『회원명부』는 연세대 사학과 김성보 교수님이 확인해주셨다. 이 자리를 빌어 감사드린다.

유학을 선택한 반면, 중국이나 만주행은 대개 생계유지형인 경우가 많았다.[43] 이용희의 협화회 근무생활은 그리 오래 이어지지 않았다. 부친 이갑성이 어용단체에서 일하는 것을 극구 만류했기에, 이용희는 다시 조선으로 돌아와 원산과 봉천-하얼빈을 연결하는 해산물 무역업에 종사했다.[44] 사업을 위해 봉천과 하얼빈을 드나들며 이용희는 일본 제국의 지식 제도를 적극적으로 활용할 수 있게 되었다. 이용희는 하얼빈에서 러시아어를 배우기 시작했으며 만주어·몽고어 관련 연구 및 자료 수집을 집중적으로 진행했다.[45]

특히 이용희는 봉천(奉天, 지금의 심양)에 위치한 만철 도서관을 즐겨 찾았다.[46] 봉천 만철 도서관은 중앙아시아와 동아시아 연구를 위한 연구 도서관을 지향하고 있었기에 이용희와 궁합이 잘 맞았다.[47] 하얼빈 만철 도서관은 구 러시아 제국의 동청 철도 도서관을 계승한 것이기에 주로 러시아어권에서 생산된 북만 관계 문헌이 풍부했던 반면, 봉천 도서관은 청 제국의 문소각(文溯閣, 심양 고궁의 장서각)의 장서가 풍부하게 소장되

---

43) 연희전문학교 졸업생의 사회 진출에 대해서는 김성보, 「연희전문학교 졸업생들의 사회 진출 기초 연구」, 연세대학교 국학연구원 엮음, 『근현대 한국의 지성과 연세』, 혜안, 2016.

44) 「학문·사상·현실」, 496쪽.

45) 「학문·사상·현실」, 496쪽. 훗날 현대 한국의 대표적인 언어학자로 성장하는 김방한은 서울대 문리대 시절 이용희 교수로부터 니콜라스 포페의 『몽고사전』(Mongol'skij slovar' Mukaddimat al-Adab, 1938) 및 몽골어·퉁구스어 서적 등을 대출받았다고 회고하기도 했다. 김방한, 『한국어의 계통』, 민음사, 1983, 4쪽. 이용희는 포페의 책을 만주 시절 하얼빈에 체류할 당시 구입했다. 「학문·사상·현실」, 498쪽.

46) 이용희가 만철, 더 구체적으로는 만철 조사부에서 근무했다는 증언도 존재한다. 서울대 정치학과 60년사 편찬위원회, 『서울대학교 정치학과 60년사』, 서울대 정치학과, 2006, 408쪽. 전반적인 사정을 고려할 때, 만철 도서관에서 '사서'와 비슷하게 몽고 관련 연구를 했다는 김용구의 증언이 가장 타당해 보인다. 김용구, 「외교학과와 나의 학문」, 서울대학교 외교학과 50년사 간행위원회 엮음, 『서울대학교 외교학과 50년사』, 서울대학교 외교학과, 2006, 216쪽.

47) 심지어 이용희는 봉천 도서관장(1940~1942)이었던 에토 토시오(衛藤利夫)와 친분을 쌓기도 했다. 「학문·사상·현실」, 497쪽.

어 있었으며, 유럽-동양 관계의 저술이 체계적으로 수집되어 있었다. 이용희는 봉천 도서관의 분위기 속에서 동양사 연구에 열을 올렸다.[48]

　이용희가 만주에서 공부했을 가능성이 큰 연구 영역은 만주·몽고의 언어 및 역사 연구(몽청사 연구)였다. 만주 시절 그는 주로 몽고어·만주어 사전과 기본 문헌, 이와 관련된 해설서·연구서를 구입했다. 흥미로운 점은 그가 알타이어 연구를 통해 한국어의 계통을 설명하고자 했던 학자 집단의 책(구스타프 람스테트, 니콜라스 포페)을 대거 구입하고 독서하고 있었다는 점이다.[49] 이와 같은 독서가 만주국이나 만철의 정책적 의도 하에서 진행된 것인지에 대해서는 확실치 않다. 다만 추정해볼 수 있는 것은 만주에서 이용희가 조선-만주-서북아시아로 이어지는 문화권(이는 1920년대 최남선의 불함문화권이 상정한 영역과 일정하게 겹쳤다)의 가능성을 조심스럽게 모색했을 가능성이다.[50] 이는 일본-조선-만주로 이어지는 대동아공영권을 살아가고 있던 식민지 출신 지식인이 학술 영역에서 거의 유일하게 자신의 논리를 주장할 수 있는 지점이기도 했다. 이용희는 최남선이 『살만교차기』(1927)에서 참고했던 인류학자 차플리츠카(Czaplicka)의 책(『시베리아 원주민』)까지 구해 읽으면서 문화권의 가능성을 재차 검토했다.[51] 서역사에 대한 관심에서 출발하여

---

48) 「학문·사상·현실」, 496~497쪽.

49) 「학문·사상·현실」, 496쪽. 이용희가 수집한 여러 자료는 현재 명지대학교 도서관에 기증되어 보관되어 있다. 이는 청구기호 古LYH와 기증자 이용희로 검색 가능하다.

50) 이용희는 만주에서 직접 북방유목민의 예술작품을 감상하면서, 같은 불교예술이라도 중국과 북방 민족의 예술품에는 확연한 차이가 있다는 점을 확인한다. 이처럼 만주는 이용희가 문명권의 중심과 주변의 차이를 확인할 수 있는 공간이었다. 이후 그는 비교의 대상으로서 한국 불교미술에도 관심을 갖게 된다. 이동주, 「미술사와 미술사학」, 『우리나라의 옛 그림』, 17쪽. 만주시기 이용희는 집안(集安)의 무용총과 평안남도 용강군 쌍영총을 답사하기도 했다. 이동주, 「옛 그림을 보는 눈」, 『우리나라의 옛 그림』, 49~50쪽.

51) 「학문·사상·현실」, 498쪽. 당시 만주 건국대학교 교수로 재직 중이었던 최남선도 이 시기 독일·오스트리아의 민족사회학파의 문화권설(Kulturkreislehre)을 수용하여, 이를 통해 일본-조선-만주-몽고의 계보를 새롭게 구축했다. 문화권설뿐

이용희는 인식의 범위를 이슬람권까지 확장했고 자신의 구미 서적 위주의 독서방식을 반성하기도 했다.[52]

1945년까지 이어진 만주 생활은 이용희에게 중요한 분기점이 되었다. 먼저 이용희는 이제 광범위한 분야를 섭렵하려는 잡독 습관을 청산하고, 연구를 위해 주제와 연관된 1차 자료, 2차 자료를 탐독하는 연구를 위한 독서를 시작했다.[53] 이것만이 중요했다면 이용희는 해방 후에 언어학이나 역사학 관련 종사자가 되었을 가능성이 크다. 만주의 경험이 중요한 또 하나의 이유는 이를 통해 이용희가 단순히 여러 언어의 비교가 아니라, 민족과 민족의 권력 갈등과 '정치' 문제를 민감하게 의식하게 되었다는 점이다.

이 과정에서 정치학적 관심이 다시 부활하게 된다. 이미 연희전문 재학 당시 이용희는 도자와 테츠히코(戶澤鐵彦)의 『정치학개설』(1930),

---

만 아니라 미국 인류학 보아스 학파의 클라크 위슬러(Clark Wissler)의 문화영역 이론도 당시에 소개되었다. 문화영역 이론은 중심과 주변을 상정한 후, 문화 중심에서 진화가 발생하고 진화된 이론이 주변으로 확장된다고 보았다. 이와 같은 인류학의 설명은 이미 비교언어학에 조예가 깊던 이용희에게 큰 인상을 주었을 것이다.

52) 「학문·사상·현실」, 501쪽.

53) 이용희는 회고를 통해 자신이 러시아 출신 민속학자 쉬로코고로프(Shirokogoroff)의 『만주족의 사회구조』라는 책을 번역하는 데 참여했다고 증언하고 있다(「학문·사상·현실」, 496쪽). 이용희가 번역에 참여했으리라고 추정되는 책은 크게 2권이다. 하나는 1933년에 출간된 쉬로코고로프의 *Social Organization of Northern Tungus*이다. 이 책은 만철조사부의 기획에 따라 '동아연구총서'중 하나로 카와쿠보 테이로(川久保悌郞), 다나카 카츠미(田中克己)에 의해 번역되었다. 이용희가 만철조사부 제3조사실에서 용원(傭員)으로 활동했다면 이용희는 이 책의 번역을 일부 맡았을 것이다. 그렇다면 『만주족의 사회구조』가 아니라 『북방퉁구스의 사회구성』이라는 책 제목을 이용희가 잘못 기억했을 가능성이 있다. 또 하나의 가능성은 1924년 출간된 쉬로코로로프의 *Social Organization of Manchus*다. 실제로 이후 이 책은 전후 일본에서 『滿洲族の社會組織』(刀江書院, 1967)이라는 책으로 번역 출간되었다. 이 책의 원고가 공역자 중 한 명인 동양학자 토다 시게키(戶田茂喜)가 1940년대 번역한 원고를 1960년대에 가까스로 출판한 경위를 고려할 때, 봉천 도서관과 신경의 만일문화협회에서 연구했던 토다 시게키가 이용희에게 번역을 맡겼을 가능성이 있다.

로야마 마사미치(蠟山政道)의 『정치학의 대상과 방법』(1925), 오타카 토모오(尾高朝雄)의 『국가구조론』(1936)과 같은 일본인의 정치학 연구를 접한 바 있었다. 뿐만 아니라 이용희는 해롤드 라스키(Harold Laski)의 『정치범전』(*Grammar of Politics*, 1925), 제임스 가너(James Wilford Garner)의 『정치학과 정부』(*Political Science and Government*, 1928)와 같은 서구의 정치학 서적을 읽었다. 다만 이와 같은 정치학 서적을 읽어도 식민지 조선의 현실을 이해하는 데 그다지 도움이 되지 않았기에, 이용희의 정치학 독서는 별다른 지적 충격을 주지 못했다.[54]

만주국에서 소수의 일본인이 대다수의 조선인·중국인을 지배하는 모습을 보면서, 비로소 이용희는 지배와 피지배의 문제를 면밀하게 인식하게 되었다. 이는 그 자신의 표현처럼 당시 상황을 관찰할 수 있는 입장에 놓인 '주변적 인간'이었기 때문에 가능했다.[55] 만주의 경험을 통해 이용희는 역사적인 민족의 존재와 관련된 학문적 관심을 넘어서, 제국 지배자가 추진하는 민족융화 정책과 이에 저항하는 민족갈등의 문제에 관심을 갖게 된다. 연전 시절에는 불우한 현실을 피해 과거 역사로 도피하는 경향이 있었다면, 만주에서 이용희는 일본의 통치형태를 관찰하고 조선총독부의 문제와 한국의 민족주의 운동의 성격에 관심을 두기 시작했다.[56]

이때 이용희는 옐리네크(Georg Jellinek)의 『일반국가학』(*Allgemeine Staatslehre*, 1914)과 오펜하이머(Franz Oppenheimer)의 『국가론』(*Der Staat*, 1929)과 같은 독일 국가학을 읽기 시작했다. 강한 종족이 약한 종족을 정복하면서 국가가 성립된다고 주장한 오펜하이머의 저서는 만주에 거주하는 조선인인 이용희에게 상당한 지적 통찰을 제공했을 가능성이 크다. 이 전환을 통해 이용희는 정치 현상으로서 지배-피지배의 문제 및 여기에 주목하는 정치학이라는 학문에 관심을 두기 시작했다.

---

54) 「학문·사상·현실」, 498쪽.
55) 「학문·사상·현실」, 499쪽.
56) 「학문·사상·현실」, 500쪽.

만주의 경험을 통해 이용희는 강자가 약자에게 어떻게 권위를 행사하고 관철시키는지, 약자가 강자에 맞서고 저항하는지를 의식하게 되었다. 마음에 누적되어 있던 착잡한 감회가 현실의 절실한 문제와 연결되면서 이용희는 여러 정치학 서적 독서에 열중한다. 정치학이라는 범주 아래 영국의 정치학, 독일의 국가론, 프랑스의 헌법학 서적을 읽으면서 이용희는 각국의 정치학은 결국 '자기 정치를 합리화하는 수단'임을 직시하게 된다.[57] 각국의 정치학 연구는 각국 학자의 '예술의욕'을 반영하는 것이었다. 이는 유럽 정치학의 아류에 불과했던 일본 정치학 서적이 식민지 조선인에게는 동떨어진 내용이자, 허망한 이유이기도 했다. 그렇다면 중요한 것은 당시 상황에서 식민지 조선인의 상황을 정당화해줄 수 있는 정치학이란 무엇이냐는 질문이었다. 이는 해방 이후 이용희의 행보와 연결되는 중요한 질문이었다.

또 만주 시절 시작된 정치에 대한 학적 관심은 당대 만주의 상황과 맞물리면서 국제정치적 관심으로 이어졌다. 이용희는 당시 독소전의 추세에 대한 정보를 수집하면서 추축국 진영의 패배를 진지하게 염두에 두기 시작했다.[58] 유럽에서 본격적으로 태동하기 시작했던 국제정치학은 이용희의 지적 갈증을 해소하는 데 안성맞춤이었다. 대련에서 E. H. 카의 『20년의 위기』를 통해 영국 국제정치학을 접했고, 1943년에는 월터 샤프(Walter R. Sharp)와 그레이슨 커크(Grayson Kirk)가 공저한 『현대국제정치론』(*Contemporary International Politics*, 1940)을 입수하여 읽으며 당대 국제정세를 정리했다. 하지만 이용희 자신의 말처럼 이 당시 국제정치학 독서는 학문적 관심보다는 영미의 국제정세관을 익히고, 현실 국제정세를 이슈별로 정리하는 정도의 의미를 지녔을 뿐이었다.[59]

---

57) 「학문·사상·현실」, 500쪽.
58) 이용희는 이 당시 국제정세를 함께 논한 인물로 '박모씨'를 언급하고 있다. 「학문·사상·현실」, 499쪽. 이 인물은 신경군관학교 7기 졸업생이자 여운형과 긴밀한 협력관계에 있던 박승환일 가능성이 크다.
59) 「학문·사상·현실」, 499쪽.

# Ⅲ. 이용희와 국제정치

1945년 해방 당시 이용희는 20대 후반의 청년이었다. 그 당시 이용희는 교수 생활을 하고 싶다든가, 국제정치학을 본격적으로 공부해야겠다는 생각을 깊이 있게 하지는 않았던 것으로 보인다. 오히려 그는 학교의 선생으로 남게 된 상황을 회고하면서, 정세를 오판한 결과라고 증언한 바 있다. 해방 직후 그는 얼마간 시간이 흐르면 한국 사회에 간섭하려고 들어왔던 미국 세력, 소련 세력, 임정을 업은 중국계 세력이 완전히 지양되고 조선 고유의 정치형태가 작동할 것이라고 기대했다고 한다.[60] 이용희는 5~6년의 과도기 이후 새로운 세대인 자신의 무대가 열릴 것이라고 보았기에 남는 시간 동안 그동안 보고 싶었던 구 경성제국대학 자료를 열람하면서 소일한다. 이는 단순히 겸양, 혹은 겸양을 가정한 자신감의 발현만은 아니었다. 오히려 주목해야 할 것은 학문으로서 국제정치학에 별다른 흥미를 보이지 않던 인물이 불과 몇 년 후에, 한국 학계에서 영향력 있는 국제정치학자로 성장한다는 사실이다.

1947년부터 이용희는 연희전문학교 시절 은사인 하경덕이 요직을 맡고 있는 서울신문사가 발행하는 종합잡지 『신천지』에서 이동주(李東洲)라는 필명의 국제평론가로 활동하기 시작했다.[61] 이용희의 시론은 그가 당대 국제정치를 어떤 시각에서 정리했는지를 보여주는 일급의 자료다. 특히 그는 모스크바 3상 회의와 이후에 전개된 좌우파의 신탁 찬성, 신탁 반대 운동의 격렬한 대립 속에서 한반도 내의 정치와 필연적으로 관련될 수밖에 없는 국제정치, 특히 미국과 소련의 지구적 수준의 대립을 예리하게 의식하게 된다.

이와 같은 이용희의 관찰은 『신천지』 1947년 2월호에 게재된 「두

---

60) 「학문·사상·현실」, 502쪽.

61) 해방 직후 이용희는 연세대학교 은사인 하경덕, 백낙준, 이묘묵이 참여한 영자신문 *Korea Times*(1945년 9월 5일 창간)의 기자로 활동하기도 했다.

개의 중국과 조선의 장래」에 잘 반영되어 있다.[62] 이용희는 이 글을 통해 당대 동아시아 국제정치 질서의 핵심 관건이 미국·소련의 작전지역인 중국 내전의 전개에 따라 달라진다고 보았으며 한반도의 38선 문제도 그 연장선상에서 파악했다. 그 중에서 흥미로운 관찰은 미국과 소련이 간접적으로 개입하는 중국 내전의 상황은 매우 군사적으로 유동적인 반면, 미국과 소련이 작전면을 고정시키기 위해 직접적으로 개입·접촉하고 있는 한반도의 상황은 군사적으로는 고정적인 대신, 정치 영역에서의 대립이 치열해졌다는 지적이다. 그런 의미에서 한반도의 정치는 미국과 소련의 직접적인 개입 속에서 왜곡된 정치일 수밖에 없었다.

> "한국은 정치면에서보다 완전히 작전면에서 고려되는 형편이다. 또 그러면 미·소가 간접으로 작전면을 전개하는 화북·화중·만주와 한국은 결국 모여서 한 개의 광범위한 극동의 미·소 작전지역을 형성하는 것이 아니랴. 이 광대한 작전지역 내에 발생하는 범백(凡百)의 정치·경제·사회 현상은 마치 자장 속에 든 쇳덩어리 같이 강력한 작전면의 영향을 입어 본래의 상을 왜곡하는 것이 아니랴?"[63]

'자장 속에 든 쇳덩어리'는 본래 해결되어야 했을 탈식민의 정치적 과제가 지구적 작전을 수행하는 초강대국의 강력한 규정력과 조우할 때 생기는 갈등과 긴장을 포착한 말이었다. 이용희는 중국 내전의 상황이 미국과 소련의 지원 아래 날로 격화되고 있는 구조 히에서는 분단 조선의 통일과 미래를 논의하는 미소공동위원회가 제대로 돌아가지 않는 것은 당연하다고 보았다.[64] 조선 문제의 해결을 위해서는 한국의 상황을 포함

---

[62] 이동주, 「두 개의 중국과 조선의 장래」, 『신천지』 2권 2호, 1947. 이 글은 『정치와 정치사상』에 「두 개의 중국과 한국의 장래」로 수록되어 있다. 한국전쟁을 거치면서 통일 한반도를 상정했던 조선이 '한국'으로 변모했음이 눈에 띈다. 본 연구에서는 『정치와 정치사상』의 쪽수를 따른다.

[63] 이용희, 「두 개의 중국과 한국의 장래」, 『정치와 정치사상』, 228~229쪽.

하여 미국과 소련이 동양에서 접촉하는 이란-중앙아시아-중국-만주
-연해주-캄차카로 이어지는 군사적 접경을 주의 깊게 관찰해야 할
것이었다. 바로 이 지역에서 벌어지는 현상과 세력 관계의 추이야말로
이용희 국제정치의 현장이었다. 한국의 정치를 논하기 위해서는 국제정
치에 대한 면밀한 이해가 필요했고, 이는 추후 진행될 이용희 국제정치학
의 '예술의욕'이었다.

이용희는 국제정치적 역학관계를 제대로 파악하지 않고 정치적 열정으
로만 행동하는 것에 비판적이었다. 1947년에 발표된 다른 글에서, 그는
조선의 독립을 논하는 이의 논의를 '삼생(三生)의 설'로 비판적으로 정리했
다. '삼생'이란 당시 논의되던 조선의 살 길을 논하는 일종의 독립노선을
의미했다. 하나는 국제연합과 같은 국제기구의 보장과 원조를 통해 독립
을 전취하는 것, 다음은 미국과 소련 중 하나의 세력에 의존하여 국가를
보존하는 방법, 마지막은 자국의 국력을 키워서 독립을 실력으로 전취하
는 방법이었다.[65]

이용희는 삼생설을 주장하는 이가 매우 협소한 단일민족주의 시각에만
갇혀 있음을 지적했다. 이용희가 제시한 대안은 좀 더 세계적인 시각에서
조선의 독립 문제를 접근하는 것이었다. 그 핵심은 조선과 세계를 대립적
으로 이해하지 않는 데 있었다. 달리 표현하면, '타율과 자율의 타협
속에서 최대한의 자율'을 확보하는 전략이었다.[66] 국제연합과 미국·소련
의 역할을 강조하는 입장은 지나치게 타율적이었고, 반대로 조선의 힘을
기르자는 입장은 과도할 정도로 조선의 힘을 과신하고 있었다. 이와

---

64) 이용희, 「두 개의 중국과 한국의 장래」, 234쪽.
65) 이동주, 「단일민족주의국가와 다민족주의국가」, 『신천지』 2-5, 1947. 이 글은
   『정치와 정치사상』에 수록되어 있다. 본 연구에서는『정치와 정치사상』의 쪽수를
   따른다. 이용희, 「단일민족주의국가와 다민족주의국가」, 『정치와 정치사상』,
   271쪽.
66) 이용희, 「정치의 앞날을 위하여」,『한국민족주의』, 282쪽. 본래 이 글은『경향신문』
   1966.10.6.자에 발표된 글이다.

같은 입장 모두 조선이 맞이한 거대한 현상으로서 미국과 소련의 등장을 제대로 파악하고 있지 못했다. 이용희는 연합국이 왜 한국의 독립을 세계대전 중에 공약했는지 그 의도를 먼저 파악해야 하며, 왜 모스크바 3상회의의 결정이 이행되지 못하고 있는지, 특히 그 배후에 존재하는 미국과 소련의 대립은 무엇인지를 면밀하게 이해해야 한다고 주장했다.[67] 즉 이용희는 해방 정국의 상황을 한반도의 탈식민 과제를 이행하는 것으로 이해하지 않았고, 한반도 분단과 국공내전이라는 동아시아적 구도와 미국과 소련의 대립이라는 지구적 구도 하에서 접근했다고 할 수 있다.

이용희의 관점이 갖는 또 다른 독특성은 그가 미국과 소련의 부상과 대립을 그 자체로서 이해하지 않고, 유럽 근대국제질서와의 관계 속에서 이해했다는 점이다. 흥미롭게도 이용희는 미국과 소련을 공산주의나 민주주의와 같은 이데올로기의 문제로 접근하지 않았다. 오히려 그는 소련과 미국이 근대 유럽에서 등장한 민족주의 사상의 약점을 '다민족주의'와 '다인종주의'로 극복한 새로운 형태의 국가였다는 사실에 주목했다. 이와 같은 관찰은 이용희 국제정치관의 특징을 잘 보여준다. 이용희는 한 국가의 외교정책 수준에서 국제정치를 논한다기보다는 그 국가행위의 '유형'을 역사적으로 개념화하는데 능숙했다. 이와 같은 관점이 가능할 수 있었던 데에는 앞서 언급한 유형 비교에 특화된 비교언어학 이론과 문화권에 대한 고민과 학습이 존재했다. 국제정치를 유형화하는 것은

---

67) 이용희, 「단일민족주의국가와 다민족주의국가」, 300쪽. 이 문제의식은 훗날 38선 획정에 대한 이용희의 문제의식으로 구체화된다. 이용희는 미군부의 군사편의주의적 입장에 의해 38선이 긴박하게 결정되었다는 기존의 주장을 반박하고, 포츠담회담(1945년 7~8월) 중 한반도를 소련이나 중국과 같은 단일 세력이 군사점령하는 것을 막기 위해 38선 분할안이 매우 신중한 정치적 고려에 입각하여 제안되었다고 주장했다. 이용희는 38선 문제를 '분단'의 관점이 아니라 제2차 세계대전 전후 처리, 미국·소련의 정치적 대결의 관점에서 접근했다. 이용희, 「38선 획정 신고(新考)」, 『이용희 저작집 1』, 11~63쪽. 이 글은 원래 국제정치학회 월례발표회(1965년 9월 18일)에서 발표된 논문이다.

미국 국제정치학도 마찬가지였지만, 이용희 국제정치학의 특징은 국제정치를 유형화하는데 시간과 공간축을 도입했다는 점이다.

이용희는 유럽에서 발흥한 근대국가질서를 절대화하지 않았으며 근대국가질서를 시공간적으로 매우 한정적인 의미를 지닌 질서로 인식했다. 이는 당대 미국 국제정치학이 근대국가질서의 핵심 행위자인 근대국가를 중심으로 자신의 이론축을 구성해왔음을 고려해볼 때 큰 차이가 아닐 수 없었다. 카를 슈미트(Carl Schmitt)처럼 유럽 공법질서를 절대화한다든지, 미국으로 건너간 한스 모겐소(Hans Morgenthau)가 유럽 국제정치질서의 미묘한 실천지(prudence)를 선과 악의 이분법에 익숙한 미국 정책결정자에게 이해시키려고 했던 것을 고려해본다면, 유럽 국제정치의 생명력이 황혼을 맞이하고 있다는 관찰은 동시대적으로 봐서도 매우 선구적인 시각이었다.[68]

유럽의 근대국가질서의 붕괴에 대해서 이용희는 유럽과 비유럽이라는 공간적 축을 도입했다. 유럽 국제정치의 내재적인 모순은 유럽의 주권 평등 원칙 이면에 존재하는 식민지의 존재였다. 이용희는 19세기에 이르면 유럽 근대국가가 자체적인 자본 팽창 요구에 의해 전 지구적으로 팽창하기 시작했다고 보았다. 식민지의 확보는 역설적으로 저항민족주의의 발흥을 가져오게 되었고, 이 식민지적 동요로 인해 대부분의 유럽 제국은 결국 붕괴하게 되었다. 근대 유럽의 단일민족주의 논리는 식민지로의 팽창에는 성공을 거두었으나, 식민지를 안정적으로 지배할 수 있는 권위를 창출하지 못했다.

반면 미국과 소련은 이와 같은 근대국가의 모순으로부터 자유로울 수 있는 광대한 국토와 다민족 통합의 경험을 지니고 있기에 지구적 강대국으로 자연스럽게 부상할 수 있었다. 제2차 세계대전에서 전면화된

---

68) 물론 이는 이용희가 굳이 학습하지 않더라도 식민지 지식인으로서 쉽게 접할 수 있었던 '서구의 몰락'이나 '근대의 초극'과 같은 제국 일본의 공식 담론과도 어느 정도 연결이 되어 있었을 것이다.

총력전을 자국의 능력만으로 수행할 수 있는 국가는 오직 미국과 소련뿐이었다.[69] 즉 미국과 소련은 유럽의 '앞바퀴'로서 세계를 선도하는 중이었다.[70] 이용희가 단순히 뒷바퀴에 놓인 국가의 모델로서 미국과 소련을 제시한 것은 아니었다. 이용희는 보편표준적 모델을 상정하는 방식 자체를 좋아하지 않았다.[71] 물론 다민족주의 국가를 건설하는 데 성공한 미국과 소련의 경험은 민족이 먼저 형성되고 국가를 형성한 서구 국가와 달리, 서구 근대국가를 참조하여 선국가-후민족의 형태로 민족국가를 건설할 수밖에 없는 아시아·아프리카 국가에게 의미를 지니는 것이었다.[72] 미국과 소련의 경험은 국내적으로 볼 때 단일민족주의에만 집착하지 말라는 교훈을 주는 동시에, 국제적으로도 다양한 지역체가 존중받는 일종의 복합사회를 가능케 한다는 점에서 의미가 있었다. 뿐만 아니라 미국과 소련의 부상은 국제정치는 곧 유럽정치의 동의어라는 고정 관념을 깨뜨렸기 때문에 이제 진정한 의미의 세계정치가 등장할 수 있었다. 이 가운데 미국과 소련이 만들어내는 냉전 체제라는 새로운 국제사회는 훗날 『국제정치원론』의 중요한 소재가 된다. 이용희에게 냉전은 미국과 소련의 국가 차원의 대립만을 의미하지 않았다. 냉전은 미국 진영과 소련 진영의 대립이었으며, 여기에는 유럽식 근대국가질서를 초월할 수 있는 다른 조직 원리(진영과 진영의 대립)가 내재되어 있기도 했다.

이용희는 극동에서 미국과 소련의 승부가 시작될 경우, 이는 중국과 한반도에서 표면화될 것으로 예측했다.[73] 이와 같은 이용희의 불길한

---

69) 이용희, 「단일민족주의국가와 다민족주의국가」, 298쪽.

70) 이용희, 「단일민족주의국가와 다민족주의국가」, 300쪽.

71) 훗날 유럽연합의 역사를 다루는 『미래의 세계정치』에서 이용희는 유럽통합을 동아시아에 적용할 수 있는 '모델'로서가 아니라, 각 국가의 다양성과 지역적 다양성이 복합적으로 얽히는 일련의 과정으로서 해석했다. 즉 이 과정은 유럽이라는 특정 지역의 문제가 아니라 각 지역의 다양성이 보장되는 방식이기도 했던 것이다. 이용희, 『미래의 세계정치』, 민음사, 1994, 315쪽.

72) 이용희, 「민족주의의 개념」, 노재봉 엮음, 『한국민족주의와 국제정치』, 민음사, 1982, 220쪽.

예감은 1950년 6월 25일 한국전쟁의 발발로 현실이 되고만다.[74] 전쟁 기간 이용희의 행적 중 주목되는 것은 전사편찬위원회 활동이다. 이용희와 연전 시절부터 친분을 쌓았던 이선근은 국방부 정훈국에서 근무하면서 한국전쟁 전사(戰史)를 정리하는 전사계(戰史係)를 운영했다. 전쟁 초기 혼란상 속에서 명맥만 유지하던 전사계는 1950년 9월 28일 서울 수복 이후 본격적으로 가동되기 시작했다. 당시 편찬 작업을 총괄했던 이선근의 기록에 따르면 1950년 10월 중순부터 각계의 권위자를 망라하여 전사 편찬 업무를 강화하기 시작했고, 그 일환으로 전사편찬위원회를 설치했다. 국사학계의 권위자인 이병도·김상기 교수가 전체 얼개를 맡았고, 그 아래에 신도성과 이용희가 위원으로 초빙되었으며 역원(役員)으로는 김원룡·한우근·전해종·정병학·민석홍이 배치되었다.[75]

그러나 중공군의 개입으로 다시 전황이 어려워지면서, 전사편찬위원회는 사무소를 부산으로 옮기게 된다. 1951년 1월 부산에서 자료 수집과 더불어 전사편찬업무가 비로소 본 궤도에 오르게 되었다. 이때 이용희는 미국의 지식 체계와 본격적으로 만났을 것으로 보인다. 전사편찬위원회의 사업은 미 10군단 산하 국군전사편술부(ROKA Historical Section)와의 긴밀한 협력을 통해 이루어졌기 때문이다. 이 시기 이용희가 집필한 '국제 정세'는 1950년 5월부터 1951년 6월까지의 한국전쟁과 관련된 국제 정치적 측면을 총망라하여 다루었다.[76] 이는 그가 국제연합 회의록이나

---

73) 이동주, 「미국의 결의와 평화의 상실」, 『신천지』 3권 4호, 1948.

74) 한국전쟁 발발 직후 이용희의 행적은 확실치 않다. 부친인 이갑성이 1950년 5월 실시된 제2대 민의원 선거에서 당선되었고 6월 28일 대전으로 자가용 피신을 떠나 전시 내각의 무임소 장관으로 부임한 사실을 고려한다면, 이용희 역시 부친과 함께 피난을 떠났을 것이라는 추측이 가능하다.

75) 국방부 정훈국 전사편찬위원회, 『한국전란 1년지 : 단기 4283년 5월 1일 기 단기 4284년 6월 30일지』, 국방부 정훈국 전사편찬위원회, 1951, 서 16쪽.

76) 이용희는 『한국전란지』에서 '국제 정세'의 집필을 맡았다. 국방부 정훈국 전사편찬위원회, 『한국전란 1년지』, 범례 1쪽, A범례 1쪽. '총론'은 이병도, '전투 개황'은 김원룡, '정훈전 소사'는 이선근, '국내 정세'는 신도성, '적색 괴뢰의 정체'의 집필은 김상기가 맡았다. 이용희의 글은 『정치와 정치사상』에 「6·25사변을 에워

영자 신문기사 등 전사편찬위원의 신분으로서 당대 활용가능한 모든 자료를 섭렵할 수 있었기 때문에 가능했다.

이후 이용희는 미군과의 네트워크를 통해서 당대 미국에서 출간된 학술서를 광범위하게 섭렵한 것으로 추정된다.[77] 한국전쟁기를 거치면서 미국의 정치심리학 접근법에 주목하게 되면서, 이용희는 영국 국제정치학과 미국 국제정치학을 명확하게 구분할 수 있게 되었다.[78] 이용희가 보기에 영미 국제정치학은 모두 '권력 정치'(Power Politics)를 강조하지만 E. H. 카로 대표되는 영국 국제정치학 논의는 권력을 논하는 동시에, 권력이 외면으로 구체화된 형태(국제법, 외교 제도 등)에 주목하고 있었다. 반면 미국 국제정치학은 권력을 대단히 내면적 차원의 심리적인 것으로 접근하고 있었다.

이용희는 특히 미국 국제정치학을 대표하는 인물로 해롤드 라스웰(Harold Lasswell)을 꼽았다. 그는 라스웰의 연구가 객관화된 질서가 아니라, 주체의 가치 행위에 초점을 두었다고 정리했다.[79] 이용희가 보기에 라스웰을 위시로 한 시카고학파의 권력론은 한스 모겐소의 『국가 간의 정치(*Politics Among Nations*)』(1948)에 그대로 녹아 있었다. 해롤드 라스웰이 권력을 '사람과 사람이 남의 마음 및 행동을 지배하는 것'으로

---

싼 외교」로 수록되어 있다.

77) 이에 대한 간접적인 증거로 이용희가 1953년 서울대 문리대 학생을 위해 작성한 '정부론 강의학 적요(摘要)'를 들 수 있다. 일종의 추천 도서 목록인 '적요'에는 찰스 메리암(Charles E. Merriam)의 『체계적 정치학(*Systematic Politics*)』(1945)과 매키버(R. M. MacIver)의 『통치의 망(*The Web of Government*)』(1947)이 소개되고 있다. 구범모, 「비교정치학 20년의 반성」, 『한국정치학회보』 2권, 1967, 17쪽, 각주 8번.

78) 『국제정치원론』에서 주로 활용된 미국자료는 하버드 러시아연구소에서 발간된 소련 연구서와 해롤드 라스웰을 중심으로 하는 미국의 정치심리학 연구서였다.

79) 이동주, 『국제정치원론』, 31쪽. 1958년에 이용희가 '정치심리학'이라는 강의를 개설했다는 일부 증언이 존재한다. 서울대 정치학과 60년사 편찬위원회, 『서울대학교 정치학과 60년사』, 411쪽. 하지만 정치학과 교과과정표를 참조했을 때, '정치심리학'은 1959년 이후에 전공 선택 과목으로 개설이 되어 있다. 같은 책, 10쪽.

정의했다면, 한스 모겐소는 '권력'이란 '그것을 행사하는 사람과 행사를 받는 사람 사이의 심리적 관련'임을 천명했다.[80] 후술할 『국제정치원론』으로 집대성되는 이용희의 작업은 영국 국제정치학이 강조하는 외면으로서의 '제도'(국제정치의 정태)와 미국 국제정치학이 관심을 둔 내면 심리에까지 작동하는 '권력'(국제정치의 동태)을 종합하고자 한 시도였다.

## IV. 이용희와 국제정치학

1955년 장왕사에서 출간된 『국제정치원론』은 1950년대 이용희의 국제정치 관련 작업을 집대성한 것이었다.[81] 이는 이동주라는 이름으로 나온 첫 단독 저작인 동시에, 국제정치학 영역에서 이동주란 이름을 쓴 마지막 저작이었다.[82] '국제정치학'을 전면에 내세우지 못하고 『국제정치원론』이라는 다소 평이한 제목을 붙인 데에는 아마 1년 먼저 출간된 조효원의 『국제정치학』을 의식했기 때문일 것이다.[83] 조효원의 『국제정치학』은

---

80) 이동주, 『국제정치원론』, 32쪽.

81) 이 책의 일부는 이용희의 강의안을 반영한 것으로 보인다. 일례로 이 책의 7장에 수록된 「세력균형과 집단안전보장」은 이전에 발표한 「세력균형과 국제연합」을 일부 증보한 것이다. 1950년에 『학풍』지에 발표된 원문과 비교할 때 국제연합 관련 내용이 상세하게 서술되어 있는데, 이는 서울대 문리대 정치학과에서 진행된 'UN론'의 강의안이라 추정된다. 또한 『국제정치원론』의 제6장인 「외교제도론」과 9장, 10장에 해당하는 「외교정책과 그 실시」는 '외교제도론'의 수업 강의안이라고 추정된다.

82) 훗날 이용희는 『국제정치원론』을 이동주란 필명으로 발표한 것은 아직까지 학문분야에서 자신감이 부족했기 때문이라고 회고한 바 있다.(「조선 인터뷰 : 정치·미술 고희 저서낸 이용희 박사」, 『조선일보』 1987.7.17). 『국제정치원론』을 기점으로 이용희는 국제정치학을 전공영역으로 인식하고 '이용희'라는 본명을 사용하고, 주전공이 아닌 미술사 관련 분야에서만 '이동주'라는 필명을 쓴다.

83) 조효원(1917~1977)은 1940년 연희전문 상과를 졸업 후 1940~1944년까지 조선식산은행에서 근무했다. 1945년부터 1946년까지는 미군 행정청 외무처 총무서장, 1946년부터 1947년까지는 미군정청 도쿄사무소 차장으로 근무했다. 1950년에 도미 후, 1950년 위튼버그대학교에서 경제학 학사학위를, 1952년 덴버대학교에서

현대 한국에서 한국인에 의해 집필된 최초의 국제정치학 서적이었다. 이 책은 저자 자신이 밝히고 있듯이 위튼버그대학교(Wittenberg University)·덴버대학교·오하이오 주립대학교에서 교재로 사용되던 여러 참고서 중 중요한 부분을 발췌한 후, 이를 나름의 체계로 정리한 것이었다.[84] 이 책은 당대 미국의 국제정치 교과서를 발췌한 것처럼 보이지만, 실제 내용으로 들어가보면 단순히 미국 국제정치학을 일면적으로 수용한 것으로 보기는 어렵다. 조효원 역시 나름의 재구성을 통해서 자신만의 국제정치론을 피력하고 있기 때문이다.

조효원이 보기에 국제정치학은 '강대국 국제정치'의 동의어가 아니었다. 국제정치는 해당 국가가 강대국인지 소국인지, 혹은 종속국인지 식민지 민족인지 상관없이 보편적으로 경험하는 현상이었다. "강국은 국제정치를 통해서 자국의 국제적 지위를 유지·향상하느냐, 피지배권을 확대하느냐 하는 것을 고민한다면, 종속국이나 식민지는 현상타파, 즉 기성세력에의 반항과 투쟁을 그 정치활동의 주 내용으로 하고 있는 것"이었다.[85] 비록『국제정치학』의 경우에는 내용상 19세기 강대국의 외교정책을 주로 다루기는 했으나, 조효원은 같은 무대에서 전개되는 전후 국제정치에도 상당한 관심을 두었다. 특히 약소국 문제를 바라보는 조효원의 관심은 훗날『아세아정치론』(1955)이라는 별개의 단행본으로 모습을 드러낸다.[86]

---

국제정치학 석사학위를, 1953년 오하이오 주립대학교에서 정치학 박사학위를 취득했다. 논문의 제목은 "The Evolution of the Functions of the Reconstruction Finance Corporation : A Study of the Growth and Death of a Federal Lending Agency"(미국 금융재건의 재정금융학적 연구)였다. 귀국 후에는 서울대학교 문리대 강사, 연세대학교 정법대, 연세대 행정학과 교수(1954~1960)를 거쳤다. 한국국제정치학회의 창립발기인이었으며, 초대 부회장이었다. 1960년 관료 생활을 시작하여 농림부 지역사회국장(1961~1963), 국무총리실 기획조정관, 기획조정위원회 위원장을 역임했으며, 1974년 스리랑카 콜롬보 통상대표부대사로 임명되어 재직 중 풍토병에 걸려 사망했다.

84) 조효원,『국제정치학』, 문종각, 1954, 저자 서문.
85) 조효원,『국제정치학』, 1쪽.

다만 조효원은 서구 강대국의 외교정책을 주로 다룬 책의 제목을
'국제정치'가 아닌 '국제정치학'이라고 붙임으로써, 은연중에 서구 지식이
갖는 지식 권력적 측면을 수용하기도 했다. 반면 이용희는 『국제정치원
론』 서문에서 국제정치학이 지닌 권력적 측면에 대한 문제의식을 전면에
드러냈다. 이용희에게 국제정치학이란 "내가 살고 있는 고장, 내가 그
안에 살고 있게 되는 나라의 운명과 무관할 수는 없는 것"이었다. 다만
"내가 살고 있는 나라의 운명은 동양 사회를 지배하고 있는 유럽형 정치양
식에 대한 탐구 없이는 불가능했다."[87] 이는 이용희에게 국제정치학이란
단순히 학문이나 인식의 도구가 아니라, 국제정치학이 요청되는 것 그
자체가 일종의 탐구 대상이었음을 의미했다. 그는 '국제정치'라는 말이
일상화되는 현상 자체가 구미적 문물과 관념이 이미 그 사회에 도입된
결과라고 해석했다. 즉 국제정치는 "우리말이면서도, 남의 시각이 들어
있고, 내 사회의 관심과 태도가 주입되어 있으면서도 국제적인 의미연관
을 지닌다는 점에서 국제정치적이었다."[88]

즉 그는 한국이 역사적으로 매우 독특한 유럽형 정치양식을 수용한
것 자체를 문제시해야 한다고 보았다. 이 질문을 중심으로 해서 크게
세 가지 질문이 도출될 수 있었다. 먼저 유럽형 정치양식이 도입되기
전의 동양 사회에 존재하던 국제질서란 무엇이냐는 물음이다.[89] 두 번째
는 유럽형 정치양식 자체에 대한 물음이다. 세 번째는 제2차 세계대전
이후 세계질서를 어떻게 해석하느냐의 문제이다.

여기서 이용희의 독특한 용법인 '나'와 '남' 그리고 '우리'라는 용법이

---

86) 조효원의 국제정치론을 분석하는 데 있어서, 『국제정치학』과 『아세아정치론』은
함께 분석되어야 한다. 이는 추후 연구를 진행하고자 한다.
87) 이동주, 『국제정치원론』, 서문 1쪽.
88) 이용희, 『일반국제정치학(상)』, 22쪽.
89) 다른 글에서 이용희는 중세를 '보편적 신앙'의 정치질서로 규정한 후, 이슬람권과
기독교권, 유교권의 국제사회를 배치한다. 이용희, 『정치와 정치사상』, 제2부
「정치사상사 중세편」을 보라.

등장한다. 이용희는 국제정치라는 것 자체는 '내' 나라라는 단일민족주의를 일찍이 발전시킬 수 있었던 근대 유럽에서 최초로 등장했다고 보았다. 내부로는 민족국가를 건설하면서, 외부로는 세계적 팽창을 해나가는 과정에서 유럽의 국제정치가 전개되었다. 이때는 유럽정치가 몸통이고, 세계정치는 그 꼬리에 불과했다.[90] 『국제정치원론』에서 먼저 강조한 것은 국제정치의 유럽적 전통이 지니고 있는 근원적이며 역사적인 성격의 분석이었다. 이는 유럽이 독점하고 있는 보편의 가면을 벗겨내고 그 이면의 특수 논리를 밝히는 서술 전략이기도 했다. 이는 『국제정치원론』 3장 「근대국가의 이해」에서 상세하게 이루어진다. 이용희는 근대 서구의 역사에서 근대국가라는 독특한 정치체가 등장하게 된 역사적 맥락을 짚으며 결국 근대국가는 국내적으로는 폭력을 독점하는 동시에, 국제적으로는 약소지역으로 팽창하게 되는 과정을 거친다고 분석했다. 앞서 언급한바 있듯이 이는 궁극적으로는 약소지역의 단일민족주의를 부추겨, 유럽의 세계지배가 붕괴하는 원인으로 작용했다. 이제는 단순히 유럽만의 '내' 국가를 다루는 것이 아니라, 나와 남의 관계를 다루는 학문으로서 '국제정치학'이 새롭게 요청되었다.

뿐만 아니라 이용희는 현대국제정치에서는 근대 유럽 국제질서에 볼 수 없는 새로운 경향이 등장한다고 분석했다. 이는 ① 다민족주의 국민관의 대두 ② 연방제의 발달 ③ 집단안전보장제도의 등장 ④ 미국과 소련의 양극 질서 등장 ⑤ 국제권위로서의 공산주의 ⑥ 일국 내의 경제적 평등 문제 부상으로 정리되어있다.[91] 경세적 평등 문제를 제외하고, 나머지 다섯 가지 특징은 모두 현대국제정치가 '나'와 '남'의 문제뿐만 아니라, 일종의 '우리' 의식을 등장시키고 있다는 관찰이기도 했다.[92]

---

90) 이동주, 『국제정치원론』, 21쪽. 이와 같은 관계를 정당화하는 학문은 열강 간의 관계만을 다루는 외교사와 열강 간의 합의를 규율하는 국제법이었다.
91) 이동주, 『국제정치원론』, 79~80쪽.
92) 이동주, 『국제정치원론』, 21쪽.

특히 이용희는 미국·소련의 등장, 북대서양조약기구, 아랍동맹 지역 등을 관찰하며 당대 국제정치를 보는 독특한 견해를 제출한다. 그는 냉전 국제정치가 "국민국가를 하위단위로 하고, 그 위에 여러 하위정치집단을 포함하는 중위의 지역적 정치권이 서고 또 그 위에 세계기구가 서는 계층적 정치세계"라고 보았다.[93] 냉전을 미국의 자유진영과 소련의 공산진영이라는 일종의 대립하는 두 개의 국제사회로 보고, 적어도 국제사회 내부에서는 계층적 정치세계가 통합적으로 구성되고 있다고 보는 시각은 이용희 국제정치론의 요체였다.

> "동시에 두 개의 진영은 서로 다투어서 그 진영 내에 있는 나라 사이의 지역적 통합과, 나아가서는 자원의 교환, 생활수준의 균일화, 초국가적인 국제적 의식(진영 의식)을 기르며 이룩하려고 힘써 노력하게 되었다. …… 또 같이 싸우고 자원을 서로 바꾸어 이용하고 서로 돕는 동안에 모르는 사이에 '내' 나라 의식 그리고 '내' 겨레만이 제일이라는 전투적 민족의식이 바뀌어 가고 있다. 다시 말하자면 전쟁의 위협이 전쟁을 일으키는 커다란 원인을 아주 서서히나마 치우는 방향으로 이끌고 가는 것 같이 보인다. 묘하게도 전쟁이 전쟁을 없애는 길로 걸어가는 듯이 보인다는 말이다."[94]

당대 미국에서 태동한 국제정치학이 오히려 세계를 주권에 기초한 평등한 국가관계라고 정리하고 있던 것을 고려할 때 이는 놀라운 관찰이 아닐 수 없었다. 이는 이용희가 유럽 근대국가 체제를 특수한 상황으로 한정해서 이해했기 때문에 나올 수 있었던 인식틀이었다. 물론 이용희는 작금의 상황에서 국제정치의 동태(動態)는 분명히 '내' 나라를 중심하는

---

93) 이동주, 『국제정치원론』, 121쪽.
94) 이용희, 「영구평화론 : 대립과 통합」, 『정치와 정치사상』, 61~62쪽. 이 글은 『사상계』 5권 4호, 1957에 「대립과 통합 : 영구평화의 문제」란 제목으로 게재된 글이다.

국가이성이라고 보았지만, 이를 안정적으로 관리하고 제도화하는 국제정치의 정태(靜態)적 측면을 함께 보고자 했다.[95] 그는 개별 국가보다는 개별 국가의 행위를 규율하는 '우리'로서의 국제사회에 더 많은 관심을 보였다. 일례로 이용희는 유럽 근대국가 체제에서 발전한 세력균형책을 논하는 글에서도 한 국가의 외교정책으로서 세력균형에 주목하지 않고, 오히려 세력균형책이 "다수 국가의 공동안전과 공동이익을 보호하는 목적으로 채택된 공동 방책"이라 파악했다.[96] 그가 보기에 세력균형이란 공동의 안전과 공동의 이익이라는 관념이 선행되어야만 가능한 정책이었기 때문에, 이용희는 세력균형이 작동할 수 있는 환경 중 하나로서 사회관념의 존재를 강조했다.[97]

이용희에게 국제사회는 사람이 사람을 지배하는 권력의 측면과, 그 지배가 정당하다는 의식을 가져오는 권위의 이중 동학 속에서 이루어지는 것이었다. 이 국제사회의 동학을 설명하는 데 있어 당대의 최신이론이었던 미국 시카고학파의 심리주의적 권력론이 활용되었다. 심리주의적 권력론을 통해 볼 때 권위의 행사는 단순히 이데올로기적 효과도 아니며 신비로운 효과도 아니었다.[98] 권위는 정치적 구조의 문제이자 사회 심리적 효과를 동시에 지닌 것으로 정의되었다.[99]

이용희는 권위의 가장 완벽한 사례는 혈연 사회에 가까운 고대 사회에서 가장 잘 드러난다고 보았다. 고대 사회에서는 특별한 강제력이 없어도 사회(societas)가 안정적으로 유지되었다.[100] 사회 구조가 복잡해지고 사회적 분화가 진행된 근대 사회(civitas)에서 권위는 이전만큼의 위상을

95) 이동주, 『국제정치원론』, 121쪽.
96) 이용희, 「세력균형과 국제연합」, 『정치와 정치사상』, 303쪽. 이 글은 『학풍』 2권 9호, 1950에 발표된 글이다.
97) 이용희, 「세력균형과 국제연합」, 304쪽.
98) 이동주, 『국제정치원론』, 257~258쪽.
99) 이동주, 『국제정치원론』, 258쪽.
100) 이동주, 『국제정치원론』, 266쪽.

차지하기가 어려웠고, 이를 보완하기 위해 권위감을 창설하는 이데올로기나 권위감을 보강하기 위한 프로파간다가 보조적으로 도입되었다.[101]

특히 권위의 문제는 한 사회가 다른 사회를 지배하는 정복 관계가 형성되었을 때 첨예하게 불거진다. 이질적인 권위를 지닌 사회를 공격하여 정복했을 때 그 권위가 공감을 형성하기란 사실상 불가능했다. 하지만 강제력을 위시한 권위의 전파는 해당 사회에 격렬한 저항을 불러일으키게 된다. 모든 사회는 나름의 권위를 지닐 수밖에 없기에, 전쟁과 같은 강제력의 대결에서 승리한 쪽은 자신의 권위를 비로소 수출할 수 있게 되고, 이를 받아들인 측에서도 '새로운 권위'에 기초하여 도덕적 접근법을 논할 수 있게 된다. 이용희는 유럽 근대국가 질서의 폭력성을 완화한 기독교나 국제법이 이와 같은 도덕적 접근법의 예라 파악했으며 이들이 새롭게 권위를 획득하는 과정을 중시했다.[102]

이와 같은 논리는 냉전과도 자연스럽게 연결될 수 있었다. 냉전은 제2차 세계대전이라는 대규모 총력전에서 승리한 다민족주의 국가 미국과 소련이 자신의 권위를 전파할 수 있는 역사적 순간이었다. 이용희는 냉전의 전개과정을 고대와 중세의 권위형과 근대의 강제력형 국제질서의 융합과정으로 파악했다. 먼저 이용희는 공산주의를 매개로 이어진 사회주의 진영이 고대와 중세 권위형 국제질서와 유사할 정도로 유기적인 국제질서를 형성하고 있다는 점에 주목했다.[103] 특히 사회주의권은 단순히 '나'와 '남'의 국가를 구분하는 단순한 우적 관계가 아니라, 일종의 보편으로서 소련공산당의 국제권위에 기초한 선악관을 보여주고 있었다. 즉 소련공산당의 메시아주의의 입장에서 개별 국가의 주권을 강조하는 행위(예 - 유고슬라비아의 티토)는 그 자체가 이단으로 간주되었다.[104]

---

101) 이동주, 『국제정치원론』, 261쪽.
102) 이동주, 『국제정치원론』, 272쪽.
103) 이동주, 『국제정치원론』, 307쪽.
104) 이동주, 『국제정치원론』, 309~310쪽.

사회주의 진영의 대두뿐만 아니라 냉전 국제정치는 강제력형 국제질서의 핵심인 주권의 원칙과 국내 문제 불간섭 원칙을 뿌리부터 흔들고 있었다. 양 진영 사이에서 중립은 불가하며, 양 진영 중 하나의 사회에 편입되어야 한다는 논리는 궁극적으로 보았을 때, 개체주의적 국가관이 아닌 진영이라는 새로운 국제사회 중심의 새로운 세계관이 등장하고 있었음을 상징했다.[105] 물론 이용희가 이와 같은 냉전적 통합을 낙관한 것만은 아니었다. 그럼에도 불구하고 이용희는 양 진영의 대결 속에서 진영 내부의 강제력의 통합, 경제상황의 개선이 지역적으로 활발하게 일어나고 있는 사실에 주목했다.[106] 냉전은 힘의 경쟁이기도 했지만 미국과 소련이 각자의 진영(사회)에서 얼마나 효과적으로 권위를 획득하느냐의 경쟁이기도 했던 것이다. 이처럼 이용희는 권력정치로 모든 것을 환원하지 않고, 권력정치 이면에 존재하는 사회, 그리고 사회 형성에 기초가 되는 권위의 공유에 초점을 맞추었다.

국제사회의 문제의식은 1962년 『일반국제정치학(상)』에서는 '국제정치권', 이른바 '권역'(圈域)으로 좀 더 구체화되기에 이른다. "국제정치란 간단히 서로 나라가 병존한다는 사실로서만 이해되고 따라서 복수 국가 사이의 정치관계라는 비생산적인 추상에 그치는 것이 아니라 실은 충분히 커뮤니케이트되는 공동의 관념체계와 공통의 개념구조와 공유의 정치의식으로 엮어져 있어서 그것이 마침내 행위의 일정한 형태를 낳고 또 그래야 비로소 행위의 명분이 유지되고 정당화되는 국제질서의 차원에 존재하는 징치의 정지의식이었다. 이런 고로 국제정치는 이 경우 권역을 이루고 있다고 할 수 있으며 또 말을 바꾸어 '국제정치권'이라는 것을 상정할 수도 있다."[107] 이용희의 권역 이론은 그가 관찰한 냉전이라는 현대 국제정치의 경험을 반영한 것이었다. 이를 볼 수 있는 틀은 식민지

---

105) 이동주, 『국제정치원론』, 310쪽.
106) 이동주, 『국제정치원론』, 311쪽.
107) 이용희, 『일반국제정치학(상)』, 52쪽.

시기 이용희의 연구와 독서를 통해 획득된 것이었다. 이용희가 보기에 서구 국제정치학은 국제사회라는 엄연한 흐름을 보지 않고 여전히 개별 국가의 국가이익과 국가이성을 중심으로 논의를 진행할 뿐이었다. 이용 희는 이와 같은 국제정치와 국제정치학의 괴리를 근대 유럽국제정치라는 역사적으로나 공간적으로 매우 특수한 사례를 보편의 이름으로 가장했기 때문에 발생하는 것으로 해석했다. 이용희의 국제정치학은 이와 같은 현실의 기반이 무엇인가를 탐구하는 데 있었다.[108]

## V. 맺음말

홋날 이용희는 '미술사와 미술사학'을 주제로 자신의 미론(美論)을 논했 다. 이 자리에서 그는 동양화(한국화)를 볼 때에는 '미술사' 접근법을 취했고, 서양 그림에 대해서는 '미술사학'을 통해 접근했다고 정리했 다.[109] 미술사와 미술사학 모두 미술 작품을 대상으로 한다는 공통점을 지니지만, 19세기 학문의 전문화 과정에서 등장한 미술사학은 미술사와 비교했을 때 상대적으로 이론지향적이었다. 하지만 이용희는 실증주의 연구를 표방하는 미술사학이 우리가 미술을 공부하는 이유, 즉 미술 작품이 왜 우리에게 '감흥'(感興)을 주는지를 제대로 설명할 수 없다고 보았다. 특히 서양 미술과 전혀 다른 계보를 지닌 중국·한국의 작품을 보는 데 있어서 서양에서 발전한 학문인 미술사학의 시각은 그렇게 도움이 되지 않았다. 자존과 내재의 가치를 시계열이라는 문맥에 담아서 남이 알아들을 수 있는 이론으로 실증화하는 일은 미술사학만으로는

---

108) 이용희의 서울대학교 박사학위 청구 논문(1963) 중 주 논문의 제목이 「유형적 의미에 있어서의 국제정치 및 그 학문의 역사적 성격과 근대유럽질서와의 연관에 관한 이론적 및 역사적 연구」라는 점은 시사적이다.

109) 이동주, 『우리나라의 옛 그림』, 15쪽.

힘에 겨운 일이었다.[110] 서양 미술을 보는 눈과 동양 미술을 보는 눈은 달라야 했으나, 이 두 개의 '시감'(視感)을 어느 수준으로 어떻게 결합할 것인지는 여전히 애매하게 남은 문제였다. 이용희는 한국 미술의 경우, 미술사학은 차치하더라도 그 기초가 되는 미술사 작업도 매우 부족하다고 평가했다.[111] 그는 전통적인 의미의 목록학 작업을 토대로 미술사 차원의 저록(著錄)과 감정(鑑定) 작업이 선행되어야 한다고 보았다. 이를 통해 한국 미술을 보는 '감식안'을 기를 수 있을 것이었다.[112]

이 발언은 미술사와 관련된 내용이지만, 지금까지 살펴본 이용희의 국제정치 연구방법에도 일정 정도 적용될 수 있다. 해방 직후부터 이용희는 한반도의 '국제정치'와 서양의 '국제정치학'이라는 두 개의 시각을 어떻게 결합시킬 수 있을지 줄곧 고민했다. 이용희는 한반도 국제정치를 바라보는 감식안을 기르는 동시에, 이를 이론적으로 정리하고자 분투했다. 본 연구에서 살펴본 『국제정치원론』이 그 두 가지 고민의 반영이었다. 하지만 서양 '미술사학'의 경우와 마찬가지로 이용희는 (유럽) 정치학을 열심히 공부한다 해서 (한국) 정치의 본질과 내용을 알게 되는 것이 아니라고 보았다.[113]

> "특정한 사회의 정치학, 지역적인 정치를 일반보편적인 정치현상으로 확대하여 놓고 — 간판으로 내세우는 보편적 법칙·정형도 못 내놓으면서 — 족하다고 하는 것은 필경 한 사회의 정치, 개별 사회의 척도로서 뭇 사회, 일반 사회를 재고 판 박아 놓으려는 결과밖에 되지 않는다.

---

110) 이동주, 『우리나라의 옛 그림』, 28쪽.
111) 이동주, 『우리나라의 옛 그림』, 39쪽.
112) 이동주, 『우리나라의 옛 그림』, 40~41쪽.
113) 이동주, 「정치학이라는 학문」, 『정치와 정치사상』, 9쪽. 이 글은 1958년 『정치학보』(서울대 문리과대학 정치학과 발행)에 발간된 글이다. 이 문제의식의 현대적 형태로는 홍성민 엮음, 『지식과 국제정치 : 학문 속에 숨어 있는 정치권력』, 한울, 2008.

뿐만 아니라 정치학이 실천 의식에서 이룩된 것인 한, 개별 사회의 정치학을 보편타당한 정치학으로 내세우는 것은 그 사회의 팽창주의 또는 가치관의 제국주의를 말하는 데 불과하다. 이 점에서 우리들이 오래 섬겨 오던 유럽 정치학도 여기서 벗어날 도리 없는 예라고 하지 않을 수 없다.”[114]

　　이후 『일반국제정치학(상)』으로 이어지는 지적 계보는 비판적인 관점에서 서양 국제정치학을 정리·소화한 '미술사학'의 방법이었다.[115] 하지만 동시에 이용희는 1956년 창설된 서울대 외교학과와 한국국제정치학회라는 제도적 틀을 통해 '미술사' 영역에 해당하는 한국민족주의·한국외교사 연구를 본격적으로 시작했다.[116] 물론 『일반국제정치학(하)』가 출간

114) 이동주, 「정치학이라는 학문」, 『정치와 정치사상』, 15쪽.

115) 국제정치학과 직접 관련되는 것은 아니지만 이용희는 대우재단 이사장(1980~1987)으로 재직하면서 대우학술총서와 대우고전총서를 발행했다. 이 총서의 발행은 국학의 진흥을 위해서 항상 국제지식의 수용을 강조하던 이용희의 생각이 반영된 결과물이었다. 지금도 이어지고 있는 대우학술총서의 기획 과정이나 총서의 지성사 차원의 역할, 이용희의 역할에 대해서는 추후 분석을 진행하고자 한다.

116) 대표적인 한국외교사 관련 작업은 1966년 국회도서관을 통해 발간한 『근세한국외교문서총목 : 외국편 1845-1910』이다. 또 1966년 개최된 한국국제정치학회의 '한국민족주의' 학술회의와 1968년 개최된 '한국 근대화' 회의는 한국 현대 학술사에 있어서도 매우 중요한 회의다. 특히 1968년 한국 근대화 회의는 중요한 분석 대상이 아닐 수 없다. 이 회의에서 이용희는 1960년대 한국 사회를 풍미한 근대화에 대해 '근대화'란 국내 정치적으로 지배의 명분을 조작하는 구호도, 강대국의 대외정책을 합리화하는 것도 아니라고 언급하며 비판적으로 접근하고 있다. 또 그는 근대화는 유럽사에서 추상된 일종의 유형 개념이라고 보는 사례도 많으나, 이는 유럽 근대국제질서가 전 세계로 팽창하던 19세기적 의미의 '고전적 근대화'의 경우에만 타당하다고 파악하고 있다. 오히려 이용희는 '현대적 근대화'의 추구는 강대국의 일방적인 모방도, 유럽사가 남겨놓은 국제 표준에 대한 접근도 아닌, 19세기적 의미의 유럽 국제질서에 편입됨으로써 부여받은 '우리'라는 역사적 집단에 자기 나름의 창의적인 방식을 적용함으로써 장래를 앞서 보는 생활을 추구하는 것이라 정의하고 있다. 근대화론에 대한 이용희의 입장에 대해서는 노재봉 엮음, 『한국민족주의』, 서문당, 1977, 제5부 「한국민족주의와 근대화」가 자세하다. 이와 같은 이용희의 근대화에 대한 인식이 당대 정치학·국제정치학계의 근대화론 인식

되지 않았기에 '미술사'는 '미술사학' 만큼의 완성도 있는 체계를 이루지는 못했고, 이는 미완의 과제이자 후학의 몫으로 남게 되었다.117)

지금까지 살펴본 이용희의 국제정치학은 수입상이나 고물상 그 어느 하나로도 완벽하게 포착되지 않는다. 어쩌면 한국 사회과학사를 이해하는 방식으로서 수입상과 고물상이라는 이분법 자체가 문제일지도 모른다. 수입상이라는 낙인은 서구 지식을 제대로 수입하기 위해 분투하고 있는 학자의 작업을 평가절하하는 풍조를 낳았다. 고물상의 경우에도 한국을 대상으로 한 연구가 자동적으로 주체성을 담보하는 것이라는 잘못된 인식으로 이어지기도 했다. 어떤 면에서 보면 이용희는 열정적인 수입상이었다. 『국제정치원론』의 문제의식을 이어받은 『일반국제정치학(상)』은 일견 '서구 근대국가의 등장과 팽창사'로 요약될 정도로 서구 중심의 내용으로 구성되어 있었다. 그러나 서구 근대국제정치를 다루면서, 이용희는 이 질서를 절대화하지 않고 국제정치 내외부의 모순과 국제정치의 변화과정 속에 한국을 위치시키고자 했다. 이용희 자신의 표현처럼 "나의 국제정치학은 국내정치학에 이르는 한 개도론(開導論)의 역할"이었다.118) 이용희 국제정치학의 요체는 한국의 정치학을 위해서는 국제정치의 현실을 무시해서는 안 되지만, 이를 설명하는 데 동원되는 학문이 지닌 권력적 측면을 항상 경계하라는 충고이기도 했다. 그는 학문 배후에 존재하는 역사적 무게와 전통을 철저하게 탐구하는 방법을 몸소 묵직한 저작으로 보여주었다. 이와 같은 이용희의 주체적 생각은 식민지 시기 다양한 분야의 서구 지식 체계를 누구보다 열심히 수입하려 노력했기에 가능했다.

---

속에서 지닌 의미에 대해서는 추후 연구를 기약하고자 한다.

117) 박상섭에 따르면 이용희는 사석에서 『일반국제정치학(하)』가 『국제정치원론』의 내용과 대체로 일치하는 내용을 다룬다고 말했다고 한다. 박상섭, 「한국 정치학, 자아준거적 정치학은 영원한 숙제인가」, 권영민 외, 『한국 인문·사회과학연구, 이대로 좋은가』, 푸른역사, 2013, 205쪽, 각주15번.

118) 이동주, 『국제정치원론』, 3쪽.

다른 한편 이용희는 뛰어난 고물상이었다. 이용희가 학문을 대하는 태도는 레비-스트로스가 『야생의 사고』에서 언급한 바 있는 '브리콜라주'(bricolage)에 가까웠다. 흔히 '손재주'로 번역되기도 하는 브리콜라주는 우발성을 끌어안고 그 안에서 생성되는 구조를 즐기는 방식으로 진행된다. "과학자는 구조를 이용해서 사건을 만드는 데 비해, 손재주꾼은 일어난 사건을 이용해서 구조를 만드는 것이었다."[119] 이용희는 문학·언어학·인류학·동양학·미술학·정치학 등 자신의 체험과 결부된 독서를 통해 지식을 습득하고, 이를 하나의 학문 체계로 종합해나갔다. 수준 높은 제도권 교육을 받지 못한 채 문제의식을 따라 진행된 잡독과 난독의 경험은 서서히 학문의 정치적 성격을 넘어서 정치학이라는 학문, 그리고 한국의 정치를 위해서는 국제정치에 대한 연구가 필요하다는 인식으로 이어졌다. 국제정치학이라는 학문이 먼저 있었던 것이 아니라, 체험에 입각한 학문적 실천을 하다 보니 자연스레 국제정치학이라는 분과에 정착하게 된 것이었다. 이용희의 국제정치학은 1920~30년대 국학(조선학)의 고민을 시대에 맞게 자연스럽게 변용한 것이었다.[120] 식민지 시기 이용희의 학문은 분과 학문 체제에서 '난민'이 될 가능성도 컸지만, 해방 후 분과 학문의 재편 과정 속에 그는 새로이 수입된 분과 학문의 '개척자'가 되는데 성공했다. 이 과정에서 이용희에게 명시적인 스승은 없었지만, 사실 모든 것이 그에게는 다 스승이 될 수 있었다.

---

119) 레비-스트로스, 안정남 옮김, 『야생의 사고』, 한길사, 1996, 77쪽.

120) "아주 거시적으로 봐서 과거 1백년간의 우리 역사의 특징은 일언이폐지해서 열강정치 구조에의 편입이 아니겠어요? 이런 각도에서 가끔 나는 오늘의 국학 문제가 머리에 떠오릅니다. …… 청년시절에 큰 영향을 받은 것이니 말이지. …… 결국 20~30년대의 국학운동이 일어나는 정치적 구조는 열강정치의 구조였죠. 그러니까 오늘날 국학의 경우는 그 정치적 장으로서 현재정치의 구조가 먼저 문제되어야 될 것 같아요." 「학문·사상·현실」, 512쪽. 이는 한국의 고유성에 집착하는 자아준거적 국학과 서구의 편견에서 자유롭지 못한 'Korean Studies'의 한계를 극복하려는 비판적 한국학의 시도이기도 했다. 비판적 한국학에 대해서는 김성보, 「비판적 한국학의 탐색」, 『사회인문학이란 무엇인가? : 비판적 인문정신의 회복을 위하여』, 한길사, 2011.

본 연구는 이용희라는 개인의 지성사에 주목함으로써 미국화로 단순하게 정리되는 해방 직후 한국국제정치학사의 기존 내러티브와는 다른 해석을 제시하고자 했다. 레비-스트로스 식으로 본다면, 지금까지의 한국 사회과학사는 지나치게 '과학자'의 시각으로 학술사를 접근해왔다. 오히려 미국화라는 선입견을 버리고, 기존에 학습한 지식 체계와 미국의 지식이 어떻게 결합하는지를 추적하는 방법이 당대 학술장을 복원하는 좋은 방법이 될 수 있다. 본 연구에서는 미국 사회과학에 완전히 포섭되지 않은 한 개인을 다루었다는 한계를 지닌다. 그러나 미국적, 일본적, 한국적이라는 선입견이 아니라 개별 학자의 '의욕'과 경험을 세밀하게 규명한 기초 작업을 통해서만 한국 학술장의 성격을 입체적으로 그려낼 수 있다는 것은 분명하다.[121]

---

121) 기유정의 연구는 1950~1960년대 대표적인 정치학 교과서와 교과서를 집필한 학자의 학문적 위상을 실증적으로 분석함으로써 '미국화' 테제에 대한 비판적 접근을 하고 있다는 점에서 주목된다. 기유정, 「근대 한국의 정치학과 그 학적 전환의 논리 : 1950~1960년대 정치학 개론서의 변천과 그 담론 분석을 중심으로」, 『정치사상연구』 20권 1호, 2014.

# 참고문헌

〈자료〉

이동주(이용희), 『우리나라의 옛 그림』, 학고재, 1995[1975].
이동주(이용희), 『한국회화소사』, 범우사, 1996[1972].
이동주(이용희), 『국제정치원론』, 장왕사, 1955.
이용희, 『정치와 정치사상』, 일조각, 1958.
이용희, 『일반국제정치학(상)』, 박영사, 1962.
이용희, 『한국민족주의』, 서문당, 1977.
이용희, 「민족주의」, 노재봉 엮음, 『한국민족주의와 국제정치』, 민음사, 1982.
이용희, 『이용희 저작집 1 : 한국과 세계정치』, 민음사, 1987.

〈논문 및 단행본〉

강동국, 「한국 국제정치학과 개념사 : 매개항 '문명'의 방법론적 재구축」, 『개념과
　　　소통』 13권, 2014.
구범모, 「비교정치학 20년의 반성」, 『한국정치학회보』 2권, 1967.
기유정, 「근대 한국의 정치학과 그 학적 전환의 논리 : 1950~1960년대 정치학 개론서
　　　의 변천과 그 담론 분석을 중심으로」, 『정치사상연구』 20권 1호, 2014.
김성보, 「비판적 한국학의 탐색」, 『사회인문학이란 무엇인가? : 비판적 인문정신의
　　　회복을 위하여』, 한길사, 2011.
김성보, 「연희전문학교 졸업생들의 사회 진출 기초 연구」, 연세대학교 국학연구원
　　　엮음, 『근현대 한국의 지성과 연세』, 혜안, 2016.
동주 기념사업회, 『동주 이용희와 한국국제정치학』, 동주기념학술회의, 1998.
레비-스트로스, 안정남 옮김, 『야생의 사고』, 한길사, 1996.
류시현, 『최남선 연구 : 제국의 근대와 식민지의 문화』, 역사비평사, 2009.
류시현, 「민속학을 적용한 최남선의 '조선학' 연구 : 1910~20년대 단군 논의를 중심으
　　　로」, 『역사민속학』 48호, 2015.
민병원·조인수 외, 『장소와 의미: 동주 이용희의 학문과 사상』, 연암서가, 2017.
박상섭, 「한국정치학, 자아준거적 정치학은 영원한 숙제인가」, 권영민 외, 『한국인문
　　　사회과학 연구 이대로 좋은가』, 푸른역사, 2013.
백영서, 『사회인문학의 길 : 제도로서의 학문, 운동으로서의 학문』, 창비, 2014.
서울대학교 외교학과 50년사 간행위원회 엮음, 『서울대학교 외교학과 50년사』, 서울대
　　　학교 외교학과, 2006.

서울대학교 정치학과 60년사 발간위원회 엮음,『서울대학교 정치학과 60년사』, 서울대
　　　학교 정치학과, 2009.
연세대학교 박물관 엮음,『연희전문학교 운영보고서(上)』, 선인, 2013.
전상숙,「식민지시기 정치와 정치학 : ‘조선인’ 정치 참여 부재의 정치학」,『사회와
　　　역사』110권, 2016.
정종현,「단군, 조선학 그리고 과학」,『한국학연구』28권, 2012.
정준영,「학과제의 도입과 대학사회」, 신주백 엮음,『한국 근현대 인문학의 제도화 :
　　　1910-1959』, 혜안, 2014.
하영선,『역사 속의 젊은 그들 : 18세기 북학파에서 21세기 복합파까지』, 을유문화사,
　　　2011.
홍성민 엮음,『지식과 국제정치 : 학문 속에 숨어 있는 정치권력』, 한울, 2008.

# 미국·한국의 냉전 지식 연결망과
# 북한연구의 학술장 진입

김 성 보

## Ⅰ. 들어가는 말

한반도에서 분단정부가 수립된 이후 대한민국(이하 '한국')과 조선민주주의인민공화국(이하 '북한')은 서로 상대방을 전멸시켜야 할 '적'으로 간주하면서도 그 적에 대처하기 위해서라도 상대를 이해하기 위한 지식이 요청되었다. 더욱이 남북한은 상대 정부를 적으로 간주하면서도 막상 그 주민들에 대해서는 같은 '동포'로서 인식하고 있었기에 민족적 관점에서도 상대방에 대한 이해는 필요했다.[1]

분단 이후 남한지역에서 초기 북한담론은 주로 월남민들을 통해 재현되었다. 이들은 북한을 대체로 '북괴', 즉 소련의 괴뢰집단으로 간주하고, 그 '적'으로서의 이미지에 구체성을 부여하는 역할을 담당했다. 월남지식인들이 주도하여 출간한 시민교양잡지 『사상계』에는 월남귀순자들도

---

\* 이 글은 『사이』 22호, 2017에 게재한 같은 제목의 글을 수정, 보완한 것이다.
1) 한국의 북한에 대한 태도는 '적'과 '동포'라는 상호 모순적 이미지를 반복적으로 투사하는 과정을 거쳐왔다(이서행, 「북한학의 연구동향과 발전방향」, 『북한연구학회보』 4권 2호, 2000, 7쪽). 한국의 북한연구의 흐름을 역사적으로 고찰한 최근의 대표적인 성과로는 북한연구학회, 『분단 반세기 북한 연구사』, 한울, 2012를 들 수 있다.

참여하여 보다 더 심화된 북한담론을 재현해갔지만, 그 기본적인 인식틀
은 반공-반북의 논리에서 크게 벗어나지 않았으며 소련의 위성국가로서
의 북한 이미지를 재생산하는 경향이 강했다. 1960년대에 들어서 이들은
고향에 대한 노스탤지어를 '지식'과 '과학'에 대한 요청으로 대체하며
북한에 대한 지식을 구축하는 중심역할을 담당했다.[2] 그러나 이들 월남민
들을 중심으로 만들어진 북한 지식은 연구방법론, 자료, 이론 등 학술적인
측면에서 뚜렷한 한계가 있었으며 학문 제도상의 토대도 취약했다. 북한
연구가 학술장에 진입하기 위해서는 또 다른 지식 생산의 주체와 공간이
필요했다.

북한연구는 1960년대 중후반부터 1970년대 초에 내용과 제도 양면에서
학술장으로 진입하게 되는데, 그 흐름을 주도한 쪽은 국내 월남민들이
아니라 미국의 민간 재단과 깊은 연관 아래 활동하던 미국 대학 내의
미국인 아시아 지역 연구자들 및 이들과 협력한 한국·미국의 한인 학자들이
다. 전후 미국에서 근현대 중국사 연구를 주도한 존 페어뱅크(John K.
Fairbank), 일본·중국 전문가인 정치학자 로버트 스칼라피노(Robert A.
Scalapino)를 비롯해서 아세아문제연구소의 김준엽, 재미한인 역사학자
이정식·서대숙 등이 그들이다. 이들이 북한연구의 학술장 진입 국면에서
주역을 담당했다는 점은 북한연구의 학술적·제도적 토대가 미국의 아시아
지역연구, 그 중에서도 특히 중국연구의 영향 아래 형성되었을 개연성을
보여준다. 김준엽·이정식·서대숙 모두 일제하 또는 해방 이후 시기에
중국 체류 경험이 있었다는 사실도 이와 무관하지 않을 것이다.

그런 점에서 학술사의 맥락에서 북한연구의 연원과 그 성격을 이해하기
위해서는 단지 한국내 연구동향만 아니라 1960년대 미국의 아시아 지역연

---

2) 월남지식인과 월남귀순자들의 북한 담론 재현에 대해서는 장세진, 「원한, 노스탤
지어, 과학 - 월남 지식인들과 1960년대 북한학지(학지)의 성립 사정」, 『사이』
17호, 2014 참조. 장세진의 연구는 초기 북한학지의 전반적인 경향과 그 속에서의
미세한 균열의 지점들을 포착하고 있다.

구라는 토대 위에서 어떻게 미국-한국 간에 지식의 국제정치가 작동하면서 북한연구가 학술장에 진입하게 되는지를 파악할 필요가 있다. 이와 관련하여 미국의 중국연구·공산권연구가 아세아문제연구소 등을 통해 한국에 확산되는 대체적인 사정은 이미 기존 연구를 통해 확인할 수 있다.[3] 다만 구체적으로 어떠한 학자들과 경로를 통해 어떠한 연구방법론과 이론이 적용·변용되어 북한연구의 학술적 토대를 만들게 되었는지에 대해서는 아직 본격적인 연구가 없는 형편이다.

1960년대는 미국이 아시아에 본격적으로 근대화론을 정책적으로 수출하는 시기이며, 또한 베트남전쟁을 계기로 해서 미국의 동아시아 공산주의국가들에 대한 관점이 크게 동요하는 시기이다. 동아시아의 공산주의가 민족주의와 깊이 결합되어 전개되는 상황을 기존의 소비에트화론으로는 해석하기 어렵게 되었다. 국제적으로 냉전 지식이 전반적으로 도전을 받으면서 재구성되고 있던 1960년대에 북한 연구는 미국-한국 간 지식의 연결망 아래 어떻게, 어떤 논리로 학술장에 진입하게 되는지를 검토하는 것이 이 글의 주요 목적이다.

본문 제II장에서는 전후 미국의 아시아 지역연구, 특히 동아시아 공산주의 연구의 제도적, 이론적 토대를 살펴보면서 그 토대가 근대화론의 확산, 베트남전쟁의 충격을 통해 어떻게 재구성되는지에 대해 주목하며, 제III장에서는 초기 북한연구의 중심 기관이었던 고려대학교 아세아문제연구소의 공산권 연구 연결망을 살펴보면서 그 핵심에 있던 김준엽과 존 페어뱅크의 연구시각을 검도하고 아울러 김준엽·김창순과 서대숙의 한국 공산주의운동사 연구를 상호 비교한다. 그 다음 제IV장에서는 이 연구소와 긴밀한 연계하에 미국에서 최초의 본격적인 북한 연구서를 출간한 로버트 스칼라피노와 이정식의 연구를 검토해본다.

---

3) 정문상, 「포드재단(Ford Foundation)과 동아시아 '냉전지식' - 한국과 중화민국의 중국근현대사연구 사례를 중심으로」, 『아시아문화연구』 제36집, 2014 ; 장세진, 위의 글, 159~163쪽.

## II. 미국의 지역학 연구와 아시아 공산주의 인식

2차 세계대전 이후 냉전기의 미국 지역 연구는 세계 정치·경제의 헤게모니 구축을 위한 정책의 일환으로 붐을 이루었다. 그 중에서도 동아시아는 일본의 패망과 부흥, 중국의 공산화와 개방, 신흥 공업국들의 급속한 경제 성장 등으로 비교적 최근에 이르기까지 큰 주목을 받아온 연구 대상이었다.[4] 미국의 지역학은 제2차 세계대전기에 많은 연구자들이 행정부, 군, 정보기관에 참여하여 각 지역을 연구하게 된 것을 계기로 해서 관학연계 속에 제도적 학문으로서 시작된다. 미국의 지역학은 전후 냉전질서를 뒷받침하는 냉전 지식의 일환으로 재생산되었다.[5]

냉전기에 물리학을 제외한 학문 분과중 가장 정부와 밀접한 관계를 유지한 학문은 정치학과 역사학이었다. 정치학자와 역사학자들은 미국의 전략사무국(The Office of Strategic Services, OSS)·중앙정보국(The Central Intelligence Agency)과 연계하여 지역학을 발전시켰는데, 특히 아시아학의 발전에 크게 기여했다. 아시아 지역학 연구를 대표한 학자로는 노먼 브라운(W. Norman Brown)과 존 페어뱅크, 로버트 스칼라피노를 들 수 있다. 미국에서 동남아시아학의 창시자로 불리는 노먼 브라운은 OSS에서 일했으며, 페어뱅크는 뒤에서 다시 언급하겠지만 충칭(重慶)에서 정보장교로 일했고 전후에 하버드대학의 역사학 교수가 되었으며 북미에서 근대 중국학의 창시자로 알려졌다.[6] 일본과 중국 문제 전문가인 정치학자 스칼라피노 역시 CIA와 협력하여 연구를 진행했다.[7]

4) 김왕배, 「아시아의 작은 용 - 한국학의 성장과 부흥(1970~1999)」, 『사회와 역사』 57집, 2000, 215쪽.

5) 냉전기 미국의 권력·재단·학문의 결합 관계에 대해서는 노엄 촘스키 외, 『냉전과 대학 - 냉전의 서막과 미국의 지식인들』, 당대, 2001 ; 브루스 커밍스 외 지음, 한영옥 옮김, 『대학과 제국 - 학문과 돈, 권력의 은밀한 거래』, 당대, 2004 참조.

6) Mark T. Berger, *The Battle for Asia : From Decolonization to Globalization*, Routledge Curzon : New York, 2003, p.95.

7) 브루스 커밍스·해리 하루투니안 대담, 「미국 아시아학의 비판적 검토」, 『역사비

미국은 조직과 자금·이론의 우위를 바탕으로 지역학을 육성했고, 이를 해당 지역에 전파하여 미국의 지식 헤게모니 속에 들어오도록 하였다. 미국의 지역학 육성은 전시에는 정보기관이 중요 역할을 했지만, 전후에는 포드재단 같은 민간재단과 대학이 지역학의 중심이 되었다. 포드재단은 한국과 중화민국의 중국근현대사연구지원 사업을 적극 지원하여 미국과 양국 사이에서 중국학을 매개로 한 문화적 관계를 만드는 데 결정적인 역할을 담당했다.[8] 미국의 아시아 연구는 특히 일본학과 중국학 연구에 집중되었고, 상대적으로 한국학은 주변적인 위치에 불과했다. 하버드대학에서 한국연구가 공식 프로그램이 된 시점은 1965년이었고, 포드재단이 한국연구 조사 프로그램을 시작한 것은 1967년에서였다.[9]

미국의 아시아 지역학 연구는 이론적으로는 근대화론과 소비에트화론에 주로 의존했다. 브루스 커밍스에 따르면 초기 동아시아학의 주요 패러다임은 근대화론과 '크레믈린'론이었는데, 일본과 달리 중국과 한국을 연구하는 데에는 대상 시기별로 이론이 나뉘어 있었다. 1949년 이전의 남한·대만·중국을 연구하는 데는 근대화론을 사용하고, 1949년 이후의 북한과 중국 연구에는 크레믈린론이 적용되었다.[10] 크레믈린론은 미국의 소비에트학을 지칭하는데, 이를 중국과 북한에도 적용하여 이들 국가들을 소련의 영향력 아래 소비에트화된 국가로서 이해하는 논리이다.

조직과 자금, 이론 외에도 미국은 학술연구에 필수적인 자료와 정보의 측면에서도 우위에 있었다. 전후 미군은 일본을 점령한 다음 일본 외무성·육군성·해군성·사법성·내무성 등의 문서를 몰수해서 미국에 가져다가 사진을 찍어 마이크로 필름으로 만들었다. 미국 국회도서관은 이를 정리

평』 54호, 2001, 137쪽.
8) 정문상, 앞의 글, 185쪽.
9) 채오병, 「냉전과 지역학 - 미국의 헤게모니 프로젝트와 그 파열, 1945~1996」, 『사회와 역사』 104집, 2014, 312쪽.
10) 브루스 커밍스·해리 하루투니안 대담, 앞의 글, 141쪽.

해서 1959년에 처음으로 공개했다. 이와 함께 후버연구소에도 다른 곳에 서는 볼 수 없는 중요 자료들이 보관되어 있었다.[11] 북한에 대해서도 미국은 상세한 정보와 자료를 확보하고 있었다. 한국전쟁기인 1950년 10월 28일 미국은 북한 지역에 국무성 조사단(State Department Research Mission)을 파견하여 문서들을 입수했다. '노획문서'로 불리는 자료들이 다. 이 자료들에 입각하여 국무성 조사단은 *North Korea : A Case Study in the Techniques of Takeover*(Department of State, Publication 7118, Far Eastern Series 103, 1961)라는 보고서를 출간한 바 있다. '노획문서' 자료는 지금도 건국 시기의 북한 연구에 필수적인 자료로 활용되고 있다.

여기서 한 가지 유의할 점은, 미국에서 아시아 지역학 연구가 냉전 지식의 일환으로 축적되었다고 해서 관련 학자들이 미국 행정부에 일방적으 로 종속되어 있었다고는 보기 어렵다는 점이다. 예를 들어 존 페어뱅크는 1950년대의 매카시즘 선풍 속에서 중국과의 관계 개선을 주장하는 쪽이었고 이로 인해 감시 대상이 되기도 했다.[12] 그의 국무성 자문 역할은 1950년대 초에 중단되었다. 미국의 아시아연구협회(AAS)는 1950년대에 중국의 상실 문제를 두고 긴장된 논의를 진행과는 과정에서 설립되었다.[13]

미국 지역학에서 학문과 권력 사이의 본격적인 갈등은 베트남전쟁을 계기로 해서 드러나기 시작했다. 베트남전쟁은 미국의 냉전적 아시아 정책을 비판적으로 바라보게 했고, 베트남과 중국 등 아시아 공산주의국 가들을 공산혁명의 확산이라는 관점보다는 아시아 국가들 내부의 민족주

---

11) 이정식·한홍구 대담, 「이정식이 걸어온 학문의 길」, 로버트 스칼라피노·이정식 지음, 한홍구 옮김, 『한국공산주의운동사』, 돌베개, 2015(합본 개정판), 1045쪽.

12) 양호민에 의하면 페어뱅크는 매카시즘 선풍시대에 공연한 혐의를 받았지만 대학교단으로 돌아가 중국 전문가로서의 지위를 유지했으며, 미국과 북경정부와 의 관계개선을 주장해왔다(페어뱅크 저, 양호민·우승용 역, 『현대중국의 전개』, 동서문화원, 1972, 역자 서문). 이 책은 John K. Fairbank, *The United States and China*, Harvard University Press: Cambridge, Massachusetts, 1971, 제3판의 번역본이다.

13) Berger, op.cit., p.96.

의적 동력에서 이해하는 계기가 되었다. 코헨에 따르면, 베트남전쟁은 미국의 중국 역사학자들에게 심대한 영향을 주었는데, 미국이 전세계에서 점하는 정치적, 도덕적, 문화적 우월성의 신화가 깨어짐에 따라 미국 역사학자들은 처음으로 서구식 표준과 중요성에 대한 기준을 포기하고, 비서구 중심적인 역사서술, 즉 서양이 아닌 중국의 역사적 경험에 기초한 역사서술로 나아가게 되었다.[14] 그리고 대학원생들과 소장 학자들은 동남아시아에 대한 기존의 가설을 근본적으로 비판할 필요성을 느끼고, '아시아를 우려하는 학자들의 위원회(Committee of Concerned Asian Scholars)'라는 조직을 만들어 1968년부터 학술지 *Bulletin of Concerned Asian Scholars*를 발행하기 시작했다.[15]

1960년대 말 미국의 베트남에 대한 군사적 개입의 확대와 그것이 야기한 강렬한 반미감정 속에서 19·20세기의 중국에 대한 근대화론적 해석은 도전을 받게 되었다. 제임스 펙(James Peck)은 근대화이론이 단순히 부적절하고 유해한 지적 체계일 뿐 아니라, 나아가 그것은 전후 미국의 아시아에서의 정치적 군사적 경제적 개입을 정당화하기 위해 대표적인 중국전문가들이 사용한 이데올로기 체계라고 주장하였다.[16]

미국의 아시아 지역학은 기본적으로 권력-학문의 긴밀한 협력관계 속에서 냉전 지식으로서 미국의 헤게모니를 확립하는 데 기여했지만, 그 안에서 학문의 자율성이 전혀 부정되지는 않았다. 특히 베트남전쟁을 계기로 아시아를 새롭게 인식하게 되면서 기존의 관점은 도전받게 되었다. 그런 과도기, 즉 냉전의 동요, 냉전 지식이 동요가 두드러지는 1960년대 중반에 미국과 한국에서 북한연구가 본격적으로 시작된다.

---

14) 폴 A. 코헨 지음, 장의식 외 옮김, 『미국의 중국 근대사 연구』, 고려원, 1995, 36쪽.
15) 위의 책, 176쪽.
16) 위의 책, 166쪽.

# III. 아세아문제연구소의 공산권·북한연구와 미국의 후원

1960년대에 미국과 한국 양쪽에서 공산권 연구 및 그 일환으로서 북한 연구에 대한 필요성이 증대하는 상황에 가장 적극적으로 반응한 연구기관은 1957년에 설립된 고려대학교의 아세아문제연구소이다. 이 연구소가 공산권 및 북한 연구를 진행하는 데에는 포드재단의 지원이 큰 도움이 되었다. 포드재단은 냉전시대 내내 미국 외교정책의 목적을 달성하기 위한 국제 학술교류 행사를 지원해왔다. 한국의 경우 포드재단의 지원은 아세아문제연구소에 집중되었다.[17]

1959년에 미국 하버드대학에 연구체류 중이던 김준엽은 한 학술대회에서 포드재단의 바네트(A. D. Barnett) 박사를 만나게 되어 그에게 북한연구 지원을 요청했다. 1961년 2월에 이 연구소는 포드재단에 3대 연구계획서를 제출했는데, 그 중 세 번째가 '북한연구'였다. 같은 해 5월에 군사정변이 일어나자, 이 연구소는 박정희 국가재건최고회의 의장에게 공산권 연구를 승인 요청했고, 12월에 정식승인을 받았다. 이에 포드재단은 1962년에 3대 연구계획 지원자금 28만 5천 달러를 제공했다. 제3분야(북한공산권연구)의 책임자는 김준엽 교수였다.[18] 1962년에 포드재단의 지원으로 이 연구소가 주관한 「북한 공산주의에 대한 연구 프로젝트」의 결과 「한국 공산주의운동의 역사」, 「북한 공산정권의 이념」, 「북한의 공산주의 이념교육」이라는 세 편의 논문이 제출되었다.[19] 이후에도 포드재단의 지원은 계속되었다.

김준엽은 연구의 진전을 위해 미국 하버드대학교와 중화민국 국립정치대학등과 연결망을 강화해갔다. 이 과정에서 미국 동양학의 권위자인

---

17) 그렉 브라진스키 지음, 나종남 엮음, 『대한민국 만들기, 1945~1987』, 책과함께, 2011, 284쪽.
18) 아세아문제연구소 편, 『아세아문제연구소 20년지』, 고대아세아문제연구소, 1977, 5~10쪽.
19) 그렉 브라진스키 지음, 나종남 엮음, 앞의 책, 286~287쪽.

하버드대학의 존 페어뱅크와 특히 돈독한 협력관계를 만들었다. 페어뱅크
는 제2차 세계대전기에 OSS와 전시정보국(the Office of War Information,
OWI)에서 근무하고, 1945~46년에는 난징에 있는 미국 공보원의 원장직을
맡은 적이 있다. 그 후 대학 교단으로 돌아가 하버드대 동아시아연구소
소장으로서 미국 역사학계에서 중국학을 이끌면서 미국과 중화인민공화
국 정부와의 관계개선을 주장해왔다.[20] 페어뱅크처럼 제2차 세계대전기
에 OSS 활동을 하며 중국 충칭에서 항일운동 경험을 한 김준엽은 하버드대
학에 연구 체류하면서 그와 깊은 학문적 유대관계를 형성했다.

평안북도 강계 출신인 김준엽은 1943년 학병으로 강제징병되어 중국으
로 갔다가 일본군에서 탈출하여, 장준하 등과 함께 충칭으로 가서 광복군
에 가담했다. 광복군으로 훈련 중 해방을 맞은 그는 1946년 중국국립
동방어문전문학교의 한국어강사를 시작으로 교육계에 발을 디뎠고, 한국
으로 귀국하여 대학교수와『사상계』편집위원 및 주간으로 활동한 지식인
이었다. 그는 교편을 잡은 뒤인 1951년부터 국립 타이완대학에서 유학하
는 등 중국에 대한 전문적인 지식을 바탕으로 하면서 페어뱅크와 교류했
다.[21] 또한 이북 출신인 그는 김창순 등 월남 지식인들과 교류하며 북한
연구로도 관심을 넓혀갔다. 그는 중국전문가로서 미국의 중국연구와
월남 지식인의 북한 지식을 연결해주는 위치에 있었다. 그렇다면 미국의
지역학 연구와 자금 후원의 측면에서 깊은 관계를 맺고 있던 페어뱅크와
김준엽의 아시아 인식은 서로 어떻게 연결되어 있었을까?

페어뱅크의 중국근대사 연구는 '충격 반응'론으로 요약된다. 사생석으
로 근대화할 능력이 없는 중국왕조는 서구의 충격에 대응하면서 근대화를
시작하게 되었다는 이 논리는 기본적으로 미국의 반공주의 산업화전략인
'근대화론'을 역사학에 적용한 것이었다.[22] 또한 그는 중국의 혁명이

---

20) 페어뱅크 저, 양호민·우승용 역, 앞의 책, 역자 서문.
21) 김준엽의 일대기는 김준엽,『장정』전5권, 나남출판, 1991·2001에 소상히 밝혀져
   있다.

서구적 근대화의 방향으로 가지 않고 공산주의 이념을 수용하는 방향으로 귀결된 것에 대해 극히 비판적이었다.[23] 아시아의 전통에 대한 부정적 인식과 서구 주도하의 근대화에 대한 긍정, 공산주의 체제에 대한 비판의 논리는 김준엽과 그가 주도한 아세아문제연구소의 중국 연구에서 더 극단적인 모습으로 확인된다.

정문상의 연구에 의하면, 김준엽은 중국의 근대화가 서구의 충격으로 시작되었고, 근대화 달성 여부는 서구의 가치와 제도를 얼마나 전면적으로 수용하면서 전통시대 정체의 유산에서 탈피하느냐에 달려 있다고 보았다. 그에게 근대화는 '서구 선진사회'를 모델로 전통으로부터 탈피하여 공업화와 산업화를 달성하는 한편 자유와 민주를 쟁취해가는 과정으로 이해되었던 것이다. 그의 이러한 관점에 따르면 중화인민공화국은 '근대화의 좌절이자 실패'였으며, '근대화로부터의 일탈'이었다. 일탈된 근대화의 길을 걷고 있는 중화인민공화국은 문화대혁명에서 보듯이 권력투쟁을 일삼는 비정상적인 국가였고 주변 국가와 지역을 위협하는 경계의 대상이기도 했다.[24]

아세아문제연구소는 1966년 6월에 〈아세아에 있어서의 공산주의문제〉라는 국제학술회의를 개최하여 그 성과를 다음 해에 『중공권의 장래』라는 단행본으로 출간한 바 있다. 김준엽은 이 책의 총론 「우리시대에 있어서의 공산주의 제문제」라는 글에서, 중소분쟁을 염두에 두고 20세기 공산주의가 '동구형'과 '아세아형'으로 양분되어가고 있으며 이제 '프롤레타리아 국제주의'는 한낱 관념상의 존재에 불과하게 되었다고 보았다. 그러면서 그는 동유럽에서 스탈린주의적 중앙집권제가 붕괴되어가고 있음에도 불구하고, 아시아의 중국에서는 "국가권력을 통한 자본의 시원적 축적의 형태로서 추진"되는 '공업화'가 "인민대중에게 견디기 어려운

22) 정문상, 앞의 글, 187~188쪽.
23) 폴 A. 코헨 지음, 장의식 외 옮김, 앞의 책, 177쪽.
24) 정문상, 앞의 글, 187~188, 191쪽.

정치적 통제와 물질적 궁핍을 강요"하고 있으며, 이 산업혁명이 핵실험 등 군사력 강화로 이어지고 있음을 비판한다. 그는 '중공'을 "세계에서 최대의 인구와 방대한 자원을 소유하며, 공산주의에서도 가장 전투적인 강경노선을 내세우고 있는 전체주의국가"로 규정했다.[25] 동유럽과 달리 중국은 아시아의 권위주의적인 전통 위에서 20세기에 공산주의 이념을 받아들이면서 서구적 근대화와는 거리가 먼 전체주의로 전락했다는 논리이다.

김준엽은 아시아의 공산주의혁명이 민족주의적 성격을 지니는 것으로 보는 데에도 부정적이었다. 그는 식민지·반식민지의 '반제국주의적 민족해방투쟁'은 자본주의에 대한 프롤레타리아의 계급투쟁과 결부되어 20세기의 공산주의혁명을 수행하려함에 불과하다고 보았다. 아시아의 민족해방투쟁을 단지 공산혁명의 책략으로 이해한 것이다. 그는 한국전쟁에서 입증된 무력침공을 언급하면서 소련의 평화공존론을 허구로 보았고, 공산주의자들이 전쟁을 혁명의 산부(産婦)로 보고 있는 한 핵전쟁 등 무력충돌의 위험성이 상존함을 강조했다.[26]

이 단행본에 실린 양호민의 「북한의 쏘베트화」, 김창순의 「조선노동당의 파쟁」, 방인후의 「조선노동당의 계급정책」 등은 북한의 인민민주주의혁명을 소련의 위성국가화, 공산혁명의 과도기 정책으로 파악하면서 그러한 혁명이 한반도에서 일어나게 되는 역사적 배경을 고려하지 않는 전형적인 냉전인식을 보여준다. 한편 이 책에는 북한의 경제에 대한 분석이 5편이나 실려 눈길을 끈다. 서남원의 「북한경제의 이론석 구성」, 김윤환의 「북한의 경제발전과 공업화」, 김광원의 「북한협동조합」, 오기완의 「북한의 천리마운동」, 유완식의 「북한의 대외무역분석」 등 북한경제에 대한 논문들은 대체로 북한이 후진적인 조건에서 소련의 원조라는 특수조

25) 김준엽, 「우리시대에 있어서의 공산주의 제문제」, 김준엽 편, 『중공권의 장래』, 범문사, 1967, 8~10쪽.
26) 김준엽, 위의 글, 12~13쪽.

건을 배경으로 기형적인 '발전'을 한 것이며, 그 한계가 드러나고 있음을 지적하고 있다. 그렇기는 하지만 당시 경제학자들이 참여하여 북한경제를 하나의 학술적인 분석대상으로 삼았던 점에서 볼 때, 점차 북한연구가 제도학문의 영역에 진입해갔음을 확인할 수 있다. 이처럼 아세아문제연구소에서 1960년대 중반에 진행한 중국·북한 연구는 강고한 반공주의를 바탕으로 하면서 전형적인 냉전 지식을 재생산하는 과정이었다.

그런데 막상 페어뱅크는 이 시기에 조금씩 자신의 관점을 수정하고 있었다. 페어뱅크는 1960년대 중반 이후 소장학자들이 미국의 아시아정책을 비판하고 아시아의 공산주의 혁명에 대해 우호적인 자세를 드러내는 데에 당혹스러워 하였다. 그는 소장학자들에게 역사란 도덕의식 위에서만 전개되지 않으며, 미국 제국주의가 바람직하지 못하다고 해도 그것이 곧 공산주의가 바람직함을 뜻하지는 않는다고 반박했다.[27] 그렇기는 하나 그가 1971년도에 출간한 *The United States and China* 제3판을 보면 그 이전의 제1·2판(1948·1958)에서 찾아보기 어려운, 아시아의 역사를 긍정하는 관점을 확인할 수 있다. 그는 제3판에서 미국인이 중국을 제대로 이해하려면 현실주의적인 투시를 해야 하며, 그 첫 단계는 중국이 서양을 침략한 것이 아니라 서양이야말로 중국을 침략했다는 사실을 인정하는 것이라고 강조한다. 그는 "서양이 중국에다 근대화에의 길을 터 주었다는 사실을 인정한다면, 모름지기 20세기 중국의 위대한 혁명은 서양이 그 시작을 도와준 그런 혁명이란 것을 우리는 받아들이지 않으면 안 된다"고 지적했다. 그에 의하면 "중국공산당은 과거 한 세기동안 중국의 애국적인 개혁운동가와 혁명가들은 물론 외국인 행정요원 및 선교사들이 더욱 더 적극적으로 주장하고 시도했던 수많은 모든 변혁을 사실상 실천에 옮겼"을 뿐이었다.[28]

이처럼 페어뱅크는 자신의 반공적인 관점과 '충격-반응'론을 견지하면

---

27) 폴 A. 코헨 지음, 장의식 외 옮김, 앞의 책, 177쪽.

28) 페어뱅크 저, 양호민·우승용 역, 앞의 책, 436쪽.

서도, 중국혁명이 민족주의적 근대화의 또 다른 경로임을 인정했고, 이를 근거로 미국과 중국이 관계를 개선할 수 있음을 강하게 주장했다. 그는 베트남전쟁에 대해서도, 미국의 전쟁 개입 자체는 도덕적이었으나 실제 미국이 베트남에서 직면한 것은 공산주의라기보다는 민족주의였다면서 이 전쟁의 잘못된 구도를 지적했다.[29]

요컨대 페어뱅크는 중국과 베트남의 공산화 과정을 서양의 제국주의 침략 속에서 고취된 민족주의의 발로로 이해함으로써 소련의 공산주의혁명과 그 성격을 구분하였고, 그렇기에 미국과 중국은 현실주의적으로 관계를 개선할 수 있음을 주장했다. 중국혁명=민족주의적 근대화의 또 다른 길이라는 그의 논리는 냉전 지식의 틀 안에서 현대중국학이 크레믈린학(소비에트학)에서 벗어나 별도의 학문적 토대를 세울 수 있는 하나의 가능성을 보여준 것이었고, 이는 미국의 동양학이 닉슨 행정부의 중국 접근을 학문적으로 뒷받침해준 하나의 사례이기도 했다.

할펜은 중화인민공화국에 대해 정치학자들은 그들의 세계혁명적 태도에 큰 비중을 부여하는 반면, 역사학자들은 민족주의를 하나의 중요한 동인으로 보는 경향이 있다고 지적한 바 있다.[30] 다만 뒤에서 언급하겠지만 로버트 스칼라피노 같은 정치학자 역시 공산주의체제 자체가 점차 민족주의적 경향으로 분열하고 있음을 인식하게 되면서, 비록 아시아의 공산주의자들이 민족주의의 본질을 지닌 것은 아니지만 민족주의를 하나의 중요한 수단으로 활용하고 있음은 인정하게 된다. 아시아의 민족주의와 공산주의의 깊은 관련성은 역사학이건 정치학이건 미국의 지역연구에서 중요한 화두가 아닐 수 없었다.

이러한 미국의 지역연구 분위기 변화에 비해 이 시기에 한국에서

---

29) 위의 책, 459쪽.
30) A. M. 할펜, 「역사이냐 정치이냐 - 중공 태도에 관한 노트」, 김준엽 편, 앞의 책, 1967, 377쪽. 할펜은 페어뱅크가 중화인민공화국을 설명하면서 중세기 왕국심리, 중국의 전통적인 계급제도 관념, 초민족주의 등의 개념을 사용함에 대해 다소 비판적이다(A. M. 할펜, 위의 글, 378~381쪽).

미국·한국의 냉전 지식 연결망과 북한연구의 학술장 진입  225

반공주의 일변도의 중국·북한 인식에는 거의 변화가 없었다. 당시 한국 사회에서 베트남전쟁은 공산주의혁명에 맞서는 자유민주주의의 '성전'으로 인식되었고, 1968년 북한 특수부대의 청와대 습격 사건 등으로 인해 북한에 대한 경계심은 오히려 더욱 공고해지고 있었다.

김준엽이 월남지식인인 김창순과 함께 1962년부터 미국의 연구비를 받으며 시작한 한국 공산주의운동사 연구는 그러한 경직성을 잘 보여준다. 두 사람의 공저로 출간된 전5권의 『한국공산주의운동사』[31]는 방대한 자료를 실증적으로 연구하여 북한연구의 학술장 진입에 중요한 기여를 하였지만, 그 논조는 반공 반북의 냉전논리를 반복한 것이었다. 이 책의 1권에서는 한인의 초기 공산주의운동이란 주체적인 사상이나 이론 없이 볼셰비키 집단이나 코민테른에 이용된 것에 불과하다고 보았다.[32] 그리고 제2권에서는 1920년대 이후 '민족 인테리'들의 사회주의운동이 내부적 조건보다는 외부적 조건에 의하여 분파적으로 대두했고, 이들이 무원칙한 파쟁을 거듭하면서 민족운동선상에 "일대사상적 분열을 표면화"했다고 그 의미를 평가절하했다.[33] 김준엽·김창순은 1986년의 신판 서문에서도 북한이 대한민국 정통성에 도전을 하려고 위험한 역사 날조를 하고 있어서 올바른 민족사 교육을 위해, 특히 독립운동사를 올바로 전하기 위해 한국 공산주의사 연구를 하게 되었다고 그 의도를 재차 확인하기도 하였다.[34]

한편 1967년에 미국에서는 위와 별도로 진행된 한국 공산주의운동사 연구성과가 재미한인학자 서대숙에 의해 출판되었다. *The Korean Communist movement, 1918-1948*라는 제목의 이 저작은 그가 컬럼비아대학에서 작성한

31) 김준엽·김창순, 『한국공산주의운동사연구』 전5권, 고려대학교 아세아문제연구소, 1967~1976.
32) 위의 책, 제1권, 1967, 440쪽.
33) 위의 책, 제2권, 1969, 서문.
34) 김준엽·김창순, 「신판을 내면서」, 『한국공산주의운동사연구』 제2권 신판, 청계연구소, 1986, i쪽.

박사학위논문을 수정 보완한 것으로서,[35] 김준엽·김창순이 한국 공산주의운동사를 집필하면서도 김일성과 동북항일연군의 활동을 사실 그대로 밝히지 못했음에 비해 미국이라는 보다 학문적으로 자유로운 공간에서 그 실상을 실증적으로 밝혀 주목받았다.

흥미로운 점은 서대숙 역시 김준엽처럼 중국 체류 경험이 있다는 점이다. 1931년생인 서대숙은 중학교를 마치고 1946년 이남으로 내려올 때까지 간도의 룽정(龍井)에서 청소년기를 보냈다. 간도 일대를 돌며 개척교회 활동을 펼친 부친 서창희 목사는 문익환·동환 형제의 부친인 문재린 목사와 용정 중앙교회에서 함께 시무하기도 했다.[36] 청소년기에 만주지역의 민족주의운동과 공산주의운동을 실제 목도하며 성장한 서대숙은 그 경험과 중국어·일본어 해독능력을 바탕으로 북한 국가의 형성이 김일성을 중심으로 한 동북항일연군의 활동과 직접적으로 연관되어 있음을 해명했다. 서대숙은 이 저작 집필 후 하와이로 활동공간을 옮겨 미국 재단들의 지원과 하와이교민들의 후원을 바탕으로 1972년에 세워지는 한국학연구소의 초대 소장직을 1995년까지 장기간 역임했다.

서대숙은 김일성과 동북항일연군의 실체를 실증적으로 해명하여 미국과 한국에서 북한전문가로서 주목을 받았을 뿐만 아니라, 북한정부에게서도 관심의 대상이 되었다. 그는 1974년에 북한정부의 초청으로 북한을 방문했는데, 막상 그는 방문 뒤에 들린 일본에서 김일성의 우상화가 이성의 한계를 넘었다고 북한 체제를 비판했다. 당황한 북한정부는 그를 "교수의 틸을 쓴" 미제와 남조선의 '반역자'라고 비난했다.[37] 서대숙은 역사학자로서 실증적 자세에서 북한 지도부의 항일무장투쟁을 밝혀냈지만 북한 체제의 개인숭배 현상 등 경직화에 대해서는 매우 비판적이었다.

35) Dae-Sook Suh, *The Korean Communist movement, 1918-1948*, Princeton University Press: Princeton, N.J, 1967.
36) 『한겨레신문』 2009.5.13 ; 『한국일보』 2014.11.2.
37) 『동아일보』 1974.6.19.

이처럼 김준엽·김창순과 서대숙의 연구는 북한체제에 대한 비판적 인식을 공유하면서도, 전자가 반공 반북의 냉전논리하에 북한의 역사성 자체를 근본적으로 부정하는 시각을 보인 반면, 후자는 민족운동의 한 결과로서 북한 정권 성립의 역사성을 인정하는 전제 위에서 그 체제의 문제점을 지적하는 시각의 편차를 드러내고 있었다. 이는 미국의 아시아 지역학 연구를 기반으로 조성된 미국·한국의 냉전 지식 연결망 안에서 국제 냉전의 동요와 다원화를 반영하는 미국 학계와 오히려 더욱 남북대립 속에 냉전의식이 강고히 재생산되고 있던 남한 학계 사이의 편차를 보여준다.

1972년의 7.4남북공동성명 발표 이후 한국에서 북한과 통일에 대한 관심은 크게 고조되지만, 그 다음 해에 성립되는 유신체제 하에서 북한을 호전적인 집단으로만 인식하는 관념은 여전히 반복 재생산된다. 냉전체제의 이완 속에 미국과 중국이 관계를 개선하면서 상호인식을 수정해갈 때, 한반도는 그 반작용으로 더욱 경직화하며 상호 적대적인 인식을 재생산해갔다.[38]

1972년 7월 4일자 『동아일보』는 당시 폭발적으로 증가하던 통일문제 연구경향을 아래와 같이 묘사하고 있다.

남북적십자 가족찾기 회담과 함께 일어난 통일문제 연구경향은 지난 달 발족한 국토통일원의 통일연구와 전국 20개 대학 및 3개 언론기관에 부설된 통일문제연구기관의 세미나와 연구활동 등으로 크게 붐을 이루고 있다. 더욱이 사회 각계 권위자 1백 명으로 구성된 연구위원 제도는 통일에의 문제의식을 제기하면서 국민총화와 국론통일의 방향을 모색하기 시작했다. 역사적 남북공동성명을 계기로 상반기의 통일문제연구의

---

38) 1960년대 후반~1970년대 초반의 남북한 체제 경직화에 대해서는 이종석, 「남북한 독재체제의 성립과 분단구조 - 유신체제와 유일체제의 비교」, 『분단시대의 통일학』, 한울아카데미, 1998 참조.

결산을 해본다. …… 이런 점에서 각 대학이 벌이는 통일문제 세미나와 통일연구소의 강의는 국론통일과 선도를 위한 지식층의 새마을운동으로 평가될 수 있다.

박정희 정부하에 통일문제 연구는 '지식층의 새마을운동'으로 표현할 정도로 관제적인 성격이 강했으며, 7.4남북공동성명으로 잠시 드러난 통일에의 열기, 통일민족주의는 유신체제 선포로 싸늘하게 식었을 뿐이다. 다만 광범하게 각 대학에서 만들어진 통일 및 북한 연구기관들은 제도내 학문으로서 북한연구가 활성화하는 데 기여했다.

그 중 가장 지속적이고 풍부한 성과를 내온 연구기관의 하나는 경남대학교의 극동문제연구소이다. 이 연구소는 지방대학 부설연구소임에도 불구하고 활발한 국제학술교류로 외연을 확장했는데, 이는 이 대학의 이사장이 대통령 경호실장 박종규였으며, 그의 동생 박재규가 총장직을 수행한 것과 관련이 있다. 박재규는 뒷날 통일부장관을 역임했다. 극동문제연구소는 1973년도에 워싱턴 D.C.에서 미국학자, 재미 한국인 학자 등을 초빙하여 제1차 국제학술회의를 개최하면서, 한미간 학술 연결망을 적극적으로 만들어갔다.[39]

1960년대에 미국의 지역학 연구와 재단 지원을 바탕으로 시작된 미국-한국의 북한연구는 1970년대 이후 역으로 한국의 정부·대학 연구소가 주도하여 미국에서 냉전 지식의 연결망을 만들어가는 흐름으로 바뀌어갔다. 그러한 역의 흐름은 한국의 상시한 냉전인식을 미국의 북한연구에 보급하는 역할을 했을 터이다.

---

[39] 간행위원회 편, 『경남대학교 극동문제연구소 20년지』, 경남대학교 극동문제연구소, 1992, 44쪽.

# Ⅳ. 초기 북한연구의 이론 구성-
# 소비에트화론, 근대화론, 오리엔탈리즘

칼 마르크스가 부활한다면, 그가 조선민주주의인민공화국을 자신의 영감에서 나온 하나의 국가라거나 그의 정의에 부합하는 진정한 사회주의 사회의 하나로 볼 것인지는 극히 의심스럽다. 레닌은 비록 마르크스보다 훨씬 더 잘 이해할 수 있기는 하겠지만, 그조차도 김일성의 정체(polity)의 지배적인 신조와 구조의 중요 요소들이 정당하다고 인정하기 어려울 터이다.[40]

위의 글은 스칼라피노와 이정식이 1972년에 함께 출간한 *Communism in Korea*의 마지막 장 첫 대목에 나오는 문장이다. 최초의 포괄적이며 본격적인 북한연구서라고 할 수 있는 이 책은 미국 행정부에 대해 아시아 안보문제를 자문해온 사회과학자 스칼라피노와 재미 한인 역사학자 이정식의 합작으로 탄생했다.

스칼라피노는 하버드대학에서 박사학위를 받은 다음, 제2차 세계대전기에 해군장교로 일본어 교육을 받으며 아시아에 관심을 가지게 되었다. 그는 이후 영향력 있는 일본 전문가가 되었는데, 자유민주당 지배하에 소수 정당들이 공존하는 일본 정치체제를 '1과 1/2 정당'체제라고 분석하기도 했다. 그리고 현대의 중화인민공화국에 대해서는 '권위주의-복수사회(authoritarian-pluralist society)'라는 개념을 제시하는 등 사회과학적 이론화를 꾸준히 추구했다.[41]

그는 단지 학자로 머물지 않고 1958년에는 미국 상원외교위원회에

---

40) Robert A. Scalapino, Chong-sik Lee, *Communism in Korea*, University of California Press : Berkely, 1972, Vol.2, p.1296.

41) 정치생활은 도전받지 않는 하나의 지배적인 정당 하에 놓여있지만, 시민사회와 혼합경제가 존재하는 상태를 가리킨다. Robert A. Scalapino, "Will China Democratize?," *Journal of Democracy* 9.1, 1998.

미국의 동북아시아 정책을 분석한 콘론(Conlon Associates) 보고서를 제출하기도 하였다.[42] 그리고 그는 1962년부터 1996년까지 미국의 국무성 등 정부기관에 지속적으로 자문을 하며 미국의 동아시아 정책에 영향을 미쳤다. 그는 1965년 미국이 베트남전쟁에 깊이 개입했을 때, 백악관의 베트남 정책을 적극 지지한 인물이었다. 그는 존슨 행정부의 국가안보보좌관 번디(McGeorge Bunndy)가 참석하기로 했다가 불참한 한 토론회에 대신 참석해서, 미국이 아시아의 민족주의(nationalism)와 싸우는 것이 아니라 공산주의와 싸우는 것이라고 논했으며, 만약 이 전쟁을 포기하면 중국이 미국을 '종이 호랑이'로 간주할 것이라고 주장했다. 한편으로 그는 1960년대에 대만의 악명높은 인권탄압을 비난했고, 닉슨 대통령의 1972년 역사적인 중국 방문에 앞서, 미국이 중국과 밀접한 관계를 가질 것을 정부에 자문하기도 했다.[43]

아시아의 민족주의에 부정적인 시각을 가진 스칼라피노는 왜 중국과의 관계개선에는 적극적이었을까? 그가 편찬한 *The Communist Revolution in Asia : Tactics, Goals and Achievement*에서 그 단초를 찾을 수 있다. 이 책에서 그는 당시의 공산주의 국제관계를 개별적인 공산주의 국민국가들(nation-states)의 새로운 다중심주의(policentrism) 시대로 이해했다. 이러

---

42) 박태균, 『원형과 변용』, 서울대학교출판부, 2007, 132쪽. 스칼라피노는 1962년 1월에 5.16 군사정변 이후 한국사정을 관찰하기 위해 한국을 방문했으며, 이때 『사상계』를 통해 소련과 아시아 공산주의의 갈등관계에 대한 토론을 진행했다. 스칼라피노는 이 대담에서 당시 공산권이 동요하는 원인을 각국 공산당의 민족주의에서 찾았으며, 이에 대해 양호민, 김준엽 등 한국 학자들은 공산주의자들이 민족주의에 편승하는 사실에는 동의하면서도 아시아의 공산주의란 민족주의보다는 빈곤 때문에 발생한 것이고 소련과 경제발전 단계에서 차이가 있음을 상대적으로 강조했다(로버트 A. 스칼라피노, 김준엽, 양호민, 이만갑, 한재덕, 「공산권의 동요 - 스칼라피노 교수와의 토론」, 『사상계』 104호, 1962, 102~114쪽). 이 글의 103쪽에서 『사상계』 편집자는 스칼라피노가 콘론보고서의 작성자임을 밝히고 있다.

43) Douglas Martinnov, "Robert A. Scalapino, a Scholar of Asian Politics, Dies at 92," *The New York Times*, Nov. 12, 2011.

한 시대에 중국의 영향력이 아시아의 다른 공산주의국가에 크게 미치리라
고는 보지 않았다. 아시아 공산주의 지도자들의 주된 목표는 최대한의
독립과 권력 획득에 있으므로, 이 국가들이 중국에 종속되지는 않으리라
본 것이다.[44] 프롤레타리아 국제주의가 막을 내리고 각 공산국가의 자립
성이 추구되는 다중심주의의 시대에 중국이 소련과 대립하고 막상 그
자신의 영향력이 아시아에서 제한적일 것이라면, 미국은 굳이 중국과
대립하기보다는 관계를 개선하는 것이 현실적으로 국가이익에 부합하리
라는 인식이었다.

스칼라피노는 1977년 6월에 고려대 아세아문제연구소가 창립 20주년
기념으로 개최한 〈중·소·북한 삼각관계〉 국제학술회의에서 「민족적 공
산주의시대 국제질서와 동북아공산주의」라는 주제로 발표하면서, 더
이상 공산진영끼리의 응결력은 상실되었으며 공산국가들에게서 민족주
의적인 경향이 강하게 풍기고 있으며, 이로 인해 공산주의 자체가 배타적
민족주의의 형성을 초래하고 있다고 말하였다.[45] 다만 그는 이러한 공산
국가들의 민족주의가 경제적으로는 많은 한계를 드러내어, 결국에는
노선을 수정해야 할 것으로 보았다.[46]

페어뱅크가 역사적 관점에서 중국 혁명의 민족주의적 성격에 주목하면
서 중화인민공화국과의 관계 개선을 역설했다면, 스칼라피노는 국제정치
의 관점에서 공산진영 내에 국제주의가 소멸하고 민족적 공산시대가
온 데에 주목하여 소련을 아시아에서 견제하고 미국의 이익을 증진시키기
위해 중국과의 관계개선을 촉구하게 되는 학술적 근거를 제시했다. 아울

---

44) Robert A. Scalapino, "Commmunism in Asia : toward a comparative analysis,"
   in The Communist Revolution in Asia: Tactics, goals and achievement, Englewood Cliffs:
   NJ, 1969, p.49. 이 책의 초판은 1965년에 출간되었다.
45) Robert A. Scalapino, 「In the Age of National Communism: The International
   Order and Communism in Northeast Asia」, 『아세아연구』 통권 58호, 1977,
   pp.1~18.
46) 『동아일보』 1977.6.23.

러 그는 근대화론의 관점에서 중국이나 북한 모두 자급자족의 경제
모델을 수정하고 국제적 경제관계를 증진시키는 방향으로 나서게 되리라
고 전망하였다.

또 다른 공저자인 이정식은 1931년 평안남도 안주에서 태어나 2년
뒤 중국 만주 랴오양(遼陽)으로 이주해 성장기를 보냈다. 해방 이후 중국의
면화공장에서 노동자로 지내다 1948년 3월에 입북한 그는 평양에서
상업활동을 했다. 그는 1950년 12월에 월남했으며, 그 뒤 맥아더 사령부의
연합번역통역대에서 중국군 포로를 대상으로 한 중국어 통역을 하다가
1954년에 도미했다. 그는 로스앤젤레스 캘리포니아대(UCLA)에서 석사
학위를 마친 뒤, 스칼라피노의 연락을 받아 버클리 캘리포니아대 정치학
박사과정에 입학했으며 1961년에 박사학위를 취득했다.[47] 졸업 후 다트
머스(Dartmouth) 대학 강사가 된 그는[48] 1962년부터 랜드연구소(RAND
Corporation)의 후원을 받아 만주에서의 대게릴라전 연구를 진행했다.
그 결과물은 『만주에서의 대게릴라전 : 일본의 경험, 1931~1940 (Counter-
insurgency in Manchuria : The Japanese Experience, 1931~1940)』이라는 보고서
로 1967년도에 제출되었다. 이 연구는 미국 국방성의 연구·조사를 담당한
고등연구계획국(Advanced Research Projects Agency)이 랜드연구소에
대게릴라전 연구를 의뢰하여 이루어진 연구사업의 일환이었다. 미국군이
베트남의 게릴라전에 대응하기 위해 만주 등 여러 지역의 대게릴라전을
조사하는 사업이었다. 이정식은 이 보고서의 서문에서 아래와 같이 밝히
고 있다.

이 비망록은 ARPA를 위해 RAND가 수행하는 대게릴라전 문제들에
대한 조사 연구 시리즈의 하나이다. 이는 일본이 1930년대 만주에서

---

47) 이정식·한홍구 대담, 앞의 글, 1028~1042쪽 ; 『문화일보』 2014.5.23. ; 이정식,
「나의 한국현대사 입문」, 『한국사시민강좌』 21집, 일조각, 1997, 168~169쪽.
48) 위의 글, 1040쪽.

수행한 성공적인 대게릴라전 작전들에 대한 일본의 보고서들과 자료들을 검토하기로 한 결정에 따른 것이다. 일본의 계획자들이 직면했던 문제들은 다른 대게릴라전들에서 부딪혔던 것들과 유사성들이 있을 것으로 보인다.[49]

이 보고서는 만주에서의 항일운동, 집단마을들에 대한 만주국 군사고문들의 보고, 만주국 관련 8개 자료 등 세 부분으로 구성되었다. 일본 관동군이 만주에서 동북항일연군을 소탕하기 위해 벌인 작전들의 과정과 문제점 그리고 그 결과에 대한 보고문들을 수집해 번역하고 분석한 것이다.[50]

스칼라피노와 이정식은 이처럼 미국 정부의 아시아 공산주의 정책에 여러모로 협력하면서 연구를 진행하였다. 사회과학자 스칼라피노와 역사학자 이정식의 공동연구는 한국 공산주의운동과 북한체제에 대한 연구에서 열매를 맺었다. *Communism in Korea*가 그것이다. 이 책을 집필하면서 스칼라피노는 캘리포니아 버클리 국제학연구소(the Institute of International Studies of the University of California, Berkely)와 캘리포니아대학 일본·한국학센터(the Center of japanese and Korean Studies, University of California), 사회과학조사협의회(the Social Science Research Council), 포드재단, 록펠러재단의 도움을 받았다. 스칼라피노와 이정식은 한국에서는 아세아문제연구소에 크게 의존했다. 이 연구소는 두 사람에게 "실로 한국에 머무르는 동안 우리의 작업 본부"였다.[51]

---

49) Chong-Sik Lee, *Counterinsurgency in Manchuria: The Japanese Experience, 1931~1940*, Memorandom RM-5012-ARPA, The RAND Corporation, 1967, p.iii.

50) 이 보고서에 번역 수록된 자료들은 본래 하버드대학교 옌칭도서관에서 소장하던 『선무월보』 등이었다고 한다. 그는 랜드연구소의 연구비를 받은 것 때문에 미국의 베트남전 수행에 협력했다는 비난을 받았다(이정식·한홍구 대담, 위의 글, 1074~1076쪽).

51) Robert A. Scalapino, Chong-sik Lee, op. cit., Vol.1, preface xi.

두 권으로 이루어진 이 책의 제1권 운동편은 역사적, 발전적, 분석적 방법론에 입각하여 한국 공산주의운동의 기원과 발전을 분석한 것이다. 일본 측의 공식문서인 외무성과 육해군성, 특고경찰, 총독부 등 각종 기관의 자료들과 월남자들의 증언이 폭넓게 참고되었다. 제1권에서 필자들은 한국의 공산주의운동이 민족주의운동과 깊이 결합되어 시작했음을 인정했으며, 김일성의 항일무장투쟁은 북한의 주장처럼 독자적인 것은 아니었지만 전혀 조작된 거짓만은 아니며 중국공산당의 유격대 활동의 일환으로 전개되었음을 서술했다. 그렇기는 하지만 해방 후 북한에서의 공산주의 사회로의 전환은 "내부 혁명이나 공산주의자와 민족주의의 결합을 통해 실현된 것은 아니며 붉은 군대를 등에 업고 이루어진 것"이다. 즉 북한 정부 수립은 소련의 '후견'을 통해서 비로소 가능했다.[52]

제2권 사회편에서 필자들은 비교 공산주의 연구방법론을 적용하였는데, '공산주의', '생성(emergence)', '전통'을 주제어로 하여 북한체제와 사회를 분석했다. 이를 통해 필자들이 밝힌 논지는 다음과 같다. 첫째, 북한은 당대의 다른 '공산주의' 국가들과 여러 요소를 공유하고 있다. 마르크스-레닌주의에 대한 강한 집념, 대중과 엘리트 사이의 정치적 연계와 결합·분리의 조직체계, 국민국가를 핵심으로 하는 정치 환경, 강압과 설득의 구조, 명령과 계획경제, 새로운 사회주의 인간형의 창조를 추구하는 국가이다. 둘째, 북한은 식민지 경험 위에서 새롭게 '생성'하는 신흥국가의 하나이다. 북한은 국가건설과 경제발전이라는 이중목표를 추구하고 있다는 점에서 나른 비(非)공산주의 신흥국가들과 궁극적인 지향점은 같다. 다만 공산주의에 기초한 다른 수단으로 이 목표를 추구할 따름이다. 셋째로 북한을 이해할 때 '전통'의 중요성이다. 북한은 과거의 문화적, 정치적 표지들을 청산했다고 하지만 실제로는 전혀 그렇지 않다.

---

52) Robert A. Scalapino, Chong-sik Lee, ibid., Vol.1, p.380. 이 책의 제1권은 한글로 번역 출판되었다(로버트 스칼라피노·이정식 지음, 한홍구 옮김, 『한국공산주의운동사』 전3권, 돌베개, 1986·1987, 합본 개정판 2015).

지도력의 양식을 보면 과거는 단지 '봉건적 잔재' 정도가 아니라 김일성에게 밀착되어 있다. 즉, 과거는 상당부분 현존하고 있다.[53]

필자들은 북한 체제를 분석하면서, 북한을 전체주의 국가로 보는 해석에는 동의하지 않았다. 그들에 의하면 북한의 체제는 독재정치(monocracy)이지 전체주의(totalitarianism)국가가 아니다. 독재정치는 한 개인의 인격에 의존하지만, 전체주의는 조직적이며 비인격적이며 전적으로 국가기구의 작동에 의존한다.[54] 베트남의 호지민이나 중국의 마오쩌둥도 독재적이지만, 북한은 더더욱 독재적이며, 김일성주의라는 개인숭배가 발전했다.[55] 북한은 마르크시즘을 '근대화의 수단'으로 사용하고 있으며, 이 점에서 내셔널리즘을 주요한 무기로 하고 근대성과 전통이 혼합된 모습을 보이고 있다.[56]

이처럼 필자들은 북한의 독재와 개인숭배의 뿌리를 공산주의 자체에서가 아니라 한국의 권위주의적 전통에서 찾았다. 그런데 독재와 개인숭배는 소련과 동유럽 공산주의국가들에게서도 확인되는 현상이다. 그에 대한 엄밀한 비교 과정을 생략한 채 동양이나 한국의 전통의 문제로 환원해버리는 것은 서양과 동양을 고정적인 이분법으로 바라보는 오리엔탈리즘의 또 다른 변형으로 보인다. 한반도에서 이북 지역은 상대적으로 유교적 전통이 약하고 그 대신 기독교 민족주의가 빨리 보급된 지역이었다. 북한 권력이 '충'과 '효' 등 유교적 전통을 활용하고 있음은 사실이지만, 이는 유교적 전통이 본래 강해서라기보다는 권력의 필요에 의해 동원된 '창조된 전통'으로서의 성격이 강하다. 전근대와 근대를 완전히 단절적으로 볼 수는 없지만, 어느 사회에서건 전근대의 유산은 근대 이후 취사선택되며 필요에 따라 근대적으로 재창조된다. 그러한 변형 과정을 염두에

53) Robert A. Scalapino, Chong-sik Lee, ibid., Vol.1, introduction xx~xxi.
54) Robert A. Scalapino, Chong-sik Lee, ibid., Vol.2, pp.784~785.
55) Robert A. Scalapino, Chong-sik Lee, ibid., Vol.2, p.755·784.
56) Robert A. Scalapino, Chong-sik Lee, ibid., Vol.2, p.1309.

두지 않고 북한 독재의 기원을 '전통'에서 그대로 찾는 것은 근대적, 민주적 서구와 전근대적, 권위적 동양을 이분법적으로 구별하는 오리엔탈리즘일 뿐이다.[57]

정리한다면, 스칼라피노와 이정식은 북한을 단순히 소련의 위성국가로 보거나 전체주의국가로 해석하는 견해에는 거리를 두었다. 그 대신 필자들은 북한의 내적 기원으로서 민족운동에서 분기한 한국 공산주의운동의 역사를 인정하되, 북한의 국가 형성은 그러한 내적 힘을 토대로 하지 않고 소련군의 점령이라는 조건 하에서 소련의 '후견' 아래 세워졌다고 보았다. 그리고 북한은 전체주의국가라기 보다는 민족주의와 전통적 권위주의가 결합하여 나타난 독재국가로 파악하였다. 북한을 괴뢰로 보는 위성국가론과는 거리를 두면서도 북한이 소련의 결정적인 영향력 아래 소비에트화했다고 보았으며, 민족주의와 전통적 자원을 동원하여 급속한 근대화를 추진하는 신흥국가로서 북한체제를 해석했다. 이러한 해석을 통해 북한의 역사와 구조를 소비에트화론, 근대화론, 그리고 오리엔탈리즘 3자의 결합을 통해 이해하는 하나의 정형화된 학술적 분석틀이 제시되었다.

두 학자의 공동연구는 미국내 아시아 지역학을 선도하는 사회과학자와 중국 만주 출신의 재미한인 역사학자의 결합에 의해 초기 북한연구의 이론과 관점, 서사의 기본틀이 형성되는 양상을 잘 보여준다. 이들의

---

57) 북한 사회를 이해할 때 유교적 전통의 영향을 전혀 무시할 수는 없다. 그렇지만 북한 체제에 영향을 미치는 전통을 논한다면 이는 유교에만 국한할 것이 아니며 민중적 저항과 협동의 전통 등 다양한 전통을 염두에 두어야 한다. 북한 사회가 어떻게 과거의 전통을 단절, 지속, 배제, 동원해 왔는지에 대해서는 김성보, 「북한의 주체사상·유일체제와 유교적 전통의 상호관계」,『사학연구』61, 2000 참조. 서구 학계에서 북한 체제를 오리엔탈리즘의 시각에서 해석하는 경향은 탈냉전 이후에도 강하게 지속되고 있다. 예를 들어 예대열은 찰스 암스트롱의 『북조선 탄생』이 오리엔탈리즘의 관점을 지니고 있다고 비판한 바 있다(예대열, 「미국 역사학계의 북한사 인식 비판 : 찰스 암스트롱을 중심으로」,『한국사학보』 36, 2009). 유교 등 전근대 전통과 북한 체제의 상관성에 대해서는 보다 많은 논의가 필요하다.

연구를 통해 한국 공산주의운동을 국제공산주의운동의 한 흐름으로 파악하는 역사학적 실증연구가 도입되었으며, 1945년 이후 그 운동이 소련의 동아시아 팽창주의에 종속되어 북한 체제 형성으로 귀결되었고, 북한은 공산주의 체제·이념의 주요 요소들을 공유하면서도 전통적 권위주의의 유산 아래 김일성에 대한 개인숭배가 국가권력의 중심에 뿌리내리게 되었다는 북한체제와 사회에 대한 냉전적 서사가 정리되었다. 이는 기본적으로 냉전 지식의 재생산이지만, 월남지식인들에 의해 유포된 김일성 가짜설 등에 비하면 보다 학술적, 실증적인 수준을 보여주는 것이며 미국의 아시아 지역학, 특히 아시아 공산권 연구의 성과가 북한연구에 착근되는 경과를 확인해주는 사례라 하겠다.

## V. 맺음말

북한연구의 학술장 진입은 미국의 아시아 지역학의 자장 안에서 한미간 냉전 지식의 연결망이 작동하면서 이루어졌다. 그 연결망의 중심에는 포드재단의 후원과 페어뱅크·김준엽의 학문적 협력관계 위에 성장한 아세아문제연구소가 있었다. 아울러 스칼라피노와 이정식의 공동연구에서 잘 드러나듯 미국내 사회과학계의 아시아 지역학과 실증적 역사학의 결합이 북한연구의 체계화에 기여했다. 이러한 연결망 속에서 초기 북한연구는 소비에트화론과 근대화론 및 오리엔탈리즘을 바탕으로 하는 '동양학'적 아시아관을 바탕으로 그 이론적 토대가 구축되었다.

이러한 초기 북한연구의 제도적·이론적 토대는 미국의 아시아 지역학 중에서도 중국학의 영향을 크게 받은 것으로서, 페어뱅크·스칼라피노 등 미국인 중국 전문가와 김준엽·서대숙·이정식 등 일제하 또는 해방 초기에 중국 체류 경험이 있는 한국·미국의 한인 학자들의 상호협력하에 이루어졌다. 다만 그 협력은 일종의 기울어진 운동장으로서, 미국이 이론과 자금 및 자료를 주도하되 한국 또는 한인이 이에 구체적인 지식을 제공해주는 비대칭적 관계였다.

북한연구가 학술장에 진입하는 시점이 1960년대 중후반부터 1970년대 초반이라는 점은 그 연구가 단지 전후 1950년대의 이분법적 냉전 지식을 반복하기 보다는 아시아 공산주의국가들의 민족주의적 성향이 확대되고 미국의 베트남전쟁 개입에 대한 반전 여론이 확대되는 등 국제냉전이 완화되고 다원화하는 흐름을 어느 정도 반영하게 되는 결과를 낳았다. 냉전완화의 영향은 미국과 한국이라는 공간에서 상이하게 나타났는데, 그 흐름을 상대적으로 적극 반영한 쪽은 미국 학계였으며, 그에 비해 남북대립의 현장인 한국 학계에서는 강고한 반공 반북 의식의 재생산에 변함이 없었다. 이는 냉전체제의 중심부인 미국에서 냉전이 완화되고 있었지만 그 주변부인 한반도에서는 체제유지를 위해 오히려 냉전이 반동적으로 강화되는 사정을 반영한다.

미국과 한국에서의 북한연구의 차이는 북한을 포함한 아시아 공산주의의 민족주의적 성격을 적극 인정할 것인지, 아니면 공산주의 혁명을 위한 하나의 수단·책략 정도로 소극적으로 인정할 것인지의 편차로 주로 드러났다. 그러한 편차는 어디까지나 냉전 지식 안에서의 다양성이었을 뿐이며, 기본적으로 미국의 지식 헤게모니 하에 있는 것이었다.

1980년대에 한국에서 민주화운동과 통일운동이 고조되면서 초기 북한연구의 이론과 관점, 서사구조는 크게 도전받게 된다. 반냉전적이며 통일지향적인 관점이 부각되고 북한을 내재적으로 이해하는 연구방법이 주목받게 된다. 그러한 연구경향의 변화를 국제적인 탈냉전적 지식 연계망 속에서 해명하는 작업은 추후의 과제로 남겨둔다.

# 참고문헌

〈자료〉

간행위원회 편, 『경남대학교 극동문제연구소 20년지』, 경남대학교 극동문제연구소, 1992.

김준엽 편, 『중공권의 장래』, 범문사, 1967.

김준엽·김창순, 『한국 공산주의 운동사 연구』(전5권), 고려대 아세아문제연구소, 1967~1976.

브루스 커밍스·해리 하루투니안 대담, 「미국 아시아학의 비판적 검토」, 『역사비평』 54호, 2001.

아세아문제연구소 편, 『아세아문제연구소 20년지』, 고대아세아문제연구소, 1977.

이정식, 「나의 한국현대사 입문」, 『한국사시민강좌』 21집, 1997.

이정식·한홍구 대담, 「이정식이 걸어온 학문의 길」, 로버트 스칼라피노·이정식 지음, 한홍구 옮김, 『한국공산주의운동사』, 돌베개, 2015(합본 개정판).

페어뱅크 저, 양호민·우승용 역, 『현대중국의 전개』, 1972.

Chong-Sik Lee, *Counterinsurgency in Manchuria : The Japanese Experience, 1931~1940*, Memorandom RM-5012-ARPA, The RAND Corporation, 1967.

Dae-Sook Suh, *The Korean Communist Movement, 1918-1948,* Princeton, N.J. : Princeton University Press, 1967.

John K. Fairbank, *The United States and China*, Harvard University Press : Cambridge, Massachusetts, 1971(third edition).

Robert A. Scalapino, "Commmunism in Asia : toward a comparative analysis," in *The Communist Revolution in Asia : Tactics, goals and achievement*, Englewood Cliffs : NJ, 1969.

Robert A. Scalapino, Chong-sik Lee, *Communism in Korea*, University of California Press : Berkely, 1972.

Robert A. Scalapino, "Will China Democratize?," *Journal of Democracy* 9.1, 1998.

Robert A. Scalapino, 「In the Age of National Communism : The International Order and Communism in Northeast Asia」, 『아세아연구』 통권 58호, 1977.

〈논저〉

그렉 브라진스키 지음, 나종남 엮음,『대한민국 만들기, 1945~1987』, 책과함께, 2011.
박태균,『원형과 변용』, 서울대학교출판부, 2007.
북한연구학회,『분단 반세기 북한 연구사』, 한울, 2012.
폴 A. 코헨 지음, 장의식 외 옮김,『미국의 중국 근대사 연구』, 고려원, 1995.
Mark T. Berger, *The Battle for Asia : From Decolonization to Globalization*, RoutledgeCurzon
       : New York, 2003.
김왕배,「아시아의 작은 용 - 한국학의 성장과 부흥(1970~1999)」,『사회와 역사』57집,
       2000.
이서행,「북한학의 연구동향과 발전방향」,『북한연구학회보』4권 2호, 2000.
장세진,「원한, 노스탤지어, 과학 - 월남 지식인들과 1960년대 북한학지(학지)의 성립
       사정」,『사이』17호, 2014.
정문상,「포드재단(Ford Foundation)과 동아시아 '냉전지식' - 한국과 중화민국의 중
       국근현대사연구 사례를 중심으로」,『아시아문화연구』제36집, 2014.
채오병,「냉전과 지역학 - 미국의 헤게모니 프로젝트와 그 파열, 1945~1996」,『사회와
       역사』104집, 2014.

# 1960~1970년대의 제3세계론과 제3세계문학론

김 예 림

## I. 제3세계론과 제3세계문학론 : 제3세계(성)을 자기화하기

1960년대~1970년대, 기존의 동서관계에 변화가 일어나고 남북문제가 새롭게 대두하면서 국제 냉전질서는 새로운 전환기를 맞는다. 이러한 움직임은 신생독립국과 비동맹 선언국의 증가 및 발언권의 확대, 중소분쟁과 더불어 진행된 공산권의 탈일원화와 다극화, 미국의 대아시아 정책변모 등, 1960년대 초중반부터 시작된 거시적인 지각변동과 더불어 진행되었다. 당시의 공론장을 보건대, 이 같은 상황은 한국에서 매우 절박하게 인지되고 있었고 따라서 긴장과 우려의 목소리도 높았다. 언론에서는 "격동하는 국제정세 속에서 한국은 지금 중대한 시련을 겪고 있다"고 전하면서 "이데올로기를 벽으로 삼았던 동서의 대립이 점차로 빈부를 중심한 남북의 분쟁으로 번져가는 세계"에서 한국이 "자기모순의 시련에 부딪쳐 있다"[1]고 진단했다. 특히 세계정세의 변동에 발맞추기 위해서는

---

* 이 논문은 『상허학보』 50(2017)에 수록된 글을 수정 보완한 것이다.
1) 『경향신문』 1965.6.9. 외교상의 난제는 "본조인을 서두르는 한일회담, 계속적인 증파설이 떠도는 한국군의 월남파병, 참가의 뜻을 통고했어도 초청장이 오지 않는 아아회의 문제 등"으로 제시된다.

한국의 대외정책이 변모해야 한다는 지적이 지배적이었다. 친미·친서방 정책으로 일관해온 외교행정에 대한 비판과 다각화의 요구는 일찍이 이승만 정권의 붕괴와 함께 시작되었다. 박정희는 정권을 잡은 후 1961~1963년 사이에 아프리카 국가들과 수교를 맺으면서 국제관계의 확장을 꾀하기 시작했지만 한계는 여전했다. 한국의 외교관계가 1960년대에 다소 확대되긴 했지만 기대에 흡족하지는 않으며 따라서 대외 정책에 전면적인 재검토가 필요하다는 지적은 1970년대에도 여전히 지속되고 있었다.

국제적 위상이라는 측면에서 한국의 능력과 존재감을 '반성적'으로 되돌아보는 이 시기 맥락의 핵심에 바로 "제3세계"가 있다. 신생국, 신흥국, 후진국, 개발도상국, 중립국, 비동맹국가, 아시아-아프리카, AALA라는 용어로 교환되기도 하고 치환되기도 했던 "제3세계"는 반공블럭에 위치한 한국의 입장에서는 운신의 복잡함을 야기하는 실체(=지역)이자 기획(=이념)이었다. 1950년대와는 달리, 1960~1970년대에 한국은 세계무대에서 본격적으로 발언권을 획득해가는 제3세계를 향해 맹목적인 관계 단절이나 적대를 선언할 수 없었다. 아아지역 국가들과 소원해지면서 결국은 "아시아의 고아" 신세가 되어버렸다는 자탄, 제3세계 연대 바깥으로 소외[2]되어 버린 충격, 그리고 북한에 못미치는 대 제3세계 영향력에 관한 우려, 일련의 방향전환의 모색이나 실행 모두, 3세계와의 '거리두기'가 여러 면에서 바람직하지 않다는 파악에서 나온 것이다. "외교노선도 일찍부터 이들의 존재를 인식하고 유엔을 위시한 국제정치 무대에서 이들의 지지를 얻기 위한 노력을"[3] 기울이긴 했지만 결과적으로 이런 시도에 큰 성과가 따르지는 않았다. 일례로 1975년의 리마회의가 그랬다. 리마 비동맹회의 가입안이 부결된 후 한국은 "리마의 패배", "설욕"[4],

---

2) AA로부터의 "소외"나 외교 전략의 변화요구에 대해서는 『동아일보』 1966.1.5 ; 「한국외교 방향과 할슈타인 원칙」, 『사상계』 1966.3 참고.
3) 이도선, 「제3세계의 장래와 한국」, 『國會報』, 1975.9~10, 16쪽.

"북괴단독활동 쐐기"[5] 등의 표현을 쓰며 북한의 제3세계 "침투"를 거론하고 "국제적 지원세력의 다변화와 적대세력의 중성화에 온힘을 쏟"[6]을 것을 결심할 수밖에 없었다. 무엇보다도 제3세계 외교에서 북한에 뒤쳐져 있다는 판단은 위기감을 조성했다.[7] 이 회의를 둘러싸고 "우리가 월남전 참전 때문에 리마회의에서 손해를 보았다면 미국에 보상을 요구하고 싶은 심정"[8]이라거나 "전혀 승산이 없는 이번 비동맹회의에는 아예 가지 않았어야 했다"[9]는 발언이 나오기도 했는데, 전체적으로 제3세계를 향한 관계 정립의 착종과 실패를 보여주는 장면이 아닐 수 없다. 현실논리 면에서 보자면 제3세계는 첨예한 정치경제적 이해관계가 걸려 있는 장소였다. 국가의 실리가 달린 장이자 남북한 대결[10]이 벌어지는 장이라는 점에서 제3세계를 논할 때는 국가(주의)적 대의명분과 활동력이 무엇보다도 강조되었다. 바꿔 생각하면 바로 그런 만큼, 세계무대에서의 한국의 궁벽함, 실행적 기술(技術)의 곤궁함, 냉전논리의 여전한 폐쇄성이 종종 증명되는 영역이기도 했고, 파워엘리트와 국민 모두 승패논리에 기반한 좌절감이나 도전의식 같은 것을 반복경험할 수밖에 없는 영역이기도 했다.

물론 1960~1970년대 한국에서 "제3세계"라는 실체 혹은 이념이 이런 식으로만 소모된 것은 아니었다. 이 시기가 특히 지식사나 지성사적으로 중요한 의미를 갖는다면, 그것은 "제3세계"를 둘러싼 인식론적 지평에서 주목할 만한 시도가 이루어졌기 때문이다. 이 시도는 "제3세계"를 대상화하거나 외부화하지 않고 자기화함으로써 가능했던 깃으로 생각된다.

4) 『경향신문』 1975.9.4.
5) 『경향신문』 1975.8.23
6) 『동아일보』 1975.8.22
7) 유정열, 「제3세계에 대한 외교적 대응」, 『정경연구』, 1976.1.
8) 『동아일보』 1975.10.7.
9) 『경향신문』 1975.8.28.
10) 『동아일보』 1975.8.21 ; 이도선, 앞의 글, 16쪽.

"제3세계"의 자기화란 한국을 제3세계 지역(국가들)과의 연관 속에서 사유한다는 의미일 뿐 아니라 한국의 제3세계성을 인식한다는 의미이다. 이러한 위상학과 정체화는 제3세계성을 '자기문제'로 내화하고 이에 대한 질문과 해석의 체계를 구축하도록 유도했다. 이 과정에서 제3세계론의 등장이 본격화된다. 제3세계론은 민족주의와 연동하고 있었고 상호정립적 관계를 맺었다. 당대 언설의 실제가 그러했으며 해석적 차원에서도 제3세계인식과 민족주의는 연관지어 보아야 한다. 양자가 형성한 지형을 고려하면서 이 글은 1960~1970년대 지식계에서 진행된 제3세계론의 전개를 살펴보고 제3세계문학론의 위상을 고찰하고자 한다. 제3세계문학론의 장에는 사회과학적 기원을 지닌 "제3세계"라는 개념·논제가 인문학으로 넘어오면서 대안지식 또는 대항지식으로 구축되어 가는 양상이 또렷하게 기록되어 있다.

1960~1970년대의 제3세계 언설의 스펙트럼이 어떠했으며 핵심 관심과 의제가 무엇이었는지는 아직 충분히 독해되고 있지 않다. 이에 비해 제3세계문학론에 대해서는 상대적으로 분석이 다각도로 이루어졌다. 관련해서는, 제3세계문학론을 독해하면서 탈식민 전망이 갖는 의의를 규명한 연구[11], 흑인문학론 수용 양상을 분석하면서 "내화된 미국"이라는 문제를 추적한 연구[12]가 시사적이다. 이들이 전반적으로 텍스트에 밀착하여 그것이 표면에서 '확언하고 있는 바'를 따라가는 내재적 읽기를 취하고 있다면, 다른 한 편에서는 텍스트, 언설이 생산되는 방식이나 체제를 규명하는 차원의 논의가 이루어지고 있다. 이 경우 언설 주체의

11) 이상갑, 「제3세계문학론과 탈식민화」, 『한민족어문학』 41권, 2002 ; 오창은, 「제3세계 문학론」과 '식민주의 비평'의 극복」, 『우리문학연구』 24, 2008 ; 고명철, 「민족주의 문학을 넘어선 민족문학론」, 『인문사회과학논문집』 36, 2005 ; 고명철, 「구중서의 제3세계문학론을 형성하는 문제의식」, 『영주어문』, 2015 ; 이진형, 「민족문학, 제3세계 문학, 그리고 구원의 문학」, 『인문과학연구논총』 제37, 2016 ; 박연희, 「1970년대 제3세계적 시각과 세계문학론」, 『동악어문학』 65, 2015.
12) 박연희, 위의 글 ; 박연희, 「제3세계문학의 수용과 전유」, 『상허학보』, 2016.

사유의 문법이나 유관 '언설들' 내에서의 위치를 문제화하는 메타적 시각을 취함으로써 주제론적으로나 방법론적으로 흥미로운 성과를 제출했다.[13) 더불어 제3세계문학론과 내적으로 깊은 연관을 맺고 있는 민족문학론에 대한 기존 분석들도 이 글의 중요한 참조 대상이 될 것이다.[14)

제3세계문학이라는 지점을 논하기 위해서는 그것과 공재하던 인접 영역이 고려되어야 한다. "제3세계문학"을 이루는 실사인 "제3세계"라는 용어 자체가 앞서 언급했듯이 복수의 교호개념들을 가지며, 또하나의 실사인 "문학" 역시 동시대 다른 언설체들과 함께 있었기 때문이다. "제3세계" 혹은 "제3세계문학"이 이처럼 개념-이념들의 역사와 역학이 뭉쳐있는 매듭 같은 것이므로[15), "제3세계문학"의 내부 논리와 외부 환경은 함께 검토되어야 한다. 주지하듯이 "제3세계문학"이라는 용어가 문학계에 본격적으로 출현하고 논의되기 시작한 것은 1970년대 중후반 백낙청을 통해서다.[16) 그는 제3세계문학 논의를 선점하고 주도했을 뿐

---

13) 손유경, 「백낙청의 민족문학론을 통해 본 1970년대식 진보의 한 양상」, 『한국학연구』 35, 2014.

14) 김 원, 「1970년대 창작과비평 지식인 집단의 이념적 계보와 민족문학론」, 『역사와 문화』 24, 2012 ; 조연정, 「주변부 문학의 (불)가능성 혹은 문학 대중화의 한계」, 『인문학연구』 51집, 2016 ; 이상록, 「1970년대 민족문학론」, 『실천문학』, 2012 겨울호.

15) 제3세계라는 용어의 등장 시점은 논자에 따라 달리 언급되고 있다. 당시에 이루어진 설명을 보면, 이도선은 1961년 파농이 처음 사용한 것으로 제시한다(이선도, 앞의 글, 16). 심상필은 1952년 프랑스의 인류학자 A.Sauvy에 의해 처음 쓰인 것으로 설명한다. 그는 "제삼세계와 후진국을 동일한 의미로 파악"하고 있다. 심상필, 『제3세계』, 민음사, 1990, 13쪽.

16) 오창은에 따르면, 문단에서 제3세계 논의가 촉발된 것은 1955년 반둥회의 후 최일수가 「동남아문학의 특수성」(1956)을 발표하면서다. 그는 이 글이 백낙청의 민족문학론의 원형적 문제의식을 담고 있으나 그리 큰 반향을 불러일으키지는 않았다고 평한다. 이에 대해서는 오창은, 「제3세계문학론'과 '식민주의 비평'의 극복」, 『우리문학연구』, 2008. "제3세계(의) 문학"이라는 범주를 내건 70년대 문건 가운데 시기상 가장 앞선 것은 1973년 『한국문학』 4월호 특집인 〈제3세계의 문학〉으로 보인다. 1980년대로 들어서면서, 국내 문학자들이 쓰고 묶은 『제3세계문학론』(백낙청·구중서 외, 한벗, 1982) 과 1981년 가와사키에서 개최한 AALA문화회 기록을 번역한 『민중문화와 제3세계』(일본 아시아·아프리카 작가회의 편,

아니라 자신의 주요 인식소들과의 결합을 통해 언설의 폭과 두께를 더했다. 제3세계문학론을 검토하는 이 글 역시 백낙청의 경우를 중심에 놓게 될 것이다. 제3세계론과 제3세계문학론을 다루는 나의 문제의식은 두 지식체의 연관을 규명하고 그 시대적 역할과 효과를 오늘의 자리에서 되묻는 데 있다. 둘의 상관성과 대화성은 그간 매우 '당연'하게 여겨졌기 때문인지 이들이 막상 무엇을 함께-갖고 달리-가졌었는지는 구체적으로 다뤄지지 않았다. 제3세계론과 제3세계문학론은 공통의 시대의식을 생산·반영하고 있지만, 이념소의 지식분과체계 내 소속이 달랐던 만큼 시간적 차이와 질적 차이가 존재한다. 따라서 상대적으로 긴 제3세계론의 역사와 70년대 중후반에 도래한 제3세계문학론의 부상(浮上)을 고려하면서 분석을 시도할 것이다. 나아가 이 시기 대항지식을 살펴보는 일이 어떤 의미를 지니는지 생각해 보고자 한다. 일반적으로 시간과 국면의 흐름에 노출되기 마련인 지식-이념-지향은 현재적 위상부여와 관련하여 후대의 해석자에게 어려움을 던져준다. 그래서인지, 재해석과 재평가 과정에서 그것이 지닌 무게는 모험적으로 무시되거나 정반대로 고답적으로 옹호되곤 한다. 1960~1970년대 제3세계론과 제3세계문학론은 이러한 위험에서 벗어나 재고되어야 할 것이다.

---

신경림 역, 창작과비평사)가 출간된다. 국내외의 이론적 모색과 현장의 논의들이 소개되는 동안 아시아, 아프리카, 라틴아메리카 작가들의 작품도 번역되고 비평도 이루어졌다. 일차 텍스트 번역 현황과 관련해서는 창작과비평사의 〈제3세계총서〉 시리즈와 문학작품 외 3세계 지역의 역사 및 문화 관련 저서를 번역한 태창문화사의 〈제3세계문화총서〉(1979) 시리즈(10권)가 시사적이다. 『제3세계문학론』에는 1975~1979년에 나온 〈제3세계 문학연구의 국내 참고자료〉가 실려 있는데, 이 목록은 아시아·아프리카·라틴아메리카 지역의 작품을 논하는 각론 역시 발표되고 있었음을 잘 보여준다.

## II. 제3세계와 네오내셔널리즘 : 종속과 주권(성)의 서사

1960년대는 아시아아프리카 회의의 신식민지주의 비판으로 시작된다. 1960년 1월 튀니지에서 열린 제2회 아프리카인민회의는 아프리카 민족해 방운동의 발전에 대한 제국주의 제국(諸國)의 새로운 정책을 신식민지주 의라고 명명했다. 이후 제2회 아시아·아프리카 인민연대회의(코나크리, 1960.4), 제3회 전아프리카 인민회의(카이로, 1961.3), 아시아·아프리카 연대위원회 제4회이사회(반둥, 1961.4), 제3회 아시아·아프리카 인민연 대회의(탕가니카, 모시) 등 여러 회의에서 신식민주의를 민족해방운동의 주요한 투쟁 목표로 인식하게 된다. 아시아·아프리카 인민연대기구 제4 회 이사회(반둥)에서는 신식민주의를 "제국주의 특히 아메리카 제국주의 의 새로운 형태" 즉 신흥국의 독립을 형식적으로 승인하면서 정치적, 사회적, 군사적, 기술적으로 간접 지배하는 교묘한 지배 방식으로 정의했 다.[17] 아시아·아프리카회의에서 제기된 신식민주의(론)는 1960년대 중 반 한국의 자기인식과 세계인식의 장에도 흡수되었다. 한국에서의 신식 민주의론의 전개는 1965년에 번역출간된 Brian Crozier의 『신식민주의론』 (부완혁 역, 범우사, 1965) 같은 번역물 또는 잡지나 신문 매체에서의 출현과 활용을 통해 확인할 수 있다.

하지만 더 중요한 것은 신식민주의라는 개념을 직접 쓰지 않더라도 당시 넓고 깊게 진행되었던 식민주의와 제국주의 비판의 흐름이다.[18] 미국, 일본[19] 그리고 아시아·아프리카라는 복수의 강력한 세력들 틈에서,

---

17) 岡倉古志郎, 『A.A.LAと新植民地主義』, 勁草書房, 1964, 3~4쪽.

18) 한일협정을 전후한 1960년대 중반 한국에서의 신식민주의론 및 제국주의론의 전개 양상에 대해서는 장세진, 「강박으로서의 식민(지), 금기로서의 제국을 넘어」, 『비교한국학』 24, 2017 참고.

19) 일본의 경우, 신식민주의는 미국뿐 아니라 자국을 비판하는 데 주요 거점이 되었다. 특히 동남아시아 국가들 및 한국을 포함하여 아시아지역을 대상으로 경제협력이나 원조 형태로 본격적인 자본진출을 꾀하는 행태가 문제시되었다.

1960년대 한국은 (재)식민화 문제를 안고 긴 고투를 시작하기에 이른 것이다. 여기에서 주목하고 싶은 것은 식민(화), 신식민(화), 제국주의 그 무엇이라 불렸든, 당시 '드리워진다'고 감지되거나 인식되거나 (과학적으로) 증명된 위험한 힘을 향해 구현된 이론적 모색이다. 이 모색을 추동하고 채운 것은 내셔널리즘 충동이었다. 1960년대 중반의 네오내셔널리즘론을 통해 당시 내셔널리즘 충동의 내용과 방향성을 파악할 수 있다. "최근 몇 년 동안 후진신생국 사이에 팽배되어 있고 우리나라에서도 내셔널리즘 문제가 대두되고 있다"[20]는 동시대적 감각을 바탕으로, 네오내셔널리즘의 의미와 의의가 제시되었다. "지배세력으로부터의 이탈이란 점이 다르며 안으로 볼 때는 자기라는 것을 발견하고 누적된 빈곤과 낡은 사회적 관습에서 벗어나려는 점이 지난날의 보수적이고 낡은 내셔널리즘과 다르"기 때문에 "요즘의 내셔널리즘을 네오내셔널리즘"[21]이라 부른다는 점이 강조되고 있다.[22]

차기벽은 "오늘날 아아 신생국에서는 하나의 공통현상으로서 뉴내셔널리스트라는 새로운 사회세력이 대두"하는 현상에 주목하면서 이들이 갖는 특성을 "내셔널 인터레스트"의 추구에서 찾는다. 그는 "민족이익, 국민이익, 국가이익이라고 번역"할 수 있는 "내셔널 인터레스"를 "민족국가를 형성하는 각 민족이 한결같이 가지는 민족적 열망을 실현하는 일"이라고 논하면서 F. 허츠에 기대 일반적 열망을 대외적 열망(민족적 자유=독립에의 열망/ 민족적 개성=자민족의 특이성과 독자성/민족적 위신=자민족의 명예, 위엄 및 세력을 과시하려는 욕망), 대내적 열망(민족

---

20) 『경향신문』 1965.1.1.

21) 『경향신문』 1965.1.1.

22) 1965년 1월 『사상계』 특집 〈세계와 한국〉에 번역 게재된 Kripendorff, 「네오내셔널리즘과 국제정치」와 정인량, 「아아세계와 한국의 위치」, 박준규, 「국제다원화와 한국외교」 등이 문제의식을 공유하고 있다. 그밖에 이방석, 「네오·내셔날리즘時代의 展望」, 『정경연구』, 1969.10 ; 한태수, 「世界平和와 新民族主義」, 『광장』 1975.2 참고.

적 통일에 대한 열망=정치경제사회문화적 통일성 및 연대성 확보 욕망/민족의 대내적 자유에 대한 열망=반민족적이거나 민족의 명예를 손상시킨다고 생각되는 제세력으로부터의 자유/민족의 대내적 평등에 대한 열망=민족성원간에 상대적인 동질성을 확보하려는 욕망)으로 나누어 설명한다.[23] 한국의 내셔널 인터레스트로 거론한 것은 국가의 존립, 국민의 번영, 국위의 선양이다. 그에 따르면 국가의 존립은 치외법권의 설치, 타국의 자본에 의한 시장화, 공산주의이데올로기 내지 세력의 침투라는 외래적 이질적 요소의 침투 현상을 배제할 때 가능하다. 그리고 국민의 번영은 국민의 경제적 생활수준 향상을 뜻하는데 이를 위해서는 산업화를 통한 자립경제 확립이 필수적이다. 이때 산업화 추진에 따르는 사회계층 간 갭 문제를 함께 해결하기 위해 사회개혁을 통한 국민대중의 복지증진이 적극적으로 도모되어야 한다.[24]

"네오내셔널리즘", "신생국 내셔널리즘", "후진국의 민족주의" 등으로 표현된 내셔널리즘은 세계 냉전지형의 변화, 국가간 치열한 이권경쟁, 새로운 국제 질서의 작동 상황을 배경으로 하고 있다. 경향신문에서 주최한 좌담회 〈한국의 근대화와 내셔널리즘〉 논의는 이 점을 잘 보여준다. "최근 네오내셔널리즘이 운위되고 있는 것은 다른 민족국가에 대한 지배양식이 다원화, 다각화되어서 단순한 참정권과 소득분배의 적정화, 민족자결이란 문제가 다각적인 영향을 받기 때문에 여러가지 요소를 배제, 조정하는 것이 민족의 자주화와 직결"되어 있기 때문으로 설명된다. 오늘날 아시아아프리카의 내셔널리즘은 배타가 아닌 자기충실과 자기지위의 확보, 자결성을 욕망한다고 의미화되었다. 이런 맥락에서 과거의 콜로니얼리즘과 비저블 엠파이어와 구별되는 "네오콜로니얼리즘", "인비

---

23) 차기벽, 「네오내셔널리즘과 산업화」, 『신생국의 이데올로기』, 양호민 공편, 세계사, 1966, 120-122쪽. 이 글은 세계문화자유협회 한국본부가 주최한 제42회 춘추토론의 발표문을 재수록한 것이다.
24) 위의 글, 126~128쪽.

저블 엠파이어"를 거론했다.[25] 네오내셔널리즘이라는 명목으로 나열되고 있는 "자기충실", "자기지위", "자결성"이 궁극적으로 말하고 있는 것은 주권성의 확보로, 주권성을 향한 열망에 깔려 있는 것은 곧 종속에의 거부와 부정이라 할 수 있다. (신)식민주의는 (재)종속화를 뜻하는 바, (네오)내셔널리즘의 꿈은 종속으로부터 또는 종속의 위험으로부터 자유로워지는 데 있다. 주권성의 확보는 곧 권위, 권력, 책임(능력)의 확보다.[26] 그러나 독립국가가 최상위성(supremacy)으로서의 국가주권을 획득하고 이를 대내외적으로 인정받는다 해도 이것이 이른바 경제·문화적 주권 상실이라는 문제를 잠재우거나 해소할 수 있는 것은 아니다. 신신민주의가 영향미치는 것은 국가주권이 아니라 경제·문화 차원의 주권인 바, 네오내셔널리즘의 근심, 계산, 꿈은 바로 이 자리에서 번져나가게 되는 것이다.

아시아·아프리카라는 제3세계는 종속 공포와 주권 탈환이라는 탈식민 지향의 이론과 실제가 펼쳐지고 가능성과 불가능성이 점쳐지는 지대가 되었고 또 그렇게 인식되었다. 이 지역을 후진지역에서 "신생국"으로 재호명하고 재정위하려는 의욕도 동일한 흐름 속에서 강화되었다. 1960년대 중반에 출간된 일련의 "신생국" 관련 국내외 논저들에[27] 이 점은 잘 기록되어 있다. 필자들은 아시아·아프리카를 신생국이라 명명하는 이유와 의의를 아래와 같이 언급한다.

20여 년 전만 하더라도 아시아 아프리카 그리고 라틴 아메리카는

25) 『경향신문』 1965.1.1. 좌담회에는 이용희(서울대문리대 교수), 조동필(고려대 교수), 홍이섭(연세대 교수)가 참여했다.
26) 로버트 잭슨, 옥동석 역, 『주권이란 무엇인가』, 21세기북스, 2016, 44~50쪽 참고.
27) 관련해서는 김영준, 『신생국정치론』, 일조각, 1965. 그리고 양호민·차기벽·송건호·신일철이 공동으로 기획한 〈신생국강좌〉 시리즈인 양호민 외, 『신생국의 이데올로기』, 세계사, 1966과 양호민 외, 『신생국의 비젼』, 세계사, 1966 ; 양호민 외, 『신생국의 리더십』, 세계사, 1966를 참고할 수 있다. 번역서로는 폴·E·시그문트, 박병관 역, 『혁명의 기수들』, 경화출판사, 1967가 주목할 만하다.

일반적으로 후진지역이라 불렀었다. 후진성(backwardness)는 어감 상 열등성을 함축하였으며 따라서 백인의 우월성의 신화를 함축하는 용어 였다. 그러나 후진성에서 탈피하려는 근대화 노력 인종관념의 변화, 그리고 양대진영 사이의 냉전의 전개에 대응하여 점차적으로 backward 대신에 underdeveloped, developing 또는 emerging이라는 용어를 사용 케 되었다. 그러므로 저자는 미래의 발전을 강조하여 신생국정치론이라 제하였다.[28]

지난날 식민지배와 빈곤의 악순환 속에서 허덕이던 AA권의 제 민족은 기나긴 역사의 잠에서 깨어나 '위대한 각성'으로 새 역사의 주역으로 등장했다. …… 우리나라도 여기에 속해있는 이 지역은 다만 후진국으로 불리우기는 원치 않는다. 언제까지나 뒤진 채로 남아있기를 원치 않고 비상한 민족적 자각 아래 자유와 민주주의와 근대화에의 끈덕진 의지를 품고 있는 한 후진국이 아니요 새로 일어서는 신생국(emerging nation, developing nation, new nation)이라고 하지 않으면 안된다.[29]

'종속'과 '주권성' 사이에서 형성된 문제계에서 다양한 개념과 지식, 이념이 구성되고 운동했다. 이 지평에서 우리는 문화와 의식 전반을 포괄하며 이루어진 매판론, 매판자본론과 민족자본론, 저개발국 원조와 경제협력 비판[30], 외자도입 비판, 자립경제론의 전개를 볼 수 있다. 자립경제는 1960~1970년대를 관통하는 이념이었다. 1960년대부터 경제

---

28) 김영준, 위의 책, 1쪽. 제목과 달리 본문에서는 "후진국"이라는 용어를 쓴다.
29) 양호민 외, 『신생국의 비젼』, 세계사, 1966, 1쪽.
30) 신식민주의 비판에 의하면 원조는 제국주의 국가들이 구식민지, 종속국에 대해 과거와 같은 자본수출 방식을 취할 수 없게 되면서 선택한 새로운 방식이다. 즉 인도적인 형태로 위장한, 자본수출의 정치경제적 목적을 달성하기 위한 방법인 것이다. 「アジアにおけるアメリカの新植民主義と援助」, 岡倉古志郎, 『A.A.LA と新植民地主義』, 勁草書房, 1964, 27쪽.

발전을 통한 자립경제 달성을 둘러싼 논의가 활발하게 이루어졌다. 이러한 흐름이 1970년대로 이어지면서 내포적 공업화론에 입각한 다양한 경제발전론이 제시되었는데, 민족경제론 역시 자립경제의 열망을 표현한 논의였다.[31] 민족경제론의 이론적 구축의 시작을 알린 조영범은 고도성장을 증명하는 양적 수치의 신화를 "비자립적 요인에 대한 명확한 인식"을 통해 깨야 한다는 입장에서 공격대상으로 삼았다. "높은 경제성장률이 곧 경제발전이고 경제자립이라는 그릇된 상정에서 주어진 공업화와 외자에 의한 강행적 추구로 그 양적 성장의 배후에는 막대한 외채의 누적과 국민경제의 대외 의존의 심화로 집약되는 부정적 요인이 잠재"[32]되어 있기 때문이다. 박현채 역시 다국적 기업의 한국 진출에 따른 외자 도입을 문제삼으면서 선진국 상호간의 다국적 자본 문제와는 양상이 아주 다른, "우리의 문제"로서의 "본질적인 자본에 의한 지배와 종속의 문제"[33]를 직시했다. "국민경제의 자립은 경제의 담당 주체를 민족자본으로 하는 것"[34]이라는 민족자본론의 기본 시각도 같은 맥락을 갖는다.

자원민족주의에 대한 박현채의 인식 역시 동일 궤도에 있다. 그에 따르면

---

31) 조석곤, 「1970년 전후 제시된 한국경제발전론 비교검토」, 『민주사회와 정책연구』 17, 2010, 282~283쪽. 이 글은 1970년대에 제출된 대중경제론, 민족경제론, 산업주의론(속성공업화론), 수출입국론을 비교 검토하고 있다. 민족경제론에 대한 최근의 흥미로운 연구로는 김보현, 「박정희 정권 시기 저항의 지식」, 『상허학보』 43, 2015.

32) 조용범, 『한국자본주의의 원점』, 법문사, 1976, 98쪽. 조용범의 저개발국 원조 비판과 한국 경제의 파행성에 논의는 101-114쪽 참고. 조용범과 박현채의 민족경제론에 대해서는 조석곤, 위의 글 참고.

33) 박현채, 「다국적 기업의 논리와 행태」(1974), 『민족경제론』, 한길사, 1978, 255쪽.

34) 박현채, 「노사관계와 경제성장」, 『민중과 경제』, 정우사, 1978, 96쪽. 박현채는 민족자본을 논하면서 "자본의 성격은 그것이 어떤 국민경제 구조 또는 국민경제 현상에 자기 이해를 갖는가에 따라 규정된다"고 보았다. 그리고 민족자본을 "전형적으로 국산 기계로 국산 원료를 가공 국내 시장을 위해 생산하는 민족계 자본을 말하며 따라서 이들의 이해가 국내 산업의 발전과 그 결과로서의 국민경제의 성장 결과의 국민적 확산에 따른 국내 시장의 심화에 자기 이익을 갖는 자본"이라고 정의한다.

자원민족주의는 자원을 둘러싼 민족주의적 의식의 고양과 선진 자본간의 모순 대립이 심화되면서 1952년 이란에서 "최초의 싸움"을 벌였다. 그리고 같은 해 이집트 혁명에서 다시 한번 구현되면서 외국 이권과 결합한 세력의 코스모폴리타니즘과 투쟁하는, "유형 무형의 지배에 반대하"는 "결백한 내셔널리즘의 싸움"을 수행했다. 이를 출발점으로 하여 자원민족주의가 포문을 연 것은 1971년 테헤란 협정을 거치면서다.[35] 자원민족주의는 1970년대 전반(全般)을 관통하는, 아시아·아프리카·라틴아메리카 지역의 열망 즉 "저개발국 경제민족주의 물결"[36]을 보여준다. 박현채는 자원위기론은 자원보유국에 대한 신식민지적 지배질서의 위기일 뿐 인류의 위기는 아니라고[37] 언급하면서 자원민족주의를 "제민족의 정당한 자결, 평등의 원리"를 촉구하는 시도로 파악했다.

　　이것은(자원문제｜인용자) 오늘날 일정사회에 있어서 한 사회를 구성하는 사회구성체간의 문제만이 아니라 세계경제라는 지극히 자급자족적 체계 내에서 상이한 이해를 갖는 제민족간의 생산적 수준의 차, 즉 접근능력의 차, 그리고 지배능력의 차로 된다. 그뿐 아니라 자원문제에 있어서 상이한 이해를 갖는 민족간의 불평등에 의한 문제의 심화의 원인은 자본주의의 개방성이 선진자본주의 제국에 의한 후진제민족에 대한 자본주의 경제제도의 강요과정에서 개방, 곧 식민지화를 강요하고 이 과정에서 한 민족의 생활영역의 자원적 부존(賦存) 상태와 관련없이 선진자본주의 제국이 이미 갖고 있었던 자원수요 구조를 강요하였을 뿐 아니라 생산력의 불균등 곧 자원지배의 불균등을 결과한 데 있다.[38]

---

35) 박현채, 「자원민족주의의 역사와 현실」(『창작과비평』, 1973 겨울), 『민족경제론』, 한길사, 1978, 235~238쪽.
36) 『동아일보』 1971.9.24.
37) 박현채, 「자원민족주의의 역사와 현실」, 『민족경제론』, 한길사, 1978, 239쪽.
38) 위의 글, 218쪽.

민족경제론에서는 민족이나 국가, 민중[39] 개념이 제일의적 기표와 기의로 운용되고 있는데 이와 함께 중요하게 인지되어야 할 것은 이 결정적 핵심어 자체를 생성하고 운동가능하게 하는 세계체제 틀 또는 제3세계 틀이라는 광의의 기반이다. 이를 바탕으로 민중의 경제적 소외 역시 국제 자본운동의 차원에서 분석되고 있다. 박현채는 "이른바 경제협력에서 제시되는 양상은 본래적으로 국제간의 자본운동이 지니는 비인간적인 자기 논리에서 해명되어야" 함을 분명히 한다.[40] 일본 자본 역시 마찬가지다. 그는 일본의 한국 경제 진출을 전후의 국제 자본운동의 일환으로 파악하면서 이러한 자본이 높은 초과이윤 획득을 위해 불리한 노동조건과 저노임을 강요하고 이로써 민족경제의 자립 요구뿐 아니라 광범한 민중의 생활상의 요구를 저버릴 것이라고 지적했다.[41]

세계체제적 관점의 종속의 정치경제학이 한국 지식계에 도달하면서 지대한 영향을 미치기 시작한 것은 종속이론 주요문헌들의 수용과 (재)해석이 활발하게 일어난 1980년대 초반부터다. 1980년, 프랑크의 『저개발의 개발』과 더불어 『제3세계와 종속이론』(염홍철 편저)이 그 첫 장면을 열었다. 『저개발의 개발』은 "기존 세계경제의 구조와 질서를 검토하고 그 작용의 현상을 관찰하여 현존하는 국제기구(각종 경제기구)들이 저개발된 주변부의 이익에 반하는 차별과 지배를 비판하고 개선해야 할 것"[42]이라는 번역자의 논평을 달고 출간되었다. 그리고 여기에, 종속이론

---

39) 민중에 대한 설명은 다음과 같다. "역사는 민중의 생활이며 경제의 직접적 담당자는 민중이다. 그러나 그들은 그들의 노동의 성과에 정당하게 참여하는 것을 거부당해 왔다. 그리고 정당한 참여에의 요구는 빈번히 배신의 쓰라림을 맛보아야 했다. 그래서 오늘도 우리는 그간의 지속적인 경제성장에도 불구하고 의연히 민중의 빈곤문제를 안고 있다. 경제에 대한 인류의 역사는 자본주의의 성장이 그랬던 것처럼 시대의 힘찬 발전이 시작되려고 할 때는 어떠한 모습으로든지 민중의 부의 형성을 볼 수 있었다고 한다. 이것은 바꾸어 발하면 민중에의 보다 많은 경제잉여의 귀속이 새로운 것보다 창조적인 것을 약속한다는 것을 뜻한다." 「민중과 경제」(1974), 『민족경제론』, 24쪽.

40) 박현채, 「한국경제를 제약하고 있는 외부적 조건」, 『민중과 경제』, 126쪽.

41) 위의 글, 123쪽.

은 제3세계 학자들간에 끊임없이 교환되고 있는 테제인데 저개발 국가들은 저마다 다양하고 이질적인 역사와 사회 구조를 가진 만큼 라틴아메리카를 대상으로 한 논의가 일반화의 힘을 갖기는 어렵겠지만 이 점이 종속이론의 학문적 가치나 현실적 의미를 약화시키지는 않을 것이라는 견해도 덧붙여졌다.[43] 1980년대 한국에서 종속이론은 제3세계의 정치경제학으로, 국제정치경제학 영역의 경쟁적이고 대항적인 지식으로 기능하면서,[44] 1960~1970년대 한국의 국제적 자기인식과 제3세계 인식의 뒤를 이었다.

그렇다면 1960~1970년대에 형성된 '종속과 자립'의 서사는 어떤 의미를 가질까. 종속과 자립은 제3세계 내셔널리즘의 자기인식과 세계인식을 압축하고 있는 대척항이다. 이 시기의 종속-자립의 서사와 그 이론적 번역들은 자급경제와 세속적 민주주의가 제3세계 내셔널리즘을 떠받치는 두 기둥[45]이라는 점을 여실히 보여준다. 자급경제 혹은 자력갱생은 제3세계의 교의, 당위, 이상이며 자아준거적인 시각으로 실상 경제학보다는 정치심리학적 분야에 속하는 성격의 것이라는 해석[46]도 타당하다. 하지만 역사적으로 보면 이것은 중국, 탄자니아, 이디오피아, 알바니아 등 사회주의권에서 수용하고 실행한 즉 사회주의의 이름으로 추진된 정치경제 원리이자 정책이기도 했다.[47] 또다른 기둥인 세속적 민주주

---

42) A. G. 프랭크, 최완규 역,『저개발의 개발』, 새밭, 1980.

43) 위의 책,〈이 책을 펴내면서〉.

44) 국제 정치경제학 관점의 중요성 그리고 상호의존(intcrdependence)와 종속(dependencc)에 대한 논의는 염홍철,『종속과 발전의 정치경제학』, 박영사, 1980, 특히 15~32쪽 참고.

45) 비자이 프라샤드, 박소현 역,『갈색의 세계사』, 뿌리와이파리, 2015, 300쪽.

46) 염홍철, 앞의 책, 80쪽.

47) 비자이 프라샤드, 앞의 책, 300쪽 ; 염홍철, 앞의 책, 75쪽. 자력갱생은 좁은 의미에서는 "일정기간 동안 만족스러운 발전을 지속하면서 외환수지의 균형을 유지할 수 있도록 보장하는 제정책"을 뜻하지만 제3세계가 지향한 이념으로서의 의미는 코코욕 선언(1974)에서 언급된 바 "자신감, 주로 자국의 인적·자연자원에 의존하는 것, 자주적인 목표설정 및 정책결정의 능력"을 의미한다. 염홍철,

란 인민-민중이 정치경제적 권리에서 소외되지 않는 국가 혹은 통치체제를 지시할 것이다. 아시아·아프리카·라틴아메리카 이 거대한 세 대륙을 하나로 잇는 지향으로부터 반공 블럭의 제3세계 한국의 현실은 멀리 떨어져 있었다. '종속과 자립'의 서사에서 구축된 지식은 이 간극에서 생산된, 간극을 채우려는 열망을 증명하고 있다. 이때 "제3세계"는 한국-국가-사회의 내부와 광역의 세계 체제를 관계지어 조망가능하게 하는, 매개와 확장의 자기정체화 기제가 되었다. 따라서 내셔널 인터레스트, (네오)내셔널리즘, 민족경제 등 이 시기의 인식토양에서 번성한 개념-이념들은 "제3세계"로부터의 분리나 이탈이 아니라 그것으로의 수렴으로 이해해야 할 것이다.

## Ⅲ. 제3세계문학론 : 반공3세계의 연대와 책임

　백낙청의 제3세계문학론은 1970년대에 출현한 제3세계문학론의 중심에 해당한다. "제3세계"라는 범주는 문학과 결합하면서 "신생국", "후진국", "저개발국", "중립국"이라는 어사로는 환원될 수 없는 의미를 품게되었다. 신생국문학(론)이나 중립국문학(론) 따위의 용어가 성립불가능하고 무용한 데 비해, '아시아·아프리카'와 문학을 결합한 '아시아·아프리카 문학'은 조어가능하고 또 실제로 쓰이기도 했다. 그러나 이 지역기술(記述)적인 범주가 "제3세계"나 "제3세계문학"에 담겨있는 함의를 온전히 보유하고 있는 것은 아닌 듯하다. "제3세계"의 의미 함축도를 '극적'으로 높인 백낙청은 민족문학론을 전개하면서 제3세계문학론의 영토를 개간했다. 그는 자신이 민족문학론을 바탕으로 제3세계문학론으로 나아가게 된 경위와 관련하여 "구미 선진공업국 문학에의 정신적

---

같은 책, 75쪽.

종속관계를 청산하면서도 어디까지나 인류사회 전체를 향해 개방된 문학의 자세를 정립하려는 것이 민족문학론이 뜻하던 바였던 만큼 제3세계와의 새로운 연대의식을 모색하게 된 것은 당연한 귀결"이라고 설명한 바 있다. 그리고 제3세계라는 용어는 "세계를 셋으로 갈라놓는 말이라기보다는 오히려 하나로 묶어서 보는 데 그 참 뜻이 있는 것이며 하나로 묶어서 보되 제1세계 또는 제2세계의 강자와 부자의 입장에서 보지 말고 민중의 입장에서 보자는"48) 의도를 갖고 있다는 점도 강조했다.49)

그가 제3세계문학론을 구축하면서 줄곧 사유의 진원지로 삼은 민족문학(론)은 당시 대안-대항 지식체가 생산한 '민족 ○○○' 유형의 입론을 대표하는 것이자 민족경제론에 조응하는 것으로 다음과 같이 위치지어진다.

오늘날 이러한 민족문학론의 필요성은 경제학계에 있어서 국민경제와 구별되는 민족경제의 개념이 갖는 의의와도 맞먹는 것이다. "우리가 개념지으려는 민족경제는 범세계적인 자본운동의 과정에서 한 민족이 민족적 순수성과 전통을 유지하면서 그에 의거 생활하는 민족 집단의 생활기반이다. 이것은 순수경제적인 자본운동의 측면에서는 국민경제에 포괄되는 하위개념이나 민족주체적인 관점에서는 국민경제보다 높은 상위개념이다."(조용범, 『후진국경제론』, 167쪽) 그리고 오늘날 현실에서 순수경제적인 개념만이 고집하는 것이 민족의 경제적 자주성에 대한

---

48) 백낙청, 「제3세계의 문학을 보는 눈」(1982), 『민족문학과 세계문학』 2, 창작과비평사, 1995, 167~168쪽.

49) 사유의 이동 경위와 이론의 논리 연관을 설명할 때 초기 시민문학론의 "시민"이 어떤 이유로 후경화되었는지도 중요한 지점이었는데, 이 문제 역시 제3세계의 발견과 연관되어 있는 것으로 제시된다. 즉 시민이라는 단어가 서구의 시민계급 즉 부르조아지와 결부되어 있고 결국 이들이 "우리들이나 다른 제3세계 민족을 식민지로 만든 세력"이기 때문에 "우리민족의 위치, 제3세계 후진민족들의 입장에 좀더 초점이 맞춰져야겠다는 생각을 갖게 되었"다는 것이다. 백낙청, 「한국문학과 제3세계문학의 사명」(1978), 위의 책, 268쪽.

엄연한 위협을 간과하는 일이 되듯이 민족문학의 개념을 외면하는 것 역시 민족의 생존과 존엄에 대한 현실적 도전을 망각하는 결과가 될 수 있는 것이다.[50]

민족문학론은 당시 인식틀의 핵심인 '민족'이라는 시대어를 공유한 것이었고, 또다른 공유자인 민족경제론과 대화적 관계를 갖는 것으로 설정되고 있다.[51] 민족문학론이 민족경제론과 대화적이었다면 제3세계라는 시대어와도 그러했다. 백낙청의 논의에서 중요하게 반복되는 것이 바로 제3세계문학(론)과 민족문학(론) 사이의 긴밀한 관계이다. 둘은 상호 정립, 강화, 순환의 연관을 맺고 있다. 따라서 제3세계론에서는 각 로컬들의 특수성이나 차이에도 불구하고 이를 관통하는 '공통'의 역사적 경험과 문제와 가능성을 공유하고 있는 것으로 설정된다. 제3세계론은 "민족주의와 국제주의의 결합"을 표방함으로써 특정한 민족과 다른 민족들의 관계를 정립하고, 민족을 말하면서 동시에 제3세계를 말할 때 제기될 수도 있을 "모순"이 실은 가짜문제임을 알려주었다.[52] 이는 특수-보편이라는 논제로, 백낙청은 1974년 「민족문학 개념의 정립을 위해」에서 이 문제를 다룬다.[53] 그는 민족문학 개념은 세계문학과의 연관성 속에서 개념적 타당성을 검증받을 수 있다고 강조하면서 민족문학이라는 특수의 위치를 규명한다. 민족문학은 한국문학이나 국민문학으로는 설명되지 않는, "그 민족의 주체적 생존과 인간적 발전이 요구하는 문학"이며 "민족의 주체적 생존과 그 대다수 구성원의 복지가 심각한 위협에 직면해

---

50) 백낙청, 「민족문학 개념의 정립을 위해」,『민족문학과 세계문학』1, 1974, 124쪽.
51) 송건호, 강만길, 최민지의 일제 점령기 연구와 『해방전후사의 인식』을 거론하면서 이 작업들이 한반도 문제에 대한 제3세계적 이해를 도울 뿐 아니라 80년대 민족문학론과 제3세계문학론의 발전에도 뜻깊은 길잡이가 될 것이라고 평한다. 「80년대 민족문학론의 전망」(1980),『민족문학과 세계문학』2, 58쪽.
52) 백낙청, 「제3세계를 보는 눈」(1982),『민족문학과 세계문학』2, 171쪽.
53) 그는 특수성-보편성 문제가 사학계에서도 제기된 이슈였음을 언급하고 있다. 「민족문학개념의 정립을 위해」,『민족문학과 세계문학』1, 124쪽.

있다는 위기의식의 소산"이다. 이어 "민족이라는 단위로 묶여져 있는 인간들의 전부 또는 그 대다수의 진정으로 인간다운 삶을 위한 문학"인 민족문학이 "진정으로 인간다운 삶에 대한 모든 인간의 염원을 공유"[54]한 다는 틀을 제시하면서 '민족'을 '세계'의 '민족들'로, '민족의 삶'을 '인간다운 삶'으로 확장한다. 그리고 자기의 임무를 다하는 진짜 "민족문학다운" 문학이라면 그것은 후진국의 민족문학이라 해도 "세계문학의 대열"에 오를 수 있다고 보았다. 그가 민족문학의 정신적 핵심을 "제국주의, 식민지주의에 대한 철저한 비판" 즉 "반식민, 반봉건" 의식[55]과 민중주의 에 두었다는 데 대해서는 그리 긴 분석이 필요없을 듯하다.

　백낙청은 민족문학론을 통해 민족-세계 또는 민족문학-세계문학 연관 을 논리적으로 또 가치론적으로 규명한 것인데, 이 단계에서 두 항의 관계는 언설주체의 열정이나 의욕에 비하면 이론적으로는 느슨한 게 사실이다. 그가 발견한 제3세계문학이라는 범주는 두 항을 매개하면서 이론적 지향과 논리를 강화하는 계기가 된 것으로 보인다. 개념의 매개를 통해 '세계'에서 지배력으로서의 서구-서양이라는 허구적 보편을 가치론 적으로 해소할 수 있었고 제3세계(성)라는 대항 보편을 세워 전경화할 수 있었기 때문이다. 그리고 한국의 민족문학을 더 큰 장으로 진입시키는 작업도 가능해졌다.[56] 제국주의 침략과 식민화의 역사 그리고 탈식민과 반봉건의 과제를 안고 있다는 점에서 한국의 민족문학은 제3세계문학이 며 복수의 제3세계문학들과 연대한다는 인식론적 지형이 성립한다. 이렇 게 해서 민족문학론과 제3세계문학론의 에토스는 서로 일치하게 되고

---

54) 백낙청, 「민족문학 개념의 정립을 위해」(1974), 『민족문학과 세계문학』 1, 창작과 비평사, 1978.

55) 위의 글, 127~133쪽.

56) 백낙청은 "수많은 약소민족들의 자결권과 자주성을 일단 존중하는 바탕 위에서 이룩되어야 한다는 제3세계 민족주의의 주장이 민족주의적 감정을 떠나서도 설득력을 갖게" 해야 한다고 주장한다. 「제3세계를 보는 눈」, 백낙청·구중서 외, 『제3세계문학론』, 한벗, 1982, 17쪽.

제3세계문학의 지평은 서로 특수성을 인정하면서 교류하는, "각 민족문화의 존엄성과 주체적 발전능력을 인정하고 출발하는"[57] "다원주의"와 "연대성"의 지대가 된다. 제3세계문학(론)은 민족문학(론)의 국제화 내지 지역화(regionalized)된 발상이라 할 수 있는 바, 한국 민족문학과 다른 민족문학들이 동서·공존하고 연결되는 모델을 상정한다. 제3세계문학론은, 냉전지형의 변화 속에서 세계를 구성하는 요소들이나 단위들의 상호 의존이 긴밀해지고 물질적·문화적 유통, 정치적 타협, 국제적 계약, 세력관계의 교통이 총체적으로 확대되는 상황 즉 현실로서의 보편성이 증대되는 국면에[58] 대한 대응이었다.

그런데 제3세계문학론이 앞 절에서 검토한 제3세계론 및 민족경제론의 이념과 공명하면서도 차이를 보인다면, 이는 제3세계문학론이 제3세계성에 대한 '비약적' 평가절상을 도모했기 때문이다. 민족경제론을 통해서 확인할 수 있듯이, 사회과학지식은 제3세계 혹은 '민족'이 지향해야 할 원리와 기술을 입론의 줄기로 삼긴 했지만 '과학적'인 현실설명력 혹은 분석기능이 강하게 요구되는 만큼 대상에 대한 질적 측면에서의 가치론적 가공은 직접적으로 시도하지 않는다. 이에 비해 제3세계문학론은 제3세계성 자체를 적극적으로 긍정하는 '도약'을 실행했다. 그 흔적은 서양문명의 침략성과 비인간성을 다수 대중들과 함께 겪은 제3세계 작가는 서구문학의 한계를 넘어선 작품을 쓸 수 있을 거라는 믿음,[59] "식민지 또는 식민지 상태를 완전히 탈피하지 못한 후진국의 민족문학이 세계적인 수준에서 선진적일 수밖에 없"[60]다는 확신, "경제적으로나 정치적·군사적으로는 제1세계나 제2세계에 뒤떨어져 있을망정 도덕적으로나 문화적

---

57) 백낙청, 「제3세계의 문학을 보는 눈」(1982), 『제3세계문학론』, 18쪽.

58) 현실로서의 보편적인 것이라는 개념에 대해서는 에티엔 발리바르, 최원·서관모 역, 『대중들의 공포』, 도서출판b, 2007, 511쪽 참고.

59) 백낙청, 「현대문학을 보는 시각」(1974), 『민족문학과 세계문학』 1, 159쪽.

60) 백낙청, 「민족문학 개념의 정립을 위해」(1974), 『민족문학과 세계문학』 1, 133쪽.

으로는 오히려 더 떳떳한 위치에 서서 세계역사에 올바르게 기여하"[61]는 길이 있다는 기대, "오늘날 서구의 온갖 경직되고 편협화된 생각들이 몰려들어 맹렬히 위세를 떨치고 있는 우리 역사의 현장은 오히려 저들의 경직성을 풀어주고 절망을 덜어줄 무궁무진한 잠재력의 현장"[62]이라는 자긍 등 그의 논의 곳곳에 남아 있다. 제3세계성의 긍정적 전유는 제3세계문학론 바깥에서는 종종 후진성, 저개발, 신생(국)과 같은 맥락에서 쓰이고 있던 "제3세계"를 의미론적으로 전복시키는 효과를 발휘했다. 제3세계가 이러하므로 "제3세계의 문학이 서구문학을 포함한 전세계 문학의 진정한 전위가 될 수 있는 소지"[63] 또한 많은 것이다.

전체적으로 백낙청의 제3세계문학론과 민족문학론은 선언적이며 판관적이고 계몽적인 어사와 논리로 구성되어 있다. 제3세계문학론과 민족문학론을 채우는 언어, 입장, 논리는 현실이나 판단의 복잡성을 많은 부분 사상하고 그 대신 선명함과 자명함을 얻은 것으로 보인다. 제3세계문학론이나 민족문학론을 본격적으로 전개하기에 앞서 제국주의와 식민주의 문제를 다뤘던 「콘래드 문학과 식민지주의」(1969)에 주목해보자. 이것은 길지 않은 글이고 특별하게 주목받은 적도 없는 글이지만 두 가지 면에서 시사적이다. 우선 그의 제국주의, 식민주의 비판이 도전적이고 섬세한 해석을 수행했음을 보여준다는 점에서 그렇다. 『어둠의 속』을 "내면세계의 탐구"로 읽는 독법을 비판하면서 백낙청은 이 텍스트를 제국주의 시대 유럽의 어둠과 "세계적인 제국을 거느리고 도처의 식민지에 기생하는 나라" 영국을 "정면에서" 다룬 텍스트로 볼 것을 권한다. 제국주의와 식민주의의 심부를 목도하는 역사적이고 정치적인 시선을 요청하는 이 글은 울림을 갖는다. 그런데 이 작품의 탁월함을 인정하면서

---

61) 백낙청, 「한국문학과 제3세계문학의 사명」(1978), 『민족문학과 세계문학』 2, 창작과비평사, 1985, 264쪽.
62) 백낙청, 「역사적 인간과 시적 인간」(1977), 『민족문학과 세계문학』 1, 186쪽.
63) 백낙청, 「현대문학을 보는 시각」(1974), 『민족문학과 세계문학』 1, 159쪽.

도 "결함"을 논하는 부분에서 그가 지적하는 바는 『어둠의 속』에 "헤아릴 수 없는'이라든가 '상상도 못한'이라든가 '말할 수 없는' 등의 내용없는 형용사들이 너무 많다는 점"[64]이다. 백낙청은 이런 반복이 "인상을 흐려주는 결과"를 낳으며 결국 인물이 제국주의의 어둠을 직감하면서도 이에 대항할 구체적인 대안을 갖지 못했다는 어쩔 수 없는 한계를 드러낸다고 평한다.[65] 이러한 비판은 모호함, 애매성, 불투명성에의 거부로 읽히며, 식민화나 식민주의의 복잡성 혹은 이것을 다룰 때 개입될 판단과 인식의 복잡성에 대한 일체의 부정을 예시(豫示)해준다.[66]

　제3세계의 현실이나 민족의 현실을 다루는 작가들을 향해서도 부정할 것과 지켜야 할 것에 언제나 선명해질 것을 요구하고 희망했다. 그는 "자기 민족 내부에서 의식적으로 또는 무의식적으로 식민지 통치에 영합하는 세력을 식별하며 비판하고 나아가서는 자기 스스로의 심령 속에서 봉건정신과 매판의식을 가려내고 이겨내는 고도의 지적, 정서적 단련이 요구"[67]된다고 했다. 또 "우리 시대의 시인은 무엇보다도 민중의 거대한 힘을 믿고 스스로 민중 또는 군중으로서의 자기긍정에 이르러야"[68] 한다

---

64) 백낙청, 「콘래드 문학과 식민지주의」(1969), 『민족문학과 세계문학』1, 202쪽.
65) 위의 글, 202~203쪽.
66) 난해성에 대한 논의가 나의 판단에 반하는 것으로 읽힐 수도 있겠다. 백낙청은 "난해성 문제"가 "참다운 시민문학, 민중문학을 논할 때 으레 제기되는 우리문단의 또하나 중요한 관심사"라고 제시하면서 이를 "우리가 당면한 역사적 과업과 연관시켜" 논한다. 그는 김수영 시의 난해함에 의미를 부여하고 있다. 즉 그의 작품이 난해하긴 하지만 "참다운 시민의식, 민중의식적 각성"을 담고 있으며 "그러한 의식의 성장과 승리에 직접적으로 기여한다"는 것이다. 이 점에서 김수영의 시는 "그냥 어렵기만 한 가짜시"와 다르다.(「문학적인 것과 인간적인 것」 (1973)) 더불어 이 글은 "동지나 맹방의 글이라는 증거만을 직접 또는 간접으로 얻을 수 있다면" 난해한 작품도 "호의와 애정"으로 받아들이는 민중의 "넉넉함"과 "생래적인 너그러움과 애정"(117쪽)을 강조하고 있다. 내가 말하는 선명성이나 복잡성에 대한 거부란 개별 텍스트의 선호 차원이 아니라 특정한 선호를 낳는 논리의 차원에 해당한다.
67) 백낙청, 「민족문학 개념의 정립을 위해」(1974), 『민족문학과 세계문학』1, 135쪽.
68) 백낙청, 「역사적 인간과 시적 인간」(1977), 『민족문학과 세계문학』1, 190쪽.

거나 "우리 사회의 현실을 폭넓게 깊이 있게 파고들겠다는 작품에서 분단의 진상이 어떤 형태로든 그 모습을 드러내지 않는다면 높은 경지에 달했다고 보기도 힘들다"[69]는 식으로, 당위와 규범과 기대가 혼합된 아이디얼 타입을 기준으로 재현과 인식의 순도 및 정도(正道)를 따졌다. 순도와 정도를 높이 구현하는 데 문학과 문학자의 역할이 있는데, 그의 논의에서 자주 나타나는 "기여"라는 의식도 순도와 정도를 경계짓고 가늠하는 경향과 맞닿아 있을 것이다. 기여는 여러 층위와 경우로 변주되면서 일관되게 지켜진 덕목이다. 지식인(문학자와 연구자)은 민중에게 기여하고 문학은 현실·역사·민족에 기여해야 한다는, 공공성에의 헌신을 뜻한다. 기여란 이 역할을 다할 때, 다하고자 할 때 수행된다.[70]

기여의 구도는 민족문학과 제3세계문학에 대해서도 마찬가지로 적용되었다. 민족문학은 "우리 민족이 낳을 수 있는 최선의 문학을 낳고 그리하여 세계문학에 떳떳한 공헌을 하는 데 이바지"[71]해야 한다. 그리고 서구의 문화(문학)와 정신을 살찌울 게 아니라 자기가 속한 제3세계의 문화와 정신의 표현과 고양에 봉사해야 한다. 민족문학(들)의 연합적 공헌의 총체인 제3세계문학은 궁극적으로 역사와 세계의 진보에 기여할 것이다. "한국문학과 제3세계문학의 사명"이라는 표현에서 기여론의 골자는 분명하게 드러난다. 기여는 기여하는 주체가 자기의 입장, 열정, 윤리의식을 헌상할 '보편'을 갖는 일이고, 자기라는 특수를 다른 특수들과 공재하고 공조하는 주체로 놓는 일이다. 백낙청에게 제3세계문학과 한국의 민족문학은 이같은 관계에 있다. 이 관계는 동근성(同根性)과 친연성을 바탕으로 한다. 민족문학의 위치에서 보자면 자기를 인식론적으로, 미학적으로 강화하고 단련하는 것이 곧 제3세계문학에 대한 역할을 그리고

---

69) 백낙청, 「분단시대 문학의 사상」(1976), 『민족문학과 세계문학』 1. 304쪽.

70) '기여'를 보편-특수 관계의 차원에서 비판적으로 규명한 연구로는 손유경, 앞의 글 참고.

71) 백낙청, 「민족문학 개념의 정립을 위해」(1974), 『민족문학과 세계문학』 1, 124쪽.

제3세계문학으로서의 역할을 실천하는 길이 될 것이다.

여기에서 우리가 검토해야 할 것은 민족문학론-제3세계문학론 연관을 생산하는 인식의 구조이다. 나는 이를 '책임'이라는 문제틀에서 생각해보고자 한다. 텍스트에서 표명되고 있는대로, 민족문학론과 제3세계문학론은 '응하는 능력', '답하는 능력'으로서의 책임72)에 충실하려는 언설이다. 응해야 할 것에는 식민주의, 제국주의, 세계적·민족적 위기 같은 부정적인 힘과 환경도 있고, 또 바로 이러한 상황에서 강하게 형성된 저항적 실천가치도 있다. 민족문학론과 제3세계문학론은 두 방향의 힘에 모두 응하는 시도였다는 점에서 '책임'의 언설 체계라 할 수 있다. 하지만 이 책임을 절감하고 정당화하는 과정에서, 민족문학론-제3세계세계문학론 연관은 다른 차원의 책임에 대해서는 다소 관대하거나 무감했던 것으로 보인다. 이때 책임은 아이리스 영이 사회적 연결모델을 바탕으로 의미화했던 책임 즉 부정의한 결과를 낳는 구조적 과정에 참여하고 있다는 인식에 기반한 책임에 가깝다. 논자에 따라서는 이는 '책임'보다는 '연루'(implication)로 개념화되기도 하는데73) 어떤 용어로 표현되든 중요한 것은 구조적 연결의 배치망에서 자기가 지배세력의 재생산 지점에 있다(혹은 있을 수 있다)는 위상학적, 역학적 가능성에 대한 인지이고 인식이다.

부정성에의 직간접적 참여나 복무라는 관점을 역사적·지역적 정황으로 가지고 와서 생각해보면, 제3세계에 있어 이런 의미에서의 재생산 체계나 연루라는 상황만큼 자기인식에 착종과 곤란을 불러일으키는 계기도 없을 것이다. 특히 제3세계 연결체에서 반공블럭 제3세계에 해당하는 한국의 경우 이같은 상황은 자기정위와 자기설명의 체계를 세우는

---

72) 책임에 대해서는 고모리 요이치, 「문학으로서의 역사, 역사로서의 문학」, 고모리 요이치·다카하시 데쓰야, 『내셔널 히스토리를 넘어서』, 삼인, 2000.

73) 테사 모리스 스즈키의 책임 및 연루에 대한 논의는 다카하시 데쓰야, 김성혜 역, 『역사/수정주의』, 푸른역사, 2015, 43~47쪽 참고.

데 결정적인 난제임에 틀림없다. 민족문학론과 제3세계문학론이 번성하기 시작한 1970년대 중후반은 이미 한국이 용병국가로서의 흔적과 상처를 대내적으로뿐 아니라 대아시아적으로 깊이 새겼던 시기다. 꼭 사건으로서의 베트남전쟁이 아닐지라도, 반공블럭의 제3세계가 전체 제3세계 지평에서 띠기 마련인 경계성, 불안전성, 동요성에 대한 성찰은 온전히 가동되지 않았다. "강대국에 의한 국토의 분단과 이에 편승한 온갖 국내적 모순의 심화",[74] "자기인식과 자기분열극복"[75], "제3세계적 자기인식의 결핍이야말로 제3세계다운 후진성을 드러내는 중요한 징표"[76] 같은 지적에서 볼 수 있듯이 제3세계의 내적 모순이 의식되지 않은 것은 아니지만, 이를 표현하는 어떤 언어도 반공3세계의 위치라는 무거운 문제를 충분히 감당하거나 지탱하지는 못하고 있다. 마지막에 인용한 "제3세계적 자기인식"에도, 그리고 "제3세계다운 후진성"[77]이라는 언급에도 이에 관한 판단은 아마 들어 있지 않을 것이다. 민족문학론과 제3세계문학론은 반공3세계로서의 위치와 역할의 흔적을 그리고 그 흔적을 사유할 여지를 지웠을 때 혹은 지움으로써 형성되었다. '한국과 제3세계', '민족문학과 제3세계문학'이라는 넥서스는 제3세계 국가들과의 공통성과 공유경험·공유가치라는 근친성의 과대화와 한국이라는 위치가 안고 있고 실제로 발생시킨

---

74) 백낙청, 「역사적 인간과 시적인간」(1977), 『민족문학과 세계문학』 1, 192쪽.

75) 백낙청, 「민족문학 개념의 정립을 위해」(1974), 위의 책, 135쪽.

76) 백낙청, 「제3세계문학을 보는 눈」, 『제3세계 문학론』, 167쪽.

77) 후진성에 대해서는 다음과 같이 설명된다. "민족문학론에서 제3세계를 강조할 때는 이른바 후진국들의 후진성이 오히려 선진국들이 망각한 세계사적 사명과 진정한 선진성이 짐재해 있다는 주장이 흔히 제시된다. …… 후진국들 내지는 피압박민족들이 약육강식의 세계에서 가해자가 안되고 피해자가 됨으로써 이른바 선진국들의 반인간적 형태를 보다 냉철하게 알게 되고 그 극복의 중책을 떠맡았다고 주장하는 것은 좋으나 정작 이 책임을 실천하는 입장에서는 자신의 정치 경제 문화적 후진성이 느닷없이 진정한 선진성으로 둔갑해주리라는 환상 따위는 용납되지 않는다. 후진성 극복을 위한 피나는 노력을 하되 그것도 선진국들이 이미 닦아놓고 손짓하는 편한 길이 아니라 스스로의 길을 뚫고 나가야 제대로 후진성을 극복할 수 있는 것이지 후진성 자체가 무슨 자랑일 수는 없는 것이다." 『민족문학과 세계문학』 2, 58쪽.

내파 및 이질화의 과소화를 통해 상상될 수 있었다.

## Ⅳ. 대항지식을 번역하기

1960~1970년대 지식계를 사로잡았던 지배와 종속이라는 위기의 서사 그리고 제3세계주의와 내셔널리즘은 1980년대 내내 이어졌을 뿐 아니라 전면화되고 강화되었다. 이 시기에 한국은 현실적으로나 인식론적으로 큰 변화의 관문을 통과하고 있었다. 통치권은 이미 1980년대 초반부터 박정희 발전모델과는 다른 원리와 동기의 경제정책을 입안, 실행하기 시작했고[78] 1980년대 중반 무렵에는 경제호황을 경험하게 된다. 개발의 모순과 노동현실의 척박함은 강고하게 지속되고 있었지만, 1980년대의 경제적 변화로 인해 한국은 더 이상 단순하게 제3세계로 파악될 수 없게 되었다. 한국을 비롯한 아시아의 "네마리 용의 성공은 세계질서를 바꿔보려는 제3세계의 분투에 찬물을 끼었었다"[79]는 프라샤드의 진단은 발전론으로 회부될 수 없을 제3세계의 정치경제 기획이 자본주의적 성공의 신화·실화를 향해 대거 방향전환하면서 사그라드는 계기가 되었음을 말해준다. 이 모든 흐름 속에서, 1980년대를 풍미한 (탈)종속의 과학인 종속이론은 역발상의 발전론이라는 타당한 해석을 만나기도 했고[80] 민족경제론에서 종속성이 과도하게 규정적이고 결정적으로 이해되었다는 평가[81]도 나왔다. 상황이 이런지라, 경제적 자립과 주권성이라

---

78) 김정주, 「1980년대 이후 한국경제의 구조변화와 학생운동」, 『학생운동, 1980』, 오월의봄, 2016 참고.
79) 비자이 프라샤드, 앞의 책, 338쪽.
80) 질베르 리스트, 신해경 역, 『발전은 영원할 것이라는 환상』, 봄날의책, 2013.
81) 박영균, 「1980년대 학생운동의 이념논쟁」, 『학생운동, 1980』, 오월의봄, 2016, 179쪽. 박현채의 민족경제론이 1980년대 사회구성체 및 변혁론에 미친 영향과 관련해서도 이 글을 참고할 수 있다.

는 이상은 마치 먼 과거의 시대적 염원을 상징하는 오래된 고탑(高塔)처럼 유효성보다는 '기념비'로서의 의미를 부여받게 되었다.

1960~1970년대, 아니 더 길게는 1980년대를 포괄하는 언어와 지식의 장에 여러 면으로 시효만료의 선고가 이루어진 오늘날 이 시대의 인식과 관심을 들여다보는 우리는 어떤 작업을 하는 것이고 해야 하는 것일까. 모든 앎이 시대적으로 구성되는 것이라는 근원적 역사성과 제한성을 고려한다면, 제3세계문학론과 민족문학론의 내재적 독해에 기반한 비판이나 옹호는 생각만큼 중요하지 않을 수도 있다. 한번 더 생각해보면 이 지평에서 읽어내야 하는 것은 '정치적 올바름'을 둘러싼 열정과 상상력일 것이기 때문이다. 1960~1970년대는 정치적 올바름이 '제3세계', '민족', '민중'을 제일의적 단위로 하여 명기되고 추구되는 시대였다. 하지만 1990년대 이래로, 정치적 올바름을 주장하고 구현하기 위해서는 이전보다 훨씬 더 많은 정체성과 주체 차이의 단위에 눈뜰 필요가 생겨났다. 그리고 분배뿐만 아니라 인정을 둘러싼 사유와 실천이 종합적으로 같이 이루어질 필요 역시 커졌다.[82]

이렇게 시대와 시대인식이 많은 부침과 변화를 겪어왔다면, 지금 1960~1970년대의 제3세계론과 제3세계문학론은 단지 과거일 뿐이고 시의성을 상실한 채 반복적으로 회고되고 마는 애착물일 뿐일까. 이에 답하기 위해서는 '제3세계', '민족' 혹은 '민중'이 억압, 소외, 저항의 역사와 주체를 가리키고 호출하기 위한 당대의 언어-개념-지식이었음을 상기할 필요가 있겠다. 당시 이러한 인식 단위와 표기를 통해 지시되었던 존재 또는 상황은 변형된 다른 방식으로 1990년대 이후의 세계 경제정치 체제에서

---

82) 낸시 프레이저는 '인정'이 도덕적 삶 전체를 포괄하지는 않는다고 본다. 인정은 사회정의의 중요한 차원이지만 제한적이다. 따라서 인정에만 집중하는 접근은 충분하지 않으며 분배까지 포함하는 틀에서 인정을 하나의 범주로 설정해야 한다고 주장한다. 낸시 프레이저, 「과도한 왜곡 : 악셀 호네트에 대한 응답」, 낸시 프레이저·악셀 호네트, 김원식 외 역, 『분배냐, 인정이냐』, 사월의책, 2014, 295쪽.

(재)생산되고 있다. 그런 만큼, 현재의 문제와 가능성을 포착할 언어-개념-지식은 여전히 요구된다. 그러므로 1960~1970년대의 인식(소)과 도전을 '경력단절'의 상태로 밀어넣지 않기 위해 필요한 것은, 이들을 단지 고수하거나 삭제하거나 교체하는 능력이 아니라 오늘의 언어-개념-지식으로 꾸준하게 '번역'하는 능력이 아닐까.

# 참고문헌

〈자료〉

박현채, 『민중과 경제』, 정우사, 1978.
박현채, 『민족경제론』, 한길사, 1978.
백낙청, 『민족문학과 세계문학』 1, 창작과비평사, 1978.
백낙청, 『민족문학과 세계문학』 2, 창작과비평사, 1985.
백낙청·구중서 외, 『제3세계문학론』, 한벗, 1982.
조용범, 『한국자본주의의 원점』, 법문사, 1976.
『경향신문』, 『동아일보』, 『國會報』, 『광장』, 『사상계』, 『정경연구』, 『청맥』

〈논문〉

고명철, 「민족주의 문학을 넘어선 민족문학론」, 『인문사회과학논문집』 36, 2005.
고명철, 「구중서의 제3세계문학론을 형성하는 문제의식」, 『영주어문』, 2015.
김보현, 「박정희정권 시기 저항의 지식」, 『상허학보』 43, 2015.
김영준, 『신생국정치론』, 일조각, 1965.
김  원, 「1970년대 창작과비평 지식인 집단의 이념적 계보와 민족문학론」, 『역사와문화』 24, 2012.
김정주, 「1980년대 이후 한국경제의 구조변화와 학생운동」, 『학생운동, 1980』, 오월의봄, 2016.
박연희, 「1970년대 제3세계적 시각과 세계문학론」, 『동악어문학』 65, 2015.
박연희, 「제3세계문학의 수용과 전유」, 『상허학보』, 2016.
박영균, 「1980년대 학생운동의 이념논쟁」, 『학생운동, 1980』, 오월의봄, 2016.
손유경, 「백낙청의 민족문학론을 통해 본 1970년대식 진보의 한 양상」, 『한국학연구』 35, 2014.
오창은, 「'제3세계문학론'과 '식민주의 비평'의 극복」, 『우리문학연구』, 2008.
이상갑, 「제3세계문학론과 탈식민화」, 『한민족어문학』 41권, 2002.
이상록, 「1970년대 민족문학론」, 『실천문학』, 2012 겨울호.
이진형, 「민족문학, 제3세계 문학, 그리고 구원의 문학」, 『인문과학연구논총』 제37, 2016.
장세진, 「강박으로서의 식민(지), 금기로서의 제국을 넘어」, 『비교한국학』 24, 2017.
조연정, 「주변부 문학의 (불)가능성 혹은 문학 대중화의 한계」, 『인문학연구』 51집, 2016.

고모리 요이치, 「문학으로서의 역사, 역사로서의 문학」, 고모리 요이치·다카하시
    데쓰야, 『내셔널 히스토리를 넘어서』, 삼인, 2000.

〈단행본〉

낸시 프레이저·악셀 호네트, 김원식 외 역, 『분배냐, 인정이냐』, 사월의책, 2014.
다카하시 데쓰야, 김성혜 역, 『역사/수정주의』, 푸른역사, 2015.
로버트 잭슨, 옥동석 역, 『주권이란 무엇인가』, 21세기북스, 2016.
비자이 프라샤드, 박소현 역, 『갈색의 세계사』, 뿌리와이파리, 2015.
일본 아시아·아프리카 작가회의 편, 신경림 역, 『민중문화와 제3세계』, 창작과비평사,
    창작과비평사, 1983.
심상필, 『제3세계』, 민음사, 1990.
양호민 외, 『신생국의 비젼』, 세계사, 1966.
양호민 외, 『신생국의 리더쉽』, 세계사, 1966.
양호민 외, 『신생국의 이데올로기』, 세계사, 1966.
염홍철, 『종속과 발전의 정치경제학』, 박영사, 1980.
에티엔 발리바르, 최원·서관모 역, 『대중들의 공포』, 도서출판b, 2007.
A. G. 프랭크, 최완규 역, 『저개발의 개발』, 새밭, 1980.
질베르 리스트, 신해경 역, 『발전은 영원할 것이라는 환상』, 봄날의책, 2013.
폴·E·시그문트, 박병관 역, 『혁명의 기수들』, 경화출판사, 1967.
岡倉古志郎, 『A.A.LAと新植民地主義』, 勁草書房, 1964.

# 민족경제론 : 매개되고 연합하며 순환한 텍스트


### 김 보 현


"자립적 민족경제의 확립을 위한 길은 **생활하는 민중의 소망**에 좇아 국민경제의 내용을 정립하는 것이다."[1]

"존재하는 이해의 대립을 간과하고 **추상적인 동일 이해**를 주장하는 경우 민주주의는 내용 없는 것으로 된다."[2]


## I. 경제발전과 저항

한국은 1950년대까지만 해도 전체 인구의 약 7할에 가까운 사람들이 비근대적·비자본주의적 관계들 속에서 삶을 영위하는 세상이었다. 이런 곳이 박정희 정부 시기 고도성장체제 아래서 비로소 뚜렷하고 빠르게 근대 자본주의(modern capitalism)의 한 장소로 변해갔다. 임금노동과

---

* 이 논문은 「박정희 정권 시기 저항의 지식·담론, 민족경제론」, 『상허학보』 제43집, 2015를 일부 수정하고 보완한 것이다.
1) 박현채, 「책머리에」, 『박현채 평론선 : 민족경제론』, 한길사, 1978, 5쪽. 강조는 인용자.
2) 박현채, 「서」, 『박현채 평론집 : 한국경제의 구조와 논리』, 도서출판풀빛, 15쪽. 강조는 인용자.

상품관계가 빠르게 확산됐고 그만큼 사람과 사물, 자연의 가치들과 의미들이 교환가치로 측정·귀속됐다. 사람들은 이 같은 경제주의적 접근이 기본적 품행으로서 개인 개인에게 스며드는 것을 차츰 정상으로 여겼다. 때때로 그들이 '없이 살아도 인정 많던 지난날'의 상실을 탄식했으나 이것은 대전환의 작은 삽화에 그쳤다. 발전(development)이 주는 물리적 편의와 심미적 충족감에 매료되고 점증하는 화폐의 힘을 긍정하게 된 이들 다수가 다름 아닌 그 탄식자들이었다. '돈'을 우선시하는 경제주의는 한국을 내적으로 긴장·균열하게도 했고 또 비판적으로 인식하게 만드는 소재로도 기능했지만, 반대로 민족과 조국의 이름을 걸고 한국을 결속·응집하게 하는 실질적이고 일상적인 연결선이었다. 이 지점이야말로 국민경제의 어떤 양적 지표보다 더 주목해야 할 경제발전의 큰 질적 효과였다. 그리하여 사회를 선도하고 동원화한 주체, 정부 그 자신이 더욱 경제주의적 매트릭스 안에서 사고·활동해야 했던 것이 '박정희시대'와 '포스트-박정희시대' 한국의 사정이었다.

박정희 정부 시기 경제발전은 전술한 바처럼 대전환의 추진력이었는데 동시에 모순적 현실이었다. 그 모순은 '저항'의 양상을 띠었다.[3] 당시 한국의 사회적 생산력은 현격히 향상됐고 산업구조가 확연히 고도화됐다. 영토의 형세도 나날이 개변됐다. 발전이 빠른 속도로 실현된 것이다. 여기에 고용(임금노동)의 증가와 함께 물질적 생활의 개선이 뒤따라

---

3) 그 모순이 '저항'에서만 포착되는 것은 아니다. 예컨대 당시의 경제발전이 금융통제를 비롯한 극히 국가주의적인 방법론에 따라 이루어졌지만 이 중대한 결과가 바로 시장 증대(market-augmenting)였다. 박정희 정부 시기의 경제발전은 사적 소유권을 제도적·물리적으로 보장받는 국제적 경쟁 단위로서 기업 행위자들을 육성하는 친자본적 기획이었다. 또한 그 시기 중앙집권적 행정체제가 집계·관리하고 정치화한 국민소득계정(national income accounts)이 '시장가격'의 총합산물인 국민총생산(gross national product) 개념에 근거를 두고 짜인 것이었다. 박정희 정부 시기 경제발전은 시장 증대의 효과를 낳으면서, 전두환 정부 시기 이후 진전된 자유주의적 사회개편의 중요한 기초와 조건을 구성하는 과정이었다. 이상과 같은 측면에 대한 연구 성과의 발표는 다음 기회로 미루어야 하는 것이 필자의 형편이다.

이른바 절대적 빈곤이 감소했다. 당연히 국민경제의 내수 기반이 동반·확장됐다. 박정희 정부 시기 개발체제는 순환적 위기와 마주하면서도 저발전과 정체란 굴레 속에 주저앉지 않았다. 그러나 변화는 모순이었다. 발전의 조건이고 기초이자 산물이었던 것들이 바로 정치적 독재, 부정부패, 부의 불균등한 전유, 기본권 유린, 반복되는 금융위기와 높은 물가고, 봉건적 유대의 활용 및 잔존, 빈곤의 사회적 고착화, 생태균형의 파괴 등등이었기 때문이다.[4] 가속적 발전은 결코 부드럽고 매끄러운 과정이 아니었다. 그것은 다수의 깊은 내상과 외상을 만들어냄으로써 전진했다. 모순이 곧 저항은 아니었으나 당시 촉발된 저항의 많은 경우들이 경제발전의 모순과 연결된 실천이었고 결과였다. 저항은 박정희 정부 시기 발전(저발전이 아니라!!)의 모순을 인상적으로 실증했다. 그리고 민주주의, 자유, 평등, 인권, 생존, 분배, 정의 등이 당대 저항(엘리트들)의 주요 언어들이었다.

　그런데 저항의 지도자들은 다수가 민족주의라는 상위(overarching) 인식 프레임, 민족주의라는 도덕주의적 지식 체계 아래에서 담론과 행동을 구성하고 해석·평가하며 전개했다. 그들에게 원천적으로 문제시될 수 없는 진리 체계였던 민족주의는 한편에서 저항적 실천을 대중화하는, 저항적 실천의 공감대를 확장하는 조건이었는데, 또한 다른 한편에서 그 사유와 상상력의 반경을 제한하는 일견 하나의 아이러니 같은 변수였다.[5] 이점은 박정희 정부 시기 저항의 다양한 사례들에서 확인되고, 지금까지 '박현채'와 '민족경제론'이라는 명칭으로 흔히 대표되거나 상상된 '민족주의 정치경제학'을 경유해서도 논의하는 것이 가능하다.

---

4) 경제발전은 빈곤 인구의 절대적 규모를 감소시키면서도 그것을 사회적 현실로서 더욱 고정시켰다. 당시 빈곤 인구는 국가 통치의 주요 대상·함수·조건으로서 간주됐고 정비·조정됐다.

5) 김보현, 『박정희정권기 경제개발 : 민족주의와 발전』, 갈무리, 2006, 285~323쪽.

# Ⅱ. 박현채와 민족경제론

1978년 4월 1일,『박현채 평론선 : 민족경제론』이 세상에 나왔다. 이 책의 출간 작업은 '전국민주청년학생총연맹사건(이하 민청학련사건)'의 한 당사자 이해찬이 출판사 일을 하던 시기에『동아일보』해직 기자 출신인 김언호 한길사 사장과 함께 신간 기획을 상의하다가 제안하여 시작됐다. 이해찬은 1973년 '불온한 학생'으로서 즐겨 읽던『창작과 비평』을 통해 박현채를 처음 알게 됐고,[6] 1975년 '종로5가 부근에서 협동조합운동을 하는 사람들의 모임'에 갔다가 박현채를 직접 만나게 돼, 얼마 후 박현채가 연구 및 집필 작업을 하는 '국민경제연구회'를 방문한 적이 있었다. 박현채는 이때 '분단 이야기, 민족경제 이야기 등을 잔잔하지만 열정적으로' 해주었고, 그것들은 '젊고 불온한 운동권'에게 '참으로 뼈가 되고 살이 되는 이야기'들이었다.[7]

'민족경제론'은 민청학련사건의 또 다른 당사자이자『민족경제론』의 편집 실무자였던 김학민이 제안하고 박현채가 받아들여 붙여진 이름이다. 직무에 따라 원고를 누구보다 꼼꼼히 읽은 김학민의 눈에 글 하나하나를 관통하는 키워드로 '민족'과 '경제'가 들어온 것이다. 이후 박현채의 정치경제학은 항상 '민족경제론'이라 불렸는데 정작 본인은 당시까지 자신의 입론들을 묶어서 무엇이라 명명한 적이 없었다. 박현채와 한

---

6) 이해찬이 박현채를 처음으로 인지하게 만든 글은 박현채, 「자원문제의 경제적 고찰」,『창작과 비평』제8권 제4호, 1973이다. 이것은 5년 후 단행본『민족경제론』에 「자원민족주의의 역사와 현실」이라는 제목이 붙여져서 재수록됐다.

7) 이해찬, 「내 인생의 행운, 박현채 선생님과의 인연」, 고박현채 10주기 추모집·전집 발간위원회 편, 『아! 박현채』, 도서출판해밀, 2006. 이해찬은 1970년대 당시 자신에게 가장 큰 영향을 준 책들로『한국민족주의 연구』(송건호), 『우상과 이성』(이영희)과 함께『민족경제론』(박현채)을 꼽았다. 그는 또『민족경제론』에 실린 글들 중에서 민족자본의 보호·육성론을 편 「중소기업문제의 인식」이 특히 기억에 남는다고 말했다(위의 글, 243쪽). 이 글은『창작과 비평』제11권 제2호, 1976에 실렸다가『민족경제론』에 재수록됐다.

출판사, 그리고 이 출판사의 운동권 출신 편집 실무자가 만남으로써[8] '민족경제론'이란 이름이 지어졌고 '민족경제론'은 박정희 정부 시기와 이후 한국의 경제발전 현황(한국자본주의)을 분석·비판하고 대안적 발전 을 구상하는 정치경제학들 중에서 한 범주를 지칭하게 됐다. 이렇게 민족경제론은 박현채라는 한 인물의 사고와 행동만이 아니라 타자와의 연결, 타자의 매개를 통해 세상 사람들의 곁에서 존재감과 영향력을 가진 담론 실체 또는 지식 형태로 부상했다. 출간과 동시에 『민족경제론』 은 '독자들의 비상한 반응'을 불렀고 덕분에 석 달 후 정부의 판금 조치를 당했으며 그럼에도 몰래 구해져 탐독되는 읽을거리였다.[9]

그런데 민족경제론이 단행본으로 나오게 된 것은 민족경제론의 가치를 한 출판사가 인정했다는 사실 이상을 의미한다. 그것은 그만큼 민족경제론이 이미 사회의 일정 범위에서 유통·전유됐다는 것을 뜻한다. 당시 책으로 새롭게 단장된 글들은 대부분이 기존 매체들에 발표된 것들이었다.[10] 게다가 박현채는 남의 이름을 빌려서도 글을 기고하고 책을 집필했다. 이점에서 민족경제론은 하나의 원인이기 이전에 결과로서 즉 어떤 관계들과 과정들의 효과로서 추적될 수 있다. 그럴 때 우리는 민족경제론

---

8) 김언호는 '자유언론운동'에 참여해서 해직된 기자 출신 인물로, 1973년 『동아일보』에서 『신동아』로 옮겨 일하게 됐고 원고를 청탁하면서 박현채와 처음 인연을 맺었다(김언호, 「박현채 선생의 민족경제론 책 만들기와 국토 같이 걷기」, 고박현채 10주기 추모집·전집 발간위원회 편, 앞의 책).

9) 김언호, 위의 글 ; 김학민, 「글자를 익혀가며 '박현채 경제학'을 배우다」, 고박현채 10주기 추모집·전집 발간위원회 편, 위의 책 ; 김하림, 「우리시대의 큰 스승님」, 위의 책. 『민족경제론』은 초판 2천부가 나오고 얼마 후 판금 조치를 받았는데 그때 출판사에 남은 것이 1천 5백~6백 부 정도였다. 이해찬이 이 시점에 서점을 막 냈던지라 남은 모두를 거둬가 몰래 판매했다고 한다. 결국 경찰에게 책을 압수당했지만 이미 거의 다 팔린 후였고 빼앗긴 분량은 1백부가 채 안 되는 수였다(이해찬, 앞의 글, 244쪽).

10) 『민족경제론』에 실린 총 18편의 글들 가운데 2편만이 미발표 원고였다. 다른 것들은 1972~77년 동안 『서울경제신문』(1편), 『세대』(1편), 『대화』(3편), 『창작과 비평』(4편), 『신동아』(5편), 『정경연구』(2편) 등과 같은 정기간행물들에 먼저 실린 글들이다.

이 박현채라는 한 개인의 작품이었다는 차원에 갇히지 않고,『민족경제론』이 발간되는 시점까지 그것이 한국에서 어떻게 실존했는지, 또 어떤 위상과 의미를 획득하고 있었는지에 관해 더 많은 것들을 시야에 넣을 수 있다.

박현채의 당시 활동 방식을 보면, 그는 '인민혁명당(이하 인혁당) 사건'과 관련해 처벌을 받고 나서 1966년 이후로는 국민경제연구회 외에 특정한 기관이나 단체의 정규 성원으로서 살아가지 않았다.[11] 그는 또 적극적이고 공공연한 저항 활동에는 가담하지 않았다. 박현채는 이렇다 할 적(籍)을 두지 않은/못한 가운데 대학교 시간강사 생활을 했고,[12] 그때그때 요청에 따라 정당과 사회단체의 교육프로그램에 참여했으며,[13] 가능한 다양한 지면에 글을 기고하는 비정규직 연구자였다.[14] 그리고 많은 사람들과 만나면서 대화를 나누고 의견 개진을 하는 일상을 유지했다. 이 교류는 인혁당사건으로 사법 처벌을 받기까지의 지난 정치 활동(소년시절 남조선노동당 계열 학생운동과 빨치산 경험, 4.19 이후 통일민주청년동맹[이하 통민청]과 인혁당 관련 활동), 농업문제 연구와 농촌개발

---

11) 박현채는 인혁당사건으로 1964년 8월 검거됐고 같은 해 9월 징역 5년을 구형받았다. 1965년 1월 무죄 선고를 받았지만 같은 해 5월 항소심에서 도예종 은닉죄로 징역 1년을 선고받았다. 그는 검거 직전까지 약 7개월간 민간연구소이면서 대통령과 경제기획원 장관을 비롯한 정부 구성원들에게 정책 자문용 연구보고서를 작성·제공한 국민경제연구회의 연구원으로 채용돼 있었다. 그는 옥고를 치르고 난 후 국민경제연구회 생활을 재개했다. 국민경제연구회의 정부 정책 자문은 1969년경 종료됐고 이후 서울 중부경찰서 앞에 있던 연구회의 작은 사무실은 사실상 박현채의 작업실이 돼갔다.

12) 서울대학교, 홍익대학교, 국민대학교, 한신대학교, 충남대학교, 우석대학교 등.

13) 통일사회당, 민주통일당, 크리스챤아카데미, 한국기독교장로회총회 선교교육원, ○○○협동조합 등등.

14) 1978년 한 해만 보더라도 그는『창작과 비평』,『정경연구』,『신문연구』,『농업정책연구』,『세대』,『건설』,『대학주보』,『신동아』,『기독교사상』,『고대신문』,『기술인력』,『이화』,『경영과 마아켓팅』,『한가람』,『광장』,『은행계』,『체신』,『씨알의 소리』등 18개 지면들에 기고했다(「발표 글 총목록」, 고박현채 10주기 추모집·전집 발간위원회,『박현채 전집 : 부록』, 제7권, 도서출판해밀, 2006, 652~653쪽).

지도 모임이었던 '한국농업문제연구회', 서울대학교 상과대의 선후배 및 교수, 원고의 청탁자, 호남지역의 연고관계, 민주화운동·사회운동의 주체 등을 경유해 이루어졌고 지속됐으며 또 두터워졌다.15)

　그는 야인이었다. 그는 박정희 정부의 반공산주의와 과거의 자기 경력이 맞물려 제공한 환경 속에서 야인의 삶을 강요받았고 또 선택했다. 그러나 지식인으로서 연구 작업을 지속했고 감시의 눈초리에 주의와 긴장을 늦추지 않으면서도 고립된 생활을 하지는 않았다.16) 그는 어떤 대상들을 직간접적으로 상정한 연구와 발표를 이어나갔고 던져진 물음에 답하면서 되묻는 그 대상들과의 언어활동을 계속했다. 장소는 대학교 강의실, 정기간행물의 지면, 출판사, 정당 및 사회단체의 교육장, 사회비판적 소모임, 사적인 식사·술자리 등이었다. 박현채의 정치경제학은 '민족경제론'이란 이름을 갖기 이전에 그 같은 언어의 순환과 관계망 안에서 실존하고 있었다. 그리고 이 순환 및 관계는 조직적이고 체계적이지 않았다. 박현채의 정치경제학은 어떤 학파 내지 연구 집단으로 존립하지

---

15) 박현채는 인혁당 재건위원회, 남조선민족해방전선 준비위원회(이하 남민전) 등의 관계자 몇몇과 비정기적·개인적 차원에서 접촉할 때가 있었고 어느 정도 피차의 동향을 파악하고 있는 수준의 관계를 유지했다. 그러나 양자 사이에 조직적 방침의 구속을 받는 관계(지도와 피지도, 특정 과제의 부여 및 수행 등)는 없었다. 박현채는 오히려 1970년대 민족·사회주의 혁명론자들의 비공개운동에 대해 정세를 적절히 타산하지 않은 좌익편향의 모험주의로 평가·비판하면서 그로부터 거리를 두고 생활했다. 우선은 민중의 기초 역량을 증진하기 위한 다방면의 노력들을 기울이면서, 제도권 야당에 대한 비판적 지지를 통해 정세를 개선해나가야 한다는 것이 박현채의 대략적 입장이었다. 류동민, 「민족경제론의 형성과정에 관한 연구」, 『경제와 사회』 제56호, 2002, 223쪽 ; 「성태인 인터뷰」, 고박현채 10주기 추모집·선집 발간위원회, 앞의 책, 390쪽 ; 「정건화 인터뷰」, 앞의 책, 583쪽 ; 임헌영, 「박현채 선생에 대하여 : 내 청장년기의 스승」, 고박현채 10주기 추모집·전집 발간위원회, 『아! 박현채』, 274쪽 ; 안병직, 「증언, 민주화운동과 민주주의 : 좌익운동을 중심으로」, 안병직 편, 『한국민주주의의 기원과 미래』, 시대정신, 2011, 168쪽 등을 참고.

16) "당시 그는 연구와 원고 집필 그리고 대학 강의가 생활의 전부이다시피 했다. 그런가 하면 학계 사람들뿐만 아니라 각계의 많은 사람들을 만났다. …… 그는 마당발에 속했다"(김금수, 「'문화부 중대장'의 이상과 실천」, 고박현채 10주기 추모집·전집 발간위원회, 『아! 박현채』, 32쪽).

않았다. 특정한 집단의 공식적 입장으로 채택되지도 않았다. 그것은 사람들에게 인상적이고 강력한 외양을 가진 통일적인 하나의 힘으로, 흐름으로 인지되지 않았다. 유력한 어떤 매체에 의해 조명을 받은 적도 없었다.

박현채의 국민경제연구회 활동은 일차적으로 생계유지의 수단이었다.[17] 과거의 정치경력으로 인해 받는 제약이 큰 상황에서 스스로 조심스럽게 움직인 박현채가 가족과 함께 최소한의 생활을 영위하고자 했다면 연구회의 자리를 외면하기는 어려운 일이었다. 그리고 그곳은 기초 자료들을 다루면서 연구 작업을 지속할 수 있는 장소였다. 자신의 입론과 통하는 면(내포적 공업화론 성향)을 지닌 다른 연구자들과 교류할 수 있는 곳이기도 했다. 박현채가 그 의미의 부여를 얼마만큼 했는지 확인되지 않지만 정부의 경제정책이 한동안은 국민경제연구회의 보고서에 일정 부분 반응하는 듯도 했다.[18]

박현채는 민족주의자이면서 동시에 사회주의자였다.[19] 그가 전망한

---

17) 김기선, 「한국민중운동사의 거대한 뿌리, 박현채③」, 『희망세상』, 3월호, 2006.

18) 조석곤·정건화, 「1960년대 중후반 '국민경제연구회' 보고서를 통해 본 정책담론 분화과정」, 공제욱·조석곤 편, 『1950~60년대 한국형 발전모델의 원형과 그 변용과정』, 한울아카데미, 2005. 국민경제연구회는 '경제분야의 연구 조사, 경제발전에 기여하고 촉진하는 수단 제공, 국제적 발전분야에서의 사고와 경험, 사실 등을 교류'한다는 목적 아래 1963년 8월 1일 창립됐다. 회장은 전 국회의원으로 1·2차 국회재정경제위원장을 역임한 홍성하, 부회장은 전 부흥부 차관 정영기였다. 연구담당 부회장이 안림(연세대)이었으며 총무담당 부회장은 임익두(전 통화국 위원, 농협 임원)였다. 성창환(고려대), 황병준(서울대), 홍성유(서울대), 남덕우(국민대) 등이 자문위원이었다. 1967년까지 보수 지급이 확인되는 연구원으로 박현채 외에 임종철과 배무기 등이 있다. 박현채의 국민경제연구회 생활은 그가 1959~1963년에 활동한 한국농업문제연구회의 창설자·회장이었던 주석균 전 농림부 차관의 추천으로 이루어졌다(조석곤·정건화, 위의 글, 103~105쪽 ; 김기선, 앞의 글).

19) 정윤형, 「서문 : 실천이론으로서의 민족경제론」, 정윤형 외, 『민족경제론과 한국경제』, 창작과비평사, 1995 ; 장상환, 「맑스주의자 박현채를 말한다 : 박현채 민족경제론에 대한 최근의 주장들과 그 비판」, 『이론과 실천』 8월호, 2001 ; 류동민, 앞의 글 ; 김원, 앞의 글.

대안 '민족경제=자립경제'는 한국이 국가자본주의의 한 국면(민중적·진보적 개혁)을 경유해서 사회주의로 이행하고(민족민주혁명, 비자본주의적 발전), 또 이 이행이 그가 규범화한 민족적 생활양식의 한반도 전체적 회복, 즉 민족통일과 일체가 될 때 이루어지는 것이었다. 그러나 그는 엄혹한 정치 현실을 감안해 사회주의적 지향의 표명을 피했고, 늘 타자에 의해 매개되는 실천을, 다른 것과의 연합을 통해 어떤 차이의 유발을 감수하는 행동을 해나갔다. 그의 머릿속을 떠난 그의 정치경제학은 자기 생명체의 실존, 그리고 이와 밀접히 결부돼 있던 한국의 정세를 계산에 넣은 전략적 행위의 결과물이었다. 국민경제연구회 활동은 박현채의 그 같은 선택들 중에서 수동적인 경우에 해당한다.

전술한 바와 같은 일상성 속에서 박현채가 한 적극적이고 특별한 정치 행위는 1971년도 신민당 대통령 후보 김대중의 경제 분야 정책공약집인 『김대중 씨의 대중경제 100문 100답』(이른바 '대중경제론')의 작성에 참여한 경우다.[20] 그는 제도권 야당 후보들 가운데 한 인물을 지지하는 현실주의적 방도를 선택했다.

박현채의 정치경제학은 정치인 김대중의 집권 의지와 만남으로써 일정한 유보와 변경을 스스로 받아들였다. 그것은 일단 김대중 측의 반공산주의를 수긍해야 했다. 그래서 대중경제론은 '우리가 당면한 최고의 국가목적은 조국통일'이라고 하면서도 '북한의 공산주의자들'이 '수단과 방법을 가리지 않고 적화통일을 꿈꾸고' 있다는 점을 환기시키며, '빈부의 심한 격차를 좁히는 것, 생활수준의 균질적인 향상을 도모하는 것'이 바로 '공산주의를 극복'하는 길이라고 밝혔다.[21] 그리고 서구 사회과

---

20) 대중경제연구소, 「대중경제론 100문 100답」, 『김대중 전집』 제2권, 사단법인한경과연, 1989[1971]. 오랫동안 친교를 유지하면서 박현채의 여러 집필들을 지켜보았고 비서와 같은 역할을 해준 임동규의 진술에 의하면, 김대중의 석사학위논문 「대중경제의 한국적 전개를 위한 연구 : 한국경제의 구조개혁을 위한 서설」, 경희대학교, 1969도 박현채가 작성한 것이다(「임동규 인터뷰」, 『박현채 전집 : 부록』 제7권, 2006, 512쪽).

학계의 이론들에 의존한 한국의 현실 이해를 받아들여 개혁과 민주화의 기반·주체로서 '신중간층'과 '중산층'의 형성 및 육성, '매개집단'의 위상과 의의, 민주화 이후 정부의 조정자 역할 등을 강조한 논술 기조를 결합시켰다.[22]

박현채가 자주 사용한 개념 '민족'과 '민중' 대신에 '대중'을 전면에 배치해 '대중경제론'으로 지칭한 것이 단순한 용어 교체에 불과한 차이는 아니었다. 또 대중경제론은 박현채의 정치경제학에서 '민중적'이란 추상적 수식어로 머물고 있던 정치적·정책적 측면을 이중곡가제, 노자공동위원회, 종업원지주제, 부유세 신설 등 균형발전론과 산업민주주의의 지향들로 구체화했고, 헌법상의 기본권 조항들의 실천을 약속했다.[23]

물론 대중경제론은 곳곳에서 박현채의 정치경제학의 뼈대를 이루는 중요한 요소들을 서술했다. 그것들은 이른바 '식민지 이식형' 자본주의 유형론, 그리고 내포적 공업화와 민족자본의 보호 및 육성, 농업부문의 생산비 보장 및 투자 확대, 협업화 등을 통한 '자율적 재생산구조'(자기완결적 분업연관)의 '확립'이었다. 이는 김대중 측이 종전부터 가지고 있던 개혁 비전인 중소기업의 육성, 도시·농촌의 병행발전, 불평등을 축소하는 자본주의 등[24]을 한국의 식민지 경험과 전후 식민성의 온존 및 변형(종속성의 문제)과 연결해서 박현채의 정치경제학의 언어로 다시 정리한 결과였다.

그러니까 대중경제론은 구성 텍스트들 간의 논리적 정합성을 떠나 박현채만의 것도 김대중만의 것도 아닌 하나의 혼성물이었다. 박현채와 김대중이 단독 행위자에 그치지 않는, 각각이 저마다 또 다른 여러 행위자

---

21) 대중경제연구소, 앞의 글, 166~167쪽.

22) 위의 글, 171~192쪽.

23) 위의 글, 196~197쪽, 287~313쪽, 332~336쪽, 349~361쪽.

24) 김대중, 「대중자본주의의 진로 : 여야경제정책의 대결」, 『비지네스』 제6권 제3호, 1966 ; 김대중, 「대량희생 강요는 부당」, 『조선일보』 1966.1.27.

들과 맺고 있던 복잡한 관계망의 일원임을 생각하면, 대중경제론은 '박현채-네트워크'와 '김대중-네트워크'의 접속·동맹이 이룬 결정물이라 이야기될 수 있다. 그리고 후일 '민족경제론'이라 불릴 박현채의 정치경제학은 그렇게 혼성적 형태로 '박현채-네트워크'를 넘어서 '김대중-네트워크'의 연결선과 매듭을 따라 순환·전유됐던 것이다. 1970년대 박현채의 정치경제학이 가진 위상의 이해는 '김대중-네트워크'가 당대에 점했던 정치적 지위를 감안한 것이어야 한다.[25]

박현채는 이후 1971년 9월부터 유신체제의 성립으로 폐간되기까지 월간 『다리』의 공동 편집위원직을 맡았고 필자의 역할도 했다. 『다리』는 당초 신민당 의원 김상현이 '김대중-대통령 만들기'의 일환으로 창간한 것인데 그 1주년 기념호부터 '다리'의 의미를 '민족 활로의 가교'로 제기했고, '비판적인 지성에 초점'을 맞추고 '군부독재 타도의 이념을 실현시키려는 의도'를 분명히 드러내면서도, 지성의 '오케스트라' 같은 필진 구성의 면모를 가지고 있었다. 박현채는 자신의 정치경제학에 '바탕한 글을 『다리』지에 완곡하게 쓰곤 했다.' 또 '그의 주변엔 조용범, 정윤형, 그리고 몇몇 경제전문 학자나 언론인들이 항상 함께' 있었다.[26] 김상현이나 『다리』지는 '김대중-네트워크'의 일부일 수 있다. 그렇지만 이들이 또 저마다 구성했을 추가적 연결망을 고려하면, 박현채의 정치경제학은

---

25) "분명했던 사실은 '대중시대의 문을 열자'는 슬로건과 더불어 선거 유세현장에서 배포되었던 『대중경제 100문 100답』은 10만부가 발간될 정도로 큰 인기를 누렸다"(김원, 앞의 글, 262쪽).

26) 김상현, 「내가 본 박현채」, 『아! 박현채』. 문학평론가 임헌영에 따르면 "박현채 선생님을 처음 뵙게 된 것(이) …… 통사당(통일사회당) 강연회장이었다. 어쩐지 셋(박현채, 임헌영, 권오헌)은 너무나 궁합이 맞아떨어져 너무나 자주 만나다시피 했다. …… 내 주변의 문인들까지 겹쳐서 점점 일행의 숫자가 늘어(났다) …… 이후 나는 …… 내가 있는 주변 어딘가에는 꼭 박 선생의 영향력이 미치게 했다. …… 나는 …… 월간 『다리』지로 직장을 바꿨는데 내가 착수한 첫 작업이 편집위원을 개편하는 일이었다. 경제 분야는 당연히 박 선생을 모셔서 …… 필진을 강화하였다. 그는 필진 동원에서 무한할 정도로 광범위하게 천거해서 편집 실무진을 놀라게 했다"(임헌영, 앞의 글, 272쪽).

'김상현-네트워크' 내지 '다리-네트워크'로 다시 엮이고 넓혀진 소통의 흐름들 속에 있었다고 생각된다. 이때에도 박현채의 정치경제학은 다른 요소와의 결합물로서, 일정한 차이를 지닌 무엇으로 유통·전유됐을 것이다.

1970년대 전시기에 걸쳐 유사한 사례가 또 다른 매개자와 네트워크, 이를테면 '창작과비평사', '자유실천문인협의회', '크리스챤 아카데미', '가톨릭농민회', '영등포 도시산업선교회', '한길사', '민주통일당' 등과의 연결에 의해 전개됐음을 생각해볼 수 있다.

박현채는 1974년 이후 농민운동의 주요 활동 역량을 배출하는 데에 상당한 공헌을 한 크리스챤 아카데미의 '중간집단' 교육프로그램에도 강사로 참여했다. 실무진의 일원이었던 이우재가 제시한 자료에 의하면 박현채는 '사회과학 기본이론의 체계적 습득'에 가장 많은 비중을 둔 '장기전문과정'에서 '후진국경제와 다국적기업'이란 과목을 담당하여 8시간 분량의 강의를 수행했다.[27] 또 거기에서 눈에 띄는 대목은 예습교재들 중 하나로 박현채가 차명해 출간한 『후진국경제론』[28]이 포함돼 있었다는 점이다.[29] 그리고 그때 박현채는 강의를 하는 것 외에 이우재, 황한식 등 실무 간사들과 진지한 대화를 나누고 의견을 주고받는 관계를 유지했고,[30] 크리스챤 아카데미가 발간한 월간 『대화』에 세 차례 기고를 했다.

크리스챤 아카데미의 교육프로그램은 박정희 정부가 주도한 근대화의 현실에 비판적이면서도 박현채의 정치경제학과는 사뭇 다른 문제의식, 지향점을 염두에 두고 기획된 것이었다. 즉 그것은 '화해와 안정을 바탕으로 함께 사는 사회'를 건설할 '중간집단의 필요성'에 따라 그들을 육성할 '지도자'들을 교육하는 프로그램이었다. 그래서 당초 취지에 부합하는 내용과 기술의 교육이 함께 병행됐다.[31] 박현채는 이런 격차를 잘 알면서

---

27) 이우재, 『한국농민운동사 연구』, 한울, 1991, 216쪽.
28) 조용범, 『후진국경제론』, 박영사, 1973.
29) 이우재, 앞의 책, 214쪽.
30) 「임동규 인터뷰」, 『박현채 전집 : 부록』, 제7권, 2006[2004], 511쪽.

도 프로그램에 참여한 것이다. 실무 간사들마저 '반드시 중간집단 이념에 동의한 것은 아니다.' '분야별 지도를 할 수 있는 지식인들의 전문적 능력을 필요로' 한 측과 '운동을 위한 장으로서 재정적·인적 지원을 받을 수 있고 공개적으로 활동할 수 있는 틀을 필요로' 한 측이 '시대적 상황에서 요구되고 또 가능했던 결합 내지 연대'를 실현한 상황이었다.[32] 실무 간사들, 여타 강사들의 교육과 박현채의 그것이 내용 면에서 높은 수준의 정합성을 확보한 것도 아니다.[33]

한편 소설가 박태순은 박현채를 기억·추모하는 글에서 이렇게 말했다.

> "박현채 선생의 존재가 …… 문인들에게 …… 다가오게 된 것은 ……
> 문예계간지 『창비』에 간간이 발표되던 그의 글들과 그리고 문학운동단체
> '자유실천문인협의회'의 활동에 매개되면서부터다. …… 그의 문필 활동
> 은 과학적 인식틀에 허약한 문인들에게 소경이 눈 뜨듯 하는 경각심을
> 일깨우게 하였는데, 이 무렵 한국문학의 일각에서는 한국사회의 개발독
> 재 …… 상황에 대하여 전혀 다른 방향과 관찰로써 '민중문학/민족문학'이
> 라는 새로운 패러다임을 마련해가는 중이기도 했다."[34]

『창작과 비평』 편집진의 리더이자 '민족문학론'의 선창자였던 백낙청이 역시 그러한 지점과 관련된 이야기를 했다. 그에 따르면 민족문학에 대한 자신의 생각을 발전시키는 과정에서 '박현채 선생의 민족경제론에 힘입은 바[기] 크다.' 예긴대 그는 민족문학에 대한 개념 정리를 처음으로

---

31) 이우재, 앞의 책, 199쪽, 207쪽, 211쪽, 216쪽.
32) 장상환, 「1970년대 사회운동과 크리스챤 아카데미 교육」, 『이론과 실천』 11월호, 2001.
33) 장기전문과정 강사진은 박현채 외에 강원룡, 고범서, 장을병, 김세균, 황성모, 양호민, 한완상, 박경서, 이영희, 정영일, 이우재, 이두현, 강문규, 노정선, 신인령, 한명숙, 김병태, 정창렬, 황한식 등으로 구성됐다(이우재, 앞의 책, 216쪽).
34) 박태순, 「문학과 경제의 민중 구성」, 『박현채 전집 : 부록』 7권, 2006, 137~138쪽.

시도한 1974년의 글에서 국민경제와 구별되는 민족경제 개념을 원용했고,[35] 이듬해 발표한 「민족문학의 현단계」[36]는 4.19를 논하면서 『창작과 비평』, 1973년 봄호에 실렸던 「한국 경제개발계획의 사적 배경」이라는 글을 인용했다.[37]

국민경제와 구별되는 민족경제의 정의와 규범화는 박현채의 정치경제학의 중요한 특징이다. 박현채는 현실의 국민경제(한국자본주의)를 세가지 이유들을 들어 당위적 민족경제와 구별했다. 하나는 종속성(자율적 재생산 기반의 결여와 생산된 가치의 대외 유출)이고 다른 하나는 민족분단(민족적 단일 생활기반의 상실)이다. 또 하나는 단순한 지역경제로서 국민경제의 내부에 분명히 민족적 부분이 실존해 반민족적 부분과 대항관계를 형성하고 있다는 것이다. 박현채의 정치경제학에서 종속적 분단 국민경제는 민족경제일 수 없었다. 거기에서 민족경제는 한국경제의 자립과 남북한 통일경제의 성립이 결합할 때 실현되는 것이었다.[38]

또 백낙청이 인용한 부분에서 특히 4.19는 '1950년대의 미국원조에 대한 기생을 자기 재생산 기반으로 했던 한국경제가 그 벽에 부딪침으로써 이루어진 정치변혁'이라는 문장에 유의할 필요가 있다.[39] 이것은 백낙청이 박현채처럼 국민경제의 종속성, 즉 자율적 재생산 기반을 갖지 못한

---

35) 백낙청이 원용한 부분은 조용범, 1973, 앞의 책, 167쪽.

36) 백낙청, 「민족문학의 현단계」, 『창작과 비평』 제10권 제11호, 1975.

37) 백낙청, 「민족문학 속에 자리 잡은 민족경제론」, 박현채선생 회갑기념논문집 간행위원회, 『민족경제론과 한국경제』, 창작과비평사, 1995, 436~437쪽. 백낙청이 인용했다고 밝힌 글은 박현채가 역시 차명해서 기고한 조용범, 「한국경제개발계획의 사적 배경」, 『창작과 비평』 제8권 제1호, 1973인데 사실 조용범, 앞의 책, 제5장 제1절과 동일한 것이다.

38) 조용범, 앞의 책, 1973, 167쪽 ; 박현채, 「중소기업문제의 인식」, 『박현채 평론선 : 민족경제론』, 한길사, 1978[1976], 137~140쪽 ; 정민·박현채, 「대담 : 민족경제론, 민족민주운동의 경제적 기초를 해명한다」, 박현채, 『민족경제와 민중운동』, 창작과비평사, 1988[1987], 141~142쪽 ; 박현채, 「민족경제와 국민경제」, 『민족경제와 민중운동』, 창작과비평사, 1988[1986].

39) 백낙청, 앞의 글, 1975, 40쪽.

국민경제에서 4.19 발발의 저변을 확인했다는 말이 되기 때문이다. 박현채는 백낙청이 인용한 부분의 바로 앞에서 민족경제론의 핵심 요소라 할 '식민지 이식형' 자본주의론의 논지로 해방 후 4.19까지의 한국경제를 분석·논술했다.

> "해방 후 식민지 유산의 미청산이라는 조건 위에 새로운 원조경제의 접합(이) …… 한국경제의 종속적 경제구조를 더욱 심화시켜 왔다. 그리고 …… (이는) 국민경제의 이중구조와 공업구조의 파행성 …… 경제잉여의 대외유출 증대를 가져오고 경제성장 결과의 국민적 확산을 위한 메카니즘을 갖지 못함으로써 사회적 불균형을 더욱 확대시켰다. …… 일부 매판자본의 성장 …… 중소기업의 몰락과 농업의 정체(가 초래됐고) …… 국민경제의 대외의존(이) …… 경제의 담당 주체 및 시장·원자재 관련에서 더욱 심화(됐으며) …… 국민일반의 궁핍은 더욱 그 상대적 격차에 있어서 심화되도록 구조 짓게 된 것이다."[40]

그렇게 1970년대에 민족문학론이 만들어지고 순환한 길목에 박현채의 정치경제학이 있었다. 박현채의 정치경제학은 민족문학론을 합성해낸 중요한 성분들 가운데 하나였다. 그리고 자유실천문인협의회가 결성될 때 그 구성원들 다수에게 '공통분모로 작용한 것'이 민족문학론이었다.[41]

---

40) 조용범, 앞의 글, 1973, 111~112쪽(조용범, 앞의 책, 1973, 197~198쪽).

41) 이문재, 「11월 18일로 결성 15년째 맞는 자유실천문인협의회」, 『시사저널』 제4호, 1989. 자유실천문인협의회는 민족문학론 계열 문인들이 주도해서 1974년 11월 18일 결성한 현실 참여 단체이다. 그 구성원들과 활동들에 대해서는 박태순, 『문예운동 30년사』 제2권, 작가회의출판부를 참고. 『창작과 비평』과 연결돼 있던 역사학자 강만길은 자유실천문인협의회의 결성 및 활동에 대해 '민족문학론의 이론화·작품화와 함께 …… 그것이 행동화·실천화'한 것들이라고 평가한 바 있다(강만길, 『고쳐 쓴 한국현대사』, 창작과비평사, 1994, 400쪽). 한편 『문학과 지성』의 동인들은 유신체제에 반대하면서도 자유실천문인협의회에 가입하거나 협력하지 않았다.

또 이들 모두와 연결돼 있던 『창작과 비평』은 당대 '진보적 학술문화운동의 산실'이라 불러도 좋을 만큼, 상식적인 학문 경계를 넘나드는 사람들과 지식·담론들의 네트워크였다.[42]


# III. 순환의 조건과 동인


박현채의 정치경제학은 특정한 운동조직, 정치단체에 의해 자기 입장으로 혹은 그것에 반하는 입장으로 표명된 적이 없다. 저항 진영 안에서 박현채의 정치경제학을 둘러싼 어떤 논쟁의 양상이 연출된 바도 없다.[43] 그러나 박현채의 정치경제학은 『민족경제론』이 출간되기까지 저항의 다양한 장소들에서 다른 어떤 것들과 함께 배치돼 공감대를 획득한 지식·담론이었다.[44]

혹자는 매개와 연합 그리고 차이의 생성 등 박현채의 정치경제학이 1970년대에 순환·존립한 양태에 대해 힘 관계에 기인한 선택의 결과로만

---

42) 임헌영, 「진보적 학술문화운동의 산실 '창작과 비평'」, 『역사비평』 제39호, 1997 ; 이경란, 「1950~70년대 역사학계와 역사연구의 사회담론화 : '사상계'와 '창작과 비평'을 중심으로」, 『동방학지』 제152집, 2010, 365쪽 이하 ; 김현주, 「'창작과 비평'의 근대사담론 : 후발자본주의사회의 역사적 사회과학」, 『상허학보』 제36집, 2012, 444~458쪽.

43) 그것이 논쟁의 대상으로 삼아진 것은 1980년대 중반에 이르러서이다(정성진, 「민족경제론의 제문제」, 『산업사회연구』 제1호, 1985 ; 이민철, 「국가독점자본주의론과 민족경제론」, 『녹두서평』 제1호, 1986 ; 윤소영, 「식민지반봉건사회론과 신식민지국가독점자본주의론」, 『현실과 과학』 제2호, 1988, 164~168쪽 ; 이진경, 『사회구성체론과 사회과학방법론』, 아침, 1988, 171~179쪽).

44) 일례로 학생운동의 구성원들에게 『후진국경제론』이 상당히 많이 읽혔던 것으로 확인된다. 그리고 그들이 생산·배포한 성명서·결의문들에서 민족경제론 유형의 역사·현실 인식이 확인된다(한국기독교교회협의회 인권위원회, 『1970년대 민주화운동』 제1권, 동광출판사, 1987, 356~357쪽 ; 긴급조치9호 철폐투쟁 기념행사 추진위원회, 『30년만에 다시 부르는 노래 : 유신독재를 넘어 민주로』, 자인, 2005, 232, 267, 291, 529, 531, 537, 547쪽).

생각할지 모른다. 그러나 그러한 인과성은 정황의 일부일 뿐이다. 더욱이 상호 결합한 당사자들 가운데 박현채 쪽의 주체성만을 편향되게 긍정한 결과이다. 단적으로 민족문학론의 정립 과정에서, 또 자유실천문인협의회의 구성과 동원화 과정에서 연결된 입지를 보면, 박현채의 정치경제학은 저항 진영이 절대적 열세에 놓여 있던 역학과는 별개로 그것이 지닌 포지티브(positive)한 특정 요소들로 인해 끌어당겨졌음을 알 수 있다. 민족주의가 중요한 그 하나였다. 또 민족주의와 결합될 수 있었던 민주주의와 민중주의의 측면들이 있다. 만약 이같이 서로 포개어지는 면들이 없었다면 그들은 지배체제로부터 탄압을 받는 비슷한 처지에 있었음에도 각자의 지식과 담론의 순환을 좀처럼 매개해주지 않았을 것이다. 따라서 그들 사이의 협력과 연대도 실현되기가 쉽지 않았을 것이다.

박현채는 '한국기독교장로회총회 선교교육원'에서도 강의를 담당했다. 당시 그곳은 민주화운동을 하다 제적당한 학생들과 해직 교수들의 주요 생활 근거지였다. 그리고 안병무와 서남동이 주도한 '민중신학'이 저항 진영 안에 자리 잡도록 기여한 장소였다. 박현채는 이들과 현실 및 역사를 토론하며 친교를 나누었는데 그것은 정세 여하를 떠나 그들 간에 중요한 공유 지점들이 실재했기 때문이다.[45] 이점은 앞에서 언급한 대중경제론, 월간 『다리』, 크리스챤 아카데미의 경우들에서도 마찬가지였다.

박현채의 정치경제학이 순환·소통된 일차적 조건은 그 민족주의와 만날 잠재성을 지닌 또 다른 민족주의자들이었다. 동시대에 박현채의 정치경제학과 인접한 거리에서 생산·유통된 '내재적 발전론'과 '내포적 공업화론', 그리고 4.19 이후 지속된 '민족·사회주의운동'의 논리들 및 현황들이 그 실례들이다. 이들은 박현채의 정치경제학과 중요한 부분에서 친화적이거나 맞닿아 있었다.

---

45) 정호재, 「고이우정 선생의 아름다운 삶」, 『신동아』 7월호, 2002 ; 류외향, 「민중신학의 산실, 한국기독교장로회총회 선교교육원」, 『희망세상』 5월호, 2007.

1960년대 후반기 이후 내재적 발전론은 식민사관의 극복이란 문제의식을 공유한 많은 지식인들 간에 유통된 하나의 사관이자 지적 형상물이었다.[46] 그것은 역사적 접근을 공통된 방법론으로 가지면서도 경제와 사회, 사상, 문학 등을 포괄하는 논자들에 의해 형성됐고 역사학계로 한정되지 않는 범위에서 순환한 학제적 지식-담론이었다. 또 그것은 조선후기를 비롯해 고대, 구한말, 식민지 시기 등 8.15 이전의 한반도 역사를 대상화했지만 8.15 이후 한국의 역사 및 현실에 대한 일정한 비판 의식과 개혁·변혁 의지를 함축하고 있었다.[47]

내재적 발전론은 식민사관이 주조한 민족사의 타율적·정체적 상을 정반대로 뒤집고 주체적으로 발전·진보하는 민족사를 정립·서술하는 것을 과제로 삼았다. 내재적 발전론에 따르면 한반도에서 독자적 근대화의 추세, 또한 이것의 주요 측면인 자본주의적 발전의 기초가 '외세' 개입 이전인 조선 후기에 이미 형성돼 있었다. 그러나 일본 제국이 지배의 필요에 따라 한반도에서 봉건적 지주/소작관계를 포함한 전근대의 유제들을 온존시키는 가운데 사회적 생산 잉여의 수탈체제를 구축함으로써 그러한 내생적 경향을 저지했다는 것이다. 내재적 발전론은 해당 논자들이 '외세'와의 대결을 의식한 산물이었고, 동시에 '외세'라는 부정적 요인을 확증하여 그 극복의 당위성을 제기하려 한 문제의식의 귀결이었다.

내재적 발전론의 민족사 상(像)은 식민지 지배가 없었다면 한국의 근대와 자본주의가 정상적 단계들을 밟아 결손 없는 양태로 계속 발전했다는 것이었다. 그리고 그것은 8.15 이후 한국이 직면한 문제적 현실들이

---

46) 이경란, 앞의 글, 355~377쪽 ; 김현주, 앞의 글 ; 신주백, 「관점과 태도로서 '내재적 발전'의 분화와 민중적 민족주의 역사학의 등장 : 민중의 재인식과 분단의 발견을 중심으로」, 『동방학지』 제165집, 2014.

47) 역사학자 신주백에 의하면 내재적 발전론은 1970년대에 갈등하는 세 개의 그룹들로 분화됐다. 하나는 박정희 정부의 민족중흥론에 가담한 관변 그룹이고, 또 하나는 『창작과 비평』을 주요 담론장으로 삼은 민족·민중주의 그룹이며, 다른 하나는 방법론과 분단 및 민중에 대한 태도에서 앞의 두 그룹들과 거리를 두고자 한 자유주의 성향의 『문학과 지성』 그룹이다(신주백, 앞의 글).

36년간의 식민지 경험과 8.15 이후에도 청산되지 않은 식민지 지배의 유산들에서 비롯됐다는 입론으로 진화할 실마리였다. 또한 이 부분이 바로 박현채의 정치경제학의 식민지 이식형 자본주의론과 접속할 수 있는 소재처였다. 식민지 이식형 자본주의론에 의하면 당대 한국자본주의가 안고 있던 많은 문제점들이 식민지 시기부터 시작돼 8.15 이후에도 의연히 온존, 확대 재생산된 민족경제의 기형성·파행성, 국민경제의 예속성으로부터 초래됐기 때문이다.[48]

"일정한 사회는 …… 내재적 생산력의 발전에 의해 새로운 사회적 변혁에의 계기를 갖도록 되어 있다. 일본 제국주의에 의한 한국의 식민지 지배는 …… 한 사회가 갖는 가능성을 일본 자본의 식민지 초과이윤의 실현을 위한 것으로 변형시켰다. 한국자본주의의 전개 …… 를 근본적으로 규정하는 역사적 요인은 그 식민지 이식형적 특수성이다. 이것은 밑으로부터의 국지적[내부적] 시장권 형성에 기초한 고전적 국민경제의 전개과정이 아니라 일본 자본주의의 외연적 확장에 의한 자본주의의 위로부터의 이식이 가져온 왜곡화를 의미한다."[49]

---

48) 박현채, 「공업의 지역적 편재와 불균형발전의 요인분석」, 「한국경제에 있어서 진보의 의미」, 앞의 책, 1982[1967, 1980] ; 박현채, 「계층조화의 조건」, 앞의 책, 1982[1969] ; 조용범, 앞의 글, 1973 ; 박현채, 「중소기업문제의 인식」, 앞의 책, 19/8[1976]. "그는 한국사회가 당면하고 있는 사회문제의 근원을 일본의 식민지 지배 및 전후 미·일의 신식민지적 지배체제 하에서 한국자본주의가 숙명적으로 가질 수밖에 없었던 왜곡된 구조에서 밝혀야 한다는 생각에서 출발하여 민족경제론을 형성하였다"(정윤형, 앞의 글, 28쪽).

49) 조용범, 앞의 글, 1973, 91~93쪽. 일제하 수탈 양상에 대한 논고로는 박현채, 앞의 책, 1978의 제2장을 참고. 박현채의 정치경제학의 해방 후에 대한 서술은 일례로 다음과 같다. "오늘에 있어서도 일제 통치의 유산인 국민경제의 이중구조와 공업구조의 파행성, 공업의 도시 집중 등, 한국경제의 종속성을 나타내는 제현상은 기본적인 재정(再訂)을 보지 못하고 현재에 이르렀다"(박현채, 「공업의 지역적 편재와 불균형발전의 요인분석」, 앞의 책, 1982[1967], 106쪽).

박현채의 정치경제학의 민족경제·국민경제 고찰은 내재적 발전론의 요지와 통하는 것이었다. 그것은 내재적 발전론처럼 '외세'와의 대항 의식, '외세'의 소산들을 극복하려는 의지 아래 구축됐다. 양자는 역사와 현실의 문제적 지대를 피식민화 경험, 식민지 유제의 미청산, 식민성의 변형·재생산 등에서 찾았고 그로 인해 좌절된 온전한 근대화의 길을 회복해야 하며 이를 위한 주요 과제는 식민성의 지양과 외세의 극복이 될 수밖에 없다고 본 점에서 닮은꼴이었다. 그 둘은 발전과 진보의 기본 동력이 민족 내부에, 국민국가 내부에, 민중 내부에 있다/있어야 한다고 본 점에서도 같았다. 그리고 박현채의 정치경제학이 저항 진영의 다양한 지점들에서 순환한 1970년대는 내재적 발전론이 점증·점고해간 시기이 기도 했다. 더욱이『창작과 비평』이 동시기에 박현채의 정치경제학의 언어활동을 확장시킨 연결망이자 내재적 발전론자들의 언어활동을 확장 시킨 연결망이었다.[50]

전후 냉전의 전개라는 정황 속에서 국내외를 불문하고 지식인들 사이에 이른바 신생독립국 또는 제3세계에 유효한 공업화 전략은 무엇인가 하는 논쟁이 오래도록 지속됐다. 그리고 여기에서 형성된 대립항이 '내포 적/외연적 공업화'의 선택지였는데 한국의 경우 1950년대 이래 내포적 공업화를 선호하는 이들이 적지 않았다.[51] 잘 알려져 있다시피 5.16 이후 독재체제가 주도한 경제발전이 국외 시장과 자본에 크게 의존하면서 도시·공업·대자본의 성장에 우선순위를 둔 전략을 취했고 이에 따라

---

50) 이경란, 앞의 글 ; 김현주, 앞의 글 ; 신주백, 앞의 글.

51) 박동묘, 「한국경제와 미작농」,『사상계』3월호, 1955 ; 정도영, 「자립경제의 기본 문제」,『새벽』2월호, 1960 ; 박희범, 「민족자본 육성의 길」,『청맥』6월호, 1965 ; 홍성유, 「발전이론과 농공병진정책 : 성장의 비전과 조건」,『정경연구』9월호, 1966 ; 신용하, 「독점의 지배력과 농가경제」,『한국근대사와 사회변동』, 문학과지 성사, 1980[1966] ; 변형윤, 「민족혁명형 개발정책에로의 전환 : 71년의 한국, 원점 으로부터의 질문」,『정경문화』12월호, 1971 ; 이제민, 「외향적 개발론의 비판적 고찰 : 내향적 공업화의 딜레마에 대한 해석을 중심으로」, 서울대학교 경제학과 석사학위논문, 1975.

내포적 공업화론자들의 발언 기회는 축소됐다. 그러나 경제발전이 낳은 국민경제의 불안한 지표들(대외채무 누증, 국제수지 불균형, 기업 부실화, 농업부문 침체 등)은 내포적 공업화론의 지지도를 존속시키는 환경으로 작용했다.

내포적 공업화론의 요점은 국내 수요의 충족을 위한 생산과 이 생산에 소요될 자본·자원의 국내 동원, 국내 자본 및 시장 확충을 위한 농업부문의 적극적 개발, 국내 분업관련의 확립 등에 초점을 맞춘 전략을 채택할 때 경제자립과 경제발전의 안정적 지속을 이룰 수 있다는 것이었다. 박현채의 정치경제학은 냉전의 구도보다는 정치적 민주화와 민중주의적 정치제제의 수립, 이를 통한 경제적 가치 분배의 혁신, 남북한 통일경제의 실현과 사회주의로의 이행 등에 대한 사고와 전망 아래서 개진됐다. 그렇지만 내포적 공업화론이 박현채의 정치경제학에서 중요한 구성 부분이었던 것은 분명하다.[52]

내포적 공업화론의 지지도를 알려주는 것으로 우선 1971년도 3월 총선거를 앞두고 발표된 신민당의 공약이 있다. 거기에서 신민당은 '농공업의 균형 있는 발전을 보장하는 내포적 공업화에 의한 민족경제의 자립 추구'를 약속했다.[53] 신민당이 당시 제도정치권 제1야당이었다는 사실을 감안하면 내포적 공업화론의 공감대가 상당했다고 여겨진다. 또 주요 경제단체들 중 하나인 대한상공회의소의 발간물이 '70년대엔 내포적 공업화를 지향, 산업정책의 역점'을 '구조적인 자립화, 산업구조의 균형화에 두어야' 한다고 주장했는가 하면,[54] 같은 단체의 조사부장

---

52) 박현채의 정치경제학은 전후 신생독립국들의 상황들을, 특히 오오쓰까 히사오(大塚久雄)가 서술·재현한 자본주의의 '고전적 유형', 자본주의 형성 및 발전의 '서구적 경험'에 비추어 보면서 내포적 공업화의 정상성과 정당성을 논했다. 박현채는 『민족경제론』이 출간된 연후에 자신이 참고한 오오쓰까의 문헌들과 마쓰다 토모오(松田智雄), 타카하시 고하치로(高橋幸八郞), 고바야시 노보루(小林昇) 등 역시 '서구 근대'를 '근대의 모델'로 생각한 여타 일본 사가들의 글들을 함께 편역·출간했다(박현채 편역, 『자본주의발달사 연구서설』, 한길사, 1981).
53) 『경향신문』 1971.3.24.

정도영은 『매일경제신문』의 지면을 빌려 '국내외의 경제적 현실'이 '국민경제의 보다 자기완결적인 개발, 소위 내포적 공업화라는 말의 함축'을 '재음미'하도록 '우리에게 강요'하고 있다고 말했다.[55] 그리고 『매일경제신문』의 한 사설은 '내부구조의 심화를 통한 해외의존도의 완화와 산업연관도 제고에 의한 내부경제의 확충을 공업화의 우선 과제로 삼아야 한다'고 주장했다.[56] 『동아일보』도 '수출의 외연적 확대에만 급급'했던 기존 경향을 재고하고 '국민경제의 자립과 내포적 성장'을 기하는 정책 방향으로 전환할 것을 주문한 사설과, '내자를 통해 경제개발을 추진'할 때 '자립경제의 확립'이 가능하다는 주장을 담은 칼럼을 게재한 바 있다.[57] 우리는 이상에서 당시에 내포적 공업화론의 위상이 결코 소소하지 않았다는 사실, 그리고 그만큼 박현채의 정치경제학의 논점들이 호소력 있게 받아들여질 만한 배경을 확인할 수 있다.

박현채는 1960년대 초 통민청·사회당, 인혁당에 이르는 급진적 민족·사회주의운동의 흐름 속에서 사회혁명을 위한 실천을 한 인물이고, 박현채의 정치경제학은 그러한 운동의 장소들 안에서 만들어졌다. 이점에서도 그것은 한 개인의 작품이기보다 사회적 산물이었다. 경제의 실상을 대외적 종속성과 이로부터 초래된 구조적 파행성을 중심으로 파악한다든지,[58] 경제적 자립과 사회혁명이란 지향들을 민족통일과 결합해서 사고

---

54) 『동아일보』 1971.12.21. ; 대한상공회의소, 『한국경제의 제문제 : 산업정책의 전환을 위한 제언』, 1971 ; 대한상공회의소, 『전환기의 한국경제 : 70년대의 전략과 과제』, 1973 ; 대한상공회의소, 『경제개발의 성과와 과제 : 앞으로의 개발전략을 위한 제언』, 1976.

55) 『매일경제신문』 1972.4.1.

56) 『매일경제신문』 1974.4.30. 『매일경제신문』은 1973년 6월 29일~7월 16일 동안 14회에 걸쳐 박현채의 연재 원고 「농산물가격과 경제발전」을 게재했다.

57) 『동아일보』 1974.12.26. ; 『동아일보』 1975.4.1.

58) 박현채의 정치경제학이 독점자본을 비판적으로 분석했다지만 그것은 독점의 저차성(低次性)을, 즉 소위 선진자본주의에서처럼 정상적 발전과 경쟁을 통해 성립한 독점과 달리 전근대적 측면이 지배하는, 자본주의의 본래적(?) 진보성이나 생산력 증강과 무관한 비정상성을 논했다. 정확히 말해 그것은 독점자본주의론

한 점 등, 박현채의 정치경제학의 골자가 4.19공간 이후 전개된 급진적 민족·사회주의운동의 인식 및 실천에서 전사(前史)처럼 확인된다.[59]

그런데 급진적 민족·사회주의운동은 인혁당사건 이후 박현채 개인의 행보와 별개로 계속 전개됐다(인혁당 재건위원회, 남민전). 그리고 거기에서 새로운 인적 충원이 이루어지면서도 기존 성원의 계보가 이어졌고 1960년대 초 그들의 생각이 고수됐다.[60] 그들은 정세 판단 및 세부적 정치활동 방침에서 박현채와는 생각을 달리 했지만 한국의 역사·현실과 변혁된 미래의 상을 파악하는 측면에선 여전히 중요한 공통점을 보유한 그룹이었다. 이들은 정세 상의 악조건과 비공개 활동방식으로 인한 제약을 받지 않을 수 없었으나 모조직을 운용하면서 대학가와 소모임, 직장, 정치적 현장 등에서 사람들을 만나고 동조자를 늘려가려는 실천을 지속했다. 따라서 그들의 존립과 실천이 역시 현실 비판적 인물들 안에서 박현채의 정치경제학이 순환할 수 있는 하나의 조건으로 작용했다. 당대 급진적 민족·사회주의운동의 흐름과 연결망은 이들과 박현채 개인 간에 유지된 거리에도 불구하고, 박현채의 정치경제학과 몇몇 매개들을 거쳐 만날 수 있었던 어떤 사람들의 실존을 간접적으로 예시한다.

전술한 민족주의의 형태들 그리고 그것들과 결합된 담론·지식의 관계망들이 박현채의 정치경제학이 존립하고 운동할 수 있는 조건들이었다면, 박현채의 정치경제학이 지녔던 민주주의와 민중주의의 지향들은 그것과 타자들을 연결해준 동인들이었다. 이들은 다소 추상적이었던 민족주의들

---

이나 국가독점자본주의론이 아니라 관료자본주의론이었다(박현채, 「경제개발 15년의 득과 실」, 앞의 책, 1978, 204~205쪽 ; 박현채, 「농민의 입장에서 본 경제정책」, 『한국농업의 구상』, 한길사, 1981[1978], 46쪽 ; 정민·박현채, 앞의 글, 426~427쪽).

59) 서울지방검찰청, 「공소장」, 『박현채 전집 : 부록』 7권, 2006[1964] ; 류동민, 앞의 글 ; 전명혁, 「1960년대 '1차 인혁당' 연구」, 『역사비평』 제95호, 2011.

60) 유한종·김광식, 「한국현대사의 증언 : 혁신계 변혁·통일운동의 맥」, 『역사비평』 제5호, 1989 ; 이수병 선생 기념사업회 편, 『암장』, 지리산, 1992 ; 김세원, 『비트 : 어느 통일운동가의 육필수기』 상·하권, 일과놀이, 1993 ; 정운현, 『청년 여정남과 박정희시대』, 다락방, 2015.

에 비해 현실의 구체적 삶, 주체들과 한층 직접적으로 결부된 부분들이었다.

박현채의 정치경제학은 분배 정의의 실현, 민중 생존권의 확보, 정치적 자유의 보장, 민중의 의사결정 참여 등, 저항의 제반 지점에서 그 구성원들 다수와 함께 호흡할 만한 부분들을 갖고 있었다. 물론 거기에서 문제적 상황들은 경제발전의 대외 의존성, 국민경제의 식민성 및 파행성과 인과적으로 결합된 것들이라 분석됐다. 그러나 박현채의 정치경제학과 타자들의 연대에서 이 인과론의 동의가 곧바로 또는 절대적으로 필요한 것은 아니었다. 그보다는 인간의 정의와 민중의 생존 그리고 자유가 보장되고 진보하는 사회에 대한 열망 자체가 중요했다. 그들에게 정치적 독재와 일방주의적 정책 결정 및 실행, 직접적 생산자이면서도 생산과 분배에서 소외된 민중의 삶은 명백한 실상이요 절박한 타개 대상이었기 때문이다. 이 밑바닥에는 민중이야말로 역사와 진보의 주요 결정 요인이라는 신념, 세상의 모든 가치들을 생산하는 진정한 주체라는 확신이 놓여 있었다. 그리고 이는 고전파 정치경제학과 마르크스 이후 정치경제학 비판에서 견지된 노동가치론(labour theory of value)의 문제계열과 맞닿아 있는 것이었다. 박현채의 정치경제학의 다음과 같은 문장들은 1970년대, 나아가 1980년대 저항 진영의 온건한 개혁주의자로부터 급진적 사회혁명론자에 이르는 두터운 층위에서 공감된 내용을 담고 있다.

"**역사는 민중의 생활이며 경제의 직접적 담당자는 민중이다.** 그러나 그들은 그들의 노동의 성과에 정당하게 참여하는 것을 거부당해 왔다. …… 우리는 그간의 지속적인 경제성장에도 불구하고 의연히 민중의 빈곤문제를 안고 있다. 경제에 대한 인류의 역사는 자본주의의 성장이 그랬던 것처럼 시대의 힘찬 발전이 시작되려고 할 때는 어떠한 모습으로든지 민중의 부의 형성을 볼 수 있었다고 한다. 이것은 …… **민중에의 보다 많은 경제잉여의 귀속**이 새로운 것, 보다 창조적인 것을 약속한다는 것을 뜻한다."[61]

# Ⅳ. 의미와 한계

민족경제론은 매개와 연합을 통해 차이를 생산한 혼성물로 존립했다. 이것은 분명히 취약했던 저항 진영의 상황에 의해 규정받은 결과이다. 진화주의적 도식에 비추어 보면 당시 저항 진영의 대다수 그룹·인물들이 낮은 성장 단계에 있었던 것이다. 그러나 그 매개와 연합은 정치적 역학이란 네거티브한 요인만이 아니라 민족주의의 특정 형태들, 민주주의와 민중주의의 지향들처럼 포지티브한 동인들로 인해 실현됐다. 그리고 민족경제론은 애초부터 박현채라는 한 개인의 독창적 성취물이 아니었고 순수한 단일 지식 체계도 아니었다.[62] 민족경제론은 다양한 언어 실천의 순환선들을 타며 유동했던 것으로 보인다. 민족경제론의 영향권은 종전에 우리가 생각했던 것보다 훨씬 폭넓은 것이었다고 여겨진다. 민족경제론의 이러한 실존 양태는 흥미롭게도 민족경제론이 취한 존재론, 즉 내부/외부가 분명하게 구별되는 실체들의 세계와는 다른 것이었다. 민족경제론의 영향력 확장은 민족경제론이 규범화한 주체성과는 달리 '타자들과 이어지고 뒤섞이는' 가운데 이루어졌다.

---

61) 박현채, 「경제학과 나」, 『박현채 평론선 : 민족경제론』, 한길사, 1978[1974], 24쪽. 강조는 인용자.

62) 박현채의 정치경제학은 박현채의 발화와 이것에 매개된 1920~30년대 일본 강좌파 마르크스주의자들, 모리스 돕(Maurice Dobb)과 폴 바란(Paul Baran), 샤를르 베틀랭(Charles Bettelheim), 그리고 프리드리히 리스트(Friedrich List), 오오쓰까 히사오 등의 입론들이 혼효하면서 의미를 생성한 장이었다(박현채, 「계층조화의 조건」, 『박현채 평론집 : 한국경제의 구조와 논리』, 도서출판풀빛, 1982[1969] ; 정윤형, 「민족경제론의 역사적 전개」, 정윤형 외, 앞의 책, 14~19쪽 ; 조용범, 앞의 책 ; 정민·박현채, 앞의 글 ; 다끼자와 히데끼, 「한 일본인이 본 민족경제론」, 정윤형 외, 앞의 책 ; 유종호·박현채, 「KBS '저자와의 대화' 녹취록」, 『박현채 전집 : 부록』 제7권, 2006[1989], 615쪽). 박현채는 스스로 이렇게 말했다. "그것은 기존 경제이론을 받아들이면서 거기에 현상의 민족 주체적인 인식을 위한 보완적 수단을 덧붙여야 하는 것 이상의 것은 아닙니다. …… 민족경제론이 새로운, 독창적이라든가 일반적 체계와 분리되어서 존립한다고 생각하시는 건 옳지 않다고 생각합니다"(박현채, 「제2회 단재상 시상식 수상 소감」, 『박현채 전집 : 부록』 제7권, 2006[1987], 338쪽).

민족경제론의 네트워킹은 1980년대 중반 이후 조성된 사회구성체 논쟁의 활성화 국면을 거치면서 정점에 도달했다. 진보진영 성원들 사이의 날카로운 공개적 대결 양상에도 불구하고, 당사자들은 모두가 민족경제/국민경제의 분석을 수행하며 그 식민성 여하를 핵심 쟁점으로 공유했다. 논쟁의 한 극단이었던 식민지반봉건사회론과 이 반대 극단이었던 신식민지국가독점자본주의론, 그리고 여기에서 분화된 중진자본주의론에 이르기까지 제반 입론이 국민경제의 자립/종속, 민족경제의 성립/부재란 문제계열 안에 있었다. 또한 논쟁의 주체들은 공통적으로 민족경제론처럼 '서구적 자본주의와 근대'란 가상의 역사유형을 비교의 척도(이념형=보편)로 전제해두고 '한국적 자본주의와 근대'를 기형적이고 후진적인 분석 대상(현실=특수)으로 간주하는 발상을 각자의 저변에 보듬어 두었다. 그들은 그렇게 상호 대항적이면서도 민족경제론의 기본적 문제의식 및 인식 전제와 각각이 연루돼 있었다. 민족경제론 그 자체는 결코 논쟁의 주도적 행위소(actant)가 아니었다. 심지어 비판의 표적, 극복의 대상으로 비쳐지기까지 했다. 그러나 민족경제론의 주요 성분(서구 중심주의적 이원론에 입각한 근대사 관념과 자립경제론)은 논쟁 흐름의 여기저기에 현존하면서 중대한 효과를 발산한 헤게모니적 실체였다.[63] 1990년대에 접어들어 사회구성체 논의는 퇴조하기에 이르렀고 민족경제론-네트워크가 역시 점차 성기어지고 엷어져갔다. 이 추세는 더 이상 부인되기 어려웠던 고도화된 한국자본주의의 현실들, 현실사회주의의 붕괴, 지구화 경향의 가속 등이 인과적으로 맞물려 있었다.

우리가 현재의 관점에서 민족경제론을 성찰한다면, 민족경제론의 몇몇 요소들이 공교롭게도 박정희 정부 시기 이래 지배층이 추진·생산한 근대화 기획 및 담론-지식들과 접점을 이루고 있었다는 사실에 눈감아서는 안 된다.

---

63) 양우진, 「현대 한국자본주의 발전과정 연구 : 국가자본주의 국면의 형성과 해체의 관점에서」, 서울대학교 경제학과 박사학위논문, 1994, 133~162쪽.

첫째, 민족경제론의 민족주의·민중주의는 역사와 현실의 문제적 상황을 언제나 '외인론'의 지평에서 파악했다. 그 문제적 상황은 늘 민족 내부/외부의 이분법 하에서 외세의 소치였고 민중 내부/외부의 이분법 하에서 지배층의 소치였다. 이에 따라 민족과 민족의 실체라 간주된 민중은 하나의 객체, 희생자로 재현됐다. 아니면 그들은 억압과 수탈에 적극적으로 맞선 행위자로 그려졌다. 어느 경우이든 민족과 민중은 외세 및 국내 지배층의 부당한 작용의 외부에만 있는 동질적 집합체였다. 또한 민족경제론은 늘 현재를 '과거의 지속'으로 인식했다. 역사와 현실이 실제로는 연속과 단절(변화)의 조합이었을 텐데, 민족경제론은 온존된 주체의 예속성 그리고 이로부터 기인했다고 이해된 근대화와 자본주의의 지체·결손·병리에 몰입했다. 그만큼 민족경제론이 박정희 정부 시기부터 한국에서 급속히 진행된 변화의 특징, 성격 등을 제대로 포착하지 못했고, 그 속에서 형성된 새롭고 다양한 주체들의 생활상들을 충분히 숙고하지 못했던 것이다. 박현채는 민족경제론이 '생활하는 민중의 소망'을 좇은 결과물이라 말했으나 이것은 부분적으로만 수긍된다. 그 민중이 민족경제론의 이해와 재현처럼 단순한 일체적 주체가 아니었기 때문이다. 민족경제론이 문제화한 당대의 현실은 민족경제론의 분석 및 주장과는 다르게, 그러면서도 민족경제론의 실존 양식과는 흡사하게 '우리'와 '그들'의 분리·대립뿐만 아니라 접속·결합으로 만들어진 것이었다.[64]

둘째, 민족경제론은 경제자립의 대안적 수단으로 '국가자본주의'와

---

64) 박정희 정부 시기 지배층의 언술이 내인론을 폈다는 점에서 민족경제론과 대조를 이루었지만, 주체(민족·민중)의 내부/외부 이분법에 기초를 두었다는 점에선 후자와 같았다. 전자는 피식민화와 가난을 우리민족과 민중 자신들의 생활자세 및 무능에서 기인했다고 진단하고 정신혁명을 내세운 주의주의적(voluntaristic) 처방을 제시하는 한편 사회-정치적 관계의 의미 지평을 소거해버리고자 했다(김보현, 「박정희시대 국가의 통치 전략과 기술 : 1970년대 농촌새마을운동을 중심으로」, 오유석 편, 『박정희시대의 새마을운동 : 근대화, 전통 그리고 주체』, 한울아카데미, 2014 ; 김보현, 「민주주의 권력과 '협동하는 국민' : 박정희정부 시기 농촌 새마을운동의 사례」, 『사학연구』 제116호, 2014).

'경제의 계획화'를 제시했다.[65] 또한 그 구상의 일부를 지배층이 권위주의적으로 실현한 것이 한국자본주의의 실상이었다.[66] 문장과 언술로는 국가주의 및 중앙집권적 계획화가 민주주의와 병렬될 수 있겠지만, 양자가 과연 실행의 과정에서 어떻게 긍정적으로 조합·진전될 수 있을지 역사적으로나 논리적으로나 의문시됐던/되는 것이다.[67]

> "경제에 대한 국가계획과 국영기업을 수단으로 한 국가의 적극적
> 경제개입은 민족자본과의 연합에 의해 국내의 매판적 제세력에 대항하
> 는 유효한 수단으로 될 것이며 **전 국민적 희생과 창의를 동원하는 것**으로
> 될 것이다. 그러나 이것만으로 계층조화의 모든 조건이 주어진 것은
> 아니다. …… 우리는 국가의 국가자본에 의한 경제개입과 계층간 분배의
> 조정만이 아니라 국가의 중립성 보장과 사회적 생산에의 참여만큼 사회
> 계층간의 합리적인 경제잉여의 배분을 보장하기 위해 정치적 민주주의
> 의 실현이 전제되어야 한다고 생각하는 것이다."[68]

셋째, 민족경제론은 동일화(identification)의 정치를 사유했다는 점에서 여느 민족주의의 사례들과 근본적으로 다른 것은 아니었다. 민족경제

---

65) 조용범, 앞의 책, 160~166쪽.

66) 양우진, 앞의 글, 77~85쪽 ; 김보현, 앞의 책, 222~230쪽. 박현채조차 박정희 정부 시기 경제개발의 귀결들을 부정적으로만 보지 않았다(박현채, 「경제개발 15년의 득과 실」, 앞의 책, 1978, 200~202쪽 ; 「정건화 인터뷰」, 『박현채 전집 : 부록』 제7권, 578~579, 581쪽).

67) 류동민, 「민족경제론이 대중경제론에 미친 영향」, 『기억과 전망』 제17호, 2007, 162~163쪽은 김보현, 앞의 책, 321~322쪽이 민족경제론·대중경제론의 민주주의 관, 즉 민주주의를 생산력 향상의 동원화 자원으로 사고하는 경향에 대해 비판한 것을 두고 '사후적 관점에서 당대의 현실을 회고적으로 해석'했다고 지적하면서도 다음과 같이 썼다. "민족경제론이 암묵적으로 전제하였던 국가사회주의적 전망의 비극적 결과는 차치하더라도, 정치적 민주주의의 확립이 국가자본의 확대와 구체적으로 어떻게 양립할 수 있는가는 매우 중요한 문제일 수밖에 없다."

68) 박현채, 앞의 글, 1982[1969], 309쪽. 강조는 인용자.

론은 민족경제 개념과 관련해 이렇게 말했다.

"민족경제는 …… 한 민족이 **민족적 순수성과 전통**을 유지하면서 그에 의거 생활하는 민족집단의 생활기반이다. …… 곧 민족경제는 경제적 민족주의의 근거이며 외세의 지배 하에서도 **면면히 계승되는 민족사의 정통**이라 이야기될 수 있다.

…… 민족경제는 **한 민족의 정치적 경제적 통일체**이며 민족을 위한 힘과 부(power and wealth)를 창조하는 과정이며 **민족의 내면적인 생활통일체**이다. …… 민족의 경제적 자립은 정치와 통합되지 않고서는 실현될 수 없기 때문이다."[69]

민족경제론은 민주주의의 확대를 주장했다. 세계사적 경험이 입증하듯이 민족주의는 공화주의나 평등의 정치와 접합됨으로써 민주주의의 진전에 기여하기도 한다. 그러나 민족주의는 하나의 주체성과 통일성을 갖춘 정치를 도덕화하는 한에서 권위주의를 내장하고 구체적 정황 여하에 따라 언제든지 민주주의에 반하는 운동의 추진체로 전환한다. '추상적인 동일 이해를 주장하는 경우'에 '민주주의'가 '내용 없는 것으로' 추락해버린다는 박현채의 언명은 기실 그 자신과 민족경제론에도 해당하는 경고였다.

넷째, 민족경제론은 하나의 발전주의 정치경제학으로서 근대화론의 범주를 크게 벗어나지 못한 담론-지식이었다. 박현채를 포함해 한국의 진보적 지식인들은 다수가 오랫동안 근대화론을 미국 또는 서방 정부들의 전후 냉전전략과 원조정책에 연결된 경우에 한정시켜 협소하게 정의했고 이러한 근대화론과 민족경제론의 관계를 적대적인 것으로만 생각했다.

---

69) 조용범, 앞의 책, 285~286쪽. 강조는 인용자. 한 경제단위의 자기 완결적 분업과 재생산을 정치적·문화적 통일성과 결부시킨 이러한 관념은 1980년대 민족경제론에서도 변하지 않았다(박현채, 「민족경제와 국민경제」, 『민족경제와 민중운동』, 창작과비평사, 1988[1986], 28~29쪽).

그러나 민족경제론은 현실의 구체적 근대화론과 갈등·경합하면서도 중요한 지반을 공유한 근대화론의 다른 한 형태였다. 민족경제론은 서구/비서구, 선진/후진, 중심/주변의 이분법에 기초를 둔 진화주의적 단계 사관을 재연했고, 근대/전통의 이분법 위에서 근대성의 주요 요소들인 이성과 계획, 산업화와 경제발전, 합리화와 과학화, 민족-국가적 독립과 통합, 물질적 풍요의 지속적 증대 등을 이상화했다. 전통과 자연의 가치들은 어디까지나 규범화된 근대성과 인간성에 비추어 평가됐다. 근대화 방법과 과정에 대한 사고의 차이(저항민족주의적·사회주의적 기획과 경로)에도 불구하고 그 발상의 기본적 차원 그리고 궁극적 목적지가 근대화론과 겹쳐졌다.

민족경제론과 근대화론의 관계는 식민지 민족주의 지식인과 제국의 관계, 신생독립국 또는 제3세계의 전망을 둘러싼 종속이론과 근대화론의 관계, 냉전 속의 사회주의와 자본주의의 관계 등[70]에 비견된다. '민족의 경계는 야누스의 얼굴'을 하고 있었고 '그 내부/외부의 문제'는 '혼성화 과정'이었다. 민족경제론은 분명히 저항의 행위소였으나, 저항의 유력한 무기가 실은 지배자를 '모방'하고 '탐구'한 결과물이었다. 저항/지배의 차이가 틀림없이 있었지만 저항은 형식적 변형과 전도된 양식을 취하면서 지배의 '거울 이미지'로 나타났다. 현실사회주의는 해방의 기획을 표방하고 다른 삶의 세계를 약속했으나 '추격 발전' 및 '발전 경쟁'의 궤도에 머무른 채 패배하고 말았다.[71]

---

70) Bhabha, Homi K., "Narrating The Nation", Hutchinson, John and Smith, Anthony D., eds., *Nationalism,* Oxford : Oxford University Press, 1994[1990], p.30 ; Nairn, Tom, "The Modern Janus", *New Left Review,* No. 94, 1975, pp.10~19 ; Kiely, Ray, *Sociology and Development : The Impasse and Beyond,* London : UCL Press, 1995, p.52 ; Wallerstein, Immanuel, "Socialist States : Mercantilist Strategies and Revolutionary Objectives", *The Politics of The World-Economy,* Cambridge : Cambridge University Press, 1985 ; 박형중, 『북한적 현상 연구』, 연구사, 1994 ; 보리스 까갈리쯔끼, 『근대화의 신기루』, 창작과비평사, 2000[1995] 등을 참고.
71) "사회주의의 역사적 실험이 서구 근대화 전통에 깊이 뿌리를 둔 것이었기에

민족경제론의 현재적 의의는 그것이 키워드인 민족과 민중, 민주에 해당하는 어떤 요소들의 결합물이었다는 점, 그리고 사회혁명의 문제계열을 품은 지식-담론이었다는 점에 주의를 기울일 때 발견될 것이다. 그런데 지금 민족경제론이 과거와 같은 정도의 설득력과 공감을 얻고 있지 못하다는 점은 부인될 수 없다. 그리고 이는 '지구화'라는 환경의 도래에 환원될 수 없는 민족경제론 자체의 구성 부분들에 기인한다.

---

그 패배는 서구의 내러티브를 전체적으로 문제시하지 않을 수 없게 만든다. 여기에서 근대 이후(post-modern)라는 말이 유효히디면 그것은 하나의 새로운 역사적 단계에 대한 서술이 아니라—근대성의 기반 구조들은 결코 사라지지 않았다—근대성의 꿈의 세계들이 한때 믿었던 발전지향적이고 낙관주의적인 의미의 역사의 단계들이 없다는 사실에 대한 자각이다."(Buck-Moss, Susan, *Dreamworld and Catastrophe : The Passing of Mass Utopia in East and West*, Cambridge : The MIT Press, 2002, p.xii).

# 참고문헌

강만길, 『고쳐 쓴 한국현대사』, 창작과비평사, 1994.

고박현채 10주기추모집·전집 발간위원회, 『아! 박현채』, 도서출판해밀, 2006.

고박현채 10주기추모집·전집 발간위원회, 『박현채 전집 : 부록』 제7권, 도서출판해밀, 2006.

긴급조치9호철폐투쟁 30주년기념행사 추진위원회, 『30년 만에 다시 부르는 노래 : 유신독재를 넘어 민주로』, 자인, 2005.

김기선, 「한국민중운동사의 거대한 뿌리, 박현채②」, 『희망세상』, 3월호, 2006 [http://www. kdemo.or.kr/blog/people/post/234].

김보현, 『박정희정권기 경제개발 : 민족주의와 발전』, 갈무리, 2006.

김보현, 「박정희시대 국가의 통치 전략과 기술 : 1970년대 농촌새마을운동을 중심으로」, 오유석 편, 『박정희시대의 새마을운동 : 근대화, 전통 그리고 주체』, 한울아카데미, 2014.

김보현, 「민족주의 권력과 '협동하는 국민' : 박정희 정부 시기 농촌새마을운동의 사례」, 『사학연구』 제116호, 2014, 546~575쪽.

김대중, 「대중자본주의의 진로 : 여야경제정책의 대결」, 『비지네스』 제6권 제3호, 1966, 42~45쪽.

김대중, 「70년대의 비젼」, 『김대중 전집』 제1권, 사단법인한경과연, 1980[1970].

김세원, 『비트 : 어느 통일운동가의 육필수기』 상·하권, 일과놀이, 1993.

김 원, 「박현채, 소년 빨치산과 노예의 언어」, 『박정희시대의 유령들』, 현실문화, 2011.

김현주, 「'창작과 비평'의 근대사 담론 : 후발자본주의 사회의 역사적 사회과학」, 『상허학보』 제36집, 2012, 443~483쪽.

다끼자와 히데끼(瀧澤秀樹), 『현대한국민족주의론 : 민중경제론의 형성과 발전』, 미래사, 1985.

대중경제연구소, 「대중경제론 100문 100답」, 『김대중 전집』 제2권, 사단법인한경과연, 1989[1971].

대한상공회의소, 『한국경제의 제문제 : 산업정책의 전환을 위한 제언』, 1971.

대한상공회의소, 『전환기의 한국경제 : 70년대의 전략과 과제』, 1973.

대한상공회의소, 『경제개발의 성과와 과제 : 앞으로의 개발전략을 위한 제언』, 1976.

류동민, 「민족경제론의 형성과정에 관한 연구」, 『경제와 사회』 제56호, 2002.

류동민, 「민족경제론이 대중경제론에 미친 영향」, 『기억과 전망』 제17호, 2007.

류외향, 「민중신학의 산실, 한국기독교장로회총회 선교교육원」, 『희망세상』, 5월호, 2007[http://www.kdemo.or.kr/blog/location/post/270].

박동묘, 「한국경제와 미작농」, 『사상계』 3월호, 1955.

박태순, 『문예운동30년사』, 제2권, 작가회의출판부, 2004.

박현채, 『박현채 평론선 : 민족경제론』, 한길사, 1978.

박현채, 『한국농업의 구상』, 한길사, 1981.

박현채, 『박현채 평론집 : 한국경제의 구조와 논리』, 도서출판풀빛, 1982.

박현채, 『민족경제와 민중운동』, 창작과비평사, 1988.

박현채 편역, 『자본주의 발달사 연구서설』, 한길사, 1981.

박형중, 『북한적 현상 연구』, 연구사, 1994.

보리스 까갈리쯔끼(Kagarlitsky, Boris), 『근대화의 신기루』, 창작과비평사, 2000[1995].

박희범, 「민족자본 육성의 길」, 『청맥』 6월호, 1965.

백낙청, 「민족문학 개념의 재정립을 위해」, 『민족문학과 세계문학』, 창작과비평사, 1978[1974].

백낙청, 「민족문학의 현단계」, 『창작과 비평』 제10권 제1호, 1975..

백낙청, 「민족문학 속에 자리 잡은 민족경제론」, 박현채선생 회갑기념논문집 간행위원회, 『민족경제론과 한국경제』, 창작과비평사, 1995.

변형윤, 「민족혁명형 개발정책에로의 전환 : 71년의 한국, 원점으로부터의 질문」, 『정경문화』 12월호, 1971.

신용하, 「독점의 지배력과 농가경제」, 『한국근대사와 사회변동』, 문학과지성사, 1980[1966].

신주백, 「관점과 태도로서 '내재적 발전'의 분화와 민중적 민족주의 역사학의 등장 : 민중의 재인식과 분단의 발견을 중심으로」, 『동방학지』 제165집, 2014

안병직, 「증언, 민주화운동과 민주주의 : 좌익운동을 중심으로」, 안병직 편, 『한국민주주의의 기원과 미래』, 시대정신, 2011.

양우진, 『현대 한국자본주의 발전과정 연구 : 국가자본주의 국면의 형성과 해체의 관점에서』, 서울대학교 경제학과 박사학위논문, 1994.

유한종·김광식, 「한국현대사의 증언 : 혁신계 변혁·통일운동의 맥」, 『역사비평』 제5호, 1989.

윤소영, 「식민지반봉건사회론과 신식민지국가독점자본주의론」, 『현실과 과학』 제2호, 1988.

이경란, 「1950~70년대 역사학계와 역사연구의 사회담론화 : '사상계'와 '창작과 비평'을 중심으로」, 『동방학지』 제152집, 2010.

이문재, 「11월 18일로 결성 15년째 맞는 자유실천문인협의회」, 『시사저널』 제4호, 1989[http://www.sisapress.com/journal/articlePrint/117653].

이민철, 「국가독점자본주의론과 민족경제론」, 『녹두서평』 제1호, 1986.

이수병선생 기념사업회, 『암장 : 인혁당 사형수 이수병 평전』, 도서출판지리산, 1992.

이우재, 『한국농민운동사 연구』, 한울, 1991.

이제민, 「외향적 개발론의 비판적 고찰 : 내향적 공업화의 딜레머에 대한 해석을 중심으로」, 서울대학교 경제학과 석사학위논문, 1975.

이진경, 『사회구성체론과 사회과학방법론』, 아침, 1988.

임헌영, 「진보적 학술문화운동의 산실 '창작과 비평'」, 『역사비평』 제39호, 1997.

장상환, 「맑스주의자 박현채를 말한다 : 박현채 민족경제론에 대한 최근의 주장들과 그 비판」, 『이론과 실천』 8월호, 2001.

장상환, 「1970년대 사회운동과 크리스챤 아카데미 교육」, 『이론과 실천』 11월호, 2001.

전명혁, 「1960년대 '1차 인혁당' 연구」, 『역사비평』 제95호, 2011.

정도영, 「자립경제의 기본 문제」, 『새벽』 2월호, 1960,

정성진, 「민족경제론의 제문제」, 『산업사회연구』 제1호, 1985.

정운현, 「청년 여정남과 박정희시대」, 다락방, 2015.

정윤형 외, 『민족경제론과 한국경제』, 창작과비평사, 1995.

정호재, 「고이우정 선생의 아름다운 삶」, 『신동아』 7월호, 2002 [http://shindonga.donga.com/Library/3/02/13/101756/1].

조석곤·정건화, 「1960년대 중후반 '국민경제연구회' 보고서를 통해 본 정책담론 분화 과정」, 공제욱·조석곤 편, 『1950~1960년대 한국형 발전모델의 원형과 그 변용과정』, 한울아카데미, 2005.

조용범[박현채], 『후진국경제론』, 박영사, 1973.

조용범[박현채], 「한국경제개발계획의 사적 배경」, 『창작과 비평』 제8권 제1호, 1973.

한국기독교교회협의회 인권위원회, 『1970년대 민주화운동』 제1권, 동광출판사, 1987.

홍성유, 「발전이론과 농공병진정책 : 성장의 비전과 조건」, 『정경연구』 9월호, 1966.

『경향신문』, 『동아일보』, 『매일경제신문』, 『조선일보』.

Barthes, Roland, "The Death of the Author", *Image-Music-Text*, New York : Hill & Wang, 1978[1968].

Bhabha, Homi K., "Narrating The Nation", Hutchinson, John and Smith, Anthony D., eds., *Nationalism*, Oxford : Oxford University Press, 1994[1990].

Buck-Moss, Susan, *Dreamworld and Catastrophe : The Passing of Mass Utopia in East and West*, Cambridge : The MIT Press, 2002.

Foucault, Michel, "What is an Author?", Rabinow, Paul, ed., *The Foucault Reader*, New York : Pantheon Books, 1984[1969].

Kiely, Ray, *Sociology and Development : The Impasse and Beyond*, London : UCL Press, 1995.

Latour, Bruno, *Reassembling the Social*, New York : Oxford University Press, 2005.

Nairn, Tom, "The Modern Janus", *New Left Review*, No. 94, 1975.

Wallerstein, Immanuel, "Socialist States : Mercantilist Strategies and Revolutionary Objectives", *The Politics of The World-Economy*, Cambridge : Cambridge University Press, 1985.

# 1970년대 '여성' 담론의 비판적 재구성 - 인간, 민중, 여성해방

김 영 선

## I. 1970년대와 제도여성학

여성학이 탑재한 급진적 학문 정체성은 유일무이한 진리 체제를 구축하고자 한 권력 속에 내재된 서구 중심성, 남성성, 엘리트 중심주의의 위계와 계급적 편견을 해체하고자 하는 데 있었다. 지식에 배태된 가부장성에 대한 자각으로부터 시작된 여성학은 무엇을 자신의 핵심 지식으로 잡아야하는가, 지식은 누구를 대표하는가 또는 해야만 하는가, 지식은 어떤 정치적 효과를 갖고 있는가, 또는 갖고 있어야만 하는가 등의 정치윤리적 물음을 스스로에게 던지며 성장해 왔다.

여성학은 젠더 개념을 가장 핵심적인 분석의 범주로 설정하고, 자체 교육과정을 구성하였으며, 여성주의 학술 담론을 발신해왔다. 여성학으로 자기 정체성을 규정하는 연구자들과 개별 분과학문에서 여성주의 관점으로 젠더연구를 하는 연구자들 사이의 상호교류와 네트워크의 확장은 개별 분과의 독자성을 고려한 학제 간(學際間, inter-disciplinary) 접근과 새로운 분석 범주를 설정하여 탈경계의 지향을 강화한 학제적(學際

---

*  이 글은 「1970년대 한국여성학 학술운동의 계보와 장소성」, 『현상과인식』 39권 1/2합본호, 2015를 수정해 수록한 것이다.

的, trans-disciplinary) 방법에 기반한 여성주의 지식 구성과 축적, 확산에 있어 중요한 내적 동력이기도 했다.

제도학문으로서 여성학 구축의 시기화(periodization)는 관점에 따라 달라질 수 있다. 제도화를 위한 토대 구축기를 포함시킨다면 1970년대 중후반을 제도화의 전사기로 범주화해 볼 수 있을 것이다. 제도여성학의 역사가 이제 30여 년이 넘어가면서 타 분과학문에 대한 여성학의 영향력 및 관계맺음에 대하여 여성학회 및 여성/젠더 관련 학회들에서 자기 점검과 자체 평가가 시도되고 있으며, 나아가 여성주의 이론/담론의 주요 내용과 사회적 의미, 자기 학문의 현재와 미래 방향성에 대한 진단, 점검과 성찰이 현재 적극적으로 이루어지고 있다.

한국여성학 학술제도사 연구 역시 한국의 근/현대 학술제도사 연구의 큰 흐름 속에 위치될 수 있을 것이다. 기업과 시장 논리에 포섭된 대학과 비판적 인문성의 회복을 위하여, 학문의 지형 변화와 사회적 문제 상황, 지식 생산 구조의 변동에 대한 역사화 작업이 다양한 각도에서 진행되어 왔다. 이를 요약해 보자면, 한국의 국민국가 건설과 연동하여 이데올로기적 지향이나 사회적 위상과의 관련성 속에서 근대의 여러 분과학문이 어떻게 자체적인 전문성 및 이론적 정체성을 확보해 갔는지에 대하여 역사적 접근에 입각하여 그 진화의 단계들이 분석되었다. 더불어 인문학이 교양으로서 대학 교육과 연구의 장에 정착하는 양상과 더불어 인문/사회과학 지식의 생산과 유통에 관여하는 학술기관 및 학술지의 분화, 번역과 출판 등의 문제들이 조명되었고, 특히 주요 잡지 및 학술지(학회지)를 중심으로 대학 밖의 학술적 사회적 공론장에 시선을 둠으로써 이론과 실천의 결합, 지식의 사회적 소통, 운동으로서의 학문 기획이 제시된 바 있다.[1]

시장이 지배하고 있는 신자유주의 시대에 근대세계체제의 본질적

---

1) 김재현 외,『한국인문학의 형성 : 대학 인문교육의 제도화 과정과 문제의식』, 한길사, 2011.

부분이라고 알고 있는 모든 구조와 과정들의 격렬한 요동 속에서 단기적 예측들은 불안정해지고 이런 불안정성이 상당 정도의 불안으로 귀결되고 있다. 사람들은 불안한 상황 속에서 자신들이 확보하고 있는 특권과 위계질서 내의 서열을 지키기 위해 폭력을 행사하고 있으며, 이는 사회의 언저리로 밀려난 수많은 타자들에 대한 고통의 원인이 되고 있다. 바로 한국사회의 당면 과제에 대응하기 위한 비판성과 실천의 운동성을 스스로 강화하고 통학문적 지향을 확대할 시점이다.

　이 글은 한국여성학 제도화의 전사(前史)시기라고 할 수 있는 1970년대 한국사회의 비판적 지식인들의 시대인식과 교차하여 누가 어디에서 누구와 함께 어떠한 위치성(positionality)을 가지고 당대의 여성문제를 어떠한 언어로써 구성하고 발신했는지 살펴봄으로써 한국여성학 학술운동과 학술담론에 대한 계보적 탐색을 시도한다. 즉, 1970년대 대학과 국가, 사회의 각각의 기능 분화의 맥락 속에서 여성문제의 전환과 분할, 배치가 어떠한 역사적 국면에서 대학 안팎의 장소들, 인적 네트워크를 매개로 이루어졌는지 지도화한다. 이 글에서 분석하려고 하는 학술운동 지형의 핵심적 좌표는 '크리스챤 아카데미'와 '창작과 비평', 인간화 기획과 분단인식, 윤후정과 이효재이다.

　1970년대를 관통했던 당대 시기의 핵심적 담론의 키워드는 과학주의, 발전주의, 반공/냉전주의였고 이러한 당대 지식생산의 이슈들과 여성문제는 서로 대항, 길항 또는 교차하며 그 시대정신의 일부가 되었으며, 그 이후 이어지는 1980년대 제도여성학의 구성 과정과 여성운동의 분화에 있어 중요한 토대와 자원이 되었다. 분기와 분화의 지점, 바로 그 이전에 어떤 기원을 살펴보는 것—즉, 1970년대 여성문제를 이론적으로 문제화하고, 집합적 여성운동의 의제로 삼았던 비판적 지식인들의 총체적 실천의 내용을 살펴보는 작업은 방법론적으로 시대에 기반한 비교맥락화의 관점에서, 그리고 현재와 (가까운) 미래를 인식의 지평 안에 끌어들인 보다 긴 역사적 시간대 위에 이것의 궤적을 (재)위치시킴으로써, 그 영향력을 가늠해 볼 수 있을 것이다.

　여성문제연구가 여성학으로 진화되기 이전 시기, 연속의 개념에서 전사기 여성학 학술운동의 기획과 목적을 다시 호출하여 그것이 가진 역사적 성취와 한계를 현재적 시점에서 다시 살펴보는 이유는 현 시대가 위기이자 동시에 기회이기도 한 대전환의 시대이기 때문이다. 시장과 자본, 국가의 압박으로부터 우리 삶의 질을 향상시키기 위한 창조와 융합, 혁신의 여성주의 기획과 여성운동 사이의 선순환이 긴급하다. 현실 진단, 문제 영역의 구성, 원인 파악, 과제 해결에 대한 일련의 비판 기획과 실천에 있어, 자기 학문의 정체성과 궤적에 대해 끊임없이 다시 묻고 답하는 것은 근대 문명사회의 문제들에 대한 해법을 찾으려던 비판적 연구자들이 택한 '오래된 새 길'이었으며, 초기 여성학의 운동과 이론의 통합성에 담긴 날카로운 문제의식의 되살림은 현재 한국사회가 당면한 복합적 문제들의 해법을 찾는 과정에서 역사적·경험적 자원으로 활용될 수 있을 것이다.


## Ⅱ. 대학제도와 공론장의 분화

　여성학 제도화 이전, 여성(문제)연구의 핵심장소는 대학연구소와 여성운동계이다. 숙명여대 아세아여성연구소가 한국 최초로 1960년에 설립되었으며 사회과학중심(법학, 사회학, 경제학, 교육학)과 아시아 여성들에 대한 비교 연구를 지향하는 학술지로서 『아세아여성연구』가 1962년부터 여기에서 연간지로 발간되었다. 여성문제에 관한 연구를 국내에만 국한시킬 것이 아니라 지역과 국가를 넘어서 아시아 전체, 나아가 여성문제를 세계적 시야에서 보아야 한다는 인식 아래 경제 발전에 입각하여 산업화 단계에 들어선 한국과 아시아 각국의 여성 지위 향상의 문제들이 다루어졌다.[2] 『아세아여성연구』의 기획 논문의 목록을 일별해 보면, 「한국여성근대화의 제 문제」(1968), 「아세아 여성의 사회적 지위」(1971), 「세계여성의 해 기념 심포지엄 : 여성과 발전」(1975), 「한국여성고등교육의 방향」(1978) 등이 있다

　1968년 설립된 대구 효성여대 사회과학연구소에서는 1972년부터 『여성문제연구』를 연간지로 발간했다. 이후 1999년 11월 교내의 산업경영연구소, 사회과학연구소, 법정연구소가 발전적으로 통폐합되어 새로이 만들어진 사회과학연구소에 학술지가 흡수되기 전까지 총 24집이 발간되었다. 『아세아여성연구』와 『여성문제연구』의 참여 필진들의 전공 영역을 살펴보면 『아세아여성연구』의 경우, 음대 미대 농대 소속의 연구자들이 부분적으로 참여하고 있기는 하지만, 가장 높은 빈도를 나타내는 것은 문과대, 가정대, 정법대 순이며, 『여성문제연구』의 경우도, 인문학 영역 중에서는 국문학의 고전 연구자들 및 사회과학 전공자들이 함께 이 학술지에 투고하였다. 남녀평등의 문제와 더불어 여성의 사회참여, 그리고, 여대생집단에 대한 연구 및 정치경제문화교육의 각 분야에의 여성 지위의 문제 등의 이슈들이 선별되었다.[3]

　이화여대 여성연구소는 기존의 한국여성사연구소와 1970년에 이효재가 설립한 여성자원개발연구소를 해체하고 두 연구소를 통합 및 강화하는 형태로 개소됐다. 여성자원개발연구소는 여성의 사회적 역할과 사회 참여를 위한 능력개발을 목적으로 출범했다. 『논총』은 1977년 한국여성연구소 설립의 궤적과 밀접하게 연결되어 있으며, 이후 이화여대에 처음으로 여성학 교양강좌와 학과를 구성하기 위한 기획 보고서가 결과물로서 발표되었던 학술지였다. 이화여대가 여성학이라는 학문을 제일 처음으로 대학의 교과과정으로서 제도화하였기에 '이화여성학'은 이후 1980년대부

---

2) 김영선, 「한국여성학 제도화의 궤적과 과제」, 『현상과인식』 34권 3호, 2010, 341쪽.
3) 전경옥 외, 『한국여성문화사3 : 1980~현재』, 숙명여자대학교 아시아여성연구소, 2006, 88쪽.

터 시작된 여성학과 또는 협동과정 및 연계과정으로서의 여성학 제도화에 있어 하나의 모형이 되었다. 정의숙, 현영학, 정세화, 이남덕, 이효재 등이 참여한『농촌여성능력개발을 위한 여성학과정 설치의 제안』과『농촌여성과 발전 연구사업보고서-여성학 교과과정 개설을 중심으로』가 모두 여성연구소의『논총』에 게재되었으며, 이 프로젝트의 기획의원은 김영정, 서광선, 윤순영, 이효재였다. 이후, 교과과정의 개발과 더불어 여성학연구위원회의 주요 사업은 여성학 교재 개발이었다. 이를 바탕으로 1977년『여성학』이 처음 출간되었으며, 외국학자들의 논문 선집은 장필화가 번역을 주로 맡아『여성사회철학』으로 따로 출간되었다.[4]

그 외에도 이효재를 비롯하여 동교 사회학과에 재직하고 있는 여성 사회학자들은 이화여대 여성연구소의『논총』(1959년 첫 호 발간)에 여성 관련 논문을 다수 발표하였다. 이재경은 "전국적인 규모의 학술지 발표 논문은 아니지만 이후 여성 사회학 분야 지식 생산에 선구적 역할을 한 것으로 평가할 수 있다. 특히 이들 연구는 여성을 가족 내에 위치시키지 않고 여성의 다양한 역할과 활동을 가시화시키고, 사회적 기여를 평가하고 재해석함으로써 이후 여성 사회학의 학문적 쟁점을 도출했다"고 평가했다.[5]

여성문제를 다룬 대학 밖의 학술지로서는『한국사회학』이 있다. 1964년부터 연 1회로 발간된『한국사회학』에 실린 여성 연구의 흐름과 성격을 분석한 논문에서 이재경은 1960년대와 1970년대『한국사회학』에 게재된 118편의 논문 중 여성 연구는 단 2편에 불과하였다고 밝혔다. 나아가, 비록 여성을 연구대상으로 하고 있었으나, 성별 차이의 원인에 대한 분석이 본격적으로 이루어지지 않아, 연구결과는 도리어 가부장적 편견을

---

4) 이화여대 한국여성연구소에서 진행되었던 여성학 교과과정 및 교재개발에 대한 과정은 다음을 참조. 김영선, 「한국여성학 제도화 과정과 지식생산의 공공성」, 서은주 외 엮음, 『권력과 학술장 : 1960년대~1980년대 초반』, 혜안, 2014.
5) 이재경, 「한국 사회학에서 '여성'연구의 성장과 도전 1964~2002」, 이화여자대학교 한국문화연구원엮음, 『사회학연구 50년』, 혜안, 2004, 363쪽.

강화시킬 수 있었다며, 이 시기를 사회학에서의 "여성 연구의 부재"의 시기로 정의했다.[6]

제도권 대학 밖에서 여성문제를 공적 담론화했던 주요 사회적 공론장은 『신상』과 『월간 대화』, 『창작과 비평』 등이다. 여성 동인지 성격을 가진 종합 교양지 『신상』의 출간은 그 참여 그룹에 언론인, 화가, 가정주부 등도 있었지만 대부분 서울에 소재한 대학의 여교수, 학생, 대학원생들이 주축이 되었다.[7] 1968년 9월 20일 첫 호가 발행되었으며 계간지로서 일 년에 네 차례 발간되었던 이 동인 잡지는 1972년 가을호인 통권 17호를 마지막으로 종적을 감추었다. 발행인은 1969년 여름호부터 동인인 이효재 이화여대 교수가 맡았다. 김미선은 동인지 창간 배경과 동인 모임에 대해서 "『신상』은 급격하게 모든 것이 변화하고 있는 전환기에 살고 있다는 점을 주목하고 전통문화를 비롯한 과거의 세계관과 가치관을 극복하고 새로운 시대가 요청하는 여성상, 인간상을 모색하기 위한 잡지"라고 평가한 바 있다.[8]

1976년 11월 창간되어 1977년 10월호로 폐간된 『월간 대화』는 1965년부

---

6) 이재경, 위의 글, 362~363쪽.

7) 『신상』에 대한 서지학적 분석을 시도한 김미선에 따르면, 위의 잡지에는 잡저를 제외하고 모두 308편의 원고가 실렸다고 한다. 이를 범주화 해보면, 특집이 총 32편, 논단이 39편, 문예는 237편이다. 문예 부문을 세분화해서 살펴보자면, 창작시 52편, 창작소설 18편, 수필 82편, 번역시 12편, 번역소설 12편, 문학평론 46편, 예술평론 39편, 기타 등이 있다. 통권 17호까지의 발간에서 특집 구성이 총 6차례였다. 김미선, 「『新像』의 목차를 소개하면서 - 지식인 여성들이 자비 출간한 계간 여성동인지 『新像』」, 『근대서지』 8집, 2013, 710쪽.

8) 이효재는 자신이 참여하고 편집장을 역임했던 여성 동인지 『신상』에 대하여 다음과 같이 구술한 바 있다. "내가 여성운동이라고 처음 시작한 것은 1970년대에 친구들과 모여서 『신상』이라는 잡지를 낸 거예요. 윤정옥, 서재숙, 이남덕, 이숙훈씨와 돌아가신 기자 출신 박현서 씨와 정희경 씨 등이 참여했는데, 물론 그때는 여성해방이나 여성운동이란 문제의식은 없었고 어떻게 새로운 삶을 살아갈 것이냐는 수필 정도를 실었어요. 그런데 몇 년 하다 보니 이런 식으로 유지하는게 맞나 싶기도 하고, 젊은 사람들로부터 개인 잡지냐는 비판도 받고 해서 중단되었어요". 이효재, 이승희(대담), 『학문의 길, 인생의 길』, 역사비평사, 1994 참조.

터 시작된 한국 크리스챤 아카데미의 기관지를 증면 혁신한 사회문화종합 지로 구성되었으며, 임정남이 편집장을 맡아 활동했다. 일신하여 새로이 발행된 첫 호인 1976년 11월호에는 김수환 추기경과 강원용 아카데미 원장의 대담 「이 민족에 희망을」, 시인 고은의 평론 「역사와 지식인」, 최옥자의 논문 「한국 여성운동을 반성한다」, 동일방직 여성 노동자 석정남의 수기 「인간답게 살고 싶다」가 실렸다.

크리스챤 아카데미는 1968년 자체 프로그램을 3대 단원(대화 모임-연구조사-교육훈련)의 삼정립(triangle) 형태로 구성함으로써, 타 학술연구소나 대학연구소들과는 달리, 아카데미 운동이 목표로 하는 새로운 사회 건설과 새로운 역사 창조에 관련된 아주 현실적이고 구체적인 해결책과 대안을 찾는 것을 자신의 핵심 과제로 삼았다. 대학제도 밖에서 정기적인 연구 발표와 사회조사, 케이스 스터디 등의 방법을 통해 각 분야별 문제해결을 위한 실천가능한 방법을 모색하고자 하였다. 다양한 분야의 전문가들의 대화모임을 통해 협업하는 형태로 진행되었으며, 대화의 이론·방법론 탐색과 사회문제 연구조사, 리더십 교육훈련의 각각의 단계들은 서로 맞물려 있었으며, 동시에 (선)순환적이기도 하였다. 위의 대화 모임에서 발표된 원고들은 한국아카데미 총서 시리즈로 1975년에 총 10권으로 출판되었다. 이 중 제7권이 『여성문화의 도전』으로 편집되었으며, 이 책의 1부에 각각 대화 모임에서 발표된 바 있는 윤순덕과 이효재의 글이 나란히 실렸다.

『창작과 비평』의 경우, 여성문제에 대해서 다루기 시작한 시점은 1970년대 후반이다. 1966년 겨울 창간호를 처음 발간한 이래, 1977년 여름 통권 44호에 권영자가 '여성의 인간화' 관점에서 시몬느 드 보부아르의 『위기의 여자』에 대한 서평을 썼으며, 이후, 1978년 겨울호 통권 제50호에 이효재의 『여성의 사회의식』, 김행자의 『인격의 자유화를 위한 서장』에 대한 서평이 실렸다. 1979년 봄호(통권 제51호)에 평론 및 논문으로는 유일하게 이효재가 「분단시대의 사회학」을 실었으며, 같은 호에 시평(「여성문제의 제기 – 제1회 '여성문화제'를 보고」)을 이화여대 영문과 교수 윤정옥이 기고한 바 있다. 1979년 겨울호 통권 제54호에 이효재가 편역한 『여성해방의 이론과 현실』에 대한 서평과 함께 여성특집 좌담회, 「오늘의 여성문제와 여성운동」이 약 50쪽에 걸쳐 실렸다. "여성운동에 대한 반성과 더불어 진정한 인간해방과 분단극복에 이바지할 여성운동의 방향을 모색"을 기획의 목적으로 내건 이 좌담회에서 사회를 맡았던 편집위원 백낙청은 그간 '창비'가 여성문제를 소홀히 한 것에 대하여 다음과 같은 성찰과 반성의 말로 시작했다.[9]

> 저희 '창비'에서 여성문제로 좌담을 한다고 하니 여기 나오신 선생님도 포함해서 많은 분들이 깜짝 놀라더군요. 그 이유를 생각해 보건대, 한편으로 여성문제처럼 중대한 문제를 창비가 너무 소홀히 해 왔다는 표시가 아닌가 싶고, 동시에 이런 면도 있는 것 같아요. 저희 창비 편집진 자체는 남성중심적인 편견에 사로잡혀 있어서 그랬었다 손치더라도, 창비를 아끼는 많은 뜻있는 독자들 가운데도 많은 분들이 저희가 여성문제를 본격적으로 다루지 않은 것을 당연한 일처럼 여겨왔다는 사실은 우리 사회 안에서 그동안 여성문제가 제기되어온 방식 자체에도, 특히 그러한 문제제기를 담당해온 여성운동 자체에도 문제점이 있지 않았을까 하는 생각입니다.[10]

이렇게 『창작과 비평』은 1970년대 중, 후반부터 이효재의 저서에 대한 서평들과 더불어 여성문제 특집 좌담회를 가지면서 한국의 여성문제에 대해 접근하기 시작했다. 이효재는 이화여대 해직과 복직을 경험한 1980

---

9) 여성 특집 좌담회의 참석자는 이효재(이화여대 사회학과 교수), 이창숙(전 한국일보 기자). 김행자(이화여대 정치학과 조교수), 서정미(성심여대 불문과 전임강사), 백낙청(창비 편집위원)이었다.

10) 백낙청, 『창작과 비평』, 봄호, 1979, 3쪽.

년대 초반, 자신의 여성 연구를 전개함에 있어 '창비'에서 발화된 분단(체제)에 대한 이슈들과 접속하여 자신의 여성 연구의 관점과 체계를 만들어 간 바 있다. 다음 장에서는 보다 구체적으로 1970년대 시대적 프레임과 결합된 여성문제의 발신을 여성의 인간화 기획과 분단시대의 한국가부장제 이슈에 초점을 맞춰 살펴본다.

## III. 1970년대 여성 지식인의 시대인식과 여성 담론의 재구성

### 1. 비/인간화 문제와 '여성의 인간화' 기획

근대의 여러 변동 과정에서 현재가 위기시대라는 지식인들의 자각에 바탕한 비판적 진단과 (집단적) 대안 모색은 지속적으로 추구되어왔다. 그들은 사회관계에 배태된 위계와 차별, 그로부터 파생된 공적 가치의 훼손, 지적 무질서, 분열, 소외 등을 중첩/지체된 역사 구조의 모순에서 기인한 폭력적 상황으로 인식하고, 사회체제의 변화를 아래로부터 자발적으로 수행할 의식화된 '새로운' 근대적 인간 주체 구성의 과제를 수행해왔다. 이와 같은 다양한 영역과 층위에서의 도전과 응답들의 한 역사적 갈래로서 1970년대 한국 크리스챤 아카데미의 역할과 위치성은 두드러진다.

아카데미의 '인간화' 기획은 목적 없는 근대화의 결과로서 파생된 인간의 소외적 상황을 다양한 각도에서 진단하는 것으로부터 시작되었다. 인간과 신, 인간과 인간, 인간과 사회, 인간과 자연의 관계성에 대한 성찰과 반성을 통해 인간의 존재성과 목적성, 즉 인간이 인간으로 되어가는 것을 실천의 궁극적 도달점으로 상정했다. 여기서 발굴된 사회문제들의 스펙트럼은 관료제와 인간의 상품화, 사회의 시장화, 노동문제, 격차사회, 죽음의 문화, 복지사회, 국학연구와 교육문제, 가족제도, 여성문제, 남북관계, 문화의식을 둘러싼 정체성 문제들까지 포괄하고 있다.

1970년대의 담론 구성의 핵심 이슈들은 냉전체제, 발전, 인간화, 지식의 수입과 유통의 문제 등이다. 1970년대 크리스챤 아카데미의 대화 모임에서 다뤄진 핵심 과제는 근대화에서 인간화로 수정된다. 압축적으로 진행된 국가 주도의 근대화 프로젝트의 구성과 훈육의 과정에서 초래된 비인간화의 정치경제적, 사회문화적 요인들을 규명하고 이를 극복할 수 있는 대안들을 탐색하기 시작했다.[11] 인간화 기획의 출발은 한국사회가 추구하던 '목적 없는' 근대화가 무엇을 위한, 누구를 위한, 어떠한 성격의 발전인가 하는 비판적 되물음이었다. 이는 1959년 창립 초기에 지녔던 아카데미의 지향과 방향에 대한 자기 점검 및 반성과도 연결되어 있다.

> 아카데미가 출범 당시 내걸었던 근대화나 개발의 대화는 한국의 근대화에 대한 정부나 국민의 보편적인 비전과 욕망에 함께 타고 가는 의도로서 진행되고 있었다. 하지만 이제 1970년에 들어서면서 물량적이고 가시적 발전의 일반적인 추구를 보면서 누구를 위한 발전이냐 하는 의문에 부딪치게 되었던 것이다. …… 모든 것의 궁극적 목적인 인간, 그것에 직면하게 되었기 때문이다. …… 오늘날 우리가 주목해야 할 것은 공업화나 도시화의 성숙도가 문제가 아니라, 현재 우리 사회에서의 인간이 과연 어떻게 되어가고 있느냐에 있다.[12]

지명관은 1970년대 한국사회의 발전 정도를 '현대 산업사회'라고 규정하면서, 소외 현상은 "대중 조작에 의한 민주주의 형식화에서 오는 시민의 권력마비 상태, 진폭이 극심한 사회변화 속에서의 자아 상실, 조직과

---

11) 대화문화아카데미, 「오래된 새길 '인간화', 1970년대 크리스챤 아카데미 인간화운동 리뷰」, 『제3회 여해평화포럼 자료집』, 대화문화아카데미, 2010, 131쪽.

12) 강원용, 「권두사-비인간화에의 도전」, 『대화』 제16호, 1970, 4쪽.

관리 속에 압도"되면서 발현된다고 보았으며, 비인간화의 범람은 "우리의 전통적인 의식 속에 전인(全人)이나 인간이 차지하여야 할 인간존재에 대한 확고한 자각의 결여" 때문이라고 진단하고 있다.[13]

1970년 10월 8~10일 '인간화'를 주제로 한 대화 모임에서 소홍렬은 발제문 「인간이란 무엇인가」를 통해 현대 인간이 인간다움을 상실하여 불행한 처지에 빠지게 된 이유를 진단했다. 그는 사회제도나 가치관의 변화, 과학의 발달로 인해 인간가치가 경시되고 문명의 발전이 생태학적 불균형을 유발한다며, 파국적 상황을 막기 위한 윤리적·이성적 대안으로서 타자에 대한 역지사지를 통한 공감과 인간 자율성의 회복이 인간화의 방향이 되어야 한다고 주장했다.[14]

아카데미 구성원들은 인간화 기획의 이상적 완성을 공동체 사회, 다원적인 민주체제를 구축함으로써 인간 공동체 내의 억압과 착취, 인간과 자연간의 수탈의 관계가 해소되고 자유와 평등이 실현되는 것으로 상정했으며, 비인간화의 문제를 단지 일국가적 단위에서만 발생되고 축적되는 문제로 인식하지 않았다. 인구와 자원 고갈의 문제들과 연결시켜 인류 생존의 지속가능성이라는 보다 큰 생태학적 이슈를 제기했으며, 제1세계와 3세계의 위계적 구조에 배태된 불균등한 배분과 양극화를 둘러싼 문제들도 인간화의 문제 틀을 설정하는 데 포함시켰다.[15]

'인간화'를 규정해나가는 일련의 과정에서 강원용은 이 개념을 통해 이끌어낼 수 있는 실천적 측면의 효과를 둘러싸고 내/외부 초청 인사들과의 여러 대화 모임에서 다양한 토론과 논쟁이 있었다고 기록한 바 있다. '대화' 모임에서 발표된 인간화 관련 주제 발제문들을 정리한 『근대화와

---

13) 지명관, 「비인간화와 한국인의 의식」, 『근대화와 인간화 : 한국아카데미총서 1』, 삼성출판사, 1975, 255쪽.

14) 소홍렬, 「자유인과 자율인」, 『근대화와 인간화 : 한국아카데미총서 1』, 삼성출판사, 1975.

15) 강원용, 「인간화는 우리의 목적이다」, 『근대화와 인간화 : 한국아카데미총서1』, 삼성출판사, 1975.

인간화 : 아카데미 총서 1권』의 머리말에서 그는 인간화의 개념을 미래지향적인, 구성주의적이면서 진화적인, 생성 중에 있는 것으로 제시하면서 이것이 함의한 운동성이 사라졌을 때 나타날 폐쇄적 효과를 환기시킨 바 있다.

> 인간화라는 말 자체가 개방된 미래를 향하여 부단히 추구해 가는 개념인 것이다. 인간화라는 말이 고정관념화 한다면 그것은 인간의 다양성을 획일화하고 연대성, 개방성에 제한을 가하기 쉽고 개방된 미래를 고정화시킴으로써 도리어 비인간화시킬 염려가 있다.[16]

'대화' 모임의 토론을 한완상이 정리한 종합보고서 「자발적 중간집단의 형성」에서는 인간화의 개념을 서로 다른 입장에 기반한 당위적 입장과 서술적 입장으로 나누어 정리하며, 우리 사회의 비인간화 현상은 "인간화에 대한 당위 개념의 결핍"에서 비롯되었다고 정의했다. 그는 "자아개발을 통해 잠재력을 창조시키고 개발시키는 자율적인 인간상이 형성되지 못하고 있는 원인은 모두 인간화의 당위 개념에 구멍이 뚫려 있다는 증거"라고 보았다.[17]

크리스챤 아카데미가 제시한 바람직한 인간 또는 인간다운 인간(상)이란 자율적, 주체적 인간이 되는 과정이다. 이와 대비되는 극복의 대상으로 설정된 것이 비인간화이며 이는 주체성의 상실에서 유발되며 저항의식의 결핍에서 더욱 더 깊어진다고 지적했다. 비인간화를 구조화하는 지나친 비민주적 조직화 및 관료제화에 배태된 비정성(非情性)을 비판하며, 집합적인 행위만이 구조적으로 파생되는 비인간화의 문제를 해결할 수 있다고 보고, 제2차적 중간(매개)집단의 형성과 연대를 대안으로 제시했다.

---

16) 강원용, 위의 글, 9쪽.
17) 한완상, 「자발적 중간집단의 형성」, 『근대화와 인간화 : 크리스챤 아카데미총서 1』, 삼성출판사, 1975, 236쪽.

인간이 이 각 제도 안에서 수단으로 전락하고 제도 자체가 지나친 관료화를 통해 주인이 되어버린 상황에선 인간이 모든 판단, 정책 및 처방의 기준이 되어오지 못했다. 우리는 인간을 다시 주인의 위치로 고양시켜 인간만이 모든 제도의 활용, 판단 및 정책의 기준이 되어야 한다. …… 보다 구체적인 인간화를 위한 전략으로서 무엇보다 건설적인 저항의식이 필요하다. …… 저항의식을 가진 일반대중이 정책결정에 민주적으로 참여하며 일부 지식인과 대중의 격차, 일부 엘리트와 대중의 격차를 줄이기 위해 밑으로부터 자발적 중간집단이 시급히 형성되어야 한다.[18]

중간집단은 강력한 유신체제 아래 위축된 민(중)과 지식인들 '사이'에서 이 둘을 매개하는, 그럼으로써 사회적 자유와 정의를 실천할 개혁적 주체집단으로 상정되었다. 크리스챤 아카데미의 내부 자료에 기술된 중간집단의 정치적 입장과 위치성, 그들의 시대적 임무는 다음과 같다.

억압하는 자와 억압당하는 어느 쪽에도 속하지 않은 완충지대의 집단 혹은 중산층으로 구성된 집단으로 착각해서는 안 된다. 중간집단은 입장 없는 중립이 아니라, 힘을 갖지 못한 자의 편에 확실히 서서 그 힘을 조직화하고 동력화하여 그들과 함께 압력과 화해의 역할을 하는 집단을 뜻한다.[19]

산업화 국가의 구성원―국민―을 동원하기 위한 훈육적 권력이 야만적이고 폭력적으로 실천되던 억압의 시기, 크리스챤 아카데미는 비인간화의 사회문제를 해결하기 위하여 아래에서부터 위로의 자발적이고 자율적인, 자주적이고 저항적인 근대 주체―시민 주체―를 상상하고 실천했다. 중간

18) 한완상, 위의 글, 339~400쪽.
19) 대화문화아카데미, 위의 책, 2010, 137쪽.

집단의 창출과 더불어 이들의 의식화를 촉진할 다양한 사회교육 프로그램을 구축하여 국민에서 시민으로 되어감의 성장 궤도를 그려나갔다.

그 가운데 아카데미의 여성 담론 생산자들의 '여성의 인간화' 선언은 여성 해방이 곧 인간 해방의 핵심 과제라고 보았으며, 이것을 '인권'의 프레임으로 포착하고 또 언어화함으로써, 인간화 기획의 주요 과제로 기입했다. 이것은 당시 한국 여성운동의 실천적 의제이자 궁극적 지향이기도 했다. 사실, 여성문제는 크리스챤 아카데미 창립 초기 단계부터 대화운동의 중요한 이슈로 다뤄졌다. 1965년 5월 28~29일 '한국 근대화와 여성의 역할'을 주제로 대화 모임이 열렸으며, 다시 1969년 6월 16~17일 여성자원개발을 위한 협의회가 개최되었다. 발제 강연과 토론의 주제는 여성 능력과 여성 자원의 개발이었다.[20] 1970년부터 시작된 아카데미의 '인간화' 문제와 연결되어, 노동시장의 변화에 따른 여성취업의 변화와 고용관계에서의 여성 차별의 문제 등이 논의되기 시작했으며, 1971년부터 모자복지사업 문제, 여성 고등교육 문제, 가족법 개정 문제 등이 연속적으로 대화 모임의 주제가 되었다.

1975년 UN 세계여성의 해 지정과 더불어, 같은 해 멕시코시티에서 열린 세계여성대회에서 채택된 세계여성행동강령은 아카데미의 참여자들이 여성문제를 다루는 데 있어, 중요한 분기점이 되었다. 그 이유는 '여성문제'에 대한 인식론적 전환과 새로운 실천의 집단적 움직임을 추동했기 때문이다.[21] 당대 한국 여성운동의 핵심적 기축이었던 한국여성단체협의회(여협)[22] 뿐만 아니라 크리스챤 아카데미 역시 이 국제적 흐름에

20) 민경배, 『크리스챤 아카데미총서 10년사』, 삼성출판사, 1975, 179쪽.

21) 김영선, 「1960-70년대 여성운동의 국제화와 한국여성단체협의회」, 『현상과인식』 36권 4호, 통권 2012, 176~177쪽.

22) '여협'은 1974년 9월의 제12회 전국여성대회의 주제를 '세계여성의 해와 한국여성의 현실 - 가족법개정을 중심으로'로 설정했다. 제 12회 전국여성대회에서의 강연과 심포지엄을 통해 한국 정부에게 1975년을 여성의 해로 선포할 것과 대통령 직속 하에 '여성지위향상위원회'를 설치하여 여성을 각 부문에 등용할 것, 가족법개정안의 통과 등 총 세 개 항목의 결의문을 채택하고 의견을 제시했다.

동참하고, 또 한국 여성운동의 의제를 재설계하기 위한 준비의 일환으로 써, 1974년 8월 31일~9월 4일 '세계여성의 해와 한국여성'이라는 주제로 1975년 1월 24~25일 양일간에 걸쳐 '한국 여성운동의 이념과 향방'을 모색하는 대화 모임을 열었다.[23]

위의 두 모임에서 크리스챤 아카데미의 여성 담론을 주도한 법학자 윤순덕,[24] 역사학자 이인호, 사회학자 이효재는 '여성의 인간화'가 여성 인권의 문제이며, '인간화' 기획의 핵심적 과제라고 설정했으며, '여성의 인간화'를 저해하는 불평등한 가부장제 극복의 방향을 법 제도와 문화적 측면에서 제시했다. 나아가, 한국의 여권운동은 여성 지위 향상 운동에 머무르는 것이 아니라 새로운 문명 창조의 운동이라고 주장했다.

위의 대화 모임에서 발제를 맡은 바 있었던 윤순덕은 1975년 UN의 세계여성의 해 선포를 1790년 프랑스 인권선언, 1948년의 세계인권선언에 뒤이은 '제3의 인권선언'이라고 규정했다. 윤순덕은 세계여성의 해의 의의를 "여성의 인간 선언, 인류평화를 위한 역할과 기여에의 초청, 가부장제 문화와의 결별, 새 문화의 형성을 위한 선언"이라고 설명하면서, 한국적 특수성에서 비롯된 가부장제 사회를 거부하고 "여성의 인간화, 남녀 인간 전체의 해방으로 복지적인 공동체 사회의 형성"에 여성운동의 궁극적 이념을 맞춰야 한다고 주장했다. 나아가, '여성의 인간화' 운동은 인간화 운동의 일환으로서 전체 인간해방운동이며, 이것의 지향은 한국의 특수한 상황에 뿌리를 박으면서도, 동시에 세계적 여성운동과의 유대성을 가지는 방향이 되어야 한다는 이중의 작업 과제를 제시했다.[25]

가부장제 사회를 변혁함으로써 여성의 인간화 기획을 성취하려는

---

보다 자세한 논의는 다음을 참조. 한국여성단체협의회 30년사 편찬위원회, 『한국 여성단체협의회 30년』, 한국여성단체협의회, 1993, 120~121쪽.

23) 민경배, 위의 글, 1975, 274쪽.

24) 이화여대 총장을 역임한 윤후정의 개명 전 이름이 윤순덕이다.

25) 윤순덕, 「한국 여성운동의 이념과 방향」, 『여성문화의 도전 : 한국아카데미총서 7』, 삼성출판사, 1975, 27쪽.

크리스챤 아카데미의 실천은 여성 중간집단의 창출과 여성사회교육이었다.[26] 이는 "단순히 남녀차별 철폐만이 아니라 여성을 비인간화시키는 본질적 요인이 무엇인지를 철저히 분석하여 올바른 해결방안을 모색, 실천함으로써 여성을 남성과 동등한 인격적 존재로서 회복하고 새로운 문화창조와 사회발전에 주역으로 참여하게 하는 여성해방, 인간회복의 실현에 이념적 취지"를 두었다.[27]

크리스챤 아카데미의 이와 같은 교육, 학술운동은 1979년 3월 9일 발생한 '크리스챤 아카데미사건'으로 인해 경색된다. 한명숙의 연행으로부터 시작되어 이우재, 김세균 등 아카데미 간사와 더불어 정창렬, 유병묵 등의 대학교수, 최순영을 비롯한 교육 수료생들까지 이 사건에 포함되었다.[28] 그러나, 여성사회교육 프로그램의 경우 1970년대에 총 60여 회에 걸쳐 1,500명 이상을 교육했으며, 1980년대까지도 지속되어 초반 3년 동안 약 500명이 프로그램에 참여했다. 강의자, 전문간사, 교육강사로 연결된 여성들은 이후, 1980년대 초반 여성학과 및 한국여성개발원을 중심으로 한 정부출연기관의 연구진, 그리고 여성운동의 전개에 있어 핵심적 인적 구성원으로 자리잡았으며, 위의 중간집단 여성사회교육 프로그램을 조직화하고 실행했던 이화여대 교수들은 모교에 최초로 여성학 프로그램을 교양강좌로 만들고, 또, 대학원의 학과로 설치하는 데 있어 주도적 역할을 담당했다.[29]

---

26) 박인혜, 「1980년대 한국의 '새로운' 여성운동의 주체 형성 요인 연구」, 『한국여성학』 25권 4호, 2009.
27) 대화문화아카데미, 위의 책, 2010, 145쪽.
28) 민주화운동기념사업회 연구소 엮음, 『한국민주화운동사2』, 돌베개, 2009, 467~468쪽.
29) 김영선, 위의 논문, 2012, 145쪽.

## 2. 분단인식과 민족문제, 민중과 여성운동의 결합

이화여대 사회학과에 재직했던 이효재의 경우, 한국사회학자 제2세대이다.[30] 분과학문으로서의 한국사회학의 주된 연구관심사는 1960년대에는 농촌, 가족, 인구로 집중되었다. 동시에 세계적인 추세의 영향 아래개발과 근대화가 중요한 주제로 떠올랐으며, 1970년대로 접어들면서서구 사회학 내지 사회과학계를 풍미한 신마르크스주의 사조와 함께종속이론과 세계체제론이 소개되었으며, 비판적 사회과학의 흐름은 1980년대까지 이어져 종속적 개발, 노동, 계층 및 사회운동의 주제의 이슈들에집중했다.

이효재가 제시한 여성의 인간화를 둘러싼 핵심 과제는 자주적 시민으로서의 여성의 역할과 더불어 남성과 동등한 정치 참여였다. "과거 [한국]여성의 지위 향상은 여성들 스스로의 자주적 노력이나 투쟁의 결과라기보다, 극히 소수의 경우를 제외하고는 남성들의 선심이나 정치적 배려에의한 것"이라고 반성하며, 여성의 정치의식의 고양과 정치 참여, 나아가피선거권의 적극적인 행사를 주장하였다. 이와 동시에 여성 고용의 기회확대와 더불어 기층 노동계급의 여직공들의 노동환경 개선과 보건 등의문제, 저소득 근로여성을 위한 생활관 운영이라는 구체적인 여성노동과복지의 문제를 제기하고, 그 해결책을 구했다.[31]

여기에서 나아가, 이효재는 한국사회의 비인간화를 초래한 문제들의근원적인 부분을 민족문제와 분단문제로 설정했다. [분단] 체제가 지속되

---

30) 김경동은 한국사회학의 제1세대를 일본에서 정식으로 사회학을 전공한 변시민, 양회수, 이만갑 교수로, 미국에서 사회학 박사학위를 취득한 고황경, 일본에서 역사 및 사회학을 전공한 이상백 교수로 보았으며, 1세대로부터 교육을 받고이어 교수로 진출한 제2세대를 이근수, 이해영, 황성모 교수와 미국에서 사회학석사를 받고 귀국한 이효재 교수 등으로 분류한 바 있다. 김경동, 「한국사회학의아이덴티티 문제」, 『한국사회과학』 27권 1/2호 합본호, 2005, 147쪽.

31) 이효재, 「한국여성과 여권운동」, 『여성문화의 도전 : 한국아카데미총서7』, 삼성출판사, 1975, 46쪽.

는 한 평화적인 삶은 존재하기 어려울 것이라며 통일을 당대의 시대적 요구이자 민족적 사명으로 보았으며, 여성운동의 과제를 평화통일을 성취하는 것에 둘 것을 요청했다.

> 여성을 위한 평등한 교육과 능력개발은 분단된 사회 속에서 남성과 동등한 지위를 누리며 동등한 대우를 받자는 데 있지 않다. <u>분단을 극복하는 데 남성과 동등한 노력을 하며 인간적인 능력을 발휘하고자 하는 데 이 시대적인 요구가 있는 것이다. 이것은 이 땅에 평화가 없이 진정한 남녀평등이 성취될 수 없으며, 통일국가를 확립하지 않고서는 영구한 평화를 누릴 수 없기 때문이다.</u> 이 시대 여성운동의 과제는 궁극적으로 평화통일을 성취하고자 하는 것이다. …… 이는 우리의 주권의식과 민주역량을 키우는 데서 시작하며 …… 빈부의 차를 점점 줄이며 억울하게 유린당하는 계층을 없애기 위한 사회운동에 우리 여성들이 앞장서야 한다.32)(밑줄 | 인용자)

위와 같은 논점은 「분단시대의 여성문제」라는 제목의 글에서 더욱 진일보했다. 이효재는 한국전쟁과 여전히 잔존하는 전쟁의 위협 속에서 강압적인 가부장적 권력의 피해를 당해온 분단시대 여성들의 피해에 주목하면서, 그들이 가지게 될 수밖에 없는 피해자적 의식—비민족적 모성 역할과 이율배반적 경향—의 문제를 날카롭게 지적한 바 있다. 근대화와 함께 나타난 왜곡된 의식은 여성 개개인의 개별적 문제가 아닌 여성이 배제된 가부장제 역사를 만들어온 남성들의 책임이기도 하다고 제기하면서, 경제적 발전이 되어가면서 민족통일의 과제가 약화되는 당시의 흐름 또한 비판적으로 재성찰했다.

---

32) 이효재, 위의 글, 1975, 34쪽.

이 시대 교육받은 여성들의 비민족적 모성역할과 이율배반적 경향은 우리 사회 지도층에 심각한 경종으로 받아들여져야 할 것이다. 60~70년 대를 통하여 피눈물 나는 노력 속에서 이룩한 국가의 소득수준의 향상은 국민들로 하여금 단순히 높은 소비수준을 누리게 하는 데 그 정치적 목적이 있다고 볼 수 없다. 민족적 분열과 국토분단을 극복하기 위해 민주적 역량을 배양해야 한다. …… 경제발전의 정도가 높아질수록, 경제발전의 혜택을 많이 입은 계층일수록 민족통일의 과제에 소극적이 거나 민족분단의 현실을 외면하고 도피하는 것은 국가발전의 목적에 위배하는 결과가 아닐 수 없을 것이다. 그렇다면 이 시대의 민족적 사명에 역기능을 하는 여성들의 모성적 역할의 책임을 우리 여성들의 잘못된 의식 상태나 개별 가정에 돌리기에 앞서 나라 살림을 지배해온 남성들에게 먼저 물어야 할 것이 아니겠는가.[33]

이효재는 민족통일을 위해서는 사회의 민주화가 필요하며, 민주사회를 지향하는 여성은 저임금 노동력으로 착취당하는 근로여성의 문제와 더불어 노동시장에서의 남녀 불평등이 여성예속의 사회구조가 된 것임을 직시해야 한다고 밝혔다. 나아가, 여성의 사회참여 요구가 소수 여성의 지위향상이 되지 말아야 할 것과 더불어 모든 계층의 여성이 새로운 사회의 건설에 참여하는 데에 여성운동의 주요 과제가 있음을 재강조했 다.[34]

1979년 창작과 비평의 좌담회, 「오늘의 여성문제와 여성운동」에서 이효재는 다음과 밝힌 바 있다.

여성들이 인간적인 존재로서 진정한 자각을 가진다면 그가 속한 사회

---

33) 이효재, 「분단시대의 여성문제」, 이효재 엮음, 『여성해방의 이론과 현실』, 창작과 비평, 1979, 344쪽.
34) 이효재, 위의 글, 347쪽.

라든지 민족공동체에 대한 진정한 의식을 가질 수 있고 그 둘이 당연히 같이 와야 된다고 봐요. …… 구체적으로는 가족법개정운동이나 근로여성의 운동들이 모두 통일사회를 이룩하기 위한 여권운동의 일부라고 보아요. 통일된 사회가 누가 누구를 착취하고 억압하는 사회가 돼서는 안 되거든요. 그러니까 우리 민족이 모두 자유와 평등과 사랑을 누리며 살 수 있도록 이 분단시대 안에서도 바람직한 통일사회의 바탕이 되는 제도적인 기틀을 하나하나 다져 나가야 된다고 봐요. 그런 의미에서 여성단체들이 우선적으로 가부장적인 법제도를 개정하려는 노력이 계속되어야 하고, 또 경제적인 불평등을 제거하는 사회운동에 여성들이 참여해야 하고, 이런 것을 통해서 통일되기 이전에도 우리 삶에서 자유 평등 사랑을 조금이라도 더 누리게 될 뿐 아니라 그것이 통일된 사회에도 그대로 민족공동체의 저력으로 계승될 것이고 또 이런 노력 자체가 통일을 향한 우리의 의지를 더욱 단단히 해준다고 봐요. 그런 의미에서 나는 우리의 여성운동이 분단 시대의 민중운동이 되고 진정한 민족운동과 일치될 수 있다고 생각합니다.[35]

분단과 민족의 문제에 대해서 이효재는 민중과 계급의 문제의 복합성과 구조적 맥락에 대하여 공동체적 삶의 방식이 그 미래 대안이라고 거듭 제시했다.

분단사회의 성제성제제제와 관련시켜 민중여성의 기본적 인권문제로 인식되지 않고 있다. 여성문제가 분단사회 유지와 재생산을 뒷받침하는 이데올로기 및 사회경제적 기제와 직결되어 있음을 인식하지 않는 한 민중의 주체성은 언제나 남성 본위의 관념적인 것일 수밖에 없다. 민중이 주인 되는 사회란 생산과 정치에서뿐만 아니라 공동체적 생활의 주인으

---

35) 『창작과 비평』, 여름호, 1979, 50~51쪽.

로서 남녀는 다함께 생산과 재생산의 주체적 담당자임을 인식할 때 여성해방의 요구가 수렴될 수 있을 것이다.[36]

이화여대 교수, 윤후정과 이효재는 여성연구소에서 함께 여성학 관련 교과과정 프로젝트를 수행했으며, '대화' 모임을 통해 '여성의 인간화' 기획과 한국 가부장제를 극복할 새로운 여성주체의 형성의 이슈를 1970년대 중후반에 제시한 바 있다. 윤후정은 '크리스챤 아카데미'의 사회교육 프로그램을 통해 교육운동을 통한 여성운동을 담당할 중간매개집단을 창출하고자 하였으며, 이효재는 '창비'와의 접속을 통해 여성문제에 대하여 담론화하려 했다. 그는 한국 가부장제의 재생산 고리를 끊기 위해서는 여성주체들이 민족문제와 통일문제에 적극적으로 개입해야 하며, 민중과의 연대가 필요하다고 강조했다.

이효재는 1980년 신군부정권이 들어서서 이화여대에서 해직당했으며, 1984년 복직했다. 『여성학』(1979년) 교재에 글을 실었던 세 명의 이화여대 출신 해직교수는 그 외에도, 현영학과 서광선이 있었다. 1980년부터 1984년 대학기관에서의 이효재의 공백 시기는 이화여대 대학원에 최초로 여성학과가 만들어지고, '한국여성개발원'(초대 원장 : 김영정)과 '한국여성학회' 등(초대 학회장 : 윤후정)이 잇달아 설립되는 등, 여성학 제도화의 정초기였다. 이효재는 1982년 해직교수협의회장을 맡았으며, 1983년 이화여대 졸업생과 함께 만든 '여성한국사회연구회'에서 일련의 저작 출판 작업을 진행했다. 1983년 '여성평우회' 설립 및 1984년 이화여대 복직 이후에도 '한국여성단체연합(여연)'의 발족(1987년)에 참여하는 등 1980년도를 기점으로 대학제도 밖 학술운동 영역에서 중요한 핵심 역할을 담당하였다.

---

36) 이효재, 「창간 25주년에 말한다 - 창작과 비평의 역할」, 『창작과 비평』 봄호, 1991, 12쪽.

# Ⅳ. 나가며 – 한국여성학 지식구성의 장소성과 역사성

시대적 요구와 맥락 속에서 여성주의 지식생산의 핵심적 역할을 담당해 온 한국여성학은 분절적이고 폐쇄적인 분과학문 체계를 가로질러 문제 중심의 학제간 연구를 자기 방법론의 출발이자 핵심 요소로 삼아 진화해왔으며, 자본주의 가부장체제와 남성 중심적 지식 생산에 대한 비판적 역할을 수행해왔다. 1970년대의 한국여성학 제도화의 전사기, 한국여성 문제의 구성과 실천, 여성주의 담론의 발신의 핵심 장소들은 제도권 대학 안팎에 경계를 넘어 존재했다.

1980년대 여성학의 제도화와 학술운동의 분화 이전, 한국의 여성문제를 문제화하는 토착적 사유체계에 대한 핵심적 발화자의 계보를 이 글에서 이효재와 윤후정으로 보았으며, 대학 제도권의 안팎의 여러 장소를 매개하여 형성된 그들의 시대인식에서의 여성문제의 구성성, 그리고 이를 해결하기 위한 여성운동의 방향성을 어떻게 가늠하고, 이것이 그 이전 시대의 문제들과 어떠한 변별력을 함의하고 있었는지 살펴보았다.

1970년대 한국사회는 식민지 경험에 이은 냉전체계 미국의 신식민주의적 지배력 안에 위치해 있었다. 국가 주도의 산업화로의 이행과 맞물리면서 생성된 중첩된 모순들과 다양한 사회문제들이 생겨났고, 이와 더불어 개인과 집단, 사적 영역과 공적 영역의 관계 자체를 근본적으로 새롭게 고민할 수밖에 없는 새로운 조건에 놓여 있었다. 인간해방과 여성해방에 대해 이 시기의 시식인들은 민속과 분단, 민중에 대한 다양한 역사적 접근 방식을 통해 고민하였다.

1980년대와 1990년대는 전체제의 사상 통제 아래에서 마르크스주의 철학 및 정치경제학 등의 비판적 지식이 한국의 학술장에 수용되어 내면화되고, 다양한 방식으로 외화되는 시기였다. 또한 미국발 사회과학의 주류화 속에서 식민지 학술장과의 연속성, 유럽 좌파 이론의 영향 등과의 복합적인 관계망이 형성되던 때이기도 했다. 특히 냉전의 해체라는 세계사적 흐름에 반하여, 이념의 급진화를 보이는 한국 지식장의 변형이 대학 안팎의 여성학 제도화와 여성주의 문화담론의 급진적 분화에 중요한 동학으로 작동함으로써 소위 마르크스 페미니즘(MF), 사회주의 페미니즘(SF)사이의 노쟁, 그리고 '여협'과 '여연'으로 분화되는 새로운 여성주의 정치의 지형도가 그려졌다.[37]

여성학 학술제도사 쓰기 또는 학술운동사의 연구영역을 지금, 비판적으로 재구성하는 작업은 무엇보다도, 자기 학문의 역사와 사회에 대한 이중의 성찰 과제를 점검하고, 학문 간 또는 한국 안팎에서의 여성(주의) 담론을 둘러싼 소통의 과제, 그리고 대학 제도의 안팎에서 실천성을 확보하려는 여성주의 이론-실천의 관계를 다시금 내부에서 재점검할 수 있는 기회를 제공하는 작업의 일환이 되어야 한다고 본다.

마지막으로, 한국여성학회가 만들어진 지 삼십 여년이 지나는 이 시점에서 추가로 제기되는 핵심 질문은 제도여성학이 만들어지기 이전 시기부터 제도 밖 학술장에 존재하였던 여성학 학술운동이 대학을 매개로 한 본격적 제도화 이후, 제도화가 가진 한계를 넘어 대안으로 나아갔는가 하는 것이다. 제도화된 여성학은 제도 밖의 학술 영역과 어떻게 삼투함으로써 서로가 서로를 성장시켰는지에 대한 여러 각도에서의 입체적 분석이 필요하다.

대학과 국가, 대학과 자본의 관계에서 대학이라는 제도적 장소와 제도화된 학문이 근본부터 흔들리고 있는 현재, 제도 안으로의 여성학 편입과 여성주의 지식 영토의 수축, 팽창의 역사적/사회적 의미와 더불어 제도 밖으로 여성학의 탈주 가능성을 동시적으로 모색하는 것 또한 의미 있는 일이 되지 않을까.

---

37) 강남식·오장미경, 「한국 여성학의 발달과 서구(미국)페미니즘」, 『우리 학문 속의 미국 : 미국적 학문 패러다임 이식에 대한 비판적 성찰』, 한울 아카데미, 2002.

# 참고문헌

강남식·오장미경, 「한국 여성학의 발달과 서구(미국)페미니즘」, 『우리 학문 속의 미국 : 미국적 학문 패러다임 이식에 대한 비판적 성찰』, 서울 : 한울아카데미, 2002.

강원용, 「권두사 - 비인간화에의 도전」, 『대화』 16호, 1970.

강원용, 「미래사회의 전망과 여성운동」, 『여성문화의 도전 : 한국아카데미총서 7』, 서울 : 삼성출판사, 1975.

강원용, 「인간화는 우리의 목적이다」, 『근대화와 인간화 : 한국아카데미총서 1』, 서울 : 삼성출판사, 1975.

김경동, 「한국사회학의 아이덴티티 문제」, 『한국사회과학』 제27권 제1, 2호 합본호, 2005.

김미선, 「『新像』의 목차를 소개하면서 - 지식인 여성들이 자비 출간한 계간 여성동인지 『新像』」, 『근대서지』 제8집, 2013.

김영선, 「1960-70년대 여성운동의 국제화와 한국여성단체협의회」, 『현상과인식』 36권 4호(통권 118호), 2012.

김영선, 「한국여성학 제도화의 궤적과 과제」, 『현상과인식』 34권 3호(통권 111호), 2010.

김영선, 「한국여성학제도화 과정과 지식생산의 공공성」, 서은주 외(엮음), 『권력과 학술장 : 1960년대~1980년대 초반』 서울 : 혜안, 2014.

김재현 외, 『한국인문학의 형성 : 대학 인문교육의 제도화 과정과 문제의식』, 파주 : 한길사, 2011.

대화문화아카데미, 「오래된 새길 '인간화', 1970년대 크리스챤 아카데미 인간화운동 리뷰」, 『제3회 여해평화포럼 자료집』, 서울 : 대화문화아카데미, 2010.

민경배, 『크리스챤 아카데미총서 10년사』, 서울 : 삼성출판사, 1975.

민주화운동기념사업회 연구소 엮음, 『한국민주화운동사 2』, 서울 : 돌베개, 2009.

박인혜, 「1980년대 한국의 '새로운' 여성운동의 주체 형성 요인 연구」, 『한국여성학』 25권 4호, 2009.

백낙청, 「오늘의 여성문제와 여성운동」, 『창작과 비평』 통권 52호 여름호, 1979.

소흥렬, 「자유인과 자율인」, 『근대화와 인간화 : 한국아카데미총서 1』, 서울 : 삼성출판사, 1975.

윤순덕, 「한국 여성운동의 이념과 방향」, 『여성문화의 도전 : 한국아카데미총서 7』, 서울 : 삼성출판사, 1975.

이재경, 「한국 사회학에서 '여성'연구의 성장과 도전 1964-2002」, 이화여자대학교
   한국문화연구원 엮음, 『사회학연구 50년』, 서울 : 혜안, 2004.
이화여자대학교 한국여성연구소 엮음, 『여성학, 이화여자대학교 출판부』, 서울 : 이화
   여자대학교 출판부, 1979.
이화여자대학교 한국여성연구소 엮음, 『여성 사회 철학』, 서울 : 한국여성연구소,
   1980.
이효재 엮음, 『여성해방의 이론과 현실』, 서울 : 창작과 비평, 1979.
이효재, 「여성과 민족」, 『여성과 사회』, 서울 : 정우사, 1979.
이효재, 「창간 25주년에 말한다 - 창작과 비평의 역할」, 『창작과 비평』 봄호, 1991.
이효재, 「한국여성과 여권운동」, 『여성문화의 도전 : 한국아카데미총서 7』, 서울 : 삼
   성출판사, 1975.
이효재·이승희 대담, 『학문의 길, 인생의 길』, 서울 : 역사비평사, 1994.
전경옥 외, 『한국여성문화사3 : 1980~현재』, 서울 : 숙명여자대학교 아시아여성연구
   소, 2006.
지명관, 「비인간화와 한국인의 의식」, 『대화』 16호, 1970.
크리스챤 아카데미 엮음, 『한국사회의 진단과 전망 : 크리스챤 아카데미총서 9』,
   서울 : 삼성출판사, 1975.
한국여성단체협의회 30년사 편찬위원회, 『한국여성단체협의회 30년사』, 서울 : 한국
   여성단체협의회, 1993.
한완상, 「자발적 중간집단의 형성」, 『근대화와 인간화 : 크리스챤 아카데미총서 1』,
   서울 : 삼성출판사, 1975.

**김보현**  성균관대학교 행정학과를 졸업하고 같은 학교 대학원 정치외교학과에서 박정희 정부 시기 경제개발을 연구하여 박사학위를 받았다. 발표한 성과물로는 『박정희 정권기 경제개발 : 민족주의와 발전』, 「행위자-네트워크 이론을 경유한 분단의 재고와 탈분단의 전망」, 『박정희 시대의 새마을운동』(공저), 「개발연대 중동건설현장 취업자의 경제와 정치」 등이 있다.

**김성보**  연세대학교 사학과 교수로 재직 중이며, 역사문제연구소 소장을 역임했고, 연세대 역사와공간연구소 소장으로 활동하고 있다. 주전공은 남북한 현대사이다. 지은 책으로는 『남북한 경제구조의 기원과 전개』, 『북한의 역사 1』, 『분단시대의 앎의 체제』(공저) 등이 있으며, 논문으로는 「1960년대 남북한 정부의 '인간개조' 경쟁」, 「전후 한국 반공주의의 균열과 전환」 등이 있다.

**김영선**  이화여자대학교 대학원 여성학과를 졸업하고 미국 뉴욕주립대학(빙햄턴)에서 박사학위를 받았다. 현재 성공회대학교 NGO대학원 실천여성학전공 조교수로 재직하고 있다. 주요논문으로는 「1970년대 페미니즘 이론의 번역/실천과 여성학」, 「남북한 여성교류의 다층적 궤적과 학술과제」, 「한국여성학 제도화의 전사기(1960~70년대) 지식생산의 동학 : 장소·사람·프로젝트」 등이 있다.

**김예림**  연세대학교 국어국문학과를 졸업하고 「1930년대 후반 몰락/재생의 서사와 미의식 연구」(2003)로 박사학위를 받았다. 현재 연세대학교 학부대학에 재직하고 있다. 주전공은 한국근현대 문학 및 문화 연구이다. 지은 책으로는 『1930년대 후반 근대인식의 틀과 미의식』, 『국가를 흐르는 삶』, 『전후의 탄생』(공저), 논문으로는 「배반으로서의 국가, 난민으로서의 인민」, 「여행하는 자와 세 개의 지도」 등이 있다.

**김  원**  서강대학교 사학과를 졸업하고 같은 대학 정치외교학과 대학원에서 석사와 박사학위를 받았다. 현재 한국학중앙연구원 사회과학부에 교수로 재직하고 있다. 주전공은 구술사, 동아시아와 기억이다. 지은 책으로는 『여공 1970, 그녀들의 반역사』, 『박정희 시대의 유령들』, 『잊혀진 것들에 대한 기억』이 있고 논문으로는 「밀항, 국경 그리고 국적 : 손진두 사건을 중심으로」, 「1975년 베트남 공관원 억류 사건을 둘러싼 기억들의 재구성」 등이 있다.

**김인수** 서울대학교 사회학과를 졸업하고 동대학원에서 「일제하 조선의 농정 입법과 통계에 대한 지식국가론적 해석」으로 박사학위를 받았다. 현재 건국대학교 아시아콘텐츠연구소에서 학술연구교수로 재직하고 있다. 전공은 사회사/역사사회학, 지식사회학이다. 지은 논문으로는 「植民地の知識国家論」, 「재일한인 인구 및 실업 통계의 정치적 의미」, 「한국의 초기 사회학과 아연회의(1965)」 등이 있고, 저서로는 『서울대학교 사회발전연구소 50년사, 1965~2015』가 있다.

**신주백** 성균관대학교 산업심리학과를 졸업하고 같은 대학교에서 식민지기 농민운동과 만주지역 민족운동사로 석사와 박사학위를 받았다. 현재 연세대학교 국학연구원 HK연구교수로 재직하고 있다. 주전공은 한국 근현대의 학술사, 민족운동사, 일본군사사, 역사교육사로, 이를 동아시아사의 맥락에서도 파악하려 노력하고 있다. 지은 책으로는 『한국 역사학의 기원』, 『만주지역 한인의 민족운동사』, 『역사화해와 동아시아형 미래 만들기』, 『1930년대 국내 민족운동사』 등과 공저로 『처음 읽는 동아시아사 1』, 『분단의 두 얼굴』, 『한중일이 함께 쓴 동아시아근현대사』 등이 있으며, 논문으로는 「1910년 전후 군주제에서 민주공화정체로 정치이념의 전환」, 「1910~20년대 동북아시아에서 환율의 추이와 해외 민족운동 단체의 재정문제 初探」 등이 있다.

**옥창준** 서울대학교 외교학과를 졸업하고 동대학원에서 석사학위를 받았다. 동대학원 박사과정(정치외교학부 외교학 전공)을 수료했고 한국 현대 지성사를 중심으로 공부하고 있다. 주논문으로는 「냉전기 한국 지식인의 아시아·아프리카 상상」, 「미국으로 간 '반둥 정신': 체스터 보울즈와 제3세계」가 있다.

이 저서는 2008년 정부(교육과학기술부)의 재원으로 한국연구재단의 지원을 받아 수행된 연구임(NRF-2008-361-A00003)

필자_ 가나다순

김보현 | 한국현대사 연구자
김성보 | 연세대학교 사학과 교수
김영선 | 성공회대학교 NGO대학원 조교수
김예림 | 연세대학교 학부대학 교수
김 원 | 한국학중앙연구원 사회과학부 교수
김인수 | 건국대학교 아시아콘텐츠연구소 학술연구교수
신주백 | 연세대학교 국학연구원 HK연구교수
옥창준 | 서울대학교 정치외교학부 외교학 전공 박사수료

**사회인문학총서**

# 근대화론과 냉전 지식 체계

신주백 편

2018년 4월 30일  초판 1쇄 발행

펴낸이 · 오일주
펴낸곳 · 도서출판 혜안

등록번호 · 제22-471호
등록일자 · 1993년 7월 30일

㉾ 04052 서울시 마포구 와우산로 35길 3(서교동) 102호
전화 · 3141-3711~2 / 팩시밀리 · 3141-3710
E-Mail  hyeanpub@hanmail.net

ISBN 978-89-8494-603-3  93300

값 28,000 원